신약성경 구속사적 강해 5

An Exposition of Paul's Epistle to the Romans 5:
The Application and Conclusion of The Gospel

로마서 강해 5

복음의 실천과 결론

임 덕 규 지음

CLC

기독교문서선교회(Christian Literature Center: 약칭 CLC)는 1941년 영국 콜체스터에서 켄 아담스에 의해 시작되었으며 국제 본부는 미국의 필라델피아에 있습니다.

국제 CLC는 59개 나라에서 180개의 본부를 두고, 약 650여 명의 선교사들이 이동도서차량 40대를 이용하여 문서 보급에 힘쓰고 있으며 이메일 주문을 통해 130여 국으로 책을 공급하고 있습니다.

한국 CLC는 청교도적 복음주의 신학과 신앙서적을 출판하는 문서선교 기관으로서, 한 영혼이라도 구원되길 소망하면서 주님이 오시는 그날까지 최선을 다할 것입니다.

An Exposition of Paul's Epistle to the Romans 5:
The Application and Conclusion of The Gospel

Written by
Duk-Kyu Im

Korean Edition
Copyright © 2023 by Christian Literature Center
Seoul, Korea

저자 서문

임 덕 규 목사
충성교회 담임

    이 로마서 강해는 충성교회에서 2년 넘게 매일 새벽기도 시에 각 절마다 깊이 있게 연구하고 묵상하여 선포한 말씀입니다.
    오직 신성의 하나님의 아들 예수 그리스도, 십자가 대속의 피를 믿는 믿음으로만 의롭게 된다는 '이신칭의' 복음을 중심에 담고 전심으로 성령님을 의지하면서 선포한 말씀입니다.
    판단은 독자 제위께서 하실 일입니다. 바라건대, 이 『로마서 강해』 (1, 2, 3, 4, 5)를 읽는 분마다 "오직 그리스도, 오직 믿음, 오직 은혜, 오직 성경, 오직 하나님께 영광"으로 답이 나오기를 간절히 소원하며 기도합니다.
    변화무쌍한 세상에서 변하지 않는 진리의 복음을 끊임없이 강조하는 것이 이 시대의 '진정한 개혁'입니다.
    나이가 많은 저에게 건강과 시간과 환경을 주시고 특히 귀중한 동역자들을 주신 하나님께 감사와 찬송을 드립니다. 그분들 가운데 염성호

목사님, 임웅석 집사님, 그리고 제 가족인 김정희 권사님이 있습니다.

"오직 하나님께 영광을!"(*Soli Deo Gloria!*)

『로마서 강해』 총 목차

저자 서문

로마서 총론 : 이신칭의 복음의 책

제1부 서론 (1:1-17)

제1장 하나님의 복음 (1:1-6)
제2장 바울과 로마 교인들 (1:7-15)
제3장 복음의 요약 (1:16-17)

제2부 교리편 (1:18-11:36)

제1장 죄악론 (1:18-3:20)
1. 이방인의 죄 (1:18-32)
2. 유대인의 죄 (2:1-3:8)
3. 전체 인류의 죄 (3:9-20)

제2장 구원론 (3:21-8:39)
1. 칭의의 교리 (3:21-5:21)
2. 성화의 교리 (6:1-8:17)
3. 영화의 교리 (8:18-39)

제3장 이스라엘과 하나님의 은혜로운 계획 (9:1-11:36)
1. 서론 (9장-11장)
2. 하나님의 선택과 예정 (9:1-33)
3. 이스라엘의 거부 (10:1-21)
4. 이스라엘의 회복과 송영 (11:1-36)

제3부 실천편 (12:1-15:13)

제1장 몸과 마음의 헌신 (12:1-2)
제2장 은혜 사용에서 겸손 (12:3-8)
제3장 사랑의 실천 (12:9-21)
제4장 권세자들에 대한 복종과 사랑과 거룩함 (13:1-14)
제5장 관용의 필요성 (14:1-15:13)

제4부 결론 (15:14-16:27)

제1장 바울의 사도적 섬김 (15:14-21)
제2장 바울의 여행 계획 (15:22-29)과 기도 요청 (15:30-33)
제3장 바울의 천거와 문안 (16:1-16)
제4장 거짓 선생의 경계와 동역자의 문안 (16:17-23)
제5장 송영 (16:24-27)

후기

『로마서 강해 5』

목차

제3부 실천편 (12:1-15:13)

제4장 권세자들에 대한 복종과 사랑과 거룩함 (13:1-14)
1. 권세자들에 대한 복종 (13:1-7)

*이하는 『로마서 강해 5』

2. 사랑은 율법의 완성 (13:8-10)	9
3. 거룩함 (13:11-14)	30

제5장 관용의 필요성 (14:1-15:13)   91
1. 서로 비판하지 말라 (14:1-12)   97
2. 거칠 것을 형제 앞에 두지 말라 (14:13-16)   175
3. 하나님의 나라는 음식보다 더 중요하다 (14:17-23)   217
4. 선을 이루고 덕을 세우라 (15:1-8)   281
5. 기록된바, 또 이르되, 구약의 네 개의 인용문과 소망의 하나님 (15:9-13)   336

제4부 결론 (15:14-16:27)   380

제1장 바울의 사도적 섬김 (15:14-21)   387
제2장 바울의 여행 계획 (15:22-29)과 기도 요청 (15:30-33)   428
제3장 바울의 천거와 문안 (16:1-16)   491
제4장 거짓 선생의 경계와 동역자의 문안 (16:17-23)   536
제5장 송영 (16:24-27)   571

후기   599

2. 사랑은 율법의 완성
(13:8-10)

426

롬 13:8-10

- 율법과의 관계 세 가지 주장.
- 사랑은 갚지 않은 빚이다.
- 사랑은 율법의 완성이다.
- 사랑은 이웃에게 악을 행하지 않는다.
- 이 사랑은 그리스도 십자가 대속의 피의 사랑으로 나타났고 이 사랑을 받은 자는 이 사랑을 소유한다. 서로 사랑하라

⁸ 피차 사랑의 빚 외에는 아무에게든지 아무 빚도 지지 말라 남을 사랑하는 자는 율법을 다 이루었느니라 ⁹ 간음하지 말라, 살인하지 말라, 도둑질하지 말라, 탐내지 말라 한 것과 그 외에 다른 계명이 있을지라도 네 이웃을 네 자신과 같이 사랑하라 하신 그 말씀 가운데 다 들었느니라 ¹⁰ 사랑은 이웃에게 악을 행하지 아니하나니 그러므로 사랑은 율법의 완성이니라

예수님은 그리스도시요 살아 계신 하나님의 아들입니다. 예수님이 하나님의 아들 그리스도라는 증거로 십자가에서 우리 죄를 대신해서 피 흘려 죽으시고, 죽은 자들 가운데서 부활하셨습니다.

이 예수님이 하나님의 아들, 예수님이 그리스도, 예수님이 우리 죄를 대신해서 십자가에서 피 흘려 죽으시고 부활하셨다는 복음으로 우리 인생 모든 문제가 처리되고 해답을 얻습니다. 이 복음은 모든 믿는 자에게 구원을 주시는 하나님의 능력이 됩니다. 이 하나님의 아들 예수 그리스도의 복음, 그리

스도 십자가 대속의 피의 복음으로 깊이 뿌리내리기를 기원합니다.

　예수님의 신성의 하나님 되심과 십자가 대속의 피의 복음을 마음 중심에 믿는 자는 그가 가진 억만죄악을 사함 받고 십자가 피의 사랑이라는 무한한 하나님의 사랑을 받고 사는 자가 됩니다.
　십자가 대속의 피의 복음을 마음 중심에 참되게 받았다고 하는 그리스도인은 이 황막하고 어둠의 세상에 모든 문제는 인간의 죄에 있다는 사실을 참되게 인식하고 그 죄 사함과 하나님의 무한한 사랑에 대한 감격을 항상 기억하며 살아야 합니다.
　자신의 억만죄악의 사함과 그리스도 십자가 대속의 무한한 사랑에 대한 감격과 은혜가 사라지면 신자의 신앙은 타락하는 것입니다. 지적인 사랑은 기독교 인도주의자들이나 갖고 있으며 그들의 마음은 하나님 사랑에 냉냉하며 이웃 사랑에 무관심합니다.
　그러므로 우리는 또 다시 '사랑'에 관한 말씀을 반복해서 들어야겠습니다. 기독교가 주장하는 이와 같은 사랑은 하나님에게서 유래되었습니다. 하나님은 사랑의 근원이신데 그분이 독생자를 이 세상에 보내셔서 인생을 구속하심으로써 이 사랑이 나타났습니다. 인간은 이 사랑을 받는 동시에 이 사랑을 소유하게 됩니다.
　하나님은 그분 자신이 사랑이십니다(요일 4:8). 그리고 그분의 사랑은 우리의 사랑에 기본이며 근원이고 모형입니다(요일 4:10). 이 하나님의 사랑은 하나님 자신처럼 독립적이고 영원하며 불변적입니다.
　그래서 성경은 이 사랑을 모든 덕행을 이루는 듯이 인격화되어 있습니다. "사랑은"이라고 성경은 말합니다. 이 사랑이라는 것이 단순히 관념상의 것이 아니라 그리스도인이 거듭날 때 그 그리스도인의 인격의 깊이에 생기게 된 것입니다(벧전 1:22).

기독교에서 가르치는 사랑을 위시한 모든 덕행과 비기독교에서 가르치는 그와 비슷한 덕행들이 서로 다릅니다. 기독교의 모든 미덕은 그리스도의 십자가 대속의 사랑을 소유한 자에게서 나오고(갈 5:22), 그 사랑으로 보존되는 것입니다(골 3:12-14)

기독교의 윤리는 이렇게 사랑으로 된 주체가 나타내는 것입니다. 오늘 본문에서 사도 바울은 이를 밝히고 있습니다.

본문 로마서 13장 8-10절을 보면 "⁸ 피차 사랑의 빚 외에는 아무에게든지 아무 빚도 지지 말라 남을 사랑하는 자는 율법을 다 이루었느니라 ⁹ 간음하지 말라, 살인하지 말라, 도둑질하지 말라, 탐내지 말라 한 것과 그 외에 다른 계명이 있을지라도 네 이웃을 네 자신과 같이 사랑하라 하신 그 말씀 가운데 다 들었느니라 ¹⁰ 사랑은 이웃에게 악을 행하지 아니하나니 그러므로 사랑은 율법의 완성이니라"라고 하였습니다.

사도 바울은 이미 로마서 12장에서도 몸 된 그리스도 교회의 은사 사용에서 겸손을 논한 후에(롬 12:3-8). 사랑의 교훈으로 끝맺었습니다(롬 12:9-21). 로마서 13장에서도 사회적 윤리로 국가 위정자에 관한 복종을 권하고 이제 다시 율법과의 관계에서 사랑을 강조합니다.

바울은 오늘 본문 세 구절에서 세 번에 걸쳐 이웃을 사랑해야 할 필요성에 대해 쓰며 레위기 19장 18절의 "네 이웃을 네 자신과 같이 사랑하라"라고 말합니다.

사실상 바울은 이웃 사랑에 대하여 세 가지 주장을 합니다.

첫째, 사랑은 갚지 않은 빚입니다. 본문 8절에서 "피차 사랑의 빚 외에는 아무에게든지 아무 빚도 지지 말라"라고 하였습니다.

둘째, 사랑은 율법의 완성입니다. 본문 8절 후단을 보면 "남을 사랑하는 자는 율법을 다 이루었느니라"라고 하였습니다.

셋째, 사랑은 이웃에게 악을 행치 않습니다. 10절을 보면 "사랑은 이웃에게 악을 행하지 아니하나니"라고 하였습니다.

사랑은 기독교 윤리의 대강령입니다. 물론 기독교가 주장하는 사랑은 하나님에게서 유래되었습니다. 이 사랑은 하나님께서 그분의 아들 예수 그리스도를 이 세상에 보내셔서 십자가 대속의 죽음을 통해 죄인을 구원해 주심으로 나타났습니다. 인간은 이 사랑을 받는 동시에 이 사랑을 소유하게 됩니다.

그러므로 십자가 대속의 피의 사랑을 받고 그 사랑을 소유한 그리스도인은 그리스도 안에 있는 형제를 먼저 사랑하고 나아가 이웃을 사랑해야 합니다. 사랑은 율법의 완성입니다. 그리고 이 사랑은 하나님 안에 근본을 가지고 나타나서 피조물에게서 다시 하나님께로 돌아갑니다. 서로 사랑함으로 하나님께 영광을 돌리시기 바랍니다.

오직 그리스도, 오직 믿음, 오직 은혜, 오직 예수 보혈 신앙으로 성령의 권능을 받아 사랑의 역사, 소망의 인내의 삶을 살고 하나님 사랑과 이웃 사랑의 열매를 맺기 바랍니다.

살아 계신 아버지 하나님!

하나님의 은혜를 감사합니다.

예수 그리스도를 믿음으로 우리에게 부어진 십자가 대속의 피의 사랑은 비기독교 사랑과 그 질이 전혀 다르다고 믿습니다. 이 십자가 사랑을 믿는 자는 그 사랑을 소유한 자가 되기에 우리가 십계명 율법을 사랑하되 특히 이웃 사랑을 하라는 명령을 받는 것이 당연하다고 믿습니다.

오늘 본문에서 사도 바울은 율법과의 관계에서 세 가지 주장을 한 것을 들었습니다. 사랑은 갚지 않은 빚이며, 사랑은 율법의 완성이고, 사랑은 이웃에게 악을 행하지 않는다는 말씀을 우리가 받습니다. 우리 그리스도인 모두가 이런 성경의 주장을 실천할 수 있도록 먼저 참다운 십자가 대속의 그리스도의 사랑을 받아야 한다고 믿습니다. 그리고 우리가 믿을 때 받은 성령으로 말미암아 이 하나님의 사랑이 우리 마음에 충만히 부은바되도록 역사해 주옵소서.

이 하나님의 사랑을 소유한 우리 그리스도인 모두는 하나님께서 율법으로 명하신 이웃 사랑을 기꺼이 행해야 한다고 믿습니다. 오늘도 우리로 건강하게 하시고 성령을 충만히 부어 주셔서 믿음의 역사, 사랑의 수고, 소망의 인내의 삶을 살게 하여 주옵소서.

예수님의 이름으로 기도하옵나이다. 아멘.

427

롬 13:8

- 피차 사랑의 빚 외에는 아무에게든지 아무 빚도 지지 말라.
- 사랑은 갚지 않은 빚이다.
- 사랑은 무한 책임, 끝없는 부채.
- 서로 사랑하라.

> ⁸ 피차 사랑의 빚 외에는 아무에게든지 아무 빚도 지지 말라 남을 사랑하는 자는 율법을 다 이루었느니라

예수님은 그리스도시요 살아 계신 하나님의 아들입니다. 예수님이 하나님의 아들 그리스도라는 증거로 십자가에서 우리 죄를 대신해서 피 흘려 죽으시고, 죽은 자들 가운데서 부활하셨습니다.

이 예수님이 하나님의 아들, 예수님이 그리스도, 예수님이 우리 죄를 대신해서 십자가에서 피 흘려 죽으시고 부활하셨다는 복음으로 우리 인생 모든 문제가 처리되고 해답을 얻습니다. 이 복음은 모든 믿는 자에게 구원을 주시는 하나님의 능력이 됩니다. 이 하나님의 아들 예수 그리스도의 복음, 그리스도 십자가 대속의 피의 복음으로 깊이 뿌리내리기를 기원합니다.

예수님의 신성의 하나님 되심과 십자가 대속의 피의 복음을 마음 중심에 믿고 중생한 그리스도인은 하나님의 사랑, 그리스도 십자가 대속의 피의 사랑을 받고 소유한 자가 되었습니다.

억만죄악을 가진 우리가 하나님의 아들 예수 그리스도의 십자가 대속의 피의 사랑을 받아 죄 사함 받고 하나님과 화목되고 그리스도와 연합한 자가 되었다는 은총은 하나님의 무한한 사랑을 받은 자로서 이 하나님 사랑에 빚진 자가 되었다는 말입니다.

우리가 이와 같이 하나님의 무한한 사랑을 거저 받았으니 남들에게 거저 줄 책임이 있게 되었습니다. 우리는 하나님의 사랑에 빚진 자로서 우리는 우리 이웃에게 사랑의 빚을 진 자가 되었습니다. 우리가 여기서 말하는 사랑의 빚은 "아가페" 사랑의 빚입니다. 세상 사람들이 사용하는 "에로스" 같은 육체적 사랑이 아니요, "필레오" 같은 우정의 사랑이 아닙니다.

그러므로 기독교가 말하는 "아가페" 사랑은 무한 책임이요 끝없는 부채입니다. 하나님 앞에서 지고 있는 사랑의 부채감 때문에 사랑에 대하여는 우리가 무한 책임을 져야 한다는 것입니다. 그리스도인에게는 이 사랑의 책임을 완전히 이루었다고 할 시간이 언제나 오지 않는 것입니다.

그래서 사도 바울은 오늘 본문에 이 사랑의 무한 책임을 말합니다. 본문 로마서 13장 8절을 보면 "피차 사랑의 빚 외에는 아무에게든지 아무 빚도 지지 말라 남을 사랑하는 자는 율법을 다 이루었느니라"라고 하였습니다.

여기서 "피차 사랑"은 "서로 사랑함"을 의미합니다. 이것은 우선 신자들끼리의 사랑을 가리켜 말하나 역시 그 밖의 사람들을 제외하는 것은 아닙니다. 사랑은 언제나 서로 협동해야 풍성해집니다.

그리고 "피차 사랑의 빚 외에는 아무에게든지 아무 빚도 지지 말라"라고 합니다. 아무에게든지 아무 빚도 지지 말라는 말은 누구에게든지 어떤 신세도 지지 말라는 뜻을 내포합니다.

이 말의 뜻은 더 의미 있게 이렇게 이해할 수 있습니다.

"너희의 모든 빚을 최선을 다하여 힘 닿는 데까지 갚으라 그러나 네가 아무리 최선을 다한다 할지라도 온전히 갚아 내지 못할 빚이 있다. 그것은 바로 다른 사람들을 향한 너희의 사랑 안에 있는 것이다. 그것은 영구한 의무요 끝없는 부채이다"라고 할 수 있습니다.

사랑은 빚입니다. 사랑은 갚지 않은 빚입니다. 하나님의 법과 인류의 이익이 그것을 그렇게 만듭니다. 그것은 우리가 자유롭게 피해도 되는 일이 아니라 남에게 빚진 것을 갚아야 하는 우리의 의무의 원리요 요약으로서 우리에게 부과된 것입니다.

왜냐하면, 사랑은 율법의 완성이기 때문입니다. 그래서 오늘 본문 8절 후단은 "남을 사랑하는 자는 율법을 다 이루었느니라"라고 하였습니다.

우리 사랑의 의무 수행은 비록 완전하게는 아니지만 그것은 율법의 완성을 향한 최고의 발걸음입니다. 그것은 십계명의 두 번째 돌판의 모든 의무를 총괄하는 데, 후에 보겠지만 9절에서 열거하고 있고 이것들은 하나님에 대한 사랑을 전제로 합니다. 만일 그 사랑이 진실하다면 그것은 율법의 완성으로 인정됩니다.

그러면 이러한 진실한 사랑은 어디서 나옵니까?

우리가 항상 듣는 바대로 타락한 인간에게는 이러한 사랑이 없습니다. 이러한 진실한 사랑은 하나님에게서 유래되었습니다. 하나님은 사랑의 근본이신데 그분이 독생자 예수 그리스도를 보내셔서 인생을 구원하심으로서 이 사랑이 나타났습니다.

인간은 이 독생자 예수 그리스도의 구속의 사랑을 받는 동시에 이 사랑을 소유합니다. 그래서 예수 그리스도를 믿는 그리스도인들은 이 사랑을 받고 소유한 자로서 남을 사랑할 수 있는 것입니다.

우리는 하나님의 사랑에 영원한 빚을 진 자로서 하나님의 율법에 따라 남을 사랑하는 사랑에 대하여는 무한 책임을 져야 합니다. 그리스도인에게는 사랑의 책임을 완전히 이루었다고 할 시간이 언제나 오지 않습니다. 우리는 원수에 대해서도 사랑의 책임을 지고 있습니다. 우리가 지금까지 힘을 다해 사랑했던 사람에게도 계속하여 사랑의 빚을 지고 있는 것입니다.

그러므로 우리 모두는 먼저 하나님의 무한 사랑, 독생자 예수 그리스도의 십자가 대속의 구원의 사랑을 받아야 합니다. 이 하나님의 사랑이 우리 마음에 부은바 되어 항상 살아야 합니다.

오직 그리스도, 오직 믿음, 오직 예수 보혈 신앙으로 믿음의 역사, 사랑의 수고, 소망의 인내의 삶을 살도록 기도하겠습니다.

살아 계신 아버지 하나님!

하나님의 은혜를 감사합니다.

오늘도 무정한마음을 갖는 우리에게 무한 책임의 사랑, 끝없는 부채의 사랑을 하라는 말씀을 듣게 하시니 감사합니다. 이 말씀으로 우리 속사람을 성령의 능력으로 강건하게 하여 사랑의 빚을 진 자로서 끝까지 서로 사랑하게 도와주옵소서.

우리가 예수 그리스도를 믿고 받은 하나님의 사랑, 십자가 대속의 피의 사랑은 이제 우리 그리스도인의 제복이요 우리 신앙의 대강령이 되었음을 믿습니다. 그러므로 중생한 그리스도인들 우리 모두는 서로 사랑의 빚을 지고 있는 자로서 기꺼이 갚도록 도와주옵소서.

다시 한번 이런 하나님의 사랑이 우리 그리스도인들의 새 본성임을 기억하게 하시고 이 하나님 사랑의 법, 십자가 대속의 피의 사랑의 법이 우리 마음속에 성령으로 말미암아 기록되어 있다는 사실을 깨닫게 하여 주옵소서. 그리하여 우리 모두는 피차 사랑의 빚 외에는 아무에게든지 아무 빚도 지지 말게 하여 주옵소서.

오늘도 이를 위하여 우리로 건강하게 하시고 사랑의 수고를 할 수 있는 여건과 환경과 마음을 허락하여 주옵소서. 무엇보다도 성령으로 말미암아 하나님의 사랑을 우리 마음에 충만히 부어 주옵소서.

예수님의 이름으로 기도하옵나이다. 아멘.

428

롬 13:8-9

- 남을 사랑하는 자는 율법을 다 이루었느니라.
- 사랑은 율법의 완성이다.
- 사랑과 율법은 서로를 필요로 함.
- 그리스도 십자가 대속의 죽음에서 사랑과 율법이 완성됨.
- 그리스도 십자가 대속의 피의 사랑으로 율법을 완성함.
- 예수 그리스도로 말미암아 성령을 충만히 받으라.

⁸ 피차 사랑의 빚 외에는 아무에게든지 아무 빚도 지지 말라 남을 사랑하는 자는 율법을 다 이루었느니라 ⁹ 간음하지 말라, 살인하지 말라, 도둑질하지 말라, 탐내지 말라 한 것과 그 외에 다른 계명이 있을지라도 네 이웃을 네 자신과 같이 사랑하라 하신 그 말씀 가운데 다 들었느니라

예수님은 그리스도시요 살아 계신 하나님의 아들입니다. 예수님이 하나님의 아들 그리스도라는 증거로 십자가에서 우리 죄를 대신해서 피 흘려 죽으시고, 죽은 자들 가운데서 부활하셨습니다.

이 예수님이 하나님의 아들, 예수님이 그리스도, 예수님이 우리 죄를 대신해서 십자가에서 피 흘려 죽으시고 부활하셨다는 복음으로 우리 인생 모든 문제가 처리되고 해답을 얻습니다. 이 복음은 모든 믿는 자에게 구원을 주시는 하나님의 능력이 됩니다. 이 하나님의 아들 예수 그리스도의 복음, 그리스도 십자가 대속의 피의 복음으로 깊이 뿌리내리기를 기원합니다.

예수님의 신성의 하나님 되심과 십자가 대속의 피의 복음을 마음 중심에 믿고 중생하여 구원받은 그리스도인은 죄 사함 받고 영생을 얻는 자가 됩니다. 이렇게 영생을 얻은 그리스도인은 생명의 성령의 법을 따라 살아갑니다. 구원 얻은 그리스도인은 죄 사함 받고 자유자가 되었다고 해서 무법으로 사는 것이 아닙니다.

중생한 그리스도인은 과거에 육신으로 말미암아 연약하여 지킬 수 없었던 율법을 하나님의 영을 따라 행하므로 율법의 요구를 행하는 자가 되었습니다. 그리하여 하나님 사랑과 이웃 사랑의 율법을 기꺼이 지키며 진정한 삶의 열매를 맺고 사는 것입니다. 이렇게 하여 사랑은 율법의 완성이 됩니다.

우리는 사도 바울의 이에 관한 성령에 감동된 말씀을 듣도록 하겠습니다.

본문 로마서 13장 8-9절을 보면 "⁸ 피차 사랑의 빚 외에는 아무에게든지 아무 빚도 지지 말라 남을 사랑하는 자는 율법을 다 이루었느니라 ⁹ 간음하지 말라, 살인하지 말라, 도둑질하지 말라, 탐내지 말라 한 것과 그 외에 다른 계명이 있을지라도 네 이웃을 네 자신과 같이 사랑하라 하신 그 말씀 가운데 다 들었느니라"라고 합니다.

바울은 "남을 사랑하는 자는 율법을 다 이루었느니라"(8절 후단)라고 합니다. 바울은 먼저 "피차 사랑의 빚 외에는 아무에게든지 아무 빚도 지지 말라"라고 한 다음에 이 말씀을 한 것이기 때문에 우리가 이웃을 사랑한다면 우리는 우리의 빚을 완전히 다 갚지 않았다 할지라도 율법을 완성했다고 말할 수 있다고 하는 것입니다. 물론 그 이웃 사랑은 진실해야 율법의 완성으로 인정됩니다.

이 사랑은 우주의 미와 조화를 상징합니다. 하나님은 사랑이시고(요일 4:16), 사랑은 영혼에 박혀 있는 하나님의 형상입니다. 사랑하고 사랑 받는 것은 지성적 존재의 최고의 즐거움이요 행복입니다(매튜 헨리, 『로마서 주석』).

사랑이 있는 곳에서 온전한 모양을 갖추게 되고 마음은 모든 선한 일을 하기에 합당한 상태가 됩니다. 따라서 사랑이 율법의 완성이라는 것을 증명하기 위하여 사도 바울은 구체적 교훈들을 소개합니다.

본문 로마서 13장 9절을 보면 "간음하지 말라, 살인하지 말라, 도둑질하지 말라, 탐내지 말라 한 것과 그 외에 다른 계명이 있을지라도 네 이웃을 네 자신과 같이 사랑하라 하신 그 말씀 가운데 다 들었느니라"라고 하였습니다.

바울은 여기서 십계명의 두 번째 부분의 다섯 개의 계명들을 열거합니다. 이는 "네 이웃을 네 자신과 같이 사랑하라"라는 레위기 19장 18절의 반영입니다. 그러나 우리 주 그리스도께서 율법을 하나님 사랑과 이웃 사랑의 두 계명으로 이미 요약하신 바에 따라(마 22:39, 막 12:31, 눅 10:27) 인용한 것으로 봅니다.

여기서 "네 자신과 같이"라고 할 때 "같이"는 양이나 양적 동등성을 말하는 것이 아니라 질적 동일성을 말합니다. 즉 "네가 네 자신을 사랑하는 것과 단순히 같은 분량이나 높이가 아니라 같은 성실함으로 사랑하라"라는 것입니다.

자기 이웃을 자기 자신과 같이 사랑하는 사람은 그 이웃의 몸, 재산, 명성도 자기 것처럼 잘되기를 바랄 것입니다. 이 위에 "대접을 받고자 하는 대로 남을 대접하라"라는 황금률이 서 있습니다.

바울은 이 계명들을 열거할 때 본문은 "간음하지 말라"라는 제7계명을 "살인하지 말라"는 제6계명보다 앞에 놓고 그것을 가장 먼저 언급하고 있습니다. 이 간음의 계명이 보통 사랑이라는 미명 아래 이루어지지만 그것은 실로 살인하고 도둑질하는 것만큼 커다란 죄악이기 때문입니다(매튜 헨리,『로마서 주석』)

오늘날 21세기의 시대적 죄악은 바로 이러한 자유 사랑이라는 미명의 간음죄입니다. 그것은 성의 자유와 동성애로 변질되어 온 세계를 지배하는 사상이 되었습니다. 저는 하나님의 성령께서 말세에 이루어질 인간 타락상의 극치를 이미 내다보시고 기록한 말씀이라고 봅니다.

다른 사람들을 성적 죄로 유혹하고 그들의 마음과 양심을 더럽히는 자는 아무리 그것을 열렬한 사랑으로 포장한다고 해도 실제로는 영혼을 대적하여 분란을 일으키는 마귀가 그러는 것처럼 그들을 미워하는 것입니다.

사랑은 객관적인 도덕 기준이 없이 스스로의 힘으로 움직일 수가 없습니다. 바로 이 때문에 바울은 "사랑은 율법의 끝"이라고 쓰지 않고, "사랑은 율법의 완성"이라고 쓴 것입니다. 사랑과 율법은 서로를 필요로 하기 때문입니다. 사랑은 방향을 갖기 위해 율법을 필요로 하며 율법은 감화를 위해 사랑을 필요로 합니다.

예수님의 신성의 하나님 되심과 십자가 대속의 피의 복음을 마음 중심으로 믿어 십자가 피의 사랑(아가페 사랑)을 소유하여 성령의 역사로 하나님 사랑과 이웃 사랑의 율법을 지키기를 소원합니다. 오직 그리스도, 오직 믿음, 오직 예수 보혈 신앙으로 성령 충만 받아 하나님의 사랑이 마음에 부어지기를 간절히 기도합니다.

살아 계신 아버지 하나님!

하나님의 은혜를 감사합니다.

우리로 하여금 하나님께서 우리에게 나타내신 그리스도 십자가 대속의 사랑, 아가페 사랑의 의미를 바르게 알게 하여 육신적 사랑으로 자유를 추구하는 간음 행위를 하나님께서 이 말세에 지적하시는 큰 죄로 깨닫게 하심을 감사하옵나이다.

오늘의 시대가 바로 간음을 자유 사랑으로 가장하고 동성애를 옹호하는 성도덕의 극도의 타락을 미화하여서 하나님께 반역의 시대가 되어 간다고 믿습니다. 그러므로 우리 모두는 사랑은 율법의 완성이라는 거룩한 하나님의 명령을 들어야 한다고 믿습니다.

사랑은 객관적인 도덕 기준이 없이 스스로의 힘으로 움직일 수가 없습니다. 사랑과 율법은 서로를 필요로 하기 때문입니다. 하나님께서 우리로 알게 하신 사랑은 방향을 갖기 위해 율법을 필요로 하며 율법은 감화를 위해 사랑을 필요로 한다고 믿습니다.

오늘도 율법의 완성인 사랑을 실천하며 살도록 십자가 대속의 피의 사랑을 믿고 성령의 충만을 받아 하나님의 사랑이 우리 마음에 충만히 부어지게 하여 주옵소서. 무엇보다도 우리로 건강하게 하시어 믿음의 역사, 사랑의 수고, 소망의 인내로 살아가게 하여 주옵소서.

예수님의 이름으로 기도하옵나이다. 아멘.

429

롬 13:10

- 사랑은 이웃에게 악을 행하지 아니하나니.
- 형제 사랑의 본질에 관한 원칙.
- 사랑은 전체 율법에 대한 순종의 적극적인 원리.
- 우리 육의 마음판에 쓰여진 전체 율법은 곧 사랑의 법이다.
- 성령의 능력으로 이웃 사랑을 실천하라.

> ¹⁰ 사랑은 이웃에게 악을 행하지 아니하나니 그러므로 사랑은 율법의 완성이니라

예수님은 그리스도시요 살아 계신 하나님의 아들입니다. 예수님이 하나님의 아들 그리스도라는 증거로 십자가에서 우리 죄를 대신해서 피 흘려 죽으시고, 죽은 자들 가운데서 부활하셨습니다.

이 예수님이 하나님의 아들, 예수님이 그리스도, 예수님이 우리 죄를 대신해서 십자가에서 피 흘려 죽으시고 부활하셨다는 복음으로 우리 인생 모든 문제가 처리되고 해답을 얻습니다. 이 복음은 모든 믿는 자에게 구원을 주시는 하나님의 능력이 됩니다. 이 하나님의 아들 예수 그리스도의 복음, 그리스도 십자가 대속의 피의 복음으로 깊이 뿌리내리기를 기원합니다.

예수님의 신성의 하나님 되심과 십자가 대속의 피의 복음을 마음 중심에 믿고 구원을 얻을 때 신자의 마음에는 살아 계신 하나님의 영으

로 말미암아 십계명 율법이 마음판에 새겨지게 됩니다. 이것이 구원의 신비입니다. 그리하여 하나님의 영은 그리스도인으로 하여금 율법에 맞게 하여 강제나 두려움에서가 아니라 기꺼이 즐거운 마음으로 율법을 지키게 하십니다.

참된 구원으로 중생한 그리스도인은 하나님 사랑과 이웃 사랑의 율법을 적극적으로 지켜 삶의 열매를 맺고 살아가는 것입니다. 그래서 사랑의 법이 그곳에 있다면 전체 율법은 마음속에 기록되어 있는 것입니다. 이것이 이웃 사랑의 본질에 대한 일반 원칙입니다. 그것을 오늘 본문은 "사랑은 악을 행하지 아니한다"라고 말하고 있습니다.

오늘 본문 로마서 13장 10을 보면 "사랑은 이웃에게 악을 행하지 아니하나니 그러므로 사랑은 율법의 완성이니라"라고 하였습니다.

본문은 "사랑은 이웃에게 악을 행하지 아니하나니"라고 말합니다. 십자가 대속의 피의 사랑 안에 거하는 자는 그리스도 십자가 대속의 사랑의 원리에 지배를 받고 움직이는 자로서 절대로 악을 행하지 않습니다. 그는 이웃에게 곧 자기와 관련되어 있는 누구에게나 어떤 악도 실행하거나 획책하지 않습니다.

만일 어떤 사람이 자신의 억만죄악을 대신 담당해 주신 그리스도 십자가 대속의 피의 사랑을 받아 죄 사함 받고 하나님과 화목된 자가 되었다면 그 사람은 반드시 그 십자가 대속의 사랑의 원리에 지배 받는 자로서 어떤 악도 실행하거나 모의할 수 없을 것입니다. 이 십자가 대속의 사랑은 무한 책임을 그리스도인에게 요구하고 있기 때문입니다.

그래서 "악을 행하지 아니하나니"라고 하는 것입니다. 악을 모의하는 것은 그것을 행하는 것입니다. 따라서 악을 꾸미는 것을 침상에서 죄를 꾀하는 것으로 말합니다(미 2:1). 사랑은 아무에게도 악을 품거나 꾸미지 않습니다. 그것은 어떤 종류의 편견, 가해 또 슬픔을 일으키는 모든 행동에 철저히 반대합니다.

그것은 악을 행하지 않습니다. 즉, 그것은 어떤 악이라도 행하는 것을 금합니다. 그것은 여기에 포함된 것 이상의 의미가 있습니다. 그것은 악을 행하지 아니할 뿐만 아니라 가능한한 선한 일을 구상하여 모든 선을 행합니다.

왜냐하면, 이웃에게 악을 꾸미는 것뿐만 아니라 선의 혜택을 보아야 할 자들에게 그것을 베풀지 못하는 것도 죄이기 때문입니다. 그래서 잠언 기자는 이 두 가지를 함께 금지하고 있습니다.

> 네 손이 선을 베풀 힘이 있거든 마땅히 받을 자에게 베풀기를 아끼지 말며 네게 있거든 이웃에게 이르기를 갔다가 다시 오라 내일 주겠노라 하지 말며 (잠 3:27-28).

이것은 사랑이 율법의 완성이요 그것의 모든 목적의 해답이라는 것을 증명합니다. 왜냐하면, 그것 외에 우리로부터 악을 저지시키고 선행을 격려하는 것이 없기 때문입니다.

사랑은 전체 율법에 대한 순종의 살아 있고 적극적인 원리입니다. 전체 율법은 사랑의 법이 그곳에 있다면 마음속에 기록되어 있는 것입니다.

그래서 사도 바울은 다른 성경책에서 다음과 같이 말하였습니다.

> 너희는 우리로 말미암아 나타난 그리스도의 편지니 이는 먹으로 쓴 것이 아니요 오직 살아 계신 하나님의 영으로 쓴 것이며 또 돌판에 쓴 것이 아니요 오직 육의 마음 판에 쓴것이라(고후 3:3).

바울은 그리스도인을 "그리스도의 편지"라고 말하였습니다. 그리스도의 법 곧 사랑의 법이 그들의 마음에 기록되었고, 그리스도의 사랑이 그들의 가슴에 부어졌고, 그것은 하나님의 영으로 된 것이며, 모세에게 주어진 하나님의 법같이 돌비에 쓴 것이 아니고 마음에 기록된 것입니다.

신약 시대 그리스도인은 구약 백성과 달리 성령으로 말미암아 율법이 마음에 기록되어 그 율법을 기꺼이 지킬 수 있게 되었습니다.

그래서 오늘 본문은 "사랑은 이웃에게 악을 행하지 아니하노니 그러므로 사랑은 율법의 완성이니라"라고 하였습니다. 이 사랑은 전체 율법에 대한 순종의 적극적 원리인 것입니다.

우리 모두는 예수님의 신성의 하나님 되심과 그리스도 십자가 대속의 피의 복음을 마음 중심에 믿어 사랑의 법이 마음에 새겨진 자들이 되어야겠습니다. 오직 그리스도, 오직 믿음, 오직 예수 보혈 신앙으로 성령 충만 받아 기꺼이 하나님 사랑과 이웃 사랑의 율법을 지키는 자가 되도록 기도하겠습니다.

살아 계신 아버지 하나님!

하나님의 은혜를 감사합니다.

하나님의 율법을 어겨 하나님의 진노하에 있던 억만죄악의 우리를 그리스도 십자가 대속의 피의 사랑으로 구원해 주심을 감사하옵나이다.

이렇게 구원받은 우리는 이 그리스도 십자가 대속의 피의 사랑의 법이 우리 마음속에 있다고 굳게 믿습니다. 그러므로 오늘 우리는 형제 사랑의 본질에 관한 일반 원칙을 듣고 기꺼이 지키기를 소원합니다.

사랑은 이웃에게 악을 행하지 아니한다고 하였습니다. 악을 행하지 아니할 뿐 아니라 가능한한 모든 선을 행하여야 한다는 말씀을 우리가 기꺼이 지키기를 기도합니다. 아버지 하나님이여 예수 그리스도로 말미암아 성령을 우리에게 충만히 부어 주옵소서.

그리하여 성령으로 말미암아 우리 마음을 율법에 맞게 하여 기꺼이 하나님 사랑과 이웃 사랑의 율법을 지키게 하여 주옵소서. 오늘도 이를 위하여 우리로 건강하게 하시고 시험에 들지 않도록 우리 마음과 생각을 지켜 주시고 악에서 구하여 주옵소서.

예수님의 이름으로 기도하옵나이다. 아멘.

3. 거룩함
(13:11-14)

430

롬 13:11-14

- 그리스도의 가까운 재림을 준비하는 삶.
- 그리스도의 초림과 재림의 중간기 사이에 사는 우리 자신의 거룩함과 경건에 관한 교훈.
- 언제 깰 것인가?
  어떻게 옷 입을 것인가?
  어떻게 행할 것인가?
  어떤 대비를 할 것인가?
- "이미와 아직" 사이에서 그리스도 재림 대망의 삶을 살라!

> [11] 또한, 너희가 이 시기를 알거니와 자다가 깰 때가 벌써 되었으니 이는 이제 우리의 구원이 처음 믿을 때보다 가까웠음이라 [12] 밤이 깊고 낮이 가까웠으니 그러므로 우리가 어둠의 일을 벗고 빛의 갑옷을 입자 [13] 낮에와 같이 단정히 행하고 방탕하거나 술 취하지 말며 음란하거나 호색하지 말며 다투거나 시기하지 말고 [14] 오직 주 예수 그리스도로 옷 입고 정욕을 위하여 육신의 일을 도모하지 말라

예수님은 그리스도시요 살아 계신 하나님의 아들입니다. 예수님이 하나님의 아들 그리스도라는 증거로 십자가에서 우리 죄를 대신해서 피 흘려 죽으시고, 죽은 자들 가운데서 부활하셨습니다.

이 예수님이 하나님의 아들, 예수님이 그리스도, 예수님이 우리 죄를 대신해서 십자가에서 피 흘려 죽으시고 부활하셨다는 복음으로 우리 인생 모든

문제가 처리되고 해답을 얻습니다. 이 복음은 모든 믿는 자에게 구원을 주시는 하나님의 능력이 됩니다. 이 하나님의 아들 예수 그리스도의 복음, 그리스도 십자가 대속의 피의 복음으로 깊이 뿌리내리기를 기원합니다.

예수님의 신성의 하나님 되심과 십자가 대속의 피의 복음을 마음 중심에 믿고 구원받은 그리스도인은 구원받기 이전과 전혀 다른 삶의 목표와 가치, 그리고 현재와 내세에 대한 새로운 인식을 갖고 사는 자가 됩니다. 그리고 그렇게 새롭게 깨닫게 된 인식대로 자신의 거룩함과 경건한 삶을 살아야 합니다.

구원받은 우리가 주목하는 것은 보이는 것이 아니요 보이지 않는 것이니 보이는 것은 잠깐이요 보이지 않는 것은 영원하기 때문입니다. 현세란 임시적인 처소에 지나지 않는 곳입니다. 현세에 주어진 소명의 의무를 다하면서도 그리스도인의 마음은 내세를 향해 깨어 있어야 하는 것입니다.

사도 바울은 로마 교회 교인들에게 이에 관한 교훈을 상기시키면서 로마서 13장을 결론짓습니다. 그러나 이 주제는 신약성경 전반에 걸쳐 있습니다.

예수 그리스도는 우리가 알지 못하는 때에 오실 것입니다. 그리고 그리스도께서 오실 때 우리의 삶과 영적 상태에 대한 책임을 물으실 것입니다. 마태복음 25장 비유를 볼 때 모든 하나님 백성이 주인의 귀환을 준비하는 여부에 따라 심판을 받게 될 것입니다. 분명히 하나님은 자기 백성이 그리스도의 재림에 대비하기를 명하십니다.

따라서 그리스도의 초림과 그리스도 재림의 중간기에 사는 우리 그리스도인들은 영적으로 깨어 있어서 거룩함과 경건한 삶을 살아야 합니다. 우리는 지금 그리스도의 재림으로 그리스도 안의 승리를 바라보며 살고 있습니다.

지금은 앞으로 볼 시대를 잠시 맛보는 때이고, 동시에 "양자 될 것 곧 우리 몸의 속량"을 기다리고 있습니다(롬 8:23). 이때 우리의 주 관심사는 우리 자신을 돌아보는 것이 되어야 합니다. 우리는 앞으로 그리스도인의 일과에서 유의해야 할 네 가지 지침을 배우게 됩니다.

그것은 언제 깨어나고, 우리 자신을 어떻게 단장하는가, 어떻게 살아야 하며, 해서는 안 되는 일은 무엇인가입니다.

이러한 교훈들은 모두 미래의 관점으로 현재를 살아가는 그리스도인의 윤리적 실천을 보여 줍니다.

앞으로 우리는 네 가지 종말적 삶의 지침을 구체적으로 살펴볼 것입니다. 여기서는 간략히 각각의 지침에 대한 개요를 말하고자 합니다.

첫째, 언제 깰 것인가?

본문 로마서 13장 11절을 보면 "또한, 너희가 이 시기를 알거니와 자다가 깰 때가 벌써 되었으니 이는 이제 우리의 구원이 처음 믿을 때보다 가까웠음이라"라고 하였습니다.

우리가 죄의 삶에서, 육신의 안일과 게으름과 나태의 잠에서, 영적 사망의 잠에서, 그리고 영적 무감각의 잠에서 깰 것을 말합니다.

둘째, 어떻게 옷 입을 것인가?

로마서 13장 12절을 보면 "밤이 깊고 낮이 가까왔으니 그러므로 우리가 어둠의 일을 벗고 빛의 갑옷을 입자"라고 하였습니다.

이것이 깨어 일어나서 그리스도인이 해야 할 다음의 관심사입니다. "밤이 깊고 낮이 가까왔다"라고 합니다. 그러므로 지금은 옷을 입을 때입니다. 어둠의 일을 벗고 빛의 갑옷을 입어야 합니다. 여기서 밤은 죄의 어두움을 상징합니다.

셋째, 어떻게 행할 것인가?

로마서 13장 13절을 보면 "낮에와 같이 단정히 행하고 방탕하거나 술 취하지 말며 음란하거나 호색하지 말며 다투거나 시기하지 말고"라고 하였습니다.

우리는 깨어 옷 입고 나면 수도사처럼 은둔의 삶을 사는 것이 아니라 복음에 어울리는 생활을 해야 합니다. 사람들 앞에서 고결한 인격으로 살아 그리스도 증인으로 살아야 합니다.

넷째, 어떤 대비를 할 것인가?

로마서 13장 14절을 보면 "오직 주 예수 그리스도로 옷 입고 정욕을 위하여 육신의 일을 도모하지 말라"라고 하였습니다.

우리는 몸의 악한 정욕을 멸하고 영혼에 관심을 가져야 합니다. 몸의 필요는 채워져야 하지만 호색적 욕망은 억제하고 예수 그리스도를 붙잡고 그분 아래 살아야 합니다.

이렇게 그리스도인의 종말적 삶은 거룩함과 경건함으로 살아야 합니다. "이미" 시작된 하나님의 나라(그리스도 왕국)를 누리면서도, "아직 아니" 온 것 즉 완성된 하나님의 나라가 곧 오리라는 분명한 지식 속에서 살아야 합니다. 현세에 주어진 우리의 소명의 의무를 다하면서도 그리스도인의 마음은 내세를 향해 깨어 있어야 한다는 말입니다.

그러므로 십자가 대속의 피의 복음 받은 그리스도인 모두는 오직 그리스도, 오직 믿음, 오직 예수 보혈 신앙으로 성령 충만을 받아 성령의 처음 익은 열매를 맛보면서 받은 소명에 헌신하고 동시에 그리스도 재림을 대망하고 준비하는 삶을 살 것입니다. 기도하겠습니다.

살아 계신 아버지 하나님!
하나님의 은혜를 감사합니다.
오늘 우리는 우리가 지금 살아가는 이 시대를 분별하여 우리 자신의 거룩함과 경건을 실천해야 한다는 엄숙한 말씀을 듣습니다. 그것은 예수 그리스도의 가까운 재림을 준비하라는 말씀으로 믿습니다.
우리는 자다가 깰 때가 되었으며 빛의 갑옷을 입어야 하고 단정히 행하며 방탕하지 말고 오직 예수 그리스도로 옷 입으라는 말씀의 네 가지 교훈을 개연적으로 들었습니다. 우리는 이미 온 하나님의 나라와 이제 올 하나님 나라의 중간기에 사는 자로서 현세에 우리에게 주어진 소명을 다하면서도 우리의 마음은 내세를 향해 깨어 있어야 한다고 믿습니다.
예수님은 분명히 다시 오실 것입니다. 우리 시대에 오실지 우리가 소천한 후에 오실지는 모르나 반드시 오실 것입니다. 우리 주님은 "내가 진실로 속히 오리라"라고 약속하셨으니 우리는 "아멘 주 예수여 오시옵소서"의 신앙으로 살아야 한다고 믿습니다.

우리 모두는 기름을 준비하지 못한 어리석은 처녀처럼 되어서는 안 되고 예수님의 신성과 십자가 대속의 보혈을 굳게 믿는 신앙을 가지고 그리스도 재림 소망으로 살아가야 한다고 굳게 믿습니다. 우리에게 이런 믿음을 더 확실히 갖도록 도와주옵소서. 오늘도 우리의 건강과 활동을 지켜 주옵소서.
예수님의 이름으로 기도하옵나이다. 아멘.

431

롬 13:11

- "또한, 너희가 이 시기를 알거니와"
  이 시기는 초림과 재림 사이의 시대.
  성경은 역사를 "이생"과 "내세"로 나눈다.
  내세는 예수님의 초림으로 시작되었다.
  이 시기는 두 시대가 중복되어 있다.
- 그리스도 재림 전의 이 시기를 바로 알라.
  종말을 바라보며 그리스도의 재림을 준비하는 삶을 살라.

> ¹¹ 또한, 너희가 이 시기를 알거니와 자다가 깰 때가 벌써 되었으니 이는 이제 우리의 구원이 처음 믿을 때보다 가까웠음이라

예수님은 그리스도시요 살아 계신 하나님의 아들입니다. 예수님이 하나님의 아들 그리스도라는 증거로 십자가에서 우리 죄를 대신해서 피 흘려 죽으시고, 죽은 자들 가운데서 부활하셨습니다.

이 예수님이 하나님의 아들, 예수님이 그리스도, 예수님이 우리 죄를 대신해서 십자가에서 피 흘려 죽으시고 부활하셨다는 복음으로 우리 인생 모든 문제가 처리되고 해답을 얻습니다. 이 복음은 모든 믿는 자에게 구원을 주시는 하나님의 능력이 됩니다. 이 하나님의 아들 예수 그리스도의 복음, 그리스도 십자가 대속의 피의 복음으로 깊이 뿌리내리기를 기원합니다.

예수님의 신성의 하나님 되심과 십자가 대속의 피의 복음을 마음 중심에 믿고 구원받은 그리스도인은 자신이 속한 이 시기를 바로 알고 그리스도의 재림을 준비하는 삶을 살아야 합니다. 중생한 그리스도인은 세상 역사가들이나 세속적 사람들이 생각하는 시대관과 전혀 다른 관점을 갖고 이 세상을 살아갑니다.

소위 신학적 용어로 말하면 종말론 교리를 믿고 살아갑니다. 우리 주 예수 그리스도께서 재림 시 세상은 심판을 받고 새로운 시대, 완성된 하나님 나라를 이룬다는 세계관을 갖고 살아갑니다.

그 결과 기독교인의 윤리는 세상 사람들이 생각하는 윤리와 이점에 있어서 결정적 차이가 있습니다. 이 종말론적 사고 때문에 윤리에 대한 기독교 교훈은 세상의 다른 도덕적 교훈이나 윤리적 체계와 크게 차이가 나는 것입니다.

이 사실이 고대나 현대 모든 형태의 휴머니즘과 행실에 관한 기독교 가르침 사이를 차이 나게 하는 것입니다. 그 사실이란 바로 이것입니다.

곧 다른 모든 세상의 체계들은 마지막 때에 일어나는 일에 대한 이 위대한 교리에 관해서 전혀 알지도 못하고 관심도 없다는 점입니다. 그들은 이 교리가 주는 동기를 줄 수 없습니다. 그래서 그들은 항상 실천에 있어서 실패하는 것입니다.

기독교 신앙을 유별나게 하는 표지는 그것이 모든 것을 종말론에 비추어 본다는 것입니다. 성경 가르침의 처음과 끝을 주도하는 특징이 바로 그것입니다. 성경은 모든 것을 궁극적 목표, 반드시 만나게 되어 있는 궁극적 목적에 비추어 봅니다.

기독교 신앙의 진수를 제시하는 로마서에서 이 사실을 명확하게 밝히고 있습니다. 우리가 앞서 보았던 바와 같이 로마서 12장 2절에서 바울은 이렇게 말하였습니다.

> 너희는 이 세대를 본받지 말고 오직 마음을 새롭게 함으로 변화를 받아 하나님의 선하시고 기뻐하시고 온전하신 뜻이 무엇인지 분별하도록 하라(롬 12:2).

바울이 말한 "이 세대", 곧 이 세상이라는 말은 또 다른 세계가 있다는 것을 암시합니다. 이 세상이 있고 눈에 보이지 않는 영적 세상이 있습니다. 이것이 성경 전체를 관통하여 흐르는 요점입니다.

그래서 바울은 이제 이 사실을 오늘 본문에서 다시 구체적으로 밝히고 있습니다. 로마서 13장 11절을 보면 "또한, 너희가 이 시기를 알거니와 자다가 깰 때가 벌써 되었으니 이는 이제 우리의 구원이 처음 믿을 때보다 가까웠음이라"라고 하였습니다.

바울은 "또한, 너희가 이 시기를 알거니와"라고 합니다. 우리는 오늘 설교에서 "이 시기"에 대한 이해를 깊이 상고하고자 합니다.

"이 시기"는 우리가 살고 있는 시기입니다. 이 시기는 결론부터 말하자면 그리스도의 초림과 재림 사이의 시대입니다. 이 시기는 예수님께서 이미 오셔서 십자가 대속의 사역을 행하신 것과 예수님께서 앞으로 다시 오셔서 세상을 심판하실 것 사이의 중간기입니다.

이 위대한 진리는 기독교만이 갖는 것으로 세상은 모릅니다. 사실상 시간과 역사의 문제는 인류 역사의 시작 이후로 중요한 주제였습니다. 그러나 세상은 세속적 달력의 문제로 시간을 볼 뿐입니다. 많은 비기독교 역사가들은 인류 역사에 어떤 진정한 의도도 간파할 수 없었습니다.

그리하여 그들이 평생 역사를 연구하여 얻은 결론은 역사에는 어떤 뚜렷한 목적이 전혀 없다는 것이었습니다. 아무런 계획도 어떠한 노선도 없다는 것이었습니다. 그들은 시간이 하나님의 창조물인 것을 전혀 이해하지 못하고 있습니다.

그러나 성경은 하나님의 계획에 따른 구속사적 관점을 명확히 제시합니다. 역사는 하나님이 주관하시고 계획하신 것입니다. 그리고 이 역사 속에서 존재하는 시간의 요소는 항상 우리 주 예수 그리스도와의 관계를 가장 우선적이고 본질적으로 생각합니다. 즉, 시간의 주인으로서 예수 그리스도이신 것입니다.

성경은 역사를 "이생"과 "내세"로 나누고 있습니다. 신약성경의 저자들은 내세 혹은 하나님의 나라가 예수님에 의해 시작되었음을 분명하게 밝힙니다. 그러므로 현재는 두 시대가 중복되어 있습니다. 우리는 옛 시대가 마침내 사라지고 중복된 시기가 끝나며 하나님 나라의 새 시대가 완성될 종말을 대망합니다. 이는 그리스도의 재림으로 완성될 것입니다.

바울은 오늘 본문에서 이러한 의미에서 "또한, 너희가 이 시기를 알거니와"라고 하였습니다. 그러므로 이 시기를 바로 이해한 그리스도인은 그리스도의 재림이 가까운 재림을 준비하는 삶을 살아야 하는 것입니다. 무엇보다도 먼저 모든 그리스도인은 예수님의 신성과 십자가 대속, 피의 사역의 신앙의 등불을 준비하고 거룩하고 경건한 삶을 살아야 합니다.

오직 그리스도, 오직 믿음, 오직 예수 보혈 신앙으로 성령 충만 받아 그리스도 재림을 소망하면서 하나님 사랑과 이웃 사랑의 열매를 맺고 거룩한 삶을 살기를 간절히 기원합니다.

살아 계신 아버지 하나님!

하나님의 은혜를 감사합니다.

이 시기는 자다가 깰 때가 되었다고 믿습니다. 코로나19 바이러스의 전세계적 창궐은 이 시기가 우리 주 예수 그리스도의 재림이 가까워 온 시대라는 하나님의 경고라고 믿지 않을 수 없습니다. 이 세상은 물질적인 탐욕과 인간 이성의 우상, 과학 기술의 만능의 우상, 그리고 성적 탐닉의 절정이요 하나님의 진노의 죄악인 동성애로 뒤덮인 세상입니다.

이때 우리 그리스도인들은 먼저 예수님의 신성의 하나님의 아들 되심과 십자가 대속의 보혈 신앙을 굳게 믿는 등불을 들고 졸지 않고 깨어 기도하면서 그리스도 재림을 대망하면서 거룩하고 경건한 삶을 살아야 한다고 믿습니다.

그리스도의 초림과 그리스도 재림의 중간기의 시대로서 현재 우리는 옛시대가 사라지고 하나님 나라의 새 시대가 완성될 종말을 대망하며 사는 때임을 바르게 인식해야 한다고 믿습니다. 이런 중대한 위기의 때에 예수 그리스도로 옷 입고 육신의 일을 도모하지 않고 살며, 단정히 행하는 복음적 삶을 세상에 드러내야 한다고 믿습니다.

오늘도 이를 위해 우리로 건강하게 해 주시고 건전하게 하여 그리스도의 편지로 세상에 살게 하시고 하나님 사랑과 이웃 사랑의 전도자로 살도록 은혜를 베풀어 주옵소서.

예수님의 이름으로 기도하옵나이다. 아멘.

롬 13:11

- "우리의 구원이 처음 믿을 때보다 가까웠음이라"
  구원은 과거와 현재와 미래 삼중적으로 완성됨.
- 우리의 과거(칭의), 현재(성화), 미래(영화)를 포함한다.
  그리스도 재림 대망 및 준비하는 삶을 살라.

> ¹¹ 또한, 너희가 이 시기를 알거니와 자다가 깰 때가 벌써 되었으니 이는 이제 우리의 구원이 처음 믿을 때보다 가까웠음이라

예수님은 그리스도시요 살아 계신 하나님의 아들입니다. 예수님이 하나님의 아들 그리스도라는 증거로 십자가에서 우리 죄를 대신해서 피 흘려 죽으시고, 죽은 자들 가운데서 부활하셨습니다.

이 예수님이 하나님의 아들, 예수님이 그리스도, 예수님이 우리 죄를 대신해서 십자가에서 피 흘려 죽으시고 부활하셨다는 복음으로 우리 인생 모든 문제가 처리되고 해답을 얻습니다. 이 복음은 모든 믿는 자에게 구원을 주시는 하나님의 능력이 됩니다. 이 하나님의 아들 예수 그리스도의 복음, 그리스도 십자가 대속의 피의 복음으로 깊이 뿌리내리기를 기원합니다.

예수님의 신성의 하나님 되시는 신성의 인격과 대속의 죽음과 부활의 사역을 믿을 때 인간은 구원을 얻습니다.

그렇다면 그 "구원"이란 구체적으로 어떤 의미입니까?

"구원"이란 포괄적인 개념으로서 죄와 죽음, 율법의 저주와 재앙, 그리고 지옥과 사탄의 권세로부터 해방받고 영생을 얻는 것을 의미합니다. 구원은 영생과 대단히 밀접한 관계가 있으나 서로 구별됩니다.

중생이 그리스도 안에 준비된 하나님의 구원의 결과와 범위를 강조하고 있다면, 구원은 모든 사람이 하나님으로부터 필요로 하는 영적 생명의 필요성과 근원과 성격에 주로 관계하고 있습니다. 또한, 구원은 화해와도 구별됩니다.

오늘날 "화해"의 교리에 우리의 모든 주의를 집중시켜 "구원"의 중심적 위치를 모호하게 하는 신신학(新神學)의 경향을 우리는 경계합니다. 미국연합장로교회는 1967년 신앙고백서를 제정하면서 "화해"의 교리를 전 신앙고백서의 중심에 놓았습니다. 화해란 구원의 내용이 다름 아닌 원수 되었던 우리가 하나님과의 화해의 관계 속에 있게 된 것을 말합니다.

그러나 화해가 중요한 교리인 것은 틀림 없으나 화해는 하나님의 구원의 전체 경륜 속에 한 부분에 불과합니다. 구원에 있어서 미래에 나타날 영광과 복락의 개념이 빠지고 또 우리의 원수 사탄 마귀에 대한 궁극적 승리 등이 무시될 우려가 있습니다.

성경은 이 "구원"에 관한 말을 수없이 많이 사용하고 있는 매우 중요한 용어입니다. 비록 형이상학적 진리이나 다른 용어로 대체되어서는 절대로 안됩니다. 우리는 오늘 본문에서도 사도 바울이 이 구원의 내용을 언급하는 말씀을 듣고 있습니다.

본문 로마서 13장 11절을 보면 "또한, 너희가 이 시기를 알거니와 자다가 깰 때가 벌써 되었으니 이는 이제 우리의 구원이 처음 믿을 때보다 가까웠음이라"라고 하였습니다.

"이는 이제 우리의 구원이 처음 믿을 때보다 가까웠음이라"라고 합니다. 여기서 바울이 사용한 "구원"이란 말은 포괄적인 개념으로서 죄와 죽음, 율법의 저주와 재앙, 그리고 지옥과 사탄의 권세로부터 해방받고 영생을 얻는 것을 말합니다. 이 구원이라는 말은 우리의 과거(칭의), 우리의 현재(성화), 우리의 미래(영화)를 포괄하는 것입니다.

오늘 본문에서는 "우리의 구원이 처음 믿을 때보다 가까웠음이라"라고 하기 때문에 이 말씀은 분명 우리의 미래와 최종적인 구원을 염두에 두고 있습니다(롬 8:24). 이는 바울이 로마서 8장에서 영광의 자유, 우리가 마침내 하나님의 자녀로 입양하는 것, 그리고 우리 몸의 속량이라는 견지에서 묘사한 것입니다(롬 8:21-23)

그래서 바울은 이러한 몸의 속량으로 완성될 구원은 이제 우리가 처음 회심하여 구원 얻었을 때보다 더 가까이 왔다고 말하는 것입니다. 그것은 날마다 더 가까워집니다. 그리스도의 재림 때 이루어질 궁극적 구원은 세월이 갈수록 가까워집니다. 그것은 그리스도의 재림이 더 가까워지고 있기 때문입니다.

그래서 예수님을 하나님의 아들로 믿고 구원받은 그리스도인은 구원의 3시제를 바로 이해할 필요가 있습니다. 위에서 밝힌 내용을 다시 설명하여 이 구원의 3시제 개념을 명확히 하고자 합니다.

우리는 예수님을 하나님의 아들로 믿을 때 "구원을 받았다"(엡 2:8-9)라고 과거적으로 말합니다. 곧 이는 신분적 구원이며, 신학적으로 "칭의"를 얻은 것입니다. 이는 단 한 번의 회개로 순간적 하나님의 자녀로 출생하는 것입니다.

또 우리는 현재적으로 "구원을 이룬다"(빌 2:12)라고 말합니다. 이는 신학적으로 "성화"이며, 이는 신분적이 아니라 상태적 변화입니다. 이는 자백으로 이루어지며 날마다 반복적이며 지속적이고 성장하는 것입니다.

또 우리는 미래적으로 "구원을 얻을 것이다"(롬 13:11)라고 말합니다. 이는 신학적으로 "영화"이며 궁극적이고 일회적이며 순간적이고 우리가 사망 후 혹은 그리스도 재림 시에 완성됩니다.

이렇게 우리의 구원은 과거, 현재, 미래의 삼중적으로 완성됩니다. 우리 모두는 미래 어느 날 예수님의 재림과 함께 궁극적으로 구원받아 완전한 인간으로 변화할 것을 소망하고 있습니다.

우리 모두는 오직 그리스도, 오직 믿음, 오직 예수 보혈 신앙으로 예수 그리스도의 가까운 재림을 준비하는 거룩한 삶, 하나님 사랑과 이웃 사랑의 전도자의 삶을 살도록 기도하겠습니다.

살아 계신 아버지 하나님!

하나님의 은혜를 감사합니다.

억만죄악의 인생들, 지옥과 사탄의 노예로 사는 인생들, 율법의 저주로 사망 선고를 받고 사는 인생들을 하나님께서 독생자 예수 그리스도를 이 땅에 보내셔서 십자가 대속의 죽으심으로 죄 사함 받아 구원 얻는 길을 열어 주신 은혜에 무한히 감사하며 찬양을 올려 드립니다.

우리는 구원이 과거, 현재, 미래의 삼중적으로 완성된다는 말씀을 오늘 듣습니다. 우리는 이미 구원을 받았고, 현재 구원을 받고 있으며, 미래 영광스러운 몸의 속량을 받을 구원을 얻을 것입니다.

사도 바울이 오늘 본문에서 구원의 3시제에 관한 미래에 이루어질 우리의 구원이 처음 믿을 때보다 가까웠다고 함이 이런 의미의 구원이라고 믿습니다. 이 시기는 그리스도의 초림과 재림의 중간기로서 예수 그리스도의 가까운 재림을 준비하며 사는 때로서 우리 모두는 자다가 깰 때가 되었다고 믿습니다.

이 시대는 이생과 내세가 중복되어 있는 시대이기에 오늘의 시대를 살면서 이 생에서 맡겨진 사명에 최선을 다하는 동시에 그리스도의 재림을 대망하며 거룩한 삶, 그리고 고결한 인격의 삶을 살도록 우리의 믿음을 굳게 세워 주옵소서. 무엇보다도 위드 코로나 시대의 위기에 건강을 지켜 주시고 오직 그리스도, 오직 은혜, 오직 예수 보혈 신앙으로 살게 해 주시고 하나님 사랑과 이웃 사랑의 전도자로 살아가게 도와주옵소서.

예수님의 이름으로 기도하옵나이다. 아멘.

롬 13:11

- "자다가 깰 때가 벌써 되었으니"
  죄의 잠, 육신의 안일과 나태의 잠, 영적 사망의 잠에서 깰 것.
- 이 시기는 복음을 위해 일할 때요, 임박한 구원 때문에 깨어 있으라.
  그리스도의 재림을 바라보며 살라.

> ¹¹ 또한, 너희가 이 시기를 알거니와 자다가 깰 때가 벌써 되었으니 이는 이제 우리의 구원이 처음 믿을 때보다 가까웠음이라

예수님은 그리스도시요 살아 계신 하나님의 아들입니다. 예수님이 하나님의 아들 그리스도라는 증거로 십자가에서 우리 죄를 대신해서 피 흘려 죽으시고, 죽은 자들 가운데서 부활하셨습니다.

이 예수님이 하나님의 아들, 예수님이 그리스도, 예수님이 우리 죄를 대신해서 십자가에서 피 흘려 죽으시고 부활하셨다는 복음으로 우리 인생 모든 문제가 처리되고 해답을 얻습니다. 이 복음은 모든 믿는 자에게 구원을 주시는 하나님의 능력이 됩니다. 이 하나님의 아들 예수 그리스도의 복음, 그리스도 십자가 대속의 피의 복음으로 깊이 뿌리내리기를 기원합니다.

예수님의 신성의 하나님 되심과 십자가 대속의 피의 복음을 마음 중심에 믿고 중생한 그리스도인은 오늘의 시대를 분별하고 그리스도 재림을 바라보면서 육신의 안일과 게으름과 나태의 잠에서 깨어 예수 그

리스도와 그의 복음을 위해 일해야 합니다. 다수의 그리스도인들은 그리스도 재림에 임박성을 못 느껴서 영적 무감각의 삶을 살고 있다고 보입니다.

그러나 그리스도인은 그리스도의 재림이라는 우주적 종말은 언제 올지 모르지만 적어도 자신의 개인적 종말은 점점 가까워지고 있습니다. 그리스도인은 어느 순간에 별세하여 예수님을 만나게 될지 모르므로 자신들이 믿기 시작한 후 시간이 흐른 그만큼 예수님을 만나게 될 구원은 더욱 가까워진 것을 깨달아야 합니다.

그러므로 모든 그리스도인은 죄의 잠에서, 육신의 안일과 게으름과 나태의 잠에서, 영적 사망의 잠에서, 그리고 영적 무감각의 잠에서 깨어 있어야 합니다. 우리가 잠에서 깨기 위해서는 자극을 받거나 충격을 받을 필요가 있습니다. 그리스도의 모든 제자에게 주어진 명령은 "깨어 있으라"라는 한마디입니다.

오늘 본문에서 바울은 이 경고를 합니다. 로마서 13장 11절을 보면 "또한, 너희가 이 시기를 알거니와 자다가 깰 때가 벌써 되었으니 이는 이제 우리의 구원이 처음 믿을 때보다 가까웠음이라"라고 하였습니다.

우리는 "깨어라"라는 명령을 듣고 순종해야 합니다. 우리는 우리의 영혼과 영원한 일에 관심을 가져야 합니다. 죄를 조심하고 선한 일을 준비하고 힘써야 합니다. 우리는 예수님의 재림을 항상 대망하면서 살아야 합니다.

바울은 "자다가 깰 때가 벌써 되었다"라고 합니다. 이에 대하여 두 가지 사실을 적시합니다.

첫째, 이 시기를 알아야 한다고 합니다.

우리는 지금 우리와 함께하는 시간이 어떤 시간인지 생각해 보아야 합니다. 아마 자다가 깰 때라는 것을 확실히 알 것입니다.

지금은 복음 시대입니다. 인정받을 때요 일할 때입니다. 지금은 사람들이 어둠 속에 있어서 하나님이 가르쳐 주신 것에 대해 무지했던 과거보다 훨씬 더 많은 것을 기대하시는 때입니다.

지금은 진정 깰 때입니다. 왜냐하면, 해가 중천에 떠올라 우리 얼굴을 비치고 있기 때문입니다.

이런 때에 우리가 잠에 취하여 자고 있어야겠습니까?

바울은 다른 성경, 데살로니가전서 5장 5-6절에서 "너희는 다 빛의 아들이요 낮의 아들이라 우리가 밤이나 어둠에 속하지 아니하나니 그러므로 우리는 다른이들과 같이 자지 말고 오직 깨어 정신을 차릴지라"라고 하였습니다.

지금은 깰 때입니다. 왜냐하면, 다른 사람들이 일어나 활동하고 있기 때문입니다. 지금은 바쁘게 일할 때임을 알아야 합니다. 우리에게는 할 일이 많습니다.

또 지금은 위기의 때임을 알아야 합니다. 우리는 원수들과 덫들이 난무하는 와중에 있습니다. 지금이야말고 진정 깰 때입니다. "보라 신랑이로다"라고 할 날이 실로 가까웠으니 일어나 그리스도 재림에 대비해야 합니다.

둘째, 우리가 깰 때가 된 것은 우리에게 임박한 구원 때문입니다.

본문은 "이제 우리의 구원이 처음 믿을 때보다 가까웠음이라"라고 하고 있습니다. 우리의 구원이 처음 믿어 기독교에 대한 신앙고백을

했을 때보다 가까워졌습니다.

지금 우리는 우리가 첫사랑을 가졌을 때보다 우리 여행의 목적지에 훨씬 더 가까이 와 있으므로 우리가 우리의 길을 생각하고 발걸음을 빨리해야 합니다. 우리와 천국 사이의 거리는 단지 한 걸음 사이에 불과한데 우리의 순례의 길이 그토록 느리고 둔해서는 안 되겠습니다.

저는 노년에 들어 예수님의 신성의 하나님의 아들 복음과 십자가 대속의 피의 복음을 창세기부터 요한계시록까지 구속사적 방법으로 강해하고자 하는데, 얼마나 마음이 바쁜지 모르겠습니다. 우주적 종말뿐만 아니라 제 개인의 종말도 얼마 남지 않았다고 생각되기 때문입니다.

우리 모두 자다가 깰 때가 되었습니다. 잠은 영적 잠으로 현세와 육신의 일에 도취되어 신령한 일을 등한히 하고 잊어버린 상태입니다. 먼저 그의 나라와 그의 의를 구하며 살고 때를 얻든지 못 얻든지 복음을 전하며 살아야 합니다.

그러므로 우리 모두는 지혜로운 다섯 처녀처럼 십자가 대속의 보혈의 기름을 준비하고 오직 그리스도, 오직 믿음, 오직 예수 보혈 신앙으로 재림을 대망하며 살고 하나님 사랑과 이웃 사랑의 전도자로 살도록 세월을 아껴야겠습니다.

살아 계신 아버지 하나님!

하나님의 은혜를 감사합니다.

우리가 후회하지 않도록 먼저 자다가 깰 때가 되었음을 경고해 주시니 감사하옵나이다.

이 경고를 마음속 깊이 받아 예수 그리스도와 그리스도의 교회, 그리고 그리스도 복음을 위하여 열심을 내는 자들이 되기를 기도합니다.

내일은 우리의 시간표가 아니라 하나님과 그리스도의 시간표인즉 지금 듣고 순종하는 자들이 되기를 기도합니다.

명목상의 그리스도인은 반드시 예수님의 신성의 하나님 되심과 십자가 대속의 보혈을 믿어 중생해야 하고 육신의 안일과 게으름과 나태의 잠에서 그리고 영적 사망의 잠에서 반드시 깨어야 한다고 굳게 믿습니다. 우리는 세상 사람들처럼 살아서는 안 되고 영적 잠에서 깨어 그리스도와 그의 복음을 위해 일해야 한다고 믿습니다.

우리는 주님 앞에 서는 날 우리 각 사람의 공적이 나타날 것인즉 불에 타는 공적으로 우리 인생을 설계하지 말고 금이나 은이나 보석의 귀중한 것으로 우리 주 예수 그리스도를 위하여 세우는 자들이 되게 하여 주옵소서.

오늘도 이렇게 살기를 다짐하고 오직 그리스도, 오직 믿음으로 사는 자들의 건강을 지켜 주시고 건전하게 하여 고귀한 인격의 삶을 살게 하여 주옵소서.

예수님의 이름으로 기도하옵나이다. 아멘.

434

롬 13:12-24

- 어거스틴을 회개시킨 말씀.
  기독교 지도자들의 말씀 체험과 중생.
- 어거스틴의 초기 생애.
  "정원에서"
  어거스틴이 쓴 글들(이단 논박의 글들, 고백록, 기독교 교리론, 성삼위일체론, 하나님의 도성)의 영향력: 중세 교회와 신성로마제국의 창설자.
  말씀을 체험하라.

> ¹² 밤이 깊고 낮이 가까웠으니 그러므로 우리가 어둠의 일을 벗고 빛의 갑옷을 입자 ¹³ 낮에와 같이 단정히 행하고 방탕하거나 술 취하지 말며 음란하거나 호색하지 말며 다투거나 시기하지 말고 ¹⁴ 오직 주 예수 그리스도로 옷 입고 정욕을 위하여 육신의 일을 도모하지 말라

예수님은 그리스도시요 살아 계신 하나님의 아들입니다. 예수님이 하나님의 아들 그리스도라는 증거로 십자가에서 우리 죄를 대신해서 피 흘려 죽으시고, 죽은 자들 가운데서 부활하셨습니다.

이 예수님이 하나님의 아들, 예수님이 그리스도, 예수님이 우리 죄를 대신해서 십자가에서 피 흘려 죽으시고 부활하셨다는 복음으로 우리 인생 모든 문제가 처리되고 해답을 얻습니다. 이 복음은 모든 믿는 자에게 구원을 주시는 하나님의 능력이 됩니다. 이 하나님의 아들 예수 그리스도의 복음, 그리스도 십자가 대속의 피의 복음으로 깊이 뿌리내리기를 기원합니다.

예수님의 신성의 하나님 되심과 십자가 대속의 피의 복음을 마음 중심에 믿을 때 구원을 얻는 그리스도인이 됩니다. 그러나 우리가 예수님의 신성의 인격과 대속의 죽음과 부활 사역의 복음을 처음부터 믿고 중생한 그리스도인이 되는 경우는 많지 않습니다.

부모가 예수 그리스도를 잘 믿어서 그 가정에서 신앙으로 양육된 자녀들은 하나님의 은혜로 자연스럽게 예수 그리스도를 하나님의 아들로 믿고 구원 얻는 신앙을 가질 수 있습니다. 그러나 그 경우에도 다수의 자녀들은 형식적 신앙만 갖고 신앙생활을 하는 경우가 많습니다.

그러다가 어느 날 설교 중에나 성경을 읽는 중에나 신앙 서적을 읽는 중에나 전도자의 말을 듣는 중에 어떤 하나님의 말씀이 그 개인 속에 들어와 회개를 일으켜 회심하여 구원 얻는 신앙의 그리스도인이 됩니다. 이런 현상은 특히 기독교 지도자들의 생애 속에 많이 나타났습니다.

우리가 잘 아는 중세 시대 종교개혁가 마틴 루터는 로마서 1장 17절 "오직 의인은 믿음으로 살리라"는 말씀을 통해 회심했습니다. 또 유명한 중앙아프리카 개척 선교사인 데이비드 리빙스턴의 경우에는 마태복음 28장 20절 "볼지어다 내가 세상 끝날까지 너희와 항상 함께 있으리라"라는 말씀이 그에게 생명을 불어 넣어 주었습니다.

이외에도 많은 유명 그리스도인의 말씀 체험과 회심의 근거가 되는 구절들이 있습니다.

마지막 청교도 세대로 알려진 18세기 미국의 조나단 에드워즈는 디모데전서 1장 17절 "영원하신 왕 곧 썩지 아니하고 보이지 아니하고 홀로 하나이신 하나님께 존귀와 영광이 영원 무궁토록 있을지어다 아멘"을 읽는 중에 특별한 말씀 체험을 하였습니다.

또 유명한 설교의 황제로 알려진 찰스 스펄전(1834-1892)은 한 무명 설교자가 즉석으로 설교한 이사야 45장 22절 "땅 끝의 모든 백성아 나를 앙망하라 그리하면 구원을 얻으리라"(개역성경)라는 말씀을 듣고 회심하였습니다.

오늘 우리는 로마서 13장 끝에서 교회 역사에 대해서 무엇을 아는 사람이라면 어거스틴(Augustine)을 생각하게 하는 세 구절을 만나게 됩니다. 이것은 하나님께서 그의 회심을 위하여 사용하신 말씀이었습니다. 곧 로마서 13장 12-14절 말씀이었습니다.

어떻게 이 말씀이 어거스틴에게 작용하였는가는 매우 매력적인 이야기입니다. 그는 그의 『고백록』에서 그 이야기를 합니다.

그는 정원에서 거닐고 있었습니다. 그의 마음은 그가 선한 생활을 하려던 계획의 실패로 절망 중에 있었습니다. 그는 비참하게 부르짖고 있었습니다.

"얼마나 더 그래?
얼마나?
내일, 그리고 또 내일?
왜 지금은 안 될까?
왜 이 시각에 내 타락한 생활에 종지부를 찍지 못하나?"

그가 갑자기 "집어 읽어라. 집어 읽어라"(톨레 레게, 톨레 레게)라는 말을 들을 때까지 그는 이같이 말하고 생각하고 슬피 울고 있었습니다.

그 소리는 마치 어린아이의 목소리와 같았습니다.

그는 이런 말이 나오는 아이들의 장난을 생각해 내려고 머리를 쥐어짜 보았으나 도무지 생각이 나지 않았습니다. 그는 자기가 바울 서신 한 권을 두고 왔기 때문에 자기 친구 알피리우스가 앉아 있던 자리로 급히 되돌아 갔습니다.

그는 그 책을 날쌔게 집어 그 눈이 닿은 구절을 조용히 읽었습니다.

> 낮에와 같이 단정히 행하고 방탕하거나 술 취하지 말고 음란하거나 호색하지 말며 다투거나 시기하지 말고 오직 주 예수 그리스도로 옷 입고 정욕을 위하여 육신의 일을 도모하지 말라 (롬 13:13-14).

그는 더 이상 읽고 싶지도 않았고 그럴 필요도 없었습니다. 그 순간 선고가 끝나는 것처럼 가슴은 빛에 의해 어둠이 걷히고 안도감이 느껴지듯 의심의 구름이 사라져 버렸습니다.

어거스틴은 북아프리카로 돌아가 장로가 되었고 히포의 감독이 되어 주후 430년 76세의 나이로 세상을 떠날 때까지 40년 이상 주님을 섬겼습니다. 이 어거스틴이 기독교 신학과 교회에 공헌한 중요성은 과소 평가할 수 없습니다. 그는 성경에 기록되지 않은 다른 어떤 인물보다 그의 글을 통해 그 영향력을 미쳤습니다. 그의 글은 중세 시대 교회에 최고의 생명력을 제공했으며 그런 의미에서 그는 신성로마제국의 진정한 창설자였습니다.

그는 이단 논박의 많은 글을 썼고 가장 많이 알려진 네 권의 저서는 『고백록』, 『기독교 교리론』, 『성삼위일체』, 『하나님의 도성』이었습니다. 『하나님의 도성』은 역사철학에서 최고의 고전으로 인정받고 있습니다. 로마서 13장 13-14절은 어거스틴을 회심시킨 구절들임과 동시에 또한, 그의 생애 요약이기도 하였습니다. 이 성경 구절은 모든 사람에게 요구하는 말씀입니다.

우리 모두 오직 그리스도, 오직 믿음, 오직 예수 보혈 신앙으로 "오직 주 예수 그리스도로 옷 입고" 사는 그리스도인이 되도록 기도하겠습니다.

살아 계신 아버지 하나님!

하나님의 은혜를 감사합니다.

우리가 하나님께로부터 다시 태어난다는 것은 하나님의 은혜로 된 것임을 믿습니다. 무엇보다도 하나님의 말씀이 우리 영혼 속에 찾아와 빛을 비추어 줄 때에 우리는 이전 사람과는 전혀 다른 새사람이 되어 있음을 알게 됩니다.

오늘 본문 중에서 중세 교부로 유명한 어거스틴이 회심한 말씀을 들었습니다. 그는 방탕하거나 술 취하지 않으며 음란과 호색과 시기의 삶을 벗어 버리고 오직 주 예수 그리스도로 옷입고 사는 그리스도인으로 살 수 있는 은혜를 받고 그 은혜에 따라 40년 이상 예수 그리스도를 위해 섬기며 많은 저작을 통해 중세 교회와 오늘에 이르기까지 많은 영향력을 끼친 인물이 되었다고 믿습니다.

각 사람에게 주신 하나님의 은혜가 각각 다르다고 믿지만 자비로우신 아버지 하나님께서 우리를 회개하여 예수 그리스도를 믿도록 부르셨으니 우리도 오직 예수 그리스도로 옷 입고 거룩한 삶을 살아 섬기는 교회와 후대 사람들에게 좋은 영향력을 미치는 그릇으로 세워 사용하여 주옵소서.

오늘도 우리로 모두 건강하게 하시고 건전하게 하시어 세상에 나가 그리스도의 편지로 살게 하시고 하나님 사랑과 이웃 사랑의 이중 계명을 기꺼이 수행하는 열매를 맺고 살게 하여 주옵소서.

예수님의 이름으로 기도하옵나이다. 아멘.

435

롬 13:12

- 밤이 깊고 낮이 가까왔으니.
 "밤"은 어둠의 옛 시대.
 "낮"은 그리스도께서 다시 오실 때.
 하나님의 나라가 예수님 초림과 함께 왔다.
- 우리는 그리스도의 초림과 재림의 말세에 살고 있다.
 깨어 그리스도 대망의 삶을 살라.

> **12** 밤이 깊고 낮이 가까웠으니 그러므로 우리가 어둠의 일을 벗고 빛의 갑옷을 입자

예수님은 그리스도시요 살아 계신 하나님의 아들입니다. 예수님이 하나님의 아들 그리스도라는 증거로 십자가에서 우리 죄를 대신해서 피 흘려 죽으시고, 죽은 자들 가운데서 부활하셨습니다.

이 예수님이 하나님의 아들, 예수님이 그리스도, 예수님이 우리 죄를 대신해서 십자가에서 피 흘려 죽으시고 부활하셨다는 복음으로 우리 인생 모든 문제가 처리되고 해답을 얻습니다. 이 복음은 모든 믿는 자에게 구원을 주시는 하나님의 능력이 됩니다. 이 하나님의 아들 예수 그리스도의 복음, 그리스도 십자가 대속의 피의 복음으로 깊이 뿌리내리기를 기원합니다.

예수님의 신성의 하나님 되심과 십자가 대속의 피의 복음을 마음 중심에 믿고 중생하여 구원받은 그리스도인은 어둠의 옛 시대에서 벗어나 빛 되신 그리스도 안으로 들어와 사는 자입니다. 그러나 오늘을 사는 우리 그리스도인은 이미 온 하나님의 나라와 이제 올 하나님 나라의 중간기에 살고 있습니다.

그러므로 우리는 그리스도의 초림과 재림의 중간에 사는 자로서 두 시대가 중복되어 있는 시대에 살고 있습니다. 우리는 옛 시대가 마침내 사라지고 중복된 시기가 끝나며 하나님 나라의 새 시대가 완성될 날을 대망합니다.

그래서 사도 바울은 앞서 로마서 13장 11절 하단에서 "이제 우리의 구원이 처음 믿을 때보다 가까왔음이라"라고 한 다음, 오늘 본문 로마서 13장 12절 전반에서 "밤이 깊고 낮이 가까왔으니"라고 하였습니다.

여기서 "밤"은 어두움의 옛 시대를 상징하고, "낮"은 그리스도께서 다시 오시는 때를 상징합니다. 그래서 "밤이 깊고 낮이 가까왔다"라는 말씀은 밤은 이미 한참 진척되었으며 따라서 거의 끝났고 이제 바야흐로 그리스도께서 다시 오시는 때가 가까왔다는 것입니다.

사도들이 알고 있었던 하나님 나라는 하나님 나라의 왕 예수 그리스도께서 이 세상에 오심으로 함께 왔으며, 그 하나님 나라는 결정적인 구원 사건들, 즉 예수님의 대속의 죽으심, 부활, 그리고 승천과 그 후 성령을 선물로 주심의 사건들에서 이미 일어났다고 보는 것입니다. 이제 하나님의 달력에는 그리스도의 재림이라는 사건만이 남아 있을 뿐입니다.

이런 의미에서 우리는 그 사도들과 함께 "말세"에 살고 있습니다 (행 2:17, 고전 10:11, 히 1:2). 바로 이러한 의미에서 예수 그리스도는 "속히"(롬 16:20, 계 22:7, 계 22:12, 계 22:20) 오실 것입니다. 우리는 주의 깊게 깨어 있어야 합니다. 우리는 그때를 알지 못하기 때문입니다 (마 24:36, 막 13:32).

그렇다면 우리는 바울이 지금까지 시간에 대하여 세 번 언급한 것을 검토할 필요가 있습니다.

첫째, 우리가 깨어 있어야 할 그때가 벌써 되었습니다(롬 13:11 중반).

둘째, 이제 우리의 구원은 처음 믿을 때보다 가까이 있습니다(롬 13:11 하반).

셋째, 밤이 깊고 낮이 가까웠습니다(롬 13:12).

이것은 우리가 이미 앞서 살펴본 바 있는 그리스도의 초림의 "이미"와 그리스도의 재림의 "아직 아니"의 사이에 있는 잘 알려져 있는 긴장입니다. 그러나 세상은 이를 알지 못합니다.

세상은 "계몽 시대"에 대해 말합니다. 세상은 18세기 이성의 시대를 자랑하고 모든 지식이 축적된 19세기와 20세기의 놀라운 발견들에 자긍을 느끼고 마침내 21세기 지식 혁명의 시대에 발전된 지식으로 인류 문명의 미래를 크게 낙관하고 있습니다.

그러나 코로나19 펜데믹 앞에 그들의 교만이 많이 꺾여진 것이 사실이나 여전히 그들은 인생의 궁극적인 문제에 무지할 뿐 아니라 이 세상이 그리스도의 초림과 재림 사이의 긴장 시대에 있음을 전혀 알지 못하는 무지 속에 놓여 있습니다.

그러므로 예수님 신성의 인격과 십자가 대속의 피의 복음 진리를 마음 중심에 믿고 구원받은 그리스도인들은 우리의 구원이 처음 믿을 때보다 가까웠다는 사실, 그리하여 밤이 깊고 낮이 가까웠다는 사실을 교리적으로 확실하게 이해하고 살아야 합니다.

다시 말하면, 우리는 구원의 3시제를 바로 알고 그에 따라 살아야 세상 문화에 휩쓸려 살지 않고 구별된 삶, 날마다 구원 얻는 삶, 그리고 그리스도 재림 대망의 삶을 살 수 있는 것입니다.

성경은 "우리가 구원을 받았다"라고 말합니다. 또한, "우리가 구원을 받고 있다"라고 말합니다. 그리고 "우리가 구원을 얻을 것이다"라고 말합니다. 이렇게 말하는 것은 다 바른 것입니다.

우리는 죄책(罪責)의 입장에서 볼 때 이미 구원을 받았습니다. 하나님의 은혜로 말미암아 그렇게 구원을 받았다고 말할 수 있습니다. 그러나 죄의 세력과 죄의 오염에 대해서는 내가 구원을 받았다고 말할 수 없습니다. 구원받은 우리에게도 죄의 오염이 남아 있기 때문입니다.

그러므로 우리는 날마다 죄의 세력과 싸워 구원을 받고 살아야 합니다. 곧 성화의 삶을 살아야 합니다. 그러나 우리는 아직 죄와 상관없는 죄의 존재로부터 해방된 날을 바라보고 삽니다. 이것이 구원의 미래이며 이것이 오늘 본문이 말하는 "밤이 깊고 낮이 가까웠으니"라는 의미입니다.

구원받은 우리 모두는 이러한 구원의 3중적 의미를 바로 알고 날마다 죄와 더불어 싸워 거룩한 삶을 살고 또한 미래에 완성된 구원을 바라보면서 그리스도 재림 대망의 삶을 살아가야 하는 것입니다.

오직 그리스도, 오직 믿음, 오직 예수 보혈 신앙으로 답을 얻고 살며, 성령 충만 받아 빛의 열매인 모든 착함과 의로움과 진실함으로 살고 하나님 사랑과 이웃 사랑의 전도자로 살도록 기도하겠습니다.

―――※―――

살아 계신 아버지 하나님!
하나님의 은혜를 감사합니다.
우리는 세상 사람과 달리 오늘 우리가 사는 시대를 바르게 분별하고 살아야 한다고 굳게 믿습니다. 우리는 그리스도 재림 후 종말을 맞이하는 중요한 시기에 살고 있기 때문입니다.
성경은 말합니다. 밤이 깊고 낮이 가까웠으니라고 하기 때문에 어둠의 옛 시대인 밤이 깊어 가고 그리스도께서 다시 오실 재림이 때가 가까웠다는 중요한 말씀을 주목하여 들어야 한다고 믿습니다. 세상은 인류 문명의 발전을 말하나 역사적으로 볼 때 다 부패하고 타락하여 왔음을 알고 있습니다. 그것은 어둠의 세상이 끝나고 빛 되신 그리스도께서 오셔서 통치하시는 하나님 나라의 완성 안에 인류의 희망인 것을 말한다고 믿습니다.
우리는 초림과 재림의 중간기에 사는 자로서 이미 죄책으로부터 해방 받은 구원을 받았으나 여전히 죄의 세력과 자신의 오염된 것으로부터 현재 날마다 구원을 받고 살아야 한다는 사실, 그리고 이 구원은 그리스도 재림 시 완성된다는 진리를 바르게 이해하고 성령의 능력을 받고 두렵고 떨림으로 구원을 이루는 하루가 되도록 도와주시기를 기도합니다. 무엇보다 건강하게 하셔 하나님의 능력을 받아 하나님 사랑과 이웃 사랑의 율법을 기꺼이 지키며 살게 하여 주옵소서.

예수님의 이름으로 기도하옵나이다. 아멘.

롬 13:12

- "그러므로 우리가 어둠의 일을 벗고 빛의 갑옷을 입자"
  죄악의 일을 절대 피하고, 빛의 갑옷을 입으라.
- 빛의 갑옷은 곧 성령의 은혜이다.
  예수 보혈 신앙으로 성령의 은혜로 살라.

> ^{12} 밤이 깊고 낮이 가까웠으니 그러므로 우리가 어둠의 일을 벗고 빛의 갑옷을 입자

예수님은 그리스도시요 살아 계신 하나님의 아들입니다. 예수님이 하나님의 아들 그리스도라는 증거로 십자가에서 우리 죄를 대신해서 피 흘려 죽으시고, 죽은 자들 가운데서 부활하셨습니다.

이 예수님이 하나님의 아들, 예수님이 그리스도, 예수님이 우리 죄를 대신해서 십자가에서 피 흘려 죽으시고 부활하셨다는 복음으로 우리 인생 모든 문제가 처리되고 해답을 얻습니다. 이 복음은 모든 믿는 자에게 구원을 주시는 하나님의 능력이 됩니다. 이 하나님의 아들 예수 그리스도의 복음, 그리스도 십자가 대속의 피의 복음으로 깊이 뿌리내리기를 기원합니다.

예수님의 신성의 하나님 되심과 십자가 대속의 피의 복음을 마음 중심에 믿고 중생하여 구원받은 그리스도인의 삶은 한마디로 죄악의 일을 절대 피하고 빛의 갑옷을 입고 사는 삶입니다. 특히 종말이 가까이

온 이 시대에 사는 그리스도인은 오직 성령의 은혜를 힘입고 거룩함과 경건의 삶을 살아야 합니다.

젊은 사람들은 자기 시대에 그리스도 재림이라는 종말이 오리라고 생각하지 않기 때문에 항상 주의 일에 힘쓰는 자들이 되기보다는 자신의 정욕대로 살고자 하는 악한 습성 속에 살기 쉽습니다. 그러나 그렇게 살다 보면 죄악의 잠에 깊이 빠져서 깨어날 줄을 모르고 지옥과 파멸로 끝나게 됩니다.

저는 저 자신의 타락한 옛 죄의 본성을 잘 인식하기에 처음 예수 그리스도를 영접했을 때 열심뿐만 아니라, 특정한 날의 은혜 충만만 아니라, 날마다 어둠의 일을 벗고 빛의 갑옷을 입고 살고자 힘을 다해 노력합니다. 이것은 치열한 영적 전쟁입니다. 특히 우리가 반복되는 신앙생활을 하다 보면 타성에 젖고 형식화 되기 쉽습니다.

우리 모두는 "자기를 지배하는 창조적인 능력이 없을 때에는 하나님이 나를 지배하지 않고 있다는 증거"인 것을 알아야 합니다. 하나님이 나를 지배하고 있는 동안에는 막연하거나 게으르거나 아무래도 좋다거나 혹은 그렇지 않다면 잠자는 것 같이 그저 평안히 지내려 하지 않는 것입니다.

"어찌해서든 하나님께서 내게 주신 사명을 다해야겠다. 그리고 이것은 이전 사람들이 하지 못했던 일이다. 그러므로 내가 새로운 세계를 자꾸 개척해야겠다"라고 간절한 열정을 갖고 전진하는 것입니다. 그렇지 않고 현상이나 유지하며 살겠다 하면 이는 벌써 타락하는 것입니다.

그러므로 사도 바울은 자다가 깰 때가 된 이 시대에 우리를 향하여 이렇게 권고하는 것입니다.

본문 로마서 13장 12절 후단을 보면 "그러므로 우리가 어둠의 일을 벗고 빛의 갑옷을 입자"라고 합니다.

먼저 우리가 어둠의 일을 벗고자 합니다. 밤이 깊고 낮이 가까왔으니 어둠의 옷을 벗어야 합니다. 대낮에 그것을 입고 있는 것은 부끄러운 일입니다. 여기서 "어둠의 일을 벗어 버리자"라고 하는 것은 죄악의 일을 벗어 버리자는 말입니다.

죄악의 일은 어둠의 일입니다. 그것들은 무지와 실수라는 어둠으로부터 옵니다. 그것들은 은밀한 것과 남의 눈을 피하는 것을 좋아하며 지옥과 파멸로 끝납니다.

그러므로 낮에 속한 우리는 그것들을 벗어 버려야 합니다. 잠시 그 습관들을 멈추는 정도가 아니라 철저하게 그것들을 혐오하고 싫어함으로써 그것들과 절대로 함께하지 않도록 해야 합니다. 영원이 바로 문 앞에 이르렀기 때문에 우리는 우리가 버려야 할 것들을 행하는 자가 되지 않도록 조심해야 합니다(벧전 3:11, 14)

다음에 우리는 빛의 갑옷을 입어야 합니다. 그리스도인들은 원수들에게 둘러싸여 있는 군사들이고 그들의 삶은 전쟁입니다. 그러므로 그리스도인의 복장은 어떤 공격도 견고하게 막아 낼 수 있는 갑옷이 되어야 합니다. 즉, 우리가 입도록 지시 받는 것은 하나님의 전신갑주입니다(엡 6:13 이하).

그리스도인은 무장하지 않으면 옷을 입고 있지 않은 것으로 간주됩니다. 성령의 은혜는 사탄의 유혹과 이 악한 세상의 공격으로부터 영혼을 안전하게 지켜 주기 위해 이 갑옷이 되어 줍니다(매튜 헨리, 『로마서 주석』)

이것은 빛의 갑옷으로 불리는데 로마 병사들이 입었던 밝게 빛나는 갑옷을 암시할 수 있습니다. 성령의 은혜는 딱 어울리는 찬란한 복장이요 하나님이 보시기에 큰 가치를 지닌 옷입니다. 이것만이 그리스도인을 영적 전쟁에서 승리를 가져다 줄 무기입니다.

죄와 사탄에 대항하는 영적 전쟁에서 우리는 중립을 지킬 수 없습니다. 예수 그리스도를 위하여 싸우지 않으면 영적 세력들에게 점령당할 수 밖에 없습니다. 그러므로 그리스도의 군사로 모집받은 우리는 어둠의 일을 벗고 빛의 갑옷을 입고 항상 주의 일에 더욱 힘쓰는 자들이 되어야겠습니다.

오늘도 우리 모두 오직 그리스도, 오직 믿음, 오직 예수 보혈 신앙으로 살고 성령 충만 받아 성령의 은혜를 따라 살아가며 하나님 사랑과 이웃 사랑의 열매를 맺는 하루가 되도록 기도하겠습니다.

살아 계신 아버지 하나님!

하나님의 은혜를 감사합니다.

우리는 이 시기가 그리스도의 재림이 가까워 온 시기로서 그리스도 재림 준비를 하고 살아야 함을 경고해 주시니 감사하옵나이다. 우리의 타락한 죄의 본성은 일락을 좋아하고 나태하며 육신의 정욕대로 살기를 요구하기에 중생한 그리스도인만이 자신의 죄성을 확신하고 하나님의 성령의 은혜를 힘입어 거룩하게 살고 죄와 사탄의 세력을 정복하며 살 수 있다고 믿습니다.

그래서 사도 바울은 우리가 어둠의 일을 벗고 빛의 갑옷을 입자고 권면하니 우리는 이를 기쁘게 듣고 죄악의 일을 벗어 버리고 과거의 악한 습관들을 미워하고 절대 함께하지 않도록 하여 날마다 그리스도와 동행하는 성령의 은혜 속에 사는 자들이 되기를 아버지 하나님께 기도합니다.

오늘도 우리로 건강하게 하셔서 믿음의 역사, 사랑의 수고, 소망의 인내로 살아가도록 은혜를 주시고 하나님의 능력을 따라서 하나님의 사랑과 이웃 사랑의 전도자로 살도록 도와주옵소서.

예수님의 이름으로 기도하옵나이다. 아멘.

롬 13:13

- "낮에와 같이 단정히 행하고"
  모든 것을 품위 있고 질서 있게 하라.
- 그리스도 복음에 합당하게 행하라.
  하나님 나라 백성 답게 고결한 인격을 나타내며 살라.

13 낮에와 같이 단정히 행하고 방탕하거나 술 취하지 말며 음란하거나 호색하지 말며 다투거나 시기하지 말고

예수님은 그리스도시요 살아 계신 하나님의 아들입니다. 예수님이 하나님의 아들 그리스도라는 증거로 십자가에서 우리 죄를 대신해서 피 흘려 죽으시고, 죽은 자들 가운데서 부활하셨습니다.

이 예수님이 하나님의 아들, 예수님이 그리스도, 예수님이 우리 죄를 대신해서 십자가에서 피 흘려 죽으시고 부활하셨다는 복음으로 우리 인생 모든 문제가 처리되고 해답을 얻습니다. 이 복음은 모든 믿는 자에게 구원을 주시는 하나님의 능력이 됩니다. 이 하나님의 아들 예수 그리스도의 복음, 그리스도 십자가 대속의 피의 복음으로 깊이 뿌리내리기를 기원합니다.

예수님의 신성의 하나님 되심과 십자가 대속의 피의 복음을 마음 중심에 믿고 중생하여 구원받은 그리스도인은 죽은 자 가운데서 부활하여 승천하신 예수 그리스도께서 하나님 보좌 우편에 앉으사 주와 그리

스도로 온 세상을 통치하신다는 사실을 확신해야 합니다. 그리고 그 그리스도께서 동시에 그의 말씀과 성령으로 우리와 함께하여 다스리고 계심을 믿어야 합니다.

그래야 중생한 그리스도인으로서 세상 속에서 하나님 나라 백성답게 건전하고 우수하여 고결한 인격을 지망하며 나아가는 모습을 세상 앞에 나타낼 수 있습니다. 세상의 비그리스도인들은 그리스도인을 주목하고 지켜보고 있습니다. 그리스도인을 탐사하고 있는 것입니다. 어떤 비행이라도 나오면 그리스도 교회와 그리스도인을 비방할 준비를 하고 있는 것입니다.

그래서 오늘 본문에서 사도 바울은 이 모든 것을 기억하고 앞으로 오게 될 낮에 이미 속한 자자답게 행하고 살라고 권면합니다.

본문 로마서 13장 13절을 보면 "낮에와 같이 단정히 행하고"라고 합니다. 우리는 본문에 바로 앞서 "밤이 깊고 낮이 가까웠으니 그러므로 어둠의 일을 벗고 빛의 갑옷을 입자"(롬 13:12)라는 말씀을 들었습니다.

이렇게 우리가 깨어 빛의 갑옷을 입고 나면 수도사나 은둔자처럼 폐쇄된 공간이나 은밀한 곳에 아무것도 하는 일 없이 앉아 있으면 안 됩니다. 우리가 좋은 옷을 입어야 하는 이유는 그 안에 있는 좋은 점을 보여 주기 위함입니다.

그래서 오늘 본문에서 "낮에와 같이 단정히 행하고"라고 하는 것입니다. 여기서 "단정히"라는 말은 문자적으로 '좋은 외모'를 뜻하지만 바울은 겉으로 드러나는 외모를 강조하고 있지는 않습니다.

오히려 고린도전서 14장 40절에서 "모든 것을 품위 있게 하고 질서 있게 하라"라고 권면하듯이 적절한 행동을 강조하고 있습니다. 그러므로 "단정히 행하라"라는 말은 "질서 있게", "점잖게" 그리고 "적당하게"라는 뜻이라고 할 수 있습니다.

그러므로 이는 우리의 생활이 그리스도 복음에 합당하게 행하라는 말입니다. 그리하여 그리스도인의 예수 그리스도 고백을 신뢰 있게 하고 우리 구주 하나님에 관한 교훈을 존중하고 다른 사람들에게 기독교를 믿을 만한 종교로 추천하도록 하라는 말입니다.

진정으로 십자가 피의 복음의 빛을 마음 중심에 받은 그리스도인은 사람들이 주목하는 일을 하는 데 있어서 단정히 행함으로서 훌륭하고 선하다는 평판을 얻도록 특별히 유의해야 합니다. 그런데 유감스럽게도 며칠 전 기독교 방송사 회장의 아들 되는 분이 음란물 제작을 만들어 경찰에 수사를 받게 되자, "자신이 그리스도 교회에 나간다"라고 말하며 음란물 제작을 부정하고자 하였습니다.

중생한 그리스도인은 세상에 속한 자는 아니지만 세상에 살고 있기 때문에 세상 사람과 따로 떨어져 사는 것이 아닙니다. 세상 사람들이 추구하는 진리나 미 혹은 선이나 의가 기독교에서 요구하는 것과 전연 별다른 세계에서 따로 움직이는 것이 아닙니다.

하나님이 사람을 하나님의 형상으로 만드신 까닭에 그 형상이 부패했을지라도 넓은 의미의 하나님 형상은 지니고 있기 때문에 다 진, 선, 미 등을 추구하고 사는 것입니다. 중생한 그리스도인이 세상 사람들과 다른 것은 그들보다도 참하나님의 형상이신 그리스도를 모시고 사는 새로운 인류가 되었다는 것뿐입니다.

그러므로 새로 지음 받은 중생한 그리스도인들은 세상 사람들이 추구하는 것을 충분히 다 포괄하고도 남을 만한 도덕적이고 이지적인 활동이 있어야 합니다. 그것을 떠나서 따로 딴 세계의 이상한 새로운 피조물이 되는 것이 아닙니다. 우리는 이 세상의 사회 속에서 호흡하고 살면서 하나의 인간으로서 그리고 거룩한 그리스도 교회의 한 일원으로서 가장 건전하고 건강한 생활을 하도록 요구받은 것입니다.

우리는 사상이나 인격 활동이나 대인 관계에서 건전한 사람 노릇을 해야지 이상하고 기괴한 사람이면서 종교적으로만 신령하다는 것은 있을 수 없는 일입니다. 다만 우리는 "낮에와 같이"라는 말씀을 기억하여 "이미 그러나 아직"의 시대에 살고 있음을 기억하여 주를 위하여 살고 주를 만나 영원을 함께할 마지막 때를 준비하며 살아갈 것입니다.

그러므로 우리 모두는 참되게 예수님을 하나님의 아들로 믿어 중생하며 오직 그리스도, 오직 믿음, 오직 예수 보혈 신앙으로 하나님의 능력을 받아 우리가 직면한 모든 인생의 역경과 고난과 위기와 질병들을 하나님 나라 백성 답게 "단정히" 행하는 자들이 되어야겠습니다. 즉시 기도하겠습니다.

살아 계신 아버지 하나님!

하나님의 은혜를 감사합니다.

어둠 속에서 잠에 취한 우리들을 깨워서 그리스도의 빛의 나라로 옮겨 주신 하나님의 은혜에 무한 감사하옵나이다.

우리는 본래 육신의 정욕과 안목의 정욕과 이생의 자랑을 일삼고 살면서 하나님의 율법을 어기며 사는 죄인들로서 지옥과 파멸로 끝날 인생들이었음을 잘 알고 있습니다. 그러나 하나님께서 우리를 구원하여 주시고 낮에와 같이 단정히 행하라고 명하심을 믿고 절대적으로 순종할 수 있기를 기도합니다.

우리의 생활은 복음에 합당하게 행하여야 하고 질서 있고, 점잖고, 적당하게 행하여 세상 사람들에게 기독교를 믿을 만한 종교로 추천하도록 하라는 명령으로 받습니다.

세상 사람들이 거듭난 그리스도인들을 주목한다는 사실을 인식하고 단정히 행함으로써 훌륭하고 선하다는 평판을 얻도록 우리의 삶을 인도하여 주옵소서. 이를 위해서 오늘도 건강하게 하시고 건전하게 하여서 세상의 도덕적 삶을 능가하는 고결한 인격으로 살도록 하나님의 성령을 충만히 부으시고 인도하여 주옵소서.

예수님의 이름으로 기도하옵나이다. 아멘.

438

롬 13:13

- "방탕하거나 술 취하지 말며 음란하거나 호색하지 말며 다투거나 시기하지 말고"
오늘의 시대 우리가 범하지 않아야 할 세 가지 죄.
- 성령님의 은혜로 죄를 이기라.

> ¹³ 낮에와 같이 단정히 행하고 방탕하거나 술 취하지 말며 음란하거나 호색하지 말며 다투거나 시기하지 말고

예수님은 그리스도시요 살아 계신 하나님의 아들입니다. 예수님이 하나님의 아들 그리스도라는 증거로 십자가에서 우리 죄를 대신해서 피 흘려 죽으시고, 죽은 자들 가운데서 부활하셨습니다.

이 예수님이 하나님의 아들, 예수님이 그리스도, 예수님이 우리 죄를 대신해서 십자가에서 피 흘려 죽으시고 부활하셨다는 복음으로 우리 인생 모든 문제가 처리되고 해답을 얻습니다. 이 복음은 모든 믿는 자에게 구원을 주시는 하나님의 능력이 됩니다. 이 하나님의 아들 예수 그리스도의 복음, 그리스도 십자가 대속의 피의 복음으로 깊이 뿌리내리기를 기원합니다.

예수님의 신성의 하나님 되심과 십자가 대속의 피의 복음을 마음 중심에 믿고 중생의 씻음과 성령의 새롭게 하심을 받은 그리스도인은 그리스도 안에 거하는 자로 새로운 피조물이 된 사람입니다.

그러므로 구원받은 그리스도인은 유혹의 욕심을 따라 썩어져 가는 구습을 따르는 옛사람을 벗어 버리고 심령이 새롭게 되어 하나님을 따라 의와 진리의 거룩함으로 지으심을 받은 새사람을 입어야 합니다.

어떻게 이것이 가능합니까?

이는 성령님의 주도적인 역사로 가능합니다. 우리가 예수님을 하나님의 아들로 믿을 때 성령님을 선물로 받고 성령의 내주 인도 역사 속에 살기 때문입니다. 그러나 이때 주도적으로 우리를 거룩하게 살도록 하시는 성령님의 사역에 우리는 협력해야 합니다. 그래야 거룩한 삶을 살 수 있습니다.

그래서 우리는 그리스도의 초림과 재림 사이의 중간기를 사는 위기의 시대에 우리 자신의 거룩함과 경건에 관한 교훈을 배워야겠습니다. 우리는 지금까지 죄의 잠에서 깰 때가 되었다는 말씀을 들었고 빛의 갑옷을 곧 성령의 은혜의 찬란한 복장을 입으라는 요구를 들었습니다.

그리고 이제는 성령의 은혜를 받기 위해 우리가 범하지 않도록 정말 조심해야 하는 세 가지 죄를 피해야 합니다.

바울은 오늘 본문에서 이 세 가지 피해야 할 죄를 열거합니다.

로마서 13장 13절을 보면 "방탕하거나 술 취하지 말며 음란하거나 호색하지 말며 다투거나 시기하지 말고"라고 합니다.

첫째, "방탕하거나 술 취하지 말며"라고 합니다.

방탕과 술 취함은 육욕적인 죄이기 때문에 우리가 먹고 마시는 일에 있어서 지나치지 않도록 절제해야 합니다. 우리는 감각적 쾌락을 과도하게 탐닉하지 않음으로 흥청망청한 사람이라는 인상을 추호도 주어서는 안 됩니다.

당연한 말이지만 그리스도인들은 방탕함과 술 취함으로 마음을 무겁게 해서는 안 됩니다(눅 21:34). 이것은 낮에와 같이 행하는 것이 아닙니다. 왜냐하면, 술 취함과 같은 일은 밤에 취하는 일들이기 때문입니다.

바울의 시대나 오늘의 시대에 존재하는 광란의 파티와 주체할 수 없는 음주 문화가 여전히 존재하고 있습니다. 슬프게도 오늘날 대학가의 젊은이들 간에 전염병처럼 돌고 있습니다.

고고학자들을 통해 발견되는 로마 벽화에 보이는 황제들의 광란의 파티들이 바울이 말한 방탕의 모습을 그대로 반영하고 있습니다.

둘째, "음란하거나 호색하지 말며"라고 합니다.

음란과 호색은 성욕적인 죄입니다. 이미 구약 십계명의 제7계명에 금지되어 있는 어둠의 일들, 곧 육신의 정욕들은 어느 것일지라도 행하지 말아야 합니다.

노골적인 간음과 간통은 금지된 음란입니다. 불결함으로 이끌고 불결에 속하는 음란한 생각과 감정, 음란한 표정, 말, 책, 노래, 몸짓, 춤, 장난 등은 여기서 금하고 있는 호색입니다. 정숙과 예의에 속한 순결하고 거룩한 법을 범하는 것은 무엇이나 호색입니다.

매우 유감스럽게도 오늘날 서구 국가의 문명인이라는 사람들에게 성도덕의 문란은 통탄할 일입니다. 그 극치의 하나가 동성애요, 동성혼입니다. 오늘날 현대 문학이나 TV, 영화 등에서는 성적인 과오를 미화하기에 급급합니다. 우리 그리스도인의 순결이 이 방면에서 수호되어야 합니다.

셋째, "다투거나 시기하지 말고"라고 합니다.

쟁투와 시기는 감정적인 죄임과 동시에 사회적인 죄입니다. 이 두 가지는 구속받지 못한 인류를 묘사하기 때문입니다. 서로 다투고 싸우게 하는 시기심이 그 특징인 것입니다.

우리는 정치판에서 서로 말다툼하고 싸우는 것을 매일 보고 있습니다. 모든 사람이 "가장 최고의 사람"이 되는데 모든 것을 바치면 다툼이 지배하는 세상이 될 것입니다. 이것은 오늘날 큰 문제인데 그리스도 교회들 간에 그리고 그리스도 교회 안의 성도들까지도 이러한 이기적 다툼으로 갈라지고 있습니다.

다만 예수 그리스도의 옷과 성령의 은혜의 옷을 입은 그리스도인들은 시기를 받고 다툼의 대상이 되는 것은 거룩한 성도들의 운명일 수 있습니다. 그러나 우리 그리스도인들은 스스로 분쟁을 일으키는 것은 예수 그리스도를 따르는 제자의 도가 아닙니다.

그리스도의 가까운 재림을 준비하며 살아야 하는 그리스도인들은 방탕과 술 취함, 음란과 호색, 그리고 다툼과 시기의 세 가지 죄를 범하지 않도록 조심해야 합니다. 우리의 적극적인 노력과 성령의 도우심으로 이런 죄에서 날마다 승리해야 합니다.

오직 그리스도, 오직 믿음, 오직 예수 보혈 신앙으로 성령의 은혜의 옷을 입고 거룩함과 경건에 이르도록 기도하겠습니다. 성령 충만을 받아 더 적극적으로 하나님 사랑과 이웃 사랑의 증인으로 살도록 기도하겠습니다.

살아 계신 아버지 하나님!

하나님의 은혜를 감사합니다.

억만죄악을 가진 우리를 하나님의 아들 예수 그리스도의 십자가 대속의 죽으심의 공로로 죄 사함 받게 하시고 하나님과 화해를 이루며 그리스도와 연합되어 살게 하신 하나님의 크신 은혜에 무한한 감사와 찬양을 올려 드립니다. 억만죄악을 사함 받은 우리는 과거의 썩어져 가는 구습을 좇는 옛사람을 벗어 버려야 마땅합니다.

우리가 죄악을 버리도록 우리와 함께하시는 성령님의 은혜의 역사를 믿습니다. 그래서 우리는 성령을 따라 행하라 그리하면 육체의 욕심을 이루지 아니하리라는 말씀을 기억하고 성령의 은혜의 찬란한 갑옷을 입고 예수 그리스도로 말미암아 성령을 충만히 받아서 거룩하고 경건한 삶을 살아야 한다고 믿습니다. 이 시대는 그리스도의 재림이 가까운 시대로 우리는 죄의 잠에서 반드시 깨어 방탕과 술 취함, 음란과 호색, 그리고 다투거나 시기하지 않도록 극히 조심해야 한다고 믿습니다. 우리에게 하나님의 아들 예수 그리스도를 믿는 믿음을 더해 주시고 그 믿음을 통해 임하시는 성령님의 은혜로 이런 모든 죄악을 이기고 그리스도 복음에 합당한 삶을 살게 도와주옵소서.

아버지 하나님, 오늘도 이런 구원의 승리의 삶을 살도록 우리로 건강하게 하시고 건전하게 하여 주셔서 세상에서 고결한 인격으로 살게 하시고 하나님 사랑과 이웃 사랑의 삶의 열매를 맺게 하여 주옵소서.

예수님의 이름으로 기도하옵나이다. 아멘.

롬 13:14

- "오직 주 예수 그리스도로 옷 입고"
  계속해서 옷 입는 것(그리스도의 성품을 닮고 그리스도 자신을 붙잡고 그분 아래 사는 것).
- 구체적으로는 다섯 가지로 옷 입으라.
  오직 그리스도, 오직 믿음, 오직 예수 보혈, 오직 기도로 살라.

¹⁴ 오직 주 예수 그리스도로 옷 입고 정욕을 위하여 육신의 일을 도모하지 말라

예수님은 그리스도시요 살아 계신 하나님의 아들입니다. 예수님이 하나님의 아들 그리스도라는 증거로 십자가에서 우리 죄를 대신해서 피 흘려 죽으시고, 죽은 자들 가운데서 부활하셨습니다.

이 예수님이 하나님의 아들, 예수님이 그리스도, 예수님이 우리 죄를 대신해서 십자가에서 피 흘려 죽으시고 부활하셨다는 복음으로 우리 인생 모든 문제가 처리되고 해답을 얻습니다. 이 복음은 모든 믿는 자에게 구원을 주시는 하나님의 능력이 됩니다. 이 하나님의 아들 예수 그리스도의 복음, 그리스도 십자가 대속의 피의 복음으로 깊이 뿌리내리기를 기원합니다.

예수님의 신성의 하나님 되심과 십자가 대속의 피의 복음을 마음 중심에 믿고 그 마음 중심에 예수 그리스도를 영접하여 구원받은 그리스

도인은 그리스도 안에 거하며 사는 자가 됩니다. 즉, "그리스도가 내 안에 내가 그리스도 안에" 거하며 사는 것입니다.

그러므로 그리스도인의 삶은 그리스도 안에 사는 삶입니다. 머리 되신 그리스도로부터 은혜와 보호를 받으며 사는 삶입니다. 오직 그리스도만을 의지하며 사는 삶입니다.

이것은 세상 사람들이 이해할 수 없는 신비입니다. 성경은 이런 그리스도인의 신비를 다양하게 표현합니다. 그 가운데 오늘 우리가 상고해야 할 그리스도인의 삶의 신비로 "오직 주 예수 그리스도로 옷 입고"라는 말씀이 있습니다.

사도 바울은 우리의 구원이 처음 믿을 때보다 가까웠음을 상기시키고 그리스도의 가까운 재림을 준비하는 삶을 살아야 한다는 의미에서 그런 표현을 사용하고 있습니다.

본문 로마서 13장 14절을 보면 "오직 주 예수 그리스도로 옷 입고 정욕을 위하여 육신의 일을 도모하지 말라"라고 합니다.

본문은 "오직 주 예수 그리스도로 옷 입고"라고 합니다. 사도 바울은 다른 성경인 갈라디아서 3장 27절에서 칭의와 세례에 의해 그리스도 안에 있는 사람들은 "그리스도로 옷 입었다"라고 쓴 바 있습니다.

이제 오늘 본문 로마서에서는 "주 예수 그리스도로 옷 입고"라고 합니다. 우리가 주 예수 그리스도로 옷 입는 것은 아직도 우리가 "해야 하는" 혹은 "계속해서 해야 하는" 어떤 것입니다.

여기서 그리스도의 옷이란 결국 그리스도 자체입니다. 그러므로 그리스도로 옷 입는다는 것은 크게 보아 예수 그리스도의 성품을 닮아간다는 것과 예수 그리스도 자신을 의지하고 붙잡고 그분 아래 사는 것입니다.

우리는 이 사실을 구체적으로 다섯 가지 의미로 이해할 수 있습니다 (로이드 존스, 『로마서 강해 13』).

첫째, 우리가 주 예수 그리스도로 옷 입는다는 것은 우리 주님에 관한 교리로 옷 입어야 한다는 뜻으로 이해할 수 있습니다. 본문은 그냥 "그리스도로 옷 입으라"라고 하지 않고 "오직 주 예수 그리스도로 옷 입고"라고 하기 때문입니다.

즉, 예수님은 "주"시라는 것입니다. 그것은 우리는 그리스도의 종이라는 의미입니다. 나의 주인이시요, 나의 소유주이시라는 의미입니다.

또 "예수 그리스도"라고 호칭한 것도 의미가 깊습니다. 예수님을 본받을 뿐 아니라 예수님이 인생 모든 문제의 해결 직함을 가지신 그리스도이심을 인식하라는 의미를 갖는 것입니다.

둘째, 우리가 주 예수 그리스도로 옷 입는다는 것은 우리가 주님의 본을 따라야 한다는 의미로 이해할 수 있습니다. 옷이란 어떤 사람의 신분을 드러내는 외적인 표시이기 때문에 그리스도로 옷 입는다는 것은 그리스도의 성품을 드러내고 본받고 주님의 자취를 따르는 것입니다.

셋째, 우리가 주 예수 그리스도로 옷 입는다는 것은 주님이 머리가 되시며 모든 영양분과 다른 모든 것이 주님께로부터 옴을 인식해야 하는다는 의미입니다. 그뿐만 아니라 우리는 일부러 주님께 참예하는 자가 되어야 한다는 뜻도 됩니다. 우리가 성찬 식탁에 이르게 될 때 주 예수 그리스도를 옷 입고 있는 것입니다. 주님과 그 생명에 참여하고 있는 것입니다.

넷째, 우리가 주 예수 그리스도로 옷 입으라는 명령은 항상 우리가 주님을 의뢰해야 한다는 것을 뜻하는 것입니다. 이는 마치 군인이 갑옷을 입는 것과 같은 것입니다. 우리는 우리의 연약함을 인식하고 우리에게 힘과 능력과 권능이 필요하다는 것을 알고 하나님과 우리 주 예수 그리스도께 기도드려야 합니다.

우리는 세상과 육신과 마귀를 대적하며 사는 자입니다. 우리 스스로는 이 세력들을 이길 수 없습니다. 때를 따라 돕는 은혜를 얻기 위해 은혜의 보좌 앞에 나가 구해야만 합니다. 이것이 주 예수 그리스도로 옷 입는 것입니다.

다섯째, 우리가 주 예수 그리스도로 옷을 입으라는 명령은 예수 그리스도 안에 숨으라는 뜻입니다. 우리는 우리의 대적 마귀의 불화살을 막아 내야 합니다. 우리는 그리스도 안에 피하여 숨어야 합니다.

"인생의 풍랑이 지나가기까지 나를 숨겨 주소서. 나를 붙드소서. 저는 죄인입니다. 저는 주님을 떠나서는 한 걸음도 걸을 수 없는 자입니다"라고 기도해야 합니다.

이것이 바로 주 예수 그리스도로 옷 입는 것입니다. 우리가 주님 안에 숨는 것입니다. 주님이 우리를 품고 계시는 것입니다. 우리는 주님 안에 있으므로 염려하지 말 것입니다.

우리 모두 참되게 예수님이 하나님의 아들, 십자가에 못 박히신 그리스도, 부활 승천하신 그리스도, 다시 오실 그리스도만을 바라보고 이상과 같이 다섯 가지 의미를 기억하면서 오직 주 예수 그리스도로 옷 입어야겠습니다.

오직 그리스도, 오직 믿음, 오직 은혜, 오직 예수 보혈 신앙으로 그리스도 안에 거하고 주 예수 그리스도로 옷 입고 사는 능력 있는 그리스도인으로 살도록 기도하겠습니다. 또한, 하나님 사랑과 이웃 사랑의 증인으로 살도록 기도하겠습니다.

살아 계신 아버지 하나님!
하나님의 은혜를 감사합니다.
우리는 고요하게 살 수 있는 곳에 존재하는 자가 아니요 세상과 육체와 마귀라는 악의 세력들과 공존하는 곳에 살고 있음을 믿습니다. 이런 세상에서 우리는 우리 주 예수 그리스도를 본받고 따르고 보호를 받으며 생명을 공급 받고 살도록 부름 받았다고 믿습니다. 그래서 사도 바울은 우리로 하여금 오직 주 예수 그리스도로 옷 입으라고 명하고 있습니다.
우리에게 주 예수 그리스도로 옷 입고 살도록 믿음을 더하여 주옵소서. 그리하여 예수 그리스도를 본받고 따를 수 있게 하시고 날마다 머리 되신 예수 그리스도로부터 영혼의 생명 양식을 공급받게 하시며 악의 세력과 싸워 이기도록 주님을 신뢰하는 믿음과 용기를 주시고 우리의 방패 되시고 피난처이신 예수 그리스도 안에 숨은 자가 되게 하여 주옵소서.
주여, 주님의 능력 있는 두 손으로 나를 붙들어 주옵소서. 좁은 길에서 나를 붙드소서. 나는 홀로 한 발자국도 나아갈 수 없나이다. 오 신실하

▶ 439. 롬 13:14

신 내 영혼의 목자 예수님이여, 나를 맡아 주소서. 저는 날마다 구원을 받아야만 하는 죄인입니다. 오직 주 예수 그리스도로 옷 입게 하옵소서.

예수님의 이름으로 기도하옵나이다. 아멘.

440

롬 13:14

- "육신의 일을 도모하지 말라"
  로마서 13장의 결말이다.
  육신의 일을 미리 생각하고 예비하지 말라.
- 성령의 능력으로 생각의 변화를 받아 예수 그리스도를 사랑하라.
  그리스도의 가까운 재림을 준비하라.

14 오직 주 예수 그리스도로 옷 입고 정욕을 위하여 육신의 일을 도모하지 말라

예수님은 그리스도시요 살아 계신 하나님의 아들입니다. 예수님이 하나님의 아들 그리스도라는 증거로 십자가에서 우리 죄를 대신해서 피 흘려 죽으시고, 죽은 자들 가운데서 부활하셨습니다.

이 예수님이 하나님의 아들, 예수님이 그리스도, 예수님이 우리 죄를 대신해서 십자가에서 피 흘려 죽으시고 부활하셨다는 복음으로 우리 인생 모든 문제가 처리되고 해답을 얻습니다. 이 복음은 모든 믿는 자에게 구원을 주시는 하나님의 능력이 됩니다. 이 하나님의 아들 예수 그리스도의 복음, 그리스도 십자가 대속의 피의 복음으로 깊이 뿌리내리기를 기원합니다.

예수님의 신성의 하나님 되심과 십자가 대속의 피의 복음을 마음 중심에 믿고 중생한 그리스도인은 성령을 선물로 받게 됩니다. 그리하여

성령님은 그리스도인 안에서 내주인도 역사하는 주체가 됩니다. 따라서 그리스도인의 삶은 본질적으로 성령 안에서의 삶입니다. 그리스도인의 삶은 성령으로 살고 성령으로 행하는 삶입니다.

그러나 불신자의 삶은 육체의 소욕대로 사는 삶입니다. 이 육체의 소욕은 성령을 거스르고 성령은 육체를 거스릅니다. 이 둘은 서로 대적합니다.

불신자는 성령을 소유하지 못한 자이기에 육체의 소욕대로 육신의 일을 생각하고 예비하며 삽니다. 반면에 예수님을 하나님의 아들로 믿고 중생하여 성령을 받아 모시고 사는 그리스도인은 성령을 따라 행하며 육체의 욕심을 이루지 아니합니다. 물론 이것은 중생한 그리스도인의 삶의 원리이지 실제는 다릅니다.

왜냐하면, 그리스도인이 예수 그리스도를 믿어 죄와 사망의 법에서 해방된 것은 사실이나, 아직도 그리스도인 안에는 죄의 세력이 잔존해 있습니다. 그리하여 육체와 성령의 영적 싸움이 그리스도인 안에서 날마다 이루어지고 있는 것입니다. 때로는 성령을 따라 행하나, 때로는 일시적으로 육체의 소욕의 대적으로 패배하여 죄에 빠질 수도 있습니다.

이때 그리스도인은 회개하여 성령의 인도 속으로 돌아오면 회복되고 예수 그리스도와의 교제는 아름답게 이루어집니다. 이런 과정을 신학적으로는 성화로 부르고, 전 생애에 걸쳐서 이루어집니다.

이런 그리스도인의 성화 과정은 성화의 주체가 성령 하나님이시나, 성령님을 모시고 사는 그리스도인은 성령님의 거룩한 사역에 순종하고 따르고 협력해야 합니다. 그리스도인은 육체의 소욕을 죽일 수 있는 성령님을 모시고 있으므로 성령으로 살고 성령으로 행할 수 있습니다.

더 나아가 이러한 성령님의 역사에 따른 육신의 소욕을 죽여야 하는 큰 동기도 있습니다. 그것은 그리스도의 재림이 가까워져 있다는 것입니다. 그리스도인은 지금이 그리스도의 초림과 재림 사이의 중간기를 지내고 있는 시기임을 알고 거룩하고 경건한 삶으로 그리스도의 재림을 준비하며 살아야 합니다.

그래서 사도 바울은 로마서 13장을 끝맺으면서 "정욕을 위하여 육신의 일을 도모하지 말라"라고 합니다.

여기서 "정욕"이란 육체의 자연적인 욕구의 전체를 포함한 것으로 특히 금지한 것에 대한 욕구를 가리킵니다. 그리고 "도모함"이란 "미리 생각함"을 말합니다.

또 "육신의 일"이란 "성령의 일"과 반대되는 것으로 죄악된 행위를 가리킵니다. 바울은 여기서 이런 육신의 일을 위해 미리 생각하고 예비하여서는 안 될 것을 말하는 것입니다.

"정욕을 위하여 육신의 일을 도모하지 말라"라고 하는 것입니다. 육신을 기르는 것은 원수를 기르는 것입니다. 우리의 가장 큰 관심사는 영혼에 대해서 이루어져야 합니다.

물론 우리가 몸을 위한 대비를 완전히 금지 받는 것은 아닙니다. 우리는 몸이 없으면 영혼이 거할 처소가 없습니다. 몸의 건강함 유지가 중요합니다. 이렇게 몸의 필요는 공급되어야 하지만 몸의 정욕을 제거해야만 합니다.

자연적 욕구는 채워져야 하지만 호색적 욕망은 억제되고 부정되어야 합니다. 우리 몸의 건강을 위해 음식을 구하는 것은 당연한 일입니다. 우리는 일용할 양식을 위해 기도하도록 가르침을 받습니다.

그러나 정욕을 만족시키기 위해 음식을 구하는 것은 탐욕입니다. 성령을 따라 산다고 고백하는 그리스도인들은 육체의 욕심을 이루어서는 안 됩니다.

육신과 성령의 전쟁은 우리가 앞서 로마서 8장 1-17절의 주제로 다룬 바 있습니다. 거기에 그리스도인 승리의 삶이 있습니다. 우리의 삶을 지배하는 죄의 능력은 그리스도 안에서 성령의 능력으로만 꺾을 수 있습니다.

그러므로 우리가 육신을 이기기 위해서는 "육신의 일을 도모"하려 할 때, 그 위험에 대해 사려 깊게 생각을 해야 합니다. 성령의 임재로 성도에게 주어지는 힘으로 파괴적인 어둠의 세력을 어떻게 이길 수 있을지 신중하게 생각해야 합니다.

성령님을 모신 그리스도인은 육신의 일을 도모하는 대신 성령의 능력으로 생각의 변화를 받아 육신보다는 그리스도의 것을 더 사랑할 때 승리는 우리의 것이 됩니다.

우리 모두는 오직 그리스도, 오직 믿음, 오직 예수 보혈 신앙으로 성령의 충만을 받아 죄의 소욕을 죽여 육신의 일을 도모하지 말고 성령님을 따라 살며 하나님 사랑과 이웃 사랑의 전도자로 살도록 기도하겠습니다.

살아 계신 아버지 하나님!

하나님의 은혜를 감사합니다.

자다가 깰 때가 된 그리스도의 재림이 가까운 중대한 시기에 우리 그리스도인들이 거룩하고 경건한 삶을 살아야 한다는 말씀을 듣게 하시니 감사합니다.

신성의 하나님의 아들 예수 그리스도의 복음을 받은 그리스도인도 옛사람이 아직도 죽지 않고 살아 있어 성령으로 새롭게 된 새사람과의 싸움이 있음을 매일 체험하고 살고 있습니다. 우리는 오늘날 그리스도의 재림이 가까운 시대에 우리가 그리스도 재림을 준비하는 경건한 삶을 살아야 할 것을 명령으로 받습니다.

정욕을 위하여 육신의 일을 도모하지 말라는 말씀에 순종하도록 우리 속사람을 성령의 능력으로 강건하게 하여 주옵소서. 그리하여 육신의 일을 미리 생각하고 예비하는 대신에 성령의 인도하시는 바에 따라 살도록 우리를 붙들어 주옵소서. 육신의 일을 좇는 우리의 생각을 바꾸어 우리 육신보다 예수 그리스도와 그의 나라를 먼저 추구하도록 도와 주옵소서.

예수 그리스도로 말미암아 성령을 충만히 부어 주옵소서. 그리하여 강제나 억지로가 아니라 기꺼이 하나님 사랑과 이웃 사랑의 율법을 지키어 그리스도인의 삶의 열매를 맺게 하여 주옵소서.

예수님의 이름으로 기도하옵나이다. 아멘.

제5장

관용의 필요성
(14:1-15:13)

1. 서로 비판하지 말라 (14:1-12)
2. 거칠 것을 형제 앞에 두지 말라 (14;13-16)
3. 하나님의 나라는 음식보다 더 중요하다 (14:17-23)
4. 선을 이루고 덕을 세우라 (15:1-8)
5. 기록된 바, 또 이르되, 구약의 네 개의 인용문과 소망의 하나님 (15:9-13)

441

롬 14:1-15:13

- 관용의 필요성.
  공동체의 사랑과 연합.
- 믿음이 강한 자와 연약한 자 간의 관계.
  본질적인 것과 비본질적인 것을 구별하라.
  "아디아포라"를 인정하라.

1 믿음이 연약한 자를 너희가 받되 그의 의견을 비판하지 말라 **2** 어떤 사람은 모든 것을 먹을 만한 믿음이 있고 믿음이 연약한 자는 채소만 먹느니라

예수님은 그리스도시요 살아 계신 하나님의 아들입니다. 예수님이 하나님의 아들 그리스도라는 증거로 십자가에서 우리 죄를 대신해서 피 흘려 죽으시고, 죽은 자들 가운데서 부활하셨습니다.

이 예수님이 하나님의 아들, 예수님이 그리스도, 예수님이 우리 죄를 대신해서 십자가에서 피 흘려 죽으시고 부활하셨다는 복음으로 우리 인생 모든 문제가 처리되고 해답을 얻습니다. 이 복음은 모든 믿는 자에게 구원을 주시는 하나님의 능력이 됩니다. 이 하나님의 아들 예수 그리스도의 복음, 그리스도 십자가 대속의 피의 복음으로 깊이 뿌리내리기를 기원합니다.

예수님의 신성의 하나님 되심과 십자가 대속의 피의 복음을 마음 중심에 믿고 구원받은 그리스도인들은 그리스도 교회 공동체 안에서 사랑과 연합에 힘써야 합니다. 이러한 공동체의 사랑과 연합을 위하여 성도들의 사소한 의무들에 대한 고귀한 교리들이 있습니다.

그것은 하나님의 아들 예수 그리스도 복음의 관점에서 볼 때 본질적이지 않은 것들과 본질적인 것에 대한 분별의 원리입니다.

"본질적인 것은 일치로, 비본질적인 것은 자유로, 모든 것을 사랑으로 행하라"라는 원리가 적용되어야 한다는 것입니다.

우리는 본질적이지 않은 것들 특히 관습과 의식의 문제들을 본질적인 것들로 끌어올려서 그것들을 정통성과 교제의 상태를 시험하게 하지 않도록 해야 합니다. 또한, 우리는 근본적인 신학적, 도적적 문제들을 단지 문화적이고 별로 중요하지 않은 것인양 무시해 버려도 안 됩니다. 바울은 이들을 구분했습니다. 우리 역시 구분해야 합니다.

16세기 종교개혁가들은 비본질적인 것들을 "아디아포라"(*adiaphora*), 곧 "어떻든 상관없는 일"이라고 불렀습니다. 이는 성경에서 분명하게 진술하고 있지 않은 것들입니다.

오늘날의 관행들을 볼 때 침례 혹은 물을 뿌리는 것, 감독교회의 견진, 결혼 반지를 주고받는 것, 화장품·보석·음주·흡연·화투, 게임, 댄스, 영화 관람 등입니다. 또한, 은사 운동에 관한 견해 차이, 천년 왕국의 문제, 역사와 종말의 문제 등을 들 수 있을 것입니다.

우리는 사도 바울이 로마서 14장부터 시작하여 15장 13절에 걸쳐서 그리스도 교회 공동체의 사랑과 연합에 대하여 가르치는 "아디아포라" 원리를 개연적으로 살펴보고자 합니다. 그리고 후에는 각각에 대하여 구체적으로 검토할 것입니다. 이것은 사소한 성도의 의무들에 대한 고귀한 교리들입니다.

우리는 긴 본문을 다 읽을 수는 없고, 먼저 본문으로 로마서 14장 1-2절을 보겠습니다. 본문 로마서 14장 1-2절을 보면 "¹믿음이 연약한 자를 너희가 받되 그의 의견을 비판하지 말라 ²어떤 사람은 모든 것을 먹을 만한 믿음이 있고 믿음이 연약한 자는 채소만 먹느니라"라고 하였습니다.

바울 당시 로마 교인들 중에서 유대 그리스도인들은 모세오경, 특히 음식과 절기에 관한 율법들을 충실히 지켰습니다. 반면에 이방인 그리스도인들은 그리스도께서 그 율법들을 이루셨기에 따로 지키지 않아도 된다고 생각했습니다. 물론 이런 엄격한 구별에 예외가 있을 것입니다.

바울은 이들 사이에 있었던 것으로 보이는 문제들을 해결해 주는 내용을 로마서에 담음으로써 사소한 문제들에 있어서 나타나는 의견 차이를 우리가 어떻게 다루어야 할지 원칙을 제시하고 있습니다. 그리스도 교회 안에서 그 구성원들의 다툼과 분열보다 더 치명적인 것은 없습니다. 이로 인한 상처 때문에 종교의 생명과 정신이 사라지는 것입니다.

바울은 이에 대한 훌륭한 처방을 제시하였습니다. 물론 오늘날에도 이와 유사한 문제 발생에 대한 고귀한 원리를 제시하는 것입니다.

오늘 본문 로마서 14장 1절에서 15장 13절의 내용은 크게 네 부분으로 나눌 수 있습니다.

첫째, 로마서 14장 1-12절에서는 연약한 자와 강한 자의 문제를 언급하며 분쟁을 멈추라고 합니다. 서로 비판하지 말라고 합니다.

둘째, 로마서 14장 13-23절에서는 강한 자들과 연약한 자들 사이의 문제 해결에서 형제로 거칠 것을 제거하라고 합니다. 곧 사랑으로 해결하라고 합니다.

셋째, 로마서 15장 1-6절에서는 강한 자들이 약한 자들을 이해하고 관용하라고 합니다. 강한 자가 약한 자의 약점을 담당하라고 합니다.

넷째, 로마서 15장 7-13절에서는 그리스도께서 두 무리를 모두 받아들이신 것처럼 서로 관용하고 받아들이기를 요청합니다. 서로 건덕에 힘쓰라고 하는 것입니다.

이렇게 하여 결론적으로 바울은 유대인과 이방인, 연약한 자와 강한 자가 연합함으로써 하나님께 영광을 돌리게 됨을 말하였습니다.

우리 모두 오직 그리스도, 오직 믿음, 오직 예수 보혈 신앙으로 답을 얻어 우리 마음속에 하나님의 사랑을 부으시는 성령의 은혜의 역사로 관용하고 서로 간에 덕을 세우는 데 힘쓰는 자들이 되어야겠습니다. 예수 그리스도로 말미암아 성령의 충만을 받아 본질적인 진리 외에는 관용과 사랑으로 대하는 넓은 마음의 소유자가 되도록 기도하겠습니다.

살아 계신 아버지 하나님!

하나님의 은혜를 감사합니다.

오늘 우리는 교회 생활에서 항상 직면하는 사소한 일 속에서 다른 형제들에게 취해야 할 귀중한 진리를 배우게 됨을 감사하옵나이다. 이것은 사실은 사소한 의무들에 대한 것이지만 매우 고귀한 교리들이라고 믿습니다.

오늘 본문에서는 믿음이 강한 자와 연약한 자 간의 관계애 대하여 서로 형제를 비판해서는 안 되고 판단하거나 거치는 돌이 되지 말라는 명령을 받습니다. 그리고 믿음이 약한 자의 약점을 담당하고 자기를 기쁘게 하지 말고 교회의 덕을 세우라는 명령을 우리는 기꺼이 받고자 합니다.

그리스도 교회 안에서 그 구성원들의 다툼과 분열보다 더 치명적인 것은 없고, 이로 인한 상처는 치유가 쉽지 않다는 사실을 우리는 교회 생활에서 보면서 본질적인 것이 아닌 것들은 기꺼이 관용하고 사랑할 것을 우리가 확실하게 배우고 실천하기를 기도합니다.

오늘도 우리 모두를 건강하게 해 주시고 건전한 교훈을 지킬 수 있도록 우리 마음을 넓게 해 주시고 관용과 사랑의 마음을 부어 주옵소서. 예수님의 이름으로 기도하옵나이다. 아멘.

1. 서로 비판하지 말라
(14:1-12)

롬 14:1

- "믿음이 연약한 자를 너희가 받되 그의 의견을 비판하지 말라"
  믿음이 연약한 자를 받는 일반 원칙은 "그의 의견을 비판하지 말라"이다.
- "믿음"은 가장 큰 애정과 친절을 가지고 교제를 맺는 것.
  믿음의 강약 차이를 야기시키는 요인을 이해하라.

1 믿음이 연약한 자를 너희가 받되 그의 의견을 비판하지 말라

예수님은 그리스도시요 살아 계신 하나님의 아들입니다. 예수님이 하나님의 아들 그리스도라는 증거로 십자가에서 우리 죄를 대신해서 피 흘려 죽으시고, 죽은 자들 가운데서 부활하셨습니다.

이 예수님이 하나님의 아들, 예수님이 그리스도, 예수님이 우리 죄를 대신해서 십자가에서 피 흘려 죽으시고 부활하셨다는 복음으로 우리 인생 모든 문제가 처리되고 해답을 얻습니다. 이 복음은 모든 믿는 자에게 구원을 주시는 하나님의 능력이 됩니다. 이 하나님의 아들 예수 그리스도의 복음, 그리스도 십자가 대속의 피의 복음으로 깊이 뿌리내리기를 기원합니다.

예수님의 신성의 하나님 되심과 십자가 대속의 피의 복음을 마음 중심에 믿고 중생한 그리스도인은 독립한 그리스도인으로 사는 것이 아니라 머리 되신 그리스도 교회의 일원으로 사는 자입니다. 이때 중생한 그리스도인은 교회 구성원으로서 자신이 준수하고 있는 경건한 일

들 속에서 다른 형제들에 대해 보여 주어야 할 행위를 배워야 합니다.

사소한 문제들에 있어서 나타나는 의견 차이를 우리가 어떻게 다루어야 하는지에 관한 원칙은 매우 고귀한 교리들입니다. 그리스도 교회 안에서 그 구성원들의 다툼과 분열보다 더 치명적인 것은 없습니다.

그러므로 우리가 앞으로 로마서 14장과 15장에 걸쳐서 가르치는 훌륭한 처방을 하나님의 능력, 복음의 능력으로 바르게 이해하고 제대로 따르기를 간절히 기원드립니다.

오늘 본문 로마서 14장 1절을 보면 "믿음이 연약한 자를 너희가 받되 그의 의견을 비판하지 말라"라고 합니다. 이것이 중생하여 그리스도 교회의 구성원이 된 그리스도인들이 배워야 할 일반 원칙입니다.

여기서 "믿음이 연약한 자"란 "믿음이 미성숙한 자" 혹은 가르침을 받지 못한자, 잘못된 생각을 하고 있는 자를 의미합니다. 그들은 불신자가 아니라 믿음이 미성숙한 자입니다.

그러면 바울 당시 누가 믿음이 연약한 자이며 반면에 믿음이 강한 자는 누구입니까?

여러 가지 주장이 있으나 대체로 약한 자와 강한 자를 유대인 그리스도인과 이방인 그리스도인으로 간주합니다. 물론 그것은 엄격한 분류는 될 수 없을 것입니다. 바울도 유대인으로서 강한 자에 속했기 때문입니다.

일견 율법적이며 금욕적인 신자가 더 철저한 신자로 보일 터이지만 오히려 바울은 약한 자로 보고 있습니다. 그것은 "오직 예수님을 그리스도로 믿는 믿음으로" 구원받는 교리에서 보았기 때문입니다.

바울은 이런 "믿음이 연약한 자를 너희가 받되"라고 하였습니다. 그를 환대하라고 합니다. 우리의 교제권과 우리의 마음으로 환영한다는 뜻입니다. 가장 큰 애정과 친절을 가지고 그를 받아들이라는 것입니다.

그를 받되 "그의 의견을 비판하지 말라"라고 합니다. 그의 의심하는 바를 비판하지 말라고 합니다. 논의의 여지가 있는 문제들에 대해 판단을 내리지 말라는 것입니다.

믿음이 약한 자로 불리는 유대인들의 믿음은 그리스도를 온전히 따르기 위하여 행해야 할 그들의 전통적인 풍습을 가미하는 것이었습니다. 많은 유대 그리스도인이 오늘날도 예배와 삶 속에서 음식법을 따르며 그렇게 믿습니다. 앞으로 우리가 보겠지만 음식(롬 14:2), 절기(롬 14:5), 포도주(롬 14:21) 를 마시는 것에 대한 논박을 멈추라는 것입니다.

이런 논박은 바울 시대만이 아니라 오늘의 문제이기도 합니다. 우리는 앞서 이에 대한 언급을 간단히 한 바가 있었습니다. 이를 다시 재론할 필요가 있습니다. 오늘날도 이에 관한 심각한 분열이 있는가 하면 도리어 전혀 분쟁을 삼지 않고 모든 것을 받아들이라는 다원주의의 무서운 불신에 직면하고 있기 때문입니다.

20세기 초만해도 그리스도인의 음주, 흡연, 춤, 영화 관람, 카드 놀이나 게임, 노래방 사용 등의 문제가 심각한 논박의 대상이었습니다. 복음적이거나 근본주의적인 그리스도인들의 태도는 이런 문제를 용납하기를 꺼렸기 때문이었습니다. 우리 교단 헌법에도 흡연이나 음주가 금지되어 있고, 주일 성수를 경건히 엄수하도록 요구하고 있습니다.

그러나 오늘의 시대는 도리어 도덕률 폐기론자들이 득세하여 모든 것을 다 용납하는 것이 진정한 자유인 것으로 보고 있습니다.

이런 어려운 다원주의 시대에 사는 그리스도인들은 바울의 권고대로 믿음이 연약한 자를 받되 그의 의견을 비판하지 말아야 할 것입니다. 다만 본질적인 문제에 있어서는 타협할 수 없다는 것은 당연합니다.

우리는 이런 문제를 더 분명하게 해결하기 위해서 믿음이 연약한 자와 강한 자의 차이를 야기시키는 몇 가지 이유를 이해하는 것이 중요합니다.

첫째, 기질의 문제입니다. 인간이 거듭날 때 기질은 즉시 변화되지 않는다는 것입니다.
둘째, 그리스도인이 된 후 세월이 흘러야 한다는 것입니다. 성화는 일생 동안 이루어져야 합니다.
셋째. 그리스도인이 충분한 가르침을 못 받았기 때문이기도 합니다.

그러므로 이런 연약한 믿음을 가진 자를 있는 그대로 받아들여야 합니다. 차이를 인정하고 서로 다른 의견을 존중해야 합니다.

우리 모두 오직 그리스도, 오직 믿음, 오직 은혜, 오직 예수 보혈 신앙으로 답을 얻고 살며, 그리스도께서 자신을 받아 주신 것처럼 형제를 받을 것입니다. 예수 그리스도로 말미암아 성령의 충만을 받고 하나님 사랑과 이웃 사랑의 전도자요 증인으로 살도록 기도하겠습니다.

살아 계신 아버지 하나님!

하나님의 은혜를 감사합니다.

그리스도 교회는 지상에 세워진 가시적 하나님 나라의 현현이지만 불완전한 무리들이 모여 하나님의 나라, 그리스도의 나라를 이루고 있기 때문에 교인들 서로 간에 다툼과 분열이 많이 일어나고 있음을 보고 있습니다.

사소한 문제들로 인하여 믿음이 연약한 자를 정죄하고 비판하기 쉽습니다. 우리는 자신의 눈에 들보는 보지 않고 남의 눈에 티만 보는 자로서 그리스도 교회의 생명과 정신이 사라지게 하는 다툼과 비판에 참여하거나 그런 비판의 생각을 가진 것을 회개하옵나이다.

다 자라난 환경이 다르고 문화도 다르고 또 신앙 연륜도 다르며 인간 성격의 기질도 다르고 또 사랑의 원리를 배우지도 못한 경우가 많은 것을 우리가 잘 이해하며 믿음이 연약한 자를 우리가 가장 큰 애정과 친절을 가지고 그를 받아들이기를 기도합니다. 동시에 본질적이지 않은 문제에 대하여 믿음이 연약한 자의 의견을 비판하지 않도록 관용의 마음을 주시고 하나님의 사랑을 우리 마음에 부어 주시기를 기도합니다.

무엇보다 우리 모두 건강하게 하시고 자기보다 남을 낫게 여기는 겸손으로 옷 입게 하시고 하나님 사랑과 이웃 사랑의 계명을 기꺼이 지키며 살게 하여 주옵소서.

예수님의 이름으로 기도하옵나이다. 아멘.

롬 14:1

- "그의 의견을 비판하지 말라"
  사소한 의무에 대한 고귀한 교리.
- 비본질적 문제에 관한 그리스도인의 태도
  ① 구원의 문제로 보지 말 것.
  ② 교회 가입 여부로 보지 말 것.
  ③ 우리의 불완전을 기억할 것.
  ④ 우리의 지식이 불완전함을 알 것(그날에야 다 안다).
  ⑤ 우리는 다 같은 하나님의 권속임을 기억할 것.
  ⑥ 토론의 원칙을 따를 것.
  ⑦ 모든 것을 사랑으로 하라.

1 믿음이 연약한 자를 너희가 받되 그의 의견을 비판하지 말라

예수님은 그리스도시요 살아 계신 하나님의 아들입니다. 예수님이 하나님의 아들 그리스도라는 증거로 십자가에서 우리 죄를 대신해서 피 흘려 죽으시고, 죽은 자들 가운데서 부활하셨습니다.

이 예수님이 하나님의 아들, 예수님이 그리스도, 예수님이 우리 죄를 대신해서 십자가에서 피 흘려 죽으시고 부활하셨다는 복음으로 우리 인생 모든 문제가 처리되고 해답을 얻습니다. 이 복음은 모든 믿는 자에게 구원을 주시는 하나님의 능력이 됩니다. 이 하나님의 아들 예수 그리스도의 복음, 그리스도 십자가 대속의 피의 복음으로 깊이 뿌리내리기를 기원합니다.

예수님의 신성의 하나님 되심과 십자가 대속의 피의 복음을 마음 중심에 믿고 구원받은 그리스도인은 그리스도 교회의 구성원으로 가입되고 하나님의 권속의 일원이 됩니다. 이런 지위로 그리스도인이 준수하고 있는 경건한 일들 속에서 다른 형제와의 관계가 매우 중요합니다.

그런 일들이 비록 사소한 문제들이라 할지라도 거기서 나타나는 의견 차이를 우리가 어떻게 다루어야 하는가에 대한 원칙들은 매우 중요합니다. 그래서 어떤 주석가는 "사소한 문제들에 대한 고귀한 교리들"이라고 불렀습니다.

이에 대한 요약적인 교리적 표현으로 다음과 같은 격언이 회자됩니다.

> 본질적 문제(핵심적 사항 혹은 진리)에서는 연합을, 비본질적 문제(비핵심적 사항 혹은 의심스러운 문제)에서는 자유를, 그리고 모든 경우에 사랑을.

우리는 지난번에도 오늘 본문을 다뤘으나 오늘 본문에서 또 한번 언급하고자 합니다. 사소한 의무이지만 매우 고귀한 교훈이기 때문입니다. 우리는 오늘 본문에서 다시 언급하는 "비본질적 문제"에 관한 그리스도인의 태도에 대한 깊은 이해와 실천이 있어야겠습니다.

본문 로마서 14장 1절을 보면 "믿음이 연약한 자를 너희가 받되 그의 의견을 비판하지 말라"라고 합니다.

사도 바울은 로마서 13장에서 율법의 완성으로서 그가 그토록 강하게 역설했던 기독교적 의무를 교회 안에서 실천하도록 만듭니다. 교회 안에서 구성원들의 다툼과 분열보다 더 치명적인 것은 없습니다.

물론 이에 대한 치료책은 십자가 대속의 피의 복음이며 그 복음을 통해 나타나는 하나님의 능력입니다. 이 하나님의 능력으로 사소한 문제들에 대한 의견 차이를 바꿀 수 있고 인내할 수 있고 관용할 수 있습니다.

사도 바울은 "믿음이 연약한 자를 너희가 받되 그의 의견을 비판하지 말라"라고 합니다.

우리는 앞서 "믿음이 연약한 자"란 불신자가 아니라 "미성숙한 자", "가르침을 받지 못한자" 혹은 "잘못된 생각을 하고 있는 자"입니다.

이런 자들과의 교회 생활에서 성경이 침묵하고 있거나 분명히 규정하지 않는 듯한 문제들(소위 "아디아포라")에 대해 어떻게 하면 그리스도인들의 교제를 분열시키지 않으면서 그 사소한 문제들을 다룰 것입니까?

우리는 이미 앞서 이러한 사소한 문제들로서 앞으로 14장에서 곧 다루게 될 음식이나 절기들 외에도 오늘날 우리 교회에서 직면하고 있는 문제들 곧 그리스도인의 흡연, 음주, 춤, 영화 관람, 카드 놀이나 게임 및 사행성 경마나 오락 등을 열거한 바 있습니다.

이런 문제들에 대하여 자의적일 수 있지만 몇 가지 원리를 제시하고자 합니다(로이드 존스, 『로마서 강해 14』).

첫째, 이런 문제들은 구원의 문제로 보지 말 것입니다. 예를 들어, 흡연자는 그리스도인일 수 없다고 말하면 안 됩니다. 이런 문제로 우리가 그리스도인인지 아닌지를 판단하면 안 됩니다.

둘째, 이런 문제들로 인해서 교회 지체로 받아들이는 근거를 삼으면 안 됩니다. 과거에는 이런 문제들이 교회의 지체로 받아들이냐 아니냐의 조건으로 삼는 교단들이 있었습니다.

셋째, 우리는 강한 믿음의 소유자라고 하더라도 우리 자신이 여전히 불완전하다는 것을 항상 기억하고 있어야 합니다. 우리는 어떤 면에 있어서는 다 그릇된 것이 있습니다.

넷째, 기독교 신앙을 아는 우리의 지식은 절대 완전하지 못합니다. 우리는 주님 앞에 서는 날 모두 다 알게 될 것입니다. 그날에 모든 그리스도인은 이러한 문제들에 관해서 정확히 동일한 방식으로 생각하게 될 것입니다.

성경은 이런 믿음에 관한 지식의 정도가 사람마다 다르다고 가르칩니다. 우리는 부지런히 완전을 향해 나가야 합니다. 믿음에 지식을 더해 가야 합니다.

다섯째, 우리가 예수님을 하나님의 아들 그리스도로 믿는 한, 우리는 같은 하나님의 권속인 것을 기억해야 합니다. 가족 중에 덜 성장한 자는 도와주어야 합니다.

여섯째, 이런 원리들을 믿음이 약한 자들도 이해하고 가르침을 받아야 합니다.

일곱째, 이런 문제들에 대하여 토론 자체를 위해서 토론하지 말아야 합니다. 혹시 어떤 필요로 토론할 때 자신의 기분이 상하는 순간이 있다면 자기의 견해를 제시하지 말아야 합니다. 토론은 항상 진리에 대한 바른 이해를 얻고 도와주려는 것이어야 합니다.

여덟째, 이런 문제들에 직면할 때 우리는 참고 인내해야 하고 삶을 통해 모범을 보여 주도록 해야 합니다. 그러나 이 모든 것을 사랑으로 해야만 합니다.

그러므로 십자가 대속의 피의 복음을 받은 우리는 우리 같은 죄인을 받으신 그리스도를 생각하고 그리스도 안에 있는 형제를 있는 그대로 받아야 합니다. 연약한 것은 힘이 되어 주고 잘못은 감추어 주고 우리의 관용을 그들에게 알게 해야 합니다.

오직 그리스도, 오직 믿음, 오직 예수 보혈 신앙으로 이런 문제들에 답을 얻고 사는 자들이 되도록 기도하겠습니다. 하나님 사랑과 이웃 사랑의 계명을 지켜 열매 맺는 하루가 되도록 기도하겠습니다.

살아 계신 아버지 하나님!
하나님의 은혜를 감사합니다.
예수님을 하나님의 아들 그리스도로 믿고 중생하여 그리스도인이 된 우리가 그리스도 교회 안에서 하나님의 한 가족으로 산다는 영적 진리를 뼛속 깊이 깨닫기를 기도합니다.
우리는 교회 안에서 사소한 문제들에 있어서 나타나는 의견 차이로 다툼과 분열을 일으키는 잘못을 자주 범하고 있습니다. 우리는 믿음이 연약한 자를 받되 가장 큰 애정과 친절을 가지고 받아들여야 한다고 믿습니다. 그리고 그들의 의견을 비판하거나 그들의 의심스러운 생각을 판단하지 말아야 한다고 믿습니다.

오늘날 우리가 직면하는 그리스도인의 흡연이나 음주, 춤추는 것, 영화 관람, 카드 놀이나 게임 및 각종 사행성 오락들을 하는 것을 양심에 가책 없이 행하는 형제들을 정죄하지 않도록 우리의 생각과 마음을 넓혀 주옵소서. 작은 의를 내세우다가 그리스도의 교회의 본질인 하나님의 평강과 사랑이 훼손되지 않게 우리를 붙들어 주옵소서. 허물을 보면 덮어 주고 연약을 보면 도와주고 부족을 보면 힘이 되어 주는 복음의 능력을 발휘하는 자들이 되게 하여 주옵소서.

오늘도 우리 모두 건강하게 하시고 건전하게 하여 그리스도 교회의 아름다움과 복음의 빛을 선포하는 왕 같은 제사장으로 살도록 축복하여 주옵소서.

예수님의 이름으로 기도하옵나이다. 아멘.

444

롬 14:2

- 어떤 사람은 모든 것을 먹을 만한 믿음이 있고, 깨끗한 음식과 더러운 음식을 구별하는 의식법에 있어서 서로 다른 신앙의 모습.
- 하나님이 그들을 받으셨으니 비판하지 말고 받아들이라.

> ² 어떤 사람은 모든 것을 먹을 만한 믿음이 있고 믿음이 연약한 자는 채소만 먹느니라

예수님은 그리스도시요 살아 계신 하나님의 아들입니다. 예수님이 하나님의 아들 그리스도라는 증거로 십자가에서 우리 죄를 대신해서 피 흘려 죽으시고, 죽은 자들 가운데서 부활하셨습니다.

이 예수님이 하나님의 아들, 예수님이 그리스도, 예수님이 우리 죄를 대신해서 십자가에서 피 흘려 죽으시고 부활하셨다는 복음으로 우리 인생 모든 문제가 처리되고 해답을 얻습니다. 이 복음은 모든 믿는 자에게 구원을 주시는 하나님의 능력이 됩니다. 이 하나님의 아들 예수 그리스도의 복음, 그리스도 십자가 대속의 피의 복음으로 깊이 뿌리내리기를 기원합니다.

예수님의 신성의 하나님 되심과 십자가 대속의 피의 복음을 마음 중심에 믿고 구원받은 그리스도인은 구약성경의 의식적 율법을 지키는 데서 자유한 자가 되었음을 믿고 확신하고 더 이상 그 의식적 율법이 효력이 없다는 것을 알아야 합니다. 그것은 예수님께서 하나님의 어린

양의 자격으로 흠 없는 제물로 자신을 십자가 죽음으로 하나님께 드려 죄 사함 받고 의롭다 여기는 길을 여셨기 때문입니다.

이제 그리스도인은 오직 예수님을 하나님의 아들 그리스도로 믿는 믿음으로 죄 사함 받고 의롭다 함을 받는 것입니다. 구약의 의식법은 예수 그리스도의 십자가 대속의 죽음으로 말미암아 폐지되었습니다. 그러므로 예수 그리스도를 믿고 구원받은 그리스도인은 이것을 잘 이해하고 그리스도 안에서 자유를 누리며 의식적 율법에 매일 필요가 없는 것입니다.

그러나 사도 바울 당시 로마 교회에서는 의식법에 속한 음식과 날에 대한 준수에 관해 의견 차이가 있었습니다. 특히, 음식과 날에 관한 두 가지 문제가 대두되었으나 오늘 본문에서는 음식에 관한 문제만을 먼저 보도록 하겠습니다.

오늘 본문 로마서 14장 2절을 보면 "어떤 사람은 모든 것을 먹을 만한 믿음이 있고 믿음이 연약한 자는 채소만 먹느니라"라고 하였습니다.

본문은 먼저 "어떤 사람은 모든 것을 먹을 만한 믿음이 있고"라고 합니다. 이 사람은 깨끗한 음식과 더러운 음식을 구별하는 구약의 의식법이 더 이상 효력이 없고 하나님의 모든 피조물은 선하고 속된 것이 아무것도 없다는 사실을 익히 알고 있었습니다(14절).

이 사람은 복음의 일반적 취지의 의도로부터 그리고 특별히 할례의 사도인 베드로가 이 목적에 따라 받은 계시로부터(행 10;15, 28) 이것을 확신했습니다. 믿음이 강한 그리스도인은 이것을 분명히 알고 있고, 따라서 그 지식에 따라 자기 앞에 놓인 음식은 양심에 물어볼 필요도 없이 먹을 수 있습니다(고전 10:27).

반면에 "믿음이 연약한 자는 채소만 먹느니라"라고 하였습니다. 믿음이 연약한 자는 모든 것을 먹는 점에 대하여 불만을 가졌습니다. 그는 그리스도인의 자유를 제대로 알지 못하고 오히려 율법에 의해 금지된 음식은 여전히 불결하다는 생각에 집착하고 있었습니다.

그러므로 그는 그런 음식들을 멀리하기 위해 고기는 전혀 먹지 않고 채소만 먹으며 땅의 열매만으로 자신을 만족시킵니다.

다수의 주석가가 채소만 먹는 연약한 자를 유대인 그리스도인들로 보고 있습니다. 그들은 어렸을 때부터 지켜 온 유대교의 의식법에 대한 습관을 근절하지 못했습니다. 그들은 그 의식법이 예수 그리스도의 죽음으로 말미암아 사문화되었다는 것을 깨닫지 못했습니다.

또한, 이방인들에게도 채소만 먹는 믿음이 연약한 자들이 있음을 지적하는 주석가들도 있습니다. 이방인들은 회심 전에 이교 신전을 찾는 습관 속에 살던 사람들이었습니다. 그들은 거기서 우상에게 고기를 제물로 드렸습니다.

또 신전에서 제물로 바쳐졌던 고기를 시중에 내다 팔기도 하였기에 그것을 먹는 것이 나쁘다고 느꼈습니다. 이방인 그리스도인들은 그 고기를 사서 먹는 것은 다시 한번 우상 숭배에 참여하는 것이라고 느꼈습니다. 그래서 그들은 시장에 나온 고기가 이교도 신전에서 나온 것인지 아닌지 모르므로 모든 고기를 먹지 않았습니다.

또 오늘 본문 말고도 디모데전서 4장에는 후일에 믿음에서 떠나 미혹하는 영과 귀신의 가르침을 좇는 자가 "혼인을 금하고 어떤 식물은 먹지 말라"(딤전 4:1-3)라고 하였습니다. 여기서 어떤 식물은 고기를 말한 것으로 봅니다.

이들은 일종의 혼합 종교로 악한 것이나, 오늘날 이러한 이상한 혼합 사상들이 인기가 있습니다. 그들은 몸을 개발하는 데 관심을 두는 부류의 종교로 이들은 대체로 채식주의자들입니다. 건강과 의학적인 이유에서 채식주의는 아무 문제가 없으나 그것이 종교적 문제, 양심의 문제로 삼으면 잘못된 것입니다.

그러면 그리스도인들은 이런 문제를 어떻게 생각해야 합니까?

우리는 사도 바울의 오늘 본문에 이은 다음 말씀 "먹는 자는 먹지 않는 자를 업신여기지 말고 먹지 않는 자는 먹는 자를 비판하지 말라 이는 하나님이 받으셨음이라"(롬 14:3)라고 하였습니다. 이 말씀이 기준이 되어야 합니다.

우리 예수님께서도 이미 이에 관한 교훈을 주신바 있었습니다.

  … 모든 음식물을 깨끗하다 하시니라 (막 7:19).

바리새인들이 항상 충격을 받았던 부분이 이것이었습니다. 그들은 예수님이 율법의 완성자이심을 알지 못한 것이었습니다. 예수님의 오심으로 의식적 율법은 폐지된 것입니다.

우리 모두는 참되게 예수님께서 우리 죄를 위한 희생 제물로서 십자가에서 대신 죽으심으로 의식법을 완성하신 시대에 사는 자로서 모든 식물이 깨끗함을 알고 먹을 것입니다. 그러나 음식법을 지키는 자들을 정죄하지 말고 비판하지 말 것입니다.

오직 그리스도, 오직 믿음, 오직 예수 보혈 신앙으로 양심의 자유를 얻고 살며, 성령의 충만을 받아 하나님 사랑과 이웃 사랑의 전도자로 살기를 기원합니다.

살아 계신 아버지 하나님!

하나님의 은혜를 감사합니다.

그리스도 예수 안에 있는 우리는 결코 정죄 받지 않는 자유를 주신 하나님께 감사하옵나이다. 우리는 구약의 의식적 율법인 깨끗한 음식과 더러운 음식을 구별하는 의식법이 더 이상 효력이 없고 하나님의 모든 피조물은 선하고 스스로 속된 것이 아무것도 없다는 사실을 굳게 믿습니다.

그러나 어떤 그리스도인은 이런 믿음이 연약하여 고기를 먹지 않고 채소만 먹는 자도 있음을 압니다. 이때 우리가 모든 것을 먹을 만한 믿음이 있는 자라고 해서 채소만 먹는 자를 정죄해서도 안 되고 또 반대로 먹지 않는 자는 먹는 자를 비판하지도 말 것을 명령으로 받습니다. 이 모두를 하나님께서 받으셨으니 우리는 기꺼이 그리스도 안에서 서로 인정하고 용납하고 서로 사랑해야 하리라고 믿습니다.

우리가 우상은 아무것도 아닌 줄 믿으나 우리가 우상의 집에 앉아 먹는 것으로 믿음이 약한 자들의 양심을 더럽게 하면 안 될 것이나 이런 경우는 약한 형제의 양심을 위하여 먹지 않아야 된다고 믿습니다. 우리는 먹는 것 외에도 우상 숭배하는 타 종교의 집회에 참석하는 경우도 있는데 이는 별개의 문제로 정죄 받을 가능성이 있으니 그리스도 십자가 피의 복음을 받은 그리스도인은 시험에 들지 않도록 기도해야 할 것입니다.

오늘도 우리로 건강하게 하시고 더 큰 믿음을 주셔서 마땅히 믿음이 약한 자의 약점을 담당하는 자들이 되도록 은혜를 베풀어 주옵소서. 예수님의 이름으로 기도하옵나이다. 아멘.

445

롬 14:3

- "먹는 자는 먹지 않는 자를 업신여기지 말고 먹지 않는 자는 먹는 자를 비판하지 말라"
  하나님이 받으셨다는 하나님의 이 태도가 모든 결정의 기준.
- 너희 관용을 모든 사람에게 알게 하라.

> ³ 먹는 자는 먹지 않는 자를 업신여기지 말고 먹지 않는 자는 먹는 자를 비판하지 말라 이는 하나님이 그를 받으셨음이라

예수님은 그리스도시요 살아 계신 하나님의 아들입니다. 예수님이 하나님의 아들 그리스도라는 증거로 십자가에서 우리 죄를 대신해서 피 흘려 죽으시고, 죽은 자들 가운데서 부활하셨습니다.

이 예수님이 하나님의 아들, 예수님이 그리스도, 예수님이 우리 죄를 대신해서 십자가에서 피 흘려 죽으시고 부활하셨다는 복음으로 우리 인생 모든 문제가 처리되고 해답을 얻습니다. 이 복음은 모든 믿는 자에게 구원을 주시는 하나님의 능력이 됩니다. 이 하나님의 아들 예수 그리스도의 복음, 그리스도 십자가 대속의 피의 복음으로 깊이 뿌리내리기를 기원합니다.

예수님의 신성의 하나님 되심과 십자가 대속의 피의 복음을 마음 중심에 믿고 영혼의 구원을 받은 그리스도인은 하나님과 예수 그리스도께서 주인이 되시는 새사람이 된 자입니다.

예수님을 그리스도로 믿는 그리스도인이 참으로 구원받고 구원의 신앙을 가졌으면 '자기'라는 것이 없어지는 데서부터 시작하는 것입니다. 나를 위하는 것이 없어졌다는 것이 구원 신앙의 첫걸음입니다.

그러므로 십자가 대속의 피의 복음을 받은 그리스도인 삶의 태도에 있어서 결정의 기준은 하나님의 태도이며 하나님과 예수 그리스도의 말씀입니다. 그래서 하나님께서 어떤 사람을 받으셨다 하면 그것이 우리가 결정하는 기준입니다. 우리도 당연히 받아야 합니다.

그러나 이러한 성경적 기준은 그리스도 교회에서 잘 받지 못하는 경우가 많습니다. 그리스도 교회에 율법주의적인 분위기가 많이 남아 있기 때문입니다. 요즘은 많이 완화된 것 같지만 과거에는 교인들 가운데 술 먹는 것, 담배 피우는 것, 춤추러 다니는 것, 화투나 카드 게임 놀이 하는 것, 영화 보러 가는 것 등을 금하는 경우가 많았습니다.

우리가 우리의 복음 신앙을 견고히 지키기 위해 절제를 하면서 자제하는 것은 나쁜 것이라고 할 수는 없습니다. 그러나 그런 행위를 한 사람이 그리스도인이 아니라던가 믿음이 없는 자라던가 하면서 형제를 판단하면 은혜의 입장을 떠난 셈이 됩니다. 오직 예수 그리스도를 믿음으로 말미암아서만 의롭다 하심을 받는다는 교리를 부인하는 것입니다.

사도 바울은 이에 관하여 하나님이 그들을 받으셨으므로 서로 비판하지 말라고 합니다.

오늘 본문 로마서 14장 3절을 보면 "먹는 자는 먹지 않는 자를 업신여기지 말고 먹지 않는 자는 먹는 자를 비판하지 말라 이는 하나님이 그를 받으셨음이라"라고 하였습니다.

강한 자는 절대로 연약한 자를 업신여겨서는 안 되고 연약한 자는 강한 자를 비판해서는 안 된다는 말씀입니다. 이것은 양 당사자 모두를 직접 겨냥한 말입니다.

이런 종류의 다툼은 어떤 것이라도 양편 모두에게 잘못이 있고 그래서 양편 모두 교정을 받아야 할 경우가 대부분입니다. 사도 바울은 본문에서 양자를 함께 묶어 반박합니다. 우리는 형제를 업신여기거나 비판하거나 해서는 안 됩니다.

그러면 왜 그래야 합니까?

본문을 보면 "이는 하나님이 그를 받으셨음이라"라고 하기 때문입니다. 하나님께서 그들을 받으셨고 따라서 우리가 하나님이 받으신 자들을 거절한다면 하나님을 거절하는 것이 되기 때문입니다.

하나님은 참된 은혜를 소유한 자들은 아무리 연약한 자라 할지라도 절대로 내쫓지 아니하십니다. 상한 갈대라도 꺾지 아니하십니다. 강한 신자와 약한 신자 모두, 곧 먹는 자나 먹지 않는 자나 그들이 진실로 예수님을 하나님의 아들 그리스도로 믿는 참된 신자라면 하나님께서 받아 주신 자들입니다.

우리가 업신여기거나 비판하기 위해 우리 형제들을 무시하는 태도를 취하도록 유혹을 받을 때 우리는 이렇게 스스로 자신에게 질문해 보는 것이 필요합니다.

"하나님께서 그들을 인정하고 있지 아니한가?

만약 인정하고 있다면 내가 감히 그들을 무시하겠는가?"

그렇다면 다른 사람에 대한 우리의 태도가 어떠해야 하는가를 결정하는 최선의 방법은 그들에 대한 하나님의 태도가 어떤가를 결정하는 것입니다. 이 원리는 황금율보다 더 낫습니다.

 황금율은 다른 사람들이 우리를 대접하기를 원하는 대로 그 사람들을 대접하는 것은 우리의 타락한 자기 중심성에 기초를 두는 기준이지만, 하나님이 그들을 다루시는 태도대로 다루는 것은 하나님의 선하심에 기초를 두는 기준입니다.

 하나님의 태도가 모든 결정의 기준입니다. 하나님이 받으셨으면 업신여기거나 비판하지 말고 받아야 합니다. 교회 안의 모든 율법주의는 빨리 사랑과 은혜의 예수님주의로 바뀌어야 합니다.

 우리 모두 예수님을 하나님의 아들로 믿는 참된 신자가 되어 '자기'가 없어지고 하나님과 예수 그리스도의 기준으로 사는 자들이 되어야겠습니다. 오직 그리스도, 오직 믿음, 오직 예수 보혈 신앙으로 기꺼이 하나님 사랑과 이웃 사랑의 율법을 지키며 우리의 관용을 모든 사람에게 알게 하도록 기도하겠습니다.

 살아 계신 아버지 하나님!
 하나님의 은혜를 감사합니다.
 우리가 예수님을 그리스도, 예수님을 하나님의 아들로 참되게 믿으면 자기라는 것이 없어진 존재가 된다는 사실을 믿습니다. 이제는 내가 사는 것이 아니요 오직 내 안에 그리스도께서 사시는 것임을 믿기 때문입니다. 그러나 우리의 믿음이 연약하고 또 자신이 죽지 않는 죄의 본성이 남아 있어서 형제를 업신여기기도 하고 비판하기도 하는 죄를 범하며 살고 있습니다.

우리의 죄를 용서해 주시고 우리가 그리스도와 함께 십자가에 못 박힌 것을 기억하게 하시고 그 십자가의 보혈의 능력으로 우리를 더 새롭게 변화시켜 주옵소서.

우리가 받은 성령으로 말미암아 하나님의 사랑이 우리 마음에 충만히 부음바되어 그리스도의 마음을 품고 형제를 내 몸처럼 사랑하는 자들이 되도록 권능으로 붙들어 주옵소서. 우리가 사는 동안 우리의 삶 속에서 일어나는 모든 일의 결정에 하나님의 태도가 기준이 되도록 항상 진리 말씀이 생각나고 지배하도록 도와주옵소서.

오늘도 우리로 건강하게 하시고 성령으로 충만하게 하여 우리의 관용을 모든 사람으로 알게 하는 그리스도의 마음을 품은 자가 되도록 우리 마음을 넓혀 주시옵소서.

예수님의 이름으로 기도하옵나이다. 아멘.

롬 14:4

- "남의 하인을 비판하는 너는 누구냐 비판하지 말라"
- 세우는 권능이 주께 있다.
  중요하지 않은 문제로 싸우지 말고 관용하라.

⁴ 남의 하인을 비판하는 너는 누구냐 그가 서 있는 것이나 넘어지는 것이 자기 주인에게 있으매 그가 세움을 받으리니 이는 그를 세우시는 권능이 주께 있음이라

예수님은 그리스도시요 살아 계신 하나님의 아들입니다. 예수님이 하나님의 아들 그리스도라는 증거로 십자가에서 우리 죄를 대신해서 피 흘려 죽으시고, 죽은 자들 가운데서 부활하셨습니다.

이 예수님이 하나님의 아들, 예수님이 그리스도, 예수님이 우리 죄를 대신해서 십자가에서 피 흘려 죽으시고 부활하셨다는 복음으로 우리 인생 모든 문제가 처리되고 해답을 얻습니다. 이 복음은 모든 믿는 자에게 구원을 주시는 하나님의 능력이 됩니다. 이 하나님의 아들 예수 그리스도의 복음, 그리스도 십자가 대속의 피의 복음으로 깊이 뿌리내리기를 기원합니다.

예수님의 신성의 하나님 되심과 십자가 대속의 피의 복음을 마음 중심에 믿고 구원받은 그리스도인은 인간이 얻을 수 있는 최고의 진리, 그리고 완전한 진리를 받은 자가 되었음을 자각하고 이런 본질적인 진

리 이외에는 다투거나 비판하지 말고 자유해야 합니다. 그리고 모든 것을 사랑으로 해야 합니다.

우리가 지금까지 계속 다루어 온 바대로 율법주의자들의 음식을 가려 먹는 것으로부터 시작하여 술, 담배, 카드 놀이, 게임, 노래방 출입, 춤, 영화 관람 등을 언급해 왔습니다. 이런 것들은 기독교 복음 진리에 있어서 본질적인 것이 아니기 때문에 자유하고 관용하는 것이 타당합니다.

그러나 초신자이거나 율법주의 환경에서 자라난 유대인 그리스도인이거나 혹은 율법주의적 그리스도인 가정이나 율법주의적 그리스도 교회에서 자라난 신자들은 그들도 그런 관습에서 금방 해방되기 어렵습니다. 이는 충분한 진리의 가르침을 아직 확신하지 못하였기 때문입니다.

그런 관점에서 그리스도인들은 다른 형제가 그리스도인이 아니거나 구원받지 못한 것이라고 판단하기 쉽습니다. 이것은 잘못입니다. 누구든지 예수님을 하나님의 아들, 예수님을 그리스도로 참되게 믿은 믿음으로만 구원을 얻기 때문입니다. 그래서 하나님은 예수 그리스도를 믿는 자를 받으셨습니다.

이런 논의는 더 계속되어 나갈 수 있습니다. 상전과 하인들 사이의 관계까지 발전될 수 있기 때문입니다.

오늘 본문을 보면 "남의 하인을 비판하는 너는 누구냐 그가 서 있는 것이나 넘어지는 것이 자기 주인에게 있으매 그가 세움을 받으리니 이는 그를 세우시는 권능이 주께 있음이라"라고 하였습니다.

먼저 본문은 "남의 하인을 비판하는 너는 누구냐"라고 말합니다. 우리는 남의 하인들을 붙잡고 그들의 잘못을 지적하고 비판하는 것을 잘못된 태도로 간주합니다. 이것은 결국 동료 그리스도인들을 비판하고 있는 것입니다.

다른 사람의 하인의 버릇을 고쳐 주려 하는 것은 매우 무례한 행동입니다. 누가 남의 집에 가서 그 주인의 하인들을 공개적으로 비판하거나 나무라는 사람은 무례한 것입니다. 동일한 원리로 부모와 자녀들의 경우에도 해당됩니다. 그 부모의 면전에서 그 부모의 자녀들을 꾸짖는 것은 대단히 무례한 일인 것입니다.

그래서 바울은 "남의 하인을 비판하는 너는 누구냐"라고 말하는 것입니다. 연약한 그리스도인과 강한 그리스도인 모두 우리 형제입니다. 그러나 그들은 우리의 하인은 아닙니다. 이 교만한 판단은 우리가 선생이 많이 되지 말라는 야고보의 교훈으로도 거부되고 있습니다 (약 3:1).

우리가 이처럼 그들을 비판할 때 우리는 우리의 눈에 보이지 않는 그들의 생각과 의도를 비판하고 또 불과 몇 가지 사례로는 결론 내리기가 어려운 그들의 인격과 사람됨을 비판함으로써 우리 자신을 형제들의 선생으로 만드는 것입니다.

이것은 결국 하나님의 자리를 찬탈하는 것입니다. 하나님은 사람이 보는 것처럼 보시지 아니합니다. 그들의 주인은 하나님이시지 우리가 아닙니다. 형제들을 비판하고 단죄하는 데 있어서 우리는 우리에게 속하지 않은 일에 쓸데 없이 간섭하는 것입니다.

우리가 그것 말고 할 일이 많습니다. 만일 우리가 비판해야 한다면 우리 자신의 마음과 삶에 대해 하도록 해야 합니다. 우리는 주님의 말씀을 기억해야 합니다.

> 어찌하여 형제의 눈 속에 있는 티는 보고 네 눈 속에 있는 들보는 깨닫지 못하느냐(마 7:3).

우리는 먼저 우리 눈 속에 있는 들보부터 빼야 합니다.

그래서 바울은 오늘 본문에서 "남의 하인을 비판하는 너는 누구냐"라고 강조한 다음 "그가 서 있는 것이나 넘어지는 것이 자기 주인에게 있으매 그가 세움을 받으리니 이는 그를 세우시는 권능이 주께 있음이라"라고 하였습니다.

하인의 운명은 자기 주인의 선고에 따를 일이지 우리가 아닙니다. 우리가 서로 간의 판단에 의해서가 아니라 진리에 따라 항상 의롭고 무오하신 하나님의 판단에 의해서 서거나 넘어지도록 되어 있다는 것은 얼마나 다행스러운 일인지 모릅니다.

이것이야말로 감사의 제목입니다. 만일 우리가 형제의 판단에 달려 있다면 그것은 진정한 재판관이 아닌 자의 손에 놓여진 것입니다. "그를 세우시는 권능이 주께 있음이라"라고 하였습니다.

하나님의 법정에서 선고만이 결정적이고 결론적입니다. 우리는 시험의 자리에서 하나님의 법정에 호소할 때 큰 위로를 받을 것입니다. 그러나 우리는 하나님 앞에 언제나 시험에 들지 않도록 기도해야겠습니다. 그리고 자신은 언제나 남의 선생이 되려 하지 말고 비본질적인 문제에 대해서는 항상 관용하도록 해야겠습니다.

우리 모두 참된 십자가의 피의 복음 신앙을 회복하여 오직 그리스도, 오직 믿음, 오직 예수 보혈 신앙으로 살고, 성령 충만 받아 하나님 사랑과 이웃 사랑을 실천하며 살고, 우리의 관용을 모든 사람에게 알게 하는 자가 되도록 기도하겠습니다. 즉시 기도하겠습니다.

살아 계신 아버지 하나님!

하나님의 은혜를 감사합니다.

오늘도 우리의 교만한 마음을 깨뜨리고 겸손으로 옷 입게 하심을 감사하옵나이다.

구원받은 우리이지만 옛사람이 살아 있어서 그 눈으로 형제를 비판하는 자들인 것을 회개합니다. 날마다 우리는 회개하는 자임을 깨닫게 하시고 형제의 눈 속에 있는 티를 빼기 전에 자신의 눈 속에 있는 들보를 발견하고 빼는 자들이 되도록 깨달음과 결단을 주시옵소서.

우리가 교만하여 남의 선생이 되어 남의 수하에 있는 사람을 그 면전에서 비판하는 무례를 범하지 않도록 도와주옵소서. 그를 세우시는 권능이 하나님께 있음을 알고 듣기는 속히 하되 말하기는 더디하고 성내기도 더디하게 하여 주옵소서.

우리에게 관용의 마음을 주셔서 본질적인 진리 문제 외에는 자유롭게 하시고 모든 것을 사랑으로 행하는 자들이 되도록 인도하여 주옵소서.

오늘도 우리 모두를 건강하게 하시고 오직 그리스도, 오직 믿음, 그리고 오직 기도로 하루를 살게 도와주시고 시험에 들지 말게 하여 주옵소서.

예수님의 이름으로 기도하옵나이다. 아멘.

롬 14:5

- "어떤 사람은 이 날을 저 날보다 낫게 여기고"
  연약한 자와 강한 자의 두 번째 실례.
  주일을 제외하고 모든 날을 똑같이 여기라.
- 각각 자기 마음으로 확정하라.
  성경 연구와 이해로 자신의 양심 따라 행동하라.

⁵ 어떤 사람은 이 날을 저 날보다 낫게 여기고 어떤 사람은 모든 날을 같게 여기나니 각각 자기 마음으로 확정할지니라

예수님은 그리스도시요 살아 계신 하나님의 아들입니다. 예수님이 하나님의 아들 그리스도라는 증거로 십자가에서 우리 죄를 대신해서 피 흘려 죽으시고, 죽은 자들 가운데서 부활하셨습니다.

이 예수님이 하나님의 아들, 예수님이 그리스도, 예수님이 우리 죄를 대신해서 십자가에서 피 흘려 죽으시고 부활하셨다는 복음으로 우리 인생 모든 문제가 처리되고 해답을 얻습니다. 이 복음은 모든 믿는 자에게 구원을 주시는 하나님의 능력이 됩니다. 이 하나님의 아들 예수 그리스도의 복음, 그리스도 십자가 대속의 피의 복음으로 깊이 뿌리내리기를 기원합니다.

예수님의 신성의 하나님 되심과 십자가 대속의 피의 복음을 마음 중심에 믿고 구원받은 그리스도인은 교회 생활 속에서 나타나는 사소한

문제들에 대한 형제간의 의견 차이를 해결하는 원칙을 잘 배워야 합니다. 여러 번 들었던 원칙을 다시 말하면, "본질적인 것은 일치로, 비본질적인 것은 자유로, 모든 것을 사랑으로 행하라"라는 원리입니다.

오늘날 다원주의 시대가 되니까 각각 개인의 자유와 원칙을 진리로 여기는 시대라 과거처럼 그리스도인이 술을 먹거나 담배를 피거나 화투나 카드 놀이 및 게임을 하거나 춤추고 영화관 가고 노래방 가는 것을 보고 비판하여 그리스도인이 아니라고 정죄하는 분위기는 거의 없어진 것 같습니다.

일응 이것은 진리에 부합하는 면이 있으나 경건 생활을 방해하고 세속화하는 것은 절제되어야 합니다. 이것은 율법주의가 아니라 그리스도께 자신의 삶을 바치는 사랑의 헌신입니다.

그런데 오늘날 한국 교회 안에 본질적인 문제인 주의 날을 지키고자 하는 개념이 없어지고 있습니다. 이것은 율법주의가 아닙니다. 또 유대교가 지키는 토요일 안식을 사실상 주일로 대체하고자 하는 파들도 있습니다. 교묘하게 세대주의가 한국 교회에 그 모습을 드러내고자 합니다. 또 천주교식 절기를 지키는 그리스도 교회가 많이 생기고 있습니다. 사순절 절기를 당연히 지켜야 하는 것으로 원리화하고 있습니다.

그러나 우리는 예수님께서 이 세상에 오셔서 십자가 대속의 죽으심 후 부활하신 날 곧 주일을 제외하고는 모든 날을 똑같이 여겨야 합니다. 주일은 그리스도께서 새로운 창조 사역을 마치신 날이기 때문입니다. 이 주일을 지키는 것은 의식적 율법이 아니라 도덕적 율법이기 때문에 이 날은 모든 그리스도인이 예외 없이 지켜야 할 날입니다.

오늘 우리는 바울의 가르침을 따라 이에 관해 숙고하고자 합니다.

본문 로마서 14장 5절을 보면 "어떤 사람은 이 날을 저 날보다 낫게 여기고 어떤 사람은 모든 날을 같게 여기나니 각각 자기 마음으로 확정할지니라"라고 하였습니다.

이 말씀은 연약한 자와 강한 자의 관계에 관한 두 번째 실례입니다. 이것은 특별한 날을 준수하는 것 혹은 준수하지 않는 것과 관련되어 있습니다.

본문을 보면 "어떤 사람은 이 날을 저 날보다 낫게 여기고"라고 합니다. 이들은 여전히 스스로 의식적 율법을 준수할 의무 아래 있다고 생각한 사람들(연약한 자들)은 이 날을 저 날보다 더 낫게 여겼습니다.

그들은 유월절, 오순절, 그리고 장막절과 같은 날을 다른 날보다 중히 여겼습니다. 그들은 이 날들이 다른 날보다 우월하다고 생각했고 그리하여 자신을 어떤 종교적 인식과 규례에 매어 둠으로써 특별히 날을 지키는 것을 소중히 여겼습니다.

그리스도께서 오심으로 말미암아 이 모든 것은 폐해지고 소멸되었다고 알고 있던 사람들(강한 자들)은 모든 날을 똑같이 여겼습니다. 우리는 주일(主日)을 제외하고는 그렇게 이해해야 합니다. 주일은 모든 그리스도인이 예외 없이 지켜야 할 날이기 때문입니다.

강한 자들은 유대인들의 구시대적 절기들을 중시하거나 주목하지 않았습니다. 여기서 연약한 자들과 강한 자들 사이에 의견 차이가 나타나는 것입니다.

그래서 본문에서 바울은 음식과 날에 관한 문제는 일부 특별한 사람들 곧 한평생 그것을 준수하도록 훈련받고 자란 탓으로 그것을 지키지 아니하면 곤란한 상황에 직면한 유대인들의 의견과 관습에 불과하기 때문에 사소한 의견 차이로 보고 말하는 것입니다.

　그러나 날에 관한 문제에 있어서 갈라디아서에서 바울의 입장은 바뀝니다. 그것은 갈라디아 교회가 유대교주의자 교사들의 영향을 받아 이 날의 구별을 믿고, 그것에 따라 행동할 뿐만 아니라, 그것을 구원에 필수적인 것으로 알고 강조하며, 유대교의 절기를 공개적으로 그리고 집단적으로 견지하려는 사람들에게 보내는 편지였기 때문입니다.

　이것은 그들이 복음의 목적을 무산시켜 은혜로부터 떨어지도록 만드는 죄책을 짊어지게 한 것이었습니다(갈 4:9-11). 로마 교인들은 연약함 때문에 그것을 지켰지만 갈라디아 교인들은 고의적이고 사악한 상태에서 그렇게 했기 때문입니다.

　그러므로 바울은 이처럼 다르게 그들을 다룬 것이며 로마 교인들을 향해서 "각각 자기 마음으로 확정할지니라"라고 하였습니다. 각자는 자기의 의견이나 사상에 확신을 가지라는 것입니다.

　이를 위해 성경을 연구하여 자신이 율법 아래 있지 않고 그리스도 안에서 성령의 인도를 받고 있음을 알고 이런 문제들에 있어서 각각 자신의 양심에 따라 행동할 것입니다. 자기 마음으로 확정한다는 것은 성령을 따라 항상 자신의 양심에 따라서 행동하고 그 양심을 결코 거스르지 않는다는 것을 의미합니다.

　우리 모두는 십자가 대속의 피의 복음 진리를 참되게 믿고 성령님을 모시는 자가 되어 항상 자신의 양심에 복종하며 살고 사소한 문제들에 의견 차이를 자유와 사랑으로 관용할 것입니다.

　오직 그리스도, 오직 믿음으로 성령 충만 받아 하나님 사랑과 이웃 사랑을 실천하며 살고 형제간에 서로 사랑하며 살기를 기원합니다.

살아 계신 아버지 하나님!

하나님의 은혜를 감사합니다.

그리스도 교회 안에서 형제간의 서로 사랑은 최고의 덕목이라고 믿습니다. 교회 안에서 사소한 문제들로 인하여 서로 다투고 분열한다는 것은 그리스도의 생명과 정신을 사라지게 만드는 죄라고 믿습니다. 그러나 우리는 이런 죄를 범하는 속성을 갖고 있습니다.

바울 시대 로마 교인들에게도 음식과 날에 관한 의견 차이가 있어 바울이 그들에게 권고하는 말씀을 오늘 우리가 듣습니다. 의식법을 준수할 의무가 있다고 하는 연약한 자들은 이 날을 저 날보다 더 낫게 여겼습니다. 그러나 예수 그리스도께서 오심으로 말미암아 이 모든 것은 폐해지고 소멸되었다고 알고 있던 사람들은 모든 날을 똑같이 여겼습니다. 우리는 이 후자의 의견이 바른 것이되 다만 주일만은 모든 그리스도인이 지켜야 할 도덕적 율법이라고 믿습니다.

그러므로 그리스도 복음을 받은 그리스도인들은 각각 자기 마음으로 확정할 것을 권고받습니다. 각자가 자기 자신의 양심에 복종해야 한다는 하나님의 말씀으로 받았습니다. 이를 위해 성경을 연구해서 말씀과 성령의 인도를 따라 항상 자신의 양심에 따라 행동하되 형제를 비판하지 말아야 한다는 말씀을 항상 기억하기를 기도합니다.

 오늘도 우리로 모두 건강하게 도와주시고 그리스도 복음으로 항상 인생 모든 문제의 답을 얻고 살도록 도와주옵소서. 우리 모두는 오직 그리스도, 오직 믿음, 오직 예수 보혈 신앙으로 성령 충만을 받고 하나님 사랑과 이웃 사랑의 전도자로 살도록 은혜로 인도하여 주옵소서.
예수님의 이름으로 기도하옵나이다. 아멘.

롬 14:5

- "어떤 사람은 모든 날을 같게 여기나니"
  우리는 주일(主日)을 제외하고는 그렇게 이해한다.
- 주일은 의식적 율법이 아니라 도덕적 율법이다.
  그리스도 부활의 날은 새로운 창조의 날.
  모든 그리스도인은 예외 없이 주일을 지켜야 한다.

⁵ 어떤 사람은 이 날을 저 날보다 낫게 여기고 어떤 사람은 모든 날을 같게 여기나니 각각 자기 마음으로 확정할지니라

예수님은 그리스도시요 살아 계신 하나님의 아들입니다. 예수님이 하나님의 아들 그리스도라는 증거로 십자가에서 우리 죄를 대신해서 피 흘려 죽으시고, 죽은 자들 가운데서 부활하셨습니다.

이 예수님이 하나님의 아들, 예수님이 그리스도, 예수님이 우리 죄를 대신해서 십자가에서 피 흘려 죽으시고 부활하셨다는 복음으로 우리 인생 모든 문제가 처리되고 해답을 얻습니다. 이 복음은 모든 믿는 자에게 구원을 주시는 하나님의 능력이 됩니다. 이 하나님의 아들 예수 그리스도의 복음, 그리스도 십자가 대속의 피의 복음으로 깊이 뿌리내리기를 기원합니다.

예수님의 신성의 하나님 되심과 십자가 대속의 피의 복음을 마음 중심에 믿고 참된 구원을 얻은 그리스도인은 자신의 그리스도인 됨의 정

체성으로 주일 성수를 고수합니다. 이것은 율법주의가 아닙니다.

　신약 시대의 주일은 구약 시대의 안식일을 대체한 것이기 때문에 이 주의 날에 하나님께 예배드리고 하나님을 위해 자신을 드릴 수 있도록 하기 위해 우리가 그날을 따로 떼어 놓은 날입니다.

　우리는 구약 시대의 안식일을 거룩하게 지키는 도덕적 율법에 관한 바른 이해가 먼저 필요합니다. 그리고 그 안식일 율법이 신약 시대에는 7일 중 첫날로 바뀌었습니다. 우리가 취할 가장 바른 웨스트민스터 신앙고백서 제21장 "예배와 안식일" 제7항 후단은 이렇게 규정하고 있습니다.

> 이 안식일이 창세 이후 그리스도의 부활까지는 이레 중 마지막 날이었다. 그러나 그분의 부활 이후부터는 이레 중 첫날로 바뀌었다. 이 날을 주일(主日)이라고 하며 이 날은 그리스도 교회의 안식일로서 세상 끝 날까지 계속 지켜져야 한다.

　오늘날 안식교는 이 주일을 부인하고 구약의 안식일을 그대로 고수하고 있습니다. 그뿐만 아니라 그들은 음식에 있어서도 구약의 의식법을 그대로 지켜야 구원을 얻는 것으로 봅니다. 그들은 문자 그대로 율법주의자들입니다.

　또 오늘날 세대주의 추종자들의 한 변형으로 주일도 지키면서 토요일의 안식일도 지켜 아무일도 않고 유대인들처럼 안식하고자 합니다. 유대인들의 안식은 사실상 육신적 안식으로 진정한 안식이 아닙니다. 인간은 죄 문제를 해결받음으로 진정한 안식도 얻습니다. 우리가 예수님을 하나님의 아들로 믿고 죄 사함 받아 하나님과 화해가 이루어지면서 진정한 안식인 하나님과의 교제 속으로 들어가는 것입니다.

오늘날 신학자들 중에 구약식 유대인의 안식을 본받고자 하는 책들이 인기를 끄는데 그것은 예수 그리스도의 대속의 죽음과 부활의 복음을 멸시하는 것입니다. 육신적으로 주일날 아무리 쉬고 낮잠을 자도 월요일은 여전히 피곤합니다.

그러나 복음을 받은 그리스도인들이 그리스도 교회에 나가 예수 보혈을 믿고 하나님과 그리스도께 나가 경배하고 기도하여 그 은혜의 빛을 받을 때 진정한 자유와 안식을 맛보는 것입니다.

피곤하다고 주일 예배 참석하지 않고 늦잠을 잔다고 안식이 오지 않습니다. 하나님과 우리 주 예수 그리스도와의 평화와 교제 속에서만 진정한 안식이 찾아옵니다. 주일 성수를 무시하는 신자들은 회개하여 예수님을 하나님의 아들, 예수님을 십자가에 못 박히신 그리스도, 예수님을 부활하신 그리스도로 참되게 믿고 중생해야 합니다.

하나님과의 평화 속에 양심의 평화, 이웃과의 평화도 오고 천사들과의 평화도 옵니다. 여기에 자유가 있고 진정한 안식이 있고 평화가 있고 행복이 있습니다. 주일 성수로 이런 은혜를 하나님과 예수 그리스도로부터 받고 한 주를 살아가는 것입니다. 안식일은 단순히 쉬는 날이 아니라 하나님과 교제 가운데 은혜를 충만히 받고 오는 6일을 살아가는 중요한 '은혜의 날'인 것입니다.

그러므로 이 주일은 다른 날과 달리 특별한 날로서 소중히 지켜야 합니다. 우리는 바울의 날에 대한 교훈을 보면서 주일에 대한 오해를 갖지 말아야겠습니다.

본문 로마서 14장 5절을 보면 "어떤 사람은 이 날을 저 날보다 낫게 여기고 어떤 사람은 모든 날을 갖게 여기나니 각각 자기 마음으로 확정할지니라"라고 하였습니다.

우리는 앞서 이에 관한 말씀을 들은바 있습니다. 즉, 여전히 스스로 의식적 율법을 준수할 의무 아래 있다고 생각한 사람들(연약한 자들)은 이 날을 저 날보다 더 낫게 여겼습니다. 반면에 예수 그리스도께서 오심으로 말미암아 이 모든 것이 폐하여지고 소멸되었다고 알고 있던 사람들(강한 자들)은 모든 날을 똑같이 여겼습니다.

그러나 우리는 후자의 견해를 따르되 주일(主日)을 제외하고는 그렇게 이해합니다. 주일은 의식적 율법이 아니라 도덕적 율법으로서 하나님 나라 사상이요 영화의 세계까지 관여하기 때문입니다. 안식일이라는 도덕적 율법이 이스라엘 백성에게 주어졌을 때 그것은 이스라엘 민족의 독특성을 형성하는 것으로만 의미를 갖는 것이 아니라 전 세계 인류의 역사적 진전과 역사의 종국 이후 영화의 세계까지 관여될 중요한 것들로 주어진 것이었습니다.

다만 구약 시대 도덕법의 하나로서 주어진 안식일은 예수 그리스도의 부활 이후부터는 이레 중 첫날로 바뀌었습니다. 곧 주일(主日)로 바뀌었습니다. 첫 창조 때 곧 제7일에 하나님은 창조의 일을 마치시고 안식하셨습니다. 지금은 예수 그리스도께서 죽은 자 가운데서 부활하심으로 새로운 창조의 사역을 마치셨습니다. 그래서 신약 시대 그리스도인은 '새 창조'의 날인 부활의 날을 주일로 인식하는 것입니다.

초대 교회 신자들은 이 그리스도 부활의 날의 '새 창조'를 믿고 안식후 첫날, 곧 주일에 모여 예배를 드리기 시작했습니다. 사도행전 20:7,

고린도전서 16장 2절은 그 중요한 증거입니다.

그리고 사도 요한은 요한계시록 1장 10절에서 "주의 날에 내가 성령에 감동되어 내 뒤에서 나는 나팔 소리 같은 큰 음성을 들으니"라고 하였습니다. 요한은 안식 후 첫날을 "주의 날"이라고 말하는 것입니다.

오늘날 우리는 의식적 율법이 예수 그리스도의 오심으로 폐지되었음을 알고 구약적 절기나 날들을 특별히 귀히 여길 필요가 없습니다. 그러나 날을 지키는 중에 안식일 곧 주일을 지키는 것은 도덕법을 지키는 것이므로 주일 성수가 이루어져야 합니다.

우리 모두 참되게 예수님을 하나님의 아들 그리스도로 믿고 중생하여 그리스도인의 정체성의 기준인 주일 성수를 하고 은혜 충만 받아 그 은혜로 하나님 나라 백성답게 살아갈 것입니다. 오직 그리스도, 오직 믿음, 오직 예수 보혈 신앙으로 성령 충만 받아 하나님 사랑과 이웃 사랑의 전도자로 살고 어떤 경우에도 주일 성수하는 자가 되시길 기원합니다.

살아 계신 아버지 하나님!

하나님의 은혜를 감사합니다.

우리가 어둠의 세상에서 살면서 세상 사람들이 생각하는 길일과 흉일을 따랐던 자들인데 예수님을 부활하신 하나님의 아들 그리스도로 믿고 새사람으로 중생한 이후에는 우리가 세상에서 살아가야 할 말씀과 은혜를 주심을 무한히 감사하옵나이다.

우리는 유대인들처럼 의식법을 지켜 하나님과 화해하며 사는 자가 아니요 예수 그리스도께서 대속의 죽으심을 믿고 죄 사함 받아 하나님과 화해하여 하나님 면전에 나가 그 얼굴을 뵈옵고 경배하며 찬양하며 은혜를 구하며 사는 자가 되었음을 생각할수록 감사하며 영광을 하나님께 돌려드립니다.

오늘 우리는 날에 대한 성도들 간의 의견 차이는 사소한 것이기에 형제를 비판하지 말 것을 배우나 구약의 안식일이 그리스도의 오심으로 주일로 바뀐 안식일 준수는 반드시 지켜야 할 도덕적 율법인 것을 배우고 굳게 지키고자 합니다. 우리는 반드시 주일을 지켜 하나님께 예배드리고 삼위 하나님으로부터 은혜의 빛을 받아 한 주를 그 은혜로 능력 있게 살아야 한다고 믿습니다.

우리 하나님 아버지께서 그리스도 교회에 은혜를 베푸사 성도들이 주일 성수에 지장이 없도록 건강하게 해 주시고 환경을 만들어 주시고 시험거리들을 없애 주시옵소서. 온라인 예배보다 "산 제물"로 드리는 교회 회중의 참석 예배가 하나님이 기뻐 받으시는 예배임을 성도들이 깨닫기를 기도합니다. 무엇보다 안식교도들이나 세대주의자들의 토요일 안식 지키는 것의 잘못도 우리로 확신하게 해서서 그들의 유혹이나 과오에 대처하는 지혜를 주시옵소서.

예수님의 이름으로 기도하옵나이다. 아멘.

449

롬 14:6

- "날을 중히 여기는 자도 주를 위하여 중히 여기고"
  날과 음식의 관점 모두 주를 위하여.
  행함의 동기와 이유가 중요.
- 먹든지 마시든지 다 하나님의 영광을 위하여 하라.
  형제간의 사소한 차이를 서로 용납하라.

⁶ 날을 중히 여기는 자도 주를 위하여 중히 여기고 먹는 자도 주를 위하여 먹으니 이는 하나님께 감사함이요 먹지 않는 자도 주를 위하여 먹지 아니하며 하나님께 감사하느니라

예수님은 그리스도시요 살아 계신 하나님의 아들입니다. 예수님이 하나님의 아들 그리스도라는 증거로 십자가에서 우리 죄를 대신해서 피 흘려 죽으시고, 죽은 자들 가운데서 부활하셨습니다.

이 예수님이 하나님의 아들, 예수님이 그리스도, 예수님이 우리 죄를 대신해서 십자가에서 피 흘려 죽으시고 부활하셨다는 복음으로 우리 인생 모든 문제가 처리되고 해답을 얻습니다. 이 복음은 모든 믿는 자에게 구원을 주시는 하나님의 능력이 됩니다. 이 하나님의 아들 예수 그리스도의 복음, 그리스도 십자가 대속의 피의 복음으로 깊이 뿌리내리기를 기원합니다.

예수님의 신성의 하나님 되심과 십자가 대속의 피의 복음을 마음 중심에 믿고 참된 구원을 얻은 그리스도인은 주를 위하여 사는 것이 삶의 목적이 된 자입니다. 그것은 그 자신의 새로운 생(生)의 시작이 그리스도로 말미암아 이루어졌고 또 그리스도로 말미암아 자신의 생의 과제가 주어졌으며 그리스도로 말미암아 생의 영감이 주어지고 그리스도가 자신의 생의 보상이고 그리스도가 생의 마지막이고 그리스도가 생의 전부이기 때문입니다.

그래서 사도 바울은 다음과 같이 말하였습니다.

이는 내게 사는 것이 그리스도시니 죽는 것도 유익함이라 (빌 1:21).

그런적 너희가 먹든지 마시든지 무엇을 하든지 다 하나님의 영광을 위하여 하라 (고전 10:31).

오늘 본문에서도 사도 바울은 동일한 논조로 사소한 문제들에 있어서 나타나는 의견 차이를 "주를 위하여" 서로 용납해야 한다고 말합니다.

본문 로마서 14장 6절을 보면 "날을 중히 여기는 자도 주를 위하여 중히 여기고 먹는 자도 주를 위하여 먹으니 이는 하나님께 감사함이요 먹지 않는 자도 주를 위하여 먹지 아니하며 하나님께 감사하느니라"라고 하였습니다.

본문은 먼저 "날을 중히 여기는 자도 주를 위하여 중히 여기고"라고 합니다. 여기서 "날을 중히 여기는 자"라는 유대교 금식과 절기를 양심으로 지키면서 그것을 다른 사람들에게 강요하거나 강조하거나 하지 않고 그런 날에는 세상 일을 쉬고 하나님께 예배하는 것이 나쁠 것이 없다고 생각하고 기꺼이 그렇게 하는 자를 말하는 것입니다.

　날을 중히 여기는 자가 예수님을 하나님의 아들로 참되게 믿고 구원 받은 자로서 특정한 날을 중히 여긴다면, 그가 날을 중히 여기는 동기가 주를 위하여 한 것이라면 우리는 그를 비판하지 말고 용납해야 한다고 바울은 말하는 것입니다. 비록 날을 지키는 데 있어서 실수가 있지만 하나님은 그의 정직한 동기와 의도를 받아 주실 것입니다. 이처럼 우리는 훌륭한 주인이신 하나님을 모시고 삽니다.

　반면에 "날을 중히 여기지 않는 자"라는 이 날과 저 날 사이에 차별을 두지 않고 이 날은 거룩하고 다른 날은 거룩하지 않다거나 이 날은 복이 있는데 다른 날은 그렇지 않다고 말하지 않고 모든 날을 똑같이 여기는 자는 앞의 형제를 반대하거나 경멸하는 반대 기질을 갖고 있기 때문에 그러는 것이 아닙니다. 그가 그렇게 한 이유는 "주를 위하여" 그것을 중히 여기지 않는다고 봅니다.

　그는 하나님께서 어떤 차별을 두시는 분이 아니라는 것을 알기 때문에 날에 차별을 두지 않습니다. 따라서 그는 모든 날을 하나님께 바치려고 노력함으로써 그분께 영광을 돌리고자 합니다.

　다른 실례 역시 똑같습니다. 그 앞에 어떤 음식이 있든 간에 그것이 피든 돼지고기든 먹을 수 있는 것이라면 먹는 자 그도 주를 위하여 먹는 것입니다.

　그는 하나님께서 그에게 허락하신 자유가 무엇인지 알고 있고 그 자유를 하나님의 영광을 위해 사용하는 자로서 지금 복음 아래 우리에게 허락되는 것을 확대하고 율법의 멍에를 벗어 버리는 데 있어서 자신의 지혜와 선한 의도를 갖고 사는 자입니다.

그래서 그는 자기가 갖고 있는 다양한 음식에 대해 그것을 먹을 수 있는 자유에 대해 그리고 그것들에 대해 자신의 양심에 가책이 없게 된 것에 대해 하나님께 감사합니다. 반면에 의식법에 따라 금지된 고기를 먹지 않는 자도 주를 위하여 먹지 아니합니다.

이들 모두는 무슨 일을 하든 하나님께 시선을 두고 있고 또 하나님께 인정받으려고 정직하게 그 일들을 행하기에 그들이 비판받거나 업신여김을 받아서는 안 됩니다.

우리가 고기를 먹든 채소를 먹든, 그것은 모든 은혜의 창시자요 시혜자인 하나님께서 그것을 성결하고 맛있게 하신 것에 대해 감사하는 것입니다.

본문에서 사도 바울은 우리 자신이 아니라 하나님을 중히 여기는 것이 참기독교에 얼마나 본질적인 것인지를 보여 줍니다. 그러므로 그 반대가 역력히 드러나지 않는 한 우리는 사소한 면에서 우리와 차이가 있는 사람들을 용납해야 합니다.

우리 모두는 먼저 예수님의 신성의 하나님의 아들 되심과 십자가 대속의 피의 복음 진리를 마음 중심에 믿고 중생해야 합니다. 중생한 그리스도인이라면 약한 자와 강한 자 사이의 사소한 의견 차이를 판단하지 말고 모든 것을 오직 "주를 위하여"라고 할 것입니다. 오직 그리스도, 오직 믿음, 오직 예수 보혈 신앙으로 성령 충만 받아 먹든지 마시든지 무엇을 하든지 다 하나님의 영광을 위하여 하는 자들이 되도록 기도하겠습니다.

살아 계신 아버지 하나님!

하나님의 은혜를 감사합니다.

예수님을 하나님의 아들 그리스도, 십자가 대속의 피의 복음을 믿고 구원받은 그리스도인은 한 피 받아 한 몸 된 그리스도의 몸이 되었음을 믿습니다. 그러므로 본질적인 진리가 아닌 문제에 관해서 형제간의 의견 차이는 우리가 그리스도께서 주신 하나님의 능력으로 용납할 수 있도록 관용해야 한다고 믿습니다.

날을 중히 여기고 어떤 음식은 먹지 않는 연약한 그리스도인도 모두 주를 위하여 그렇게 한 것이라면 모든 날을 똑같게 그리고 모든 음식도 구별 없이 먹는다는 강한 자가 판단해서는 안 될 것을 믿습니다. 이는 모두가 다 "주를 위하여" 하기 때문입니다. 연약한 자나 강한 자 모두가 주를 위하여 먹고 지키거나 먹지 않으므로 모두 하나님께 감사하는 자들임을 믿습니다. 우리 행함의 동기와 이유가 주를 위하고 같은 구주를 섬기는 데 관심이 있은즉 우리는 형제간의 사소한 면에서 차이를 서로 용납해야 한다고 믿습니다.

오늘도 우리 모두를 건강하게 하시고 참된 십자가 피의 은혜의 사랑을 확신하게 하시며 우리의 마음을 넓혀 주시옵소서. 하나님 사랑과 이웃 사랑의 계명을 기꺼이 지키도록 하나님의 사랑을 우리 마음에 부어 주옵소서.

예수님의 이름으로 기도하옵나이다. 아멘.

450

롬 14:7-8

- "자기를 위하여 사는 자가 없고 … 살아도 주를 위해 살고"
  그리스도인의 삶의 목표와 목적.
- 우리 자신이 아니고 주님이다.
  ① 자기를 위해서가 아니다.
  ② 주를 위하여이다. 그리스도가 내 삶의 전부가 되시는 것이다.

> [7] 우리 중에 누구든지 자기를 위하여 사는 자가 없고 자기를 위하여 죽는 자도 없도다 [8] 우리가 살아도 주를 위하여 살고 죽어도 주를 위하여 죽나니 그러므로 사나 죽으나 우리가 주의 것이로다

예수님은 그리스도시요 살아 계신 하나님의 아들입니다. 예수님이 하나님의 아들 그리스도라는 증거로 십자가에서 우리 죄를 대신해서 피 흘려 죽으시고, 죽은 자들 가운데서 부활하셨습니다.

이 예수님이 하나님의 아들, 예수님이 그리스도, 예수님이 우리 죄를 대신해서 십자가에서 피 흘려 죽으시고 부활하셨다는 복음으로 우리 인생 모든 문제가 처리되고 해답을 얻습니다. 이 복음은 모든 믿는 자에게 구원을 주시는 하나님의 능력이 됩니다. 이 하나님의 아들 예수 그리스도의 복음, 그리스도 십자가 대속의 피의 복음으로 깊이 뿌리내리기를 기원합니다.

예수님의 신성의 하나님 되심과 십자가 대속의 피의 복음을 마음 중심에 믿고 참된 구원을 얻은 그리스도인은 마땅히 삶의 목표와 목적이 주를 위하여 사는 것입니다. 예수 그리스도가 자신의 삶에 전부가 되시는 것입니다.

이것은 너무나 당연한 것이 그리스도인의 삶의 시작도 예수 그리스도로 말미암고 과정도 예수 그리스도로 말미암으며 예수 그리스도로 말미암아 생의 과제가 주어지고 예수 그리스도가 생의 보상이며 예수 그리스도가 생의 마지막이기 때문입니다. 이는 만물이 주에게서 나오고 주로 말미암고 주에게로 돌아가는 것입니다.

저는 과거 초신자 시절 예수님을 하나님의 아들로 믿고 구원 얻은 기쁨이 특심하여 "살아도 주를 위하여 살고 죽어도 주를 위하여 죽나니 사나 죽으나 우리가 주의 것이라"라는 말씀을 기도문에 넣어 기도하곤 하였습니다. 이를 지금 돌이켜 볼 때 이런 기도는 제가 그런 믿음에 도달하지 못하였음에도 감정적으로 흥분되어 한 것으로 생각됩니다.

지금도 주를 위하여 살고자 하는 기도를 하고 있지만 그 믿음의 태도가 다릅니다. 지금은 다만 소원으로 하는 것이고 주를 사랑하고 경외하는 마음으로 하는 것이며 그 기도에 미치지 못한 자신의 연약함을 깊이 인식하고 기도하는 것입니다.

비록 우리가 예수님을 그리스도로 믿어 구원받은 자이지만 우리는 모두 길 잃은 양과 같습니다. 잃어버린 양을 메고 돌아오는 선한 목자 예수 그리스도의 신실성에 의지해서 우리의 소망을 붙잡아야 합니다. 저는 우리 주 그리스도의 능력 있는 두 손으로 저를 붙들지 않으면 주님이 원하시는 길을 혼자서는 한 발자국도 나갈 수 없음을 잘 알고 있습니다. 저는 날마다 우리 주 그리스도의 구원을 받아야만 하는 죄인입니다.

그러므로 중생한 그리스도인이라면 예수 그리스도가 우리 인생의 전부가 된다는 말씀을 옷깃을 여미고 들어야겠습니다.

오늘 본문 로마서 14장 7-8절을 보면 "우리 중에 누구든지 자기를 위하여 사는 자가 없고 자기를 위하여 죽는 자도 없도다 우리가 살아도 주를 위하여 살고 죽어도 주를 위하여 죽나니 그러므로 사나 죽으나 우리가 주의 것이로다"라고 하였습니다.

복음을 받은 그리스도인의 목적과 목표는 우리 자신이 아니고 주님입니다.

첫째, 자기를 위해서가 아닙니다.

우리는 자신을 부인하도록 배웠습니다. 이것이 우리가 받은 첫 번째 교훈입니다. "우리 중에 누구든지 자기를 위하여 사는 자가 없고"라고 하는 것입니다.

그리스도를 위해 자신의 이름을 포기하지 못하는 자는 누가 봐도 이기주의자입니다. 그는 참기독교의 기초에 위배되는 사람입니다. 우리 중에는 "자기를 위하여 사는 자가 없고 자기를 위하여 죽는 자도 없도다"입니다.

우리는 우리 자신의 주인이 아닙니다. 우리 자신의 소유권자도 아닙니다. 따라서 우리는 임의로 우리 자신을 처분하지 못합니다. 우리 인생의 본분은 우리 자신을 기쁘게 하는 데 있는 것이 아니라 하나님을 기쁘시게 하는 데 있습니다.

우리가 실제로 죽는 것도 우리 자신을 위해서가 아닙니다. 그것은 우리가 단순히 몸의 옷을 벗고 육신의 짐을 내려 놓는 것이 아니라 주님을 위한 것입니다. 곧 우리가 세상을 떠나 그리스도와 함께 있고 주님 앞에 나타나기 위해서입니다.

둘째, 주를 위해서입니다.

우리는 그리스도인으로서 무엇을 하든지 말에나 일에나 다 주 예수의 이름으로 하도록 가르침을 받고 있습니다(골 3:17). 모두 주 예수 그리스도를 위해서입니다. 우리는 그리스도의 뜻을 우리의 법으로 삼고 그리스도의 영광을 우리의 목적으로 삼는 것입니다(빌 1:21).

그리스도는 우리가 살든지 죽든지 목표로 삼고 있는 분깃입니다. 우리는 모든 행동과 인생사 속에서 그분을 영화롭게 하기 위해 삽니다. 또 우리는 자연사하든지 아니면 돌연사하든지 그리스도를 영화롭게 하고 그리스도와 함께 영광을 받기 위해 죽습니다.

그리스도는 생명과 죽음의 모든 선이 만나는 중심점입니다. 예수 그리스도가 전부가 되시는 것, 이것이 바로 참기독교입니다. "그러므로 사나 죽으나 우리가 주의 것이로다"라고 하는 것입니다. 그리스도께 드려지고, 그리스도를 의존하고, 그리스도를 위해 계획하는 존재라는 점에서 우리는 그리스도의 것입니다.

그러므로 우리 모두는 참되게 예수님을 그리스도로 믿고 구원을 얻은 자로서 오직 그리스도, 오직 믿음, 오직 은혜, 오직 성경, 오직 하나님의 영광을 위하여 살아야 합니다. 우리는 넓은 길이 아닌 좁은 길을 가는 자입니다. 우리 힘으로는 좁은 길에서 홀로 한 발자국도 나갈 수 없습니다. 주님이 붙드셔야 가능합니다. 우리는 날마다 그리스도의 구원을 받아야만 하는 죄인입니다.

주여!

저를 붙들어 주소서. 저를 맡아 주소서.

기도하겠습니다.

살아 계신 아버지 하나님!

하나님의 은혜를 감사합니다.

우리가 진실로 예수님을 그리스도로 믿고 구원받은 그리스도인이라면 우리 중에 누구든지 자기를 위하여 사는 자가 없고 자기를 위하여 죽는 자도 없음을 믿습니다. 또한, 우리는 우리가 살아도 주를 위하여 살고 죽어도 주를 위하여 죽나니 그러므로 우리가 사나 죽으나 우리가 주의 것이 되었음을 믿습니다.

그러나 우리는 이러한 믿음에 이르지 못하는 죄인인 사실을 깊이 자각하고 있습니다. 우리는 우리의 모든 행동과 인생사 속에서 예수 그리스도를 영화롭게 하기 위해서 살지 못하고 있음을 고백합니다. 예수 그리스도가 우리 인생사에 있어서 전부가 되시지 못함을 우리는 하나님과 우리 주 그리스도 앞에서 회개합니다.

우리는 모두 길 잃은 양들입니다. 그리하여 우리는 잃어버린 양을 매고 집으로 돌아오는 선한 목자 되신 그리스도의 무한 사랑에 기대며 의지하고자 합니다. 주님의 능력 있는 두 손으로 저를 붙들어 주옵소서. 좁은 길에서 저를 붙들어 주옵소서. 저는 주의 도움 없이는 홀로 한 발자국도 나아갈 수 없나이다.

오, 신실하신 내 영혼의 구주 예수님이여!

저를 맡아 주옵소서. 저는 오늘도 주님의 구원을 받아야만 하는 죄인입니다. 이 코로나 위기 속에서 건강을 지켜 주시고 속사람을 강건하게 하여 범사에 예수 그리스도를 힘입어 하나님의 영광을 위하여 살게 하여 주옵소서.

예수님의 이름으로 기도하옵나이다. 아멘.

451

롬 14:9

- "이를 위하여 그리스도께서 죽었다가 다시 살아나셨으니"
  죽은 자와 산 자의 주가 되게 하려 하심.
- 이것은 그리스도의 절대 주권과 지배권에 기초가 된다.
  이것은 그리스도의 죽음과 부활의 열매이자 목적이다.
  이것은 우리가 주를 위해 살고, 주를 믿는 형제를 비판해서는 안 되는 이유이다.

> ⁹ 이를 위하여 그리스도께서 죽었다가 다시 살아나셨으니 곧 죽은 자와 산 자의 주가 되려 하심이라

예수님은 그리스도시요 살아 계신 하나님의 아들입니다. 예수님이 하나님의 아들 그리스도라는 증거로 십자가에서 우리 죄를 대신해서 피 흘려 죽으시고, 죽은 자들 가운데서 부활하셨습니다.

이 예수님이 하나님의 아들, 예수님이 그리스도, 예수님이 우리 죄를 대신해서 십자가에서 피 흘려 죽으시고 부활하셨다는 복음으로 우리 인생 모든 문제가 처리되고 해답을 얻습니다. 이 복음은 모든 믿는 자에게 구원을 주시는 하나님의 능력이 됩니다. 이 하나님의 아들 예수 그리스도의 복음, 그리스도 십자가 대속의 피의 복음으로 깊이 뿌리내리기를 기원합니다.

예수님의 신성의 하나님 되심과 십자가 대속의 피의 복음을 마음 중심에 믿고 중생하여 구원받은 그리스도인은 삶의 목표와 목적이 자기를 위해서가 아니라 주를 위해서 살아야 합니다. 그리스도인은 주의 것이며 따라서 그리스도가 전부가 되시는 자입니다.

그러면 이에 대한 근거가 무엇입니까?

그것이 "그리스도께서 우리를 위하여 죽었다가 다시 살아나셨다"는 것입니다. 이것이 그리스도의 절대 주권과 지배권에 기초입니다. 이것은 그리스도의 죽음과 부활의 열매이자 목적입니다.

사도 바울은 이러한 진리를 근거로 하여 우리 자신과 교회 안의 우리 형제간의 관계를 정립합니다. 즉, 그리스도께서 대속의 죽음과 부활로서 우리의 주가 되셨으니 우리는 그리스도를 위하여 살아야 하고, 그리스도는 우리 형제들의 주가 되셨으니 우리는 그들과 그리스도와의 관계를 존중해야 하며 상관하지 말아야 합니다. 비판하거나 업신여기지 말아야 합니다.

우리는 오늘 본문에서 이에 대한 원칙의 말씀을 상고하고자 합니다.

본문 로마서 14장 9절을 보면 "이를 위하여 그리스도께서 죽었다가 다시 살아나셨으니 곧 죽은 자와 산 자의 주가 되려 하심이라"라고 하였습니다.

우리는 앞서 사나 죽으나 우리가 주의 것이라는 말씀을 들었습니다. 그리스도가 전부가 되시는 것이 참기독교입니다.

그러면 왜 그렇습니까?

이에 대한 대답이 오늘 우리가 읽는 본문입니다.

"이를 위하여 그리스도께서 죽었다가 다시 살아나셨으니 곧 죽은 자와 산 자의 주가 되려 하심이라"라고 하는 것입니다. 사도 바울이 기독교 공동체에서 우리의 상호 관계들이라고 하는 매우 현세적인 문제를 예수님의 죽으심, 부활, 그리고 그에 따른 예수님의 절대 주권과 지배권이라고 하는 신학적 교리 차원으로 끌어올리는 것은 놀라운 관점입니다.

다시 말하면, 예수 그리스도의 대속의 죽음과 부활이 예수 그리스도의 절대 주권과 지배권의 기초라는 것입니다. 이것은 그리스도의 죽음과 부활의 열매이고 목적입니다.

예수 그리스도는 죽었다가 다시 살아나셔서 천국 생명과 과거에 그분이 갖고 계셨던 영광에 들어가셨습니다. 그리하여 "곧 죽은 자와 산 자의 주가 되려 하심이라"라고 하신 것입니다. 예수 그리스도는 우주의 통치자, 곧 산 피조물과 죽은 피조물을 모두 포괄한 만유의 주(행 10:36)가 되셨습니다.

죽었다가 다시 살아나신 그리스도는 이제 그분의 교회를 위해 만물을 다스리시는 머리가 되십니다. 예수 그리스도는 산 자들을 지배하심으로써 그들의 주가 되시고 죽은 자를 받아들이고 다시 살리심으로써 그들의 주가 되십니다. "주"는 하나님께서 예수 그리스도의 낮아지심의 보상으로 그분에게 주신 모든 이름 위에 뛰어난 이름입니다(빌 2:8-9).

하나님께서 그리스도께 하늘과 땅의 모든 권세를 주셨다(마 28:18)라고 말씀하신 때는 바로 그리스도께서 죽으시고 부활하신 다음이었고, 지금 그리스도께서는 그 권세를 사용하여 제자들에게 사명을 감당하라고 말씀하셨습니다(마 28:19-20).

그런데 만일 그리스도께서 영혼과 양심을 다스리는 지배권을 위해 그토록 비싼 대가를 치르시고 그 지배권을 행사하는 데 필요한 정당하고 확실한 권세를 갖고 계신다면, 우리가 우리 형제들의 양심을 판단하고 비판함으로써 그것을 침범하거나 그 위에 군림해서는 안 될 것입니다. 예수님은 우리 형제들의 주님이시기 때문입니다.

우리는 예수 그리스도와 우리 형제들과의 관계를 존중해야 하며 상관하지 말아야 합니다. 또한, 우리는 그리스도께서 산 자들만이 아니라 죽은 자들의 주님도 되신다는 것도 우리가 기억할 사항입니다. 그들과 우리 예수님과의 관계에서 회계는 이미 끝난 것이요, 그것으로 충분합니다. 우리는 그들도 비판하거나 업신여겨서는 안 됩니다. 그리스도께서 죽었다가 다시 살아나셔서 죽은 자의 주도 되시기 때문입니다.

그러므로 우리 모두는 예수님께서 죽은 자와 산 자의 주가 되시려고 죽었다가 다시 살아나셨음을 굳게 믿고 우리는 오직 그리스도, 오직 믿음, 오직 하나님의 영광을 위해서 살고 주를 믿는 형제를 비판하지 말아야겠습니다. 그 형제들도 예수님이 그들의 주이시기 때문입니다. 우리 모두 예수 그리스도로 말미암아 성령의 충만을 받고 하나님 사랑과 이웃 사랑의 전도자로 살도록 기도하겠습니다.

살아 계신 아버지 하나님!

하나님의 은혜를 감사합니다.

우리는 예수 그리스도가 우리 인생의 전부이시며 우리가 사나 죽으나 주의 것이라는 진리를 믿습니다. 우리는 무조건 감정적으로 예수님을 위해 살겠다고 선언한 것이 아니고 그에 대한 확실한 근거가 있음을 우리는 바울이 받은 계시를 통해 우리가 의심 없이 믿습니다. 그에 대한 근거는 그리스도께서 우리 죄를 대신해서 죽으셨다가 다시 살아나셨기 때문에 예수님은 산 자와 죽은 자의 주가 되셨음을 믿습니다.

예수님은 우리를 위하여 죽으셨다가 다시 살아나시어 지금 하나님 보좌 우편에 앉으셔서 하늘과 땅의 모든 권세를 가지시고 만유의 주로서 통치하고 계신다는 최고의 진리를 우리로 믿게 하시니 감사하옵나이다.

이제 예수님이 우리의 주가 되셨으니 우리는 예수님을 위해 살아야 함을 믿습니다. 또한, 예수님은 우리 동료 형제 그리스도인들의 주님도 되시기 때문에 우리는 형제들과 그리스도와의 관계를 존중해야 하며 비판하거나 업신여겨서는 안 된다는 이유를 듣고 알게 하시니 감사하옵나이다. 오늘도 이러한 진리대로 살도록 우리 모두를 건강하게 하고 성령으로 충만 받아 하나님 사랑과 이웃 사랑의 전도자로 살도록 도와주옵소서.

예수님의 이름으로 기도하옵나이다. 아멘.

롬 14:9

- "이를 위하여 그리스도께서 죽었다가 다시 살아나셨으니"
  그리스도의 대속의 죽음과 부활의 필요성.
- 다섯 가지 인류의 대적을 정복(죄, 죽음, 율법의 저주, 마귀, 지옥).
  그리스도 안에서 인생을 승리하라.

⁹ 이를 위하여 그리스도께서 죽었다가 다시 살아나셨으니 곧 죽은 자와 산 자의 주가 되려 하심이라

예수님은 그리스도시요 살아 계신 하나님의 아들입니다. 예수님이 하나님의 아들 그리스도라는 증거로 십자가에서 우리 죄를 대신해서 피 흘려 죽으시고, 죽은 자들 가운데서 부활하셨습니다.

이 예수님이 하나님의 아들, 예수님이 그리스도, 예수님이 우리 죄를 대신해서 십자가에서 피 흘려 죽으시고 부활하셨다는 복음으로 우리 인생 모든 문제가 처리되고 해답을 얻습니다. 이 복음은 모든 믿는 자에게 구원을 주시는 하나님의 능력이 됩니다. 이 하나님의 아들 예수 그리스도의 복음, 그리스도 십자가 대속의 피의 복음으로 깊이 뿌리내리기를 기원합니다.

예수님의 신성의 하나님 되심과 십자가 대속의 피의 복음을 마음 중심에 믿고 영혼의 구원을 받은 그리스도인은 자신의 정체성을 바르게 알고 믿어 오직 그리스도, 오직 믿음으로 인생을 승리하면서 하나님의

영광을 위해 살아야 합니다. 구원받은 그리스도인은 호적, 신분, 인도, 상태에서 이전의 자기와 전혀 달라진 사람이 되었습니다.

마귀의 자녀에서 하나님의 자녀로 호적이 바뀌었으며 죄의 종에서 하나님의 종으로 신분이 바뀌었고 마귀의 지배와 인도에서 하나님의 성령의 인도로 바뀌었으며, 죄와 허물로 죽어 있었으나 예수 그리스도와 함께 살라심을 받는 상태로 바뀌었습니다. 이런 변화는 모두 예수 그리스도의 십자가 대속의 죽음과 부활로 이루어진 것입니다.

우리는 본래 하나님께 범죄하여 하나님을 떠난 이래로 죄, 죽음, 율법의 저주, 마귀, 지옥의 권세라는 다섯 가지 대적의 노예로 사는 자였습니다. 그런데 하나님의 아들 예수 그리스도께서 우리 죄를 대신해서 십자가에서 죽으심으로 말미암아 우리가 이런 다섯 가지 대적으로부터 해방을 받고 자유자로 살 수 있는, 그리스도 안에서 자유인이 된 것입니다.

우리는 오늘 본문을 보면서 이에 관한 사실을 각각 간략히 정리하고자 합니다.

본문 로마서 14장 9절을 보면 "이를 위하여 그리스도께서 죽었다가 다시 살아나셨으니 곧 죽은 자와 산 자의 주가 되려 하심이라"라고 하였습니다.

본문은 먼저 "이를 위하여"라고 합니다. 이 말은 "그리스도께서 죽었다가 다시 살아나셔야 했다"라는 이유와 근거를 제시한다는 말입니다.

성경은 우리의 죽음 문제를 창세기 3장에서 첫 사람 아담이 마귀의 유혹으로 하나님의 율법을 어김으로 인하여 인류의 타락이 이루어진 것을 가르칩니다. 그리고 인류의 죄와 죽음과 율법과 마귀의 권세에서 구원받을 구세주, 곧 여자의 후손으로 오실 그리스도의 대속의 죽음과 부활을 통한 구원이 약속되었습니다(창 3:15).

그러므로 우리의 죄와 죽음의 문제 해결은 하나님의 단순한 죄 사함의 선언으로 처리될 수 없는 것이었습니다. 이 죄와 죽음의 문제인 창세기 3장 사건을 해결하기 위해서는 우리 주 그리스도께서 대속의 죽음으로써만 해결될 수 있었습니다.

그리하여 오늘 본문은 "이를 위하여"라고 시작해서 "그리스도께서 죽었다가 다시 살아나셨으니 곧 죽은 자와 산 자의 주가 되려 하심이라"라고 하였습니다.

그러면 우리는 구체적으로 "그리스도께서 죽었다가 다시 살아나셨다"라는 그리스도의 사건으로 성취된 몇 가지 결과를 간략히 보고자 합니다. 그것은 앞서 언급한 대로 죄, 죽음, 율법의 저주, 마귀, 그리고 지옥의 권세를 이 그리스도의 대속의 죽음과 부활의 사건으로 해결한 것입니다.

첫째, 인간의 죄는 단순한 과오나 실수가 아닌, 하나님에 대한 고의적인 반역의 죄였습니다. 이 죄는 하나님의 공의를 무시한 인간의 도전으로서 반드시 죄의 형벌로 죽음으로만 해결될 수 있는 것이었습니다. 그래서 무죄하신 하나님의 아들이 인간으로 오셔서 인간의 죄를 대표하고 대신하여 죽으심으로써 속죄한 것입니다.

둘째, 죽음이라는 무서운 세력은 인간의 죄 결과로 온 형벌이었습니다. 그리하여 모든 인간은 사망에 붙들려 있습니다. 그런데 하나님의 아들 그리스도께서 이 세상에 오셔서 대속의 죽음과 부활로 사망과 무덤을 우리를 대표하여 이겨 주셨습니다. 예수 그리스도는 죽은 자 가운데서 살아나신 첫 열매가 되셨습니다.

셋째, 하나님께 반역한 인간은 하나님의 율법의 정죄 아래 있게 되었습니다. 그리스도께서는 인간이 깨뜨린 율법을 온전히 지키시고 또 지키지 못한 형벌을 십자가에서 죽으심으로 모두 담당하셨습니다. 그리하여 율법의 저주에서 예수 그리스도를 믿는 자를 속량하셨습니다.

넷째, 마귀의 유혹으로 타락한 인간은 마귀의 노예요, 마귀의 자녀로 살게 되었습니다. 어느 누구도 이 힘센 초자연적 세력인 사탄, 마귀를 이길 수 없습니다. 오직 하나님의 아들 그리스도께서 십자가에서 죽으심으로 죽음의 세력을 잡은 자 마귀를 멸하실 수 있었습니다.

다섯째, 하나님께 범죄한 인간은 둘째 사망인 영원한 지옥 형벌의 선고하에 놓여 있습니다. 그런데 그리스도께서 십자가에서 죽으심으로 지옥에까지 내려가는 고통을 대신 담당하여 지옥의 권세를 꺾으시고 예수 그리스도를 믿는 자들에게 지옥 대신 영생으로 들어가는 관문을 여셨습니다.

이제 죄와 죽음과 율법과 마귀와 지옥의 권세들은 더 이상 우리를 관할할 수 없습니다. 하나님의 아들 예수 그리스도께서 죽으셨다가 다시 살아나심으로 산 자와 죽은 자의 주가 되셨기 때문입니다. 그리스도인은 죽음이란 영생으로 들어가는 관문이기에 기꺼이 그리스도 안에서 예수 그리스도를 얼굴과 얼굴로 뵈올 소망을 갖고 소천하는 것입니다.

그러므로 우리 모두는 오직 믿음, 오직 은혜, 오직 예수 보혈 신앙으로 오직 그리스도를 위하여 살고, 소망 없는 세상 사람, 죽음의 공포에 떠는 사람들에게 십자가에 못 박히신 그리스도를 전하며 하나님 사랑과 이웃 사랑으로 살도록 기도해야겠습니다.

살아 계신 아버지 하나님!
하나님의 은혜를 감사합니다.
우리가 아직 죄인 되었을 때에 그리스도께서 우리를 위하여 죽으심으로 하나님께서 우리에 대한 하나님의 사랑을 확증해 주신 사실을 믿고 영광을 하나님께 돌립니다. 세상 사람은 눈이 어두워 알지 못하고 흑암 속에 살지만 구원을 얻고 난 이후에 우리는 그때 죄와 죽음, 율법의 저주와 마귀 그리고 지옥 형벌의 다섯 가지 대적의 권세하에서 신음하며 살았음을 깨닫게 하시니 감사합니다.

세상 삶 속에서도 죄악의 낙이 있어서 여기에 도취하여 살다가 영원한 지옥 형벌에 떨어지는 불쌍한 인생들을 구원하시고자 하나님께서 그분의 아들 예수 그리스도를 이 세상에 인간으로 보내서 대속의 죽음을 당하게 하시고 다시 살아나심으로 우리가 직면한 죄와 사망과 율법과 마귀와 지옥 형벌에서 해방시켜 주심을 감사하옵나이다. 더욱이 그 그리스도의 대속의 죽음과 부활을 믿는 자에게 산 자와 죽은 자의 주가 되어 주심을 더욱 감사하옵나이다.

이제 우리는 더 이상 죽음을 두려워하지 않으며 죽음은 우리의 친구가 되었으며 영생으로 들어가는 관문이 되었음을 그리스도 앞에 엎드려 찬양을 드립니다.

오늘도 이런 은혜를 거져 받은 자들이 이 복음의 증인으로 능력 있게 살도록 건강을 지켜 주시고 오직 그리스도, 오직 믿음으로 성령의 권능을 받아 죽음을 두려워하며 일생에 종 노릇하는 자들에게 예수 그리스도의 죽음과 부활의 복음을 전하는 자로 살도록 은혜를 베풀어 주옵소서.

예수님의 이름으로 기도하옵나이다. 아멘.

롬 14:10

- "네가 어찌하여 네 형제를 비판하느냐 어찌하여 네 형제를 업신여기느냐"
  우리는 다 함께 그리스도께서 우리의 주가 되시는 형제.
- 우리가 다 하나님의 심판대 앞에 선다.
  형제를 비판하거나 업신여기지 말라.

¹⁰ 네가 어찌하여 네 형제를 비판하느냐 어찌하여 네 형제를 업신여기느냐 우리가 다 하나님의 심판대 앞에 서리라

예수님은 그리스도시요 살아 계신 하나님의 아들입니다. 예수님이 하나님의예수님은 그리스도시요 살아 계신 하나님의 아들입니다. 예수님이 하나님의 아들 그리스도라는 증거로 십자가에서 우리 죄를 대신해서 피 흘려 죽으시고, 죽은 자들 가운데서 부활하셨습니다.

이 예수님이 하나님의 아들, 예수님이 그리스도, 예수님이 우리 죄를 대신해서 십자가에서 피 흘려 죽으시고 부활하셨다는 복음으로 우리 인생 모든 문제가 처리되고 해답을 얻습니다. 이 복음은 모든 믿는 자에게 구원을 주시는 하나님의 능력이 됩니다. 이 하나님의 아들 예수 그리스도의 복음, 그리스도 십자가 대속의 피의 복음으로 깊이 뿌리내리기를 기원합니다.

예수님의 신성의 하나님 되심과 십자가 대속의 피의 복음을 마음 중심에 믿고 중생하여 구원받은 그리스도인은 그리스도 교회 안에서 형

제들을 보는 눈이 달라져야 합니다. 우리는 다 함께 그리스도께서 우리의 주가 되시는 형제이기 때문입니다. 신앙이 약한 자는 신앙이 더 강한 자를 비판해서는 안 되고 신앙이 강한 자는 신앙이 연약한 자를 업신여겨서는 안 됩니다.

유감스럽지만 우리는 그리스도 교회 안에서 신앙이 약한 자와 강한 자 간에 비판과 멸시가 존재하는 슬픈 현상을 많이 봅니다. 이로 인하여 교회가 분열되고 기독교의 생명과 정신이 사라집니다.

이런 현상이 로마에 있는 교회의 형제들 가운데도 있었습니다. 사도 바울은 이미 하나님이 약한 자와 강한 자를 모두 받으셨음을 강조했고 또 그리스도께서 죽었다가 다시 살아나사 우리 모두의 주님이 되셨기 때문에 판단하거나 업신여기지 말 것을 말하였습니다.

그리고 더 나아가 우리 모두가 다 하나님의 심판대 앞에 설 것이기 때문에 서로를 받으라고 권면합니다.

이에 관한 본문 말씀인 로마서 14장 10절을 보면 "네가 어찌하여 네 형제를 비판하느냐 어찌하여 네 형제를 업신여기느냐 우리가 다 하나님의 심판대 앞에 서리라"라고 하였습니다.

바울의 이 말씀은 예수님의 말씀인 "비판을 받지 아니하려거든 비판하지 말라"라는 예수님의 말씀에 대한 암시입니다.

그런데 예수님은 어떤 종류의 비판을 말씀하고 계십니까?

예수님은 비평을 금하시거나 우리의 비판적 기능을 중단시키라고 하시는 것이 아닙니다. 그렇게 한다면 예수님의 그다음 명령 중 하나인 곧 "거짓 선지자들을 삼가라"(마 7:15)는 명령에 순종할 수 없을 것입니다. 예수님의 제자들에게 금지된 것은 비판 자체가 아니라 흠을 잡는 것, '판결을 내린다' 혹은 '정죄한다'라는 의미에서 판단하는 것입니다. 그리고 그 이유는 우리 자신도 언젠가 심판자이신 하나님 앞에 설 것이기 때문입니다. 그래서 오늘 본문은 "우리가 다 하나님의 심판대 앞에 서리라"라고 하였습니다.

먹는 자(강한 자)나 먹지 못하는 자(약한 자)나 다 하나님의 심판을 받아야 합니다. 사람의 심판은 해서도 안 되지만 중하지도 않습니다. 사람들끼리 옥신각신하는 것은 어리석은 일입니다. 하나님과 우리 주 예수 그리스도를 바라보아야 합니다.

오늘 로마서 본문은 "하나님의 심판대"를 말하나, 고린도후서 5:10절은 "우리가 다 반드시 그리스도의 심판대 앞에 나타나게 되어 각각 선악 간에 그 몸으로 행한 것을 따라 받으려 함이라"라고 하였습니다.

로마서 14장 10절의 "하나님의 심판대"나 고린도후서 5장 10절의 "그리스도의 심판대"는 다 같은 의미입니다. 하나님과 예수 그리스도 사이에 차이가 없기 때문입니다. 예수 그리스도는 일체이신 삼위 하나님이시기 때문입니다. 그래서 그리스도 안에 있는 것은 하나님 안에 있는 것이며 하나님의 심판을 받는 것은 그리스도의 심판을 받는 것입니다.

여기서 "심판대"는 심판의 공적 보좌를 가리킵니다. 심판에는 불신자의 것이 있고(계 20:11), 신자의 것이 있습니다(고후 5:10). 전자는 구원과 멸망을 결정 지우는(즉 멸망으로 보내는) 심판이고, 후자는 이미 구원을 확보한 사람들에게 행위를 따라 상 주시는 심판입니다. 신자는 전자의 심판(계 20:11), 곧 소위 백보좌 심판은 받지 않는 것입니다(요 3:18, 5:24).

분명한 것은 우리는 다 하나님의 심판대 앞에 서서 선악 간에 그 몸으로 행한 것을 따라 받게 될 것입니다. 예수님께서 약속하셨습니다.

> 보라 내가 속히 오리니 내가 줄 상이 내게 있어 각 사람에게 그가 행한 대로 갚아 주리라(계 22:12).

신자들이 천국에서 받을 상급이 있습니까?
그 상급의 차이가 있습니까?
이에 대해 반대하는 일부 신학자가 있습니다. 그러나 마틴 루터, 멜랑히톤, 헤르만 바빙크, 루이스 벌코프 같은 신학자들이 다 인정하였습니다. 우리는 이것이 바른 견해라고 믿습니다.
그러므로 우리가 음식과 날에 관한 형제간의 의견 차이는 비본질적인 문제라고 볼 때에 형제를 비판하지 말고 형제를 업신여기지 말 것입니다. 더 나아가 우리가 최초에 제시했던 원칙인 "본질적인 것은 일치로, 비본질적인 것은 자유로, 모든 것을 사랑으로 행하라"라는 메시지를 기억해야겠습니다.
우리 모두 예수님을 하나님의 아들 그리스도로 참되게 믿어 구원받은 형제들 상호간에 나타나는 의견 차이를 그리스도의 사랑으로 용납하고 받아 줄 것입니다. 더욱이 하나님이 받으신 형제를 정죄하지 말 것이며 우리가 훗날 다 하나님의 심판대 앞에 서서 심판을 받는다는 사실을 기억할 것입니다.
오직 그리스도, 오직 믿음으로 성령 충만 받아 하나님의 사랑이 우리 마음에 부어지도록 기도하고 하나님 사랑과 이웃 사랑으로 살고 우리의 관용을 모든 사람에게 알게 하는 자들이 되도록 기도하겠습니다.

살아 계신 아버지 하나님!

하나님의 은혜를 감사합니다.

예수님을 하나님의 아들로 믿어 그리스도의 마음을 품고 사는 자가 구원을 결정하는 문제가 아닌 비본질적인 문제들에 관해서 형제들과 이견으로 서로 비판하거나 서로 업신여기는 행동을 한다는 것은 크나큰 잘못이라고 믿습니다. 그러나 우리 안에 남은 죄악의 잔재인 교만은 겉으로는 모른척해도 속으로는 판단하는 죄를 범하고 있습니다. 우리 모두를 용서해 주옵소서.

그래서 예수님은 우리로 하여금 "우리를 시험에 들게 하지 마시옵고"라고 기도하도록 하셨다고 믿습니다. 믿음이 약한 형제를 하나님이 받으셨고 또 그 형제를 위하여 그리스도께서 죽으셨다가 살아나셔서 그들의 주가 되셨으니 형제를 판단하거나 업신여겨서는 안 되리라고 굳게 믿습니다. 더욱이 우리는 마지막 날에 다 하나님의 심판대 앞에 서서 선악 간에 행한 것을 따라 받는 상급의 심판을 받을 것입니다.

우리로 하여금 정신 차리고 하나님의 심판 자리에 자신을 세우지 않도록 우리를 붙들어 주옵소서. 우리는 다 길 잃은 양들입니다. 우리를 도와주옵소서. 오늘도 우리로 건강하게 하시고 믿음을 더해 주셔서 하나님 사랑과 이웃 사랑을 실천하게 하시고 우리의 관용을 형제들에게 나타나게 하여 주옵소서.

예수님의 이름으로 기도하옵나이다. 아멘.

롬 14:11

- "기록되었으되 주께서 이르시되 내가 살았노니 모든 무릎이 내게 꿇을 것이요"
  이사야 45장 23절의 인용으로 심판자이신 그리스도의 우주적 주권과 지배권 언급.
- 형제 판단 말고 우리 운명의 결정권자 그리스도를 위해 살라.

¹¹ 기록되었으되 주께서 이르시되 내가 살았노니 모든 무릎이 내게 꿇을 것이요 모든 혀가 하나님께 자백하리라 하였느니라

예수님은 그리스도시요 살아 계신 하나님의 아들입니다. 예수님이 하나님의 아들 그리스도라는 증거로 십자가에서 우리 죄를 대신해서 피 흘려 죽으시고, 죽은 자들 가운데서 부활하셨습니다.

이 예수님이 하나님의 아들, 예수님이 그리스도, 예수님이 우리 죄를 대신해서 십자가에서 피 흘려 죽으시고 부활하셨다는 복음으로 우리 인생 모든 문제가 처리되고 해답을 얻습니다. 이 복음은 모든 믿는 자에게 구원을 주시는 하나님의 능력이 됩니다. 이 하나님의 아들 예수 그리스도의 복음, 그리스도 십자가 대속의 피의 복음으로 깊이 뿌리내리기를 기원합니다.

예수님의 신성의 하나님 되심과 십자가 대속의 피의 복음을 마음 중심에 믿고 중생하여 구원받은 그리스도인은 예수님의 신성의 하나님의 아들 되심을 믿음으로써 성부-성자-성령 삼위일체 하나님의 존재를 확실하게 믿습니다 이 예수님을 하나님과 일체 되시는 신성의 하나님의 아들로 믿고 삼위 하나님의 존재를 알아 가는 것이 그리스도인의 신앙생활의 시작이요 과정이요 전부입니다.

그것은 그리스도인의 본분은 하나님을 추구하는 것이며 그 하나님 추구는 중생할 때만으로 끝나는 것이 아니라 일평생 그리스도인의 추구의 목표이기 때문입니다. 그리고 하나님께서는 "이 모든 날 마지막에는 아들을 통하여 우리에게 말씀하셨기"(히 1:2) 때문에 하나님의 아들 예수 그리스도를 알고 믿고 순종하는 것이 절대적으로 중요합니다.

더욱이 하나님은 예수 그리스도를 마지막 날 심판주로 세우셨기 때문에 우리는 그리스도 심판대 앞에서 각각 선악간에 그 몸으로 행한 것을 따라 받는다는 사실을 기억해야 합니다.

그러므로 마지막 날 심판을 중히 여기는 신자는 강한 자와 연약한 자 간의 비판을 삼가야 할 것입니다.

"연약한 네가 어찌하여 강한 네 형제를 비판하느냐?
그리고 강한 네가 어찌하여 연약한 네 형제를 업신여기느냐?
왜 그리스도인들 간에 이 모든 일로 충돌을 일으켜 다투고 비판하느냐?"

우리는 다 그리스도의 심판대 앞에 나타날 것입니다(고후 5:10). 예수 그리스도는 심판자로서 권위와 권능을 갖고 그들의 행위를 따라 사람들의 영원한 상태를 결정하실 것입니다.

우리는 그리스도 앞에서 심판을 받은 자로 서게 되고 그때 그분은 우리의 최종적 운명에 대해 설명해 주실 것인데 그 설명은 영원히 결정적인 것이 될 것입니다. 이것을 예증하기 위해 사도 바울은 오늘 본문에서 구약성경 이사야 45장 23절을 인용합니다.

오늘 본문 로마서 14장 11절을 보면 "기록되었으되 주께서 이르시되 내가 살았노니 모든 무릎이 내게 꿇을 것이요 모든 혀가 하나님께 자백하리라 하였느니라"라고 하였습니다.

이 구약성경 이사야의 예언은 장차 있을 그리스도 왕국에서 만민들이 주 앞에서 복종할 것을 가리키는 말씀이었습니다. 바울은 이 말씀을 그리스도의 우주적 주권과 지배권을 언급하는 것으로 인용한 것입니다.

먼저 본문을 보면 "주께서 이르시되 내가 살았노니 모든 무릎이 내게 꿇을 것이요"라고 하였습니다. 구약의 인용 본문(사 45:23)에서는 "내가 나를 두고 맹세하기를"으로 되어 있는데, 오늘 본문 로마서에서는 "내가 살았노니"로 바뀌었습니다.

따라서 하나님께서 "내가 살았노니"라고 말씀하실 때마다 그것은 하나님이 자신에 대해 맹세하는 것으로 해석되어야 합니다. 왜냐하면, 본질상 생명을 갖는 것은 하나님의 특권이기 때문입니다.

하나님은 살아 계시고 스스로 존재하십니다. 영원 자존은 하나님의 속성이요 하나님의 이름입니다(출 3:14). 이 하나님의 자존성(自存性)이 창조와 섭리와 심판의 근원이 되는 것입니다.

그런데 예수님께서 하나님의 이름이신 "나는 스스로 있는 자이니라"(출 3:14)라는 말씀을 자신에게 적용하셨습니다. 예수님은 유대인들과의 변론 시에 이렇게 말씀하셨습니다.

요한복음에서 이렇게 말씀합니다.

> 예수께서 이르시되 진실로 진실로 너희에게 이르노니 아브라함이 나기 전부터 내가 있느니라 (요 8:58).

예수님은 "내가 있느니라"라고 하셨습니다. 이 말씀은 "나는 스스로 있는 자니라"라는 말씀으로 예수님은 자신이 "여호와"와 일체이신 신성의 하나님이신 것을 계시하신 것입니다.

그러므로 바울은 이 진리를 인식하고 하나님의 심판권의 예증으로 예수 그리스도의 우주적 주권과 지배권을 언급하는 이사야의 예언을 말한 것입니다. 예수님은 그리스도의 심판대에서 마지막 날 심판주로 보좌에 앉아 심판하실 것입니다.

예수님은 주님이시자 성부 하나님과 동등하신 하나님이십니다. 예수님께 신적 영예가 당연히 드려져야 합니다. 그것은 중보자이신 예수 그리스도를 통해 하나님께 드려집니다. 하나님은 예수 그리스도를 통해 세상을 심판하실 것입니다 (행 17:31).

우리 모두는 예수님의 신성의 하나님의 아들 되심을 믿고 그분의 마지막 날 심판주 되심을 기억하여 그리스도를 위해 살고 형제를 비판하거나 업신여기지 말 것입니다. 오직 그리스도, 오직 믿음으로 성령 충만 받아 하나님 사랑과 이웃 사랑의 전도자로 살고 먼저 그리스도의 나라와 그의 의를 구하며 살도록 기도하겠습니다.

살아 계신 아버지 하나님!

하나님의 은혜를 감사합니다.

우리 모두는 우리가 주로 모시고 사는 예수님을 신성을 가진 하나님의 아들로 굳게 믿고 또한 하나님께서 그분의 아들을 통해 끝날에 심판하실 것을 작정하신 것을 우리가 믿어 그에 따라 행동하며 살아야 할 것을 듣게 하시니 감사합니다. 우리는 죽어서 생이 끝나는 것이 아니고 그 후에는 심판이 있음을 믿습니다.

오늘 본문에서 예수 그리스도께서 우리의 최종적인 운명을 결정하실 분임을 구약 예언의 말씀의 인용으로 확증시켜 주시니 감사합니다. 우리의 주가 되시는 예수 그리스도께서 우주적 지배권과 절대 주권을 가지신 분으로 마지막 날에 심판주로써 심판하실 것입니다. 그때 모든 무릎이 그리스도께 꿇을 것이요 모든 혀가 그리스도께 자백하리라 믿습니다. 그러므로 우리 모두는 이 마지막 날 심판을 실로 중하게 여겨서 형제에 대한 교만한 비판을 해서는 안 되리라고 믿습니다.

오늘도 이 말씀대로 살아가도록 우리로 하여금 건강하게 하시고 예수 그리스도로 말미암아 성령의 충만을 받아 하나님 사랑과 이웃 사랑을 실천하며 살고 먼저 그리스도의 나라와 그의 의를 구하며 살게 하여 주옵소서.

예수님의 이름으로 기도하옵나이다. 아멘.

455

롬 14:12

- "이러므로 우리 각 사람이 자기 일을 하나님께 직고하리라"
  우리의 시간 사용, 어떤 일, 어떻게 행했는지 직고해야 한다.
- 모든 차이점은 마지막 날 그리스도의 처분에 맡기라.
  그 결과 상급이 있을 것이다.

12 이러므로 우리 각 사람이 자기 일을 하나님께 직고하리라

예수님은 그리스도시요 살아 계신 하나님의 아들입니다. 예수님이 하나님의 아들 그리스도라는 증거로 십자가에서 우리 죄를 대신해서 피 흘려 죽으시고, 죽은 자들 가운데서 부활하셨습니다.

이 예수님이 하나님의 아들, 예수님이 그리스도, 예수님이 우리 죄를 대신해서 십자가에서 피 흘려 죽으시고 부활하셨다는 복음으로 우리 인생 모든 문제가 처리되고 해답을 얻습니다. 이 복음은 모든 믿는 자에게 구원을 주시는 하나님의 능력이 됩니다. 이 하나님의 아들 예수 그리스도의 복음, 그리스도 십자가 대속의 피의 복음으로 깊이 뿌리내리기를 기원합니다.

예수님의 신성의 하나님 되심과 십자가 대속의 피의 복음을 마음 중심에 믿고 중생하여 구원받은 그리스도인은 마지막 날 자기 일을 하나님께 직고해야 한다는 사실을 분명히 알고 살아야 합니다. 우리는 우리가 시간을 어떻게 보냈는지 어떤 일을 행했는지 그리고 어떻게 그것을 행하게 되었는지 직접 설명해야 할 것입니다.

우리는 세월을 아껴야 합니다. 한순간도 시간을 낭비해서는 안 됩니다. 1초라도 형제를 판단하는 데 허비하지 말아야 합니다. 생명을 사랑하고 좋은날 보기를 원하는 자는 혀를 금하며 악한 말을 그치며 그 입술로 거짓을 말하지 말아야 합니다(벧전 3:10).

그것은 우리 각 사람이 자기 일을 하나님께 직고하여야 하기 때문입니다. 우리는 이에 관한 엄중한 말씀을 듣고자 합니다.

오늘 본문 로마서 14장 12절을 보면 "이러므로 우리 각 사람이 자기 일을 하나님께 직고하리라"라고 하였습니다.

우리는 앞서 마지막 날 하나님의 심판대 앞에 서기 때문에 형제를 비판하거나 형제를 업신여기지 말 것을 경고받았습니다. 그리고 이 사실을 확증하기 위해 구약 선지자 이사야의 예언(45:23)을 들었습니다.

이 이사야의 예언은 우리가 이 본문 바로 앞서 들은 말씀이었습니다. 곧 "주께서 이르시되 내가 살았노니 모든 무릎이 내게 꿇을 것이요 모든 혀가 하나님께 자백하리라"라고 하였습니다.

여기서 강조되는 것은 "모든 무릎"과 "모든 혀"가 하나님께 자백하리라고 하는데 이는 하나님의 심판권이 보편적이 되리라는 것입니다. 그리고 오늘 본문은 이 말씀에 비추어 계속해서 말하는 것입니다.

즉, "이러므로 우리 각 사람이 자기 일을 하나님께 직고하리라"(12절)라고 하였습니다. 여기서 "우리 각 사람"이라고 하니까 예수님을 하나님의 아들로 믿는 그리스도인들은 마지막 날에 자유롭게 직고할 것입니다. 그리스도인은 하나님께 무릎을 꿇고 경배할 것이며 하나님께 자백하되 하나님의 영광과 은혜 그리고 위대하심을 기도하고 자신의 죄를 자백할 것입니다.

한편, 하나님의 모든 원수도 좋든 싫든 그렇게 하게 될 것입니다. 심판주 그리스도께서 구름을 타고 오시고 모든 눈이 그분을 보게 될 때 악인들의 굴복에 대한 예언들이 완전하게 성취될 것입니다.

따라서 우리는 각 사람이 자기 일을 하나님께 직고하리라고 결론짓게 됩니다. 이때 우리는 다른 사람들에 대해 다른 사람들은 우리에 대해 고하는 것이 아닙니다. 각 사람이 자기 일에 대해 고해야 합니다.

우리는 우리가 시간을 어떻게 보냈는지, 어떤 일을 행했는지 그리고 어떻게 그것을 행하게 되었는지 직접 설명해야 합니다. 그러므로 우리는 다른 사람들에 대해 판단할 이유가 거의 없습니다. 왜냐하면, 그들은 우리와 상관이 없고 우리 역시 그들에 대해 상관이 없기 때문입니다(갈 2:6).

그들이 누구든 어떤 일을 하든 막론하고 그들은 우리가 아니라 그들 자신의 주인에게 고해야 합니다. 만일 우리가 어떤 일로 그들에게 기쁨을 주는 자가 될 수 있다면 그것은 좋은 일입니다. 그러나 그렇다고 해도 우리가 그들의 믿음에 대해 지배권을 갖고 있지는 못합니다.

또한, 우리는 우리 자신의 일에 대해 설명해야 하고 그것만으로도 벅찹니다. 우리는 각각 자기의 일을 살펴야 합니다(갈 6:4). 곧 자신의 이유를 설명해야 합니다. 자신의 마음과 삶을 살펴보라는 뜻입니다.

이것이 자신의 생각이 되게 해야 합니다. 자신을 판단하는 데 엄격한 사람은 쉽게 그 형제를 비판하거나 업신여기지 못할 것입니다. 이 모든 차이점은 마지막 날 그리스도의 처분에 맡기도록 해야 합니다. 그 결과 상급이 있을 것입니다.

우리가 행한 모든 일, 또 어떻게 시간을 보냈는지 직고할 것임을 기억하고 세월을 아끼며 그리스도를 위하여 살아야 합니다. 오직 그리스도, 오직 믿음, 오직 예수 보혈 신앙으로 성령 충만 받아 하나님 사랑과 이웃 사랑의 전도자로 살고 한순간도 시간을 허비하지 말고 주를 위해 살도록 기도하겠습니다.

살아 계신 아버지 하나님!
하나님의 은혜를 감사합니다.
우리는 성경의 말씀대로 한 번 죽는 것은 사람에게 정하신 것이요 그 후에는 심판이 있음을 믿습니다. 십자가 대속의 피의 복음을 받고 구원받은 그리스도인은 다 하나님의 심판대, 그리스도의 심판대 앞에 설 날이 있을 것입니다.
그때 우리 모두는 하나님의 아들 예수 그리스도께 자백해야 한다는 사실을 하나님의 계시로 듣고 그러므로 우리 각 사람이 자기 일을 하나님께 직고해야 한다는 말씀을 마음에 새기고자 합니다. 우리는 그 날, 곧 마지막 날에 우리가 시간을 어떻게 보냈는지 어떤 일을 행했는지 그리고 어떻게 그것을 행하게 되었는지 직접 우리 예수 그리스도께 설명해야 할 것으로 믿습니다. 심지어 그리스도의 모든 원수도 좋든 싫든 다 그렇게 하게 될 것으로 믿습니다.
그러므로 우리는 한순간도 시간을 허비하지 말고 먼저 그리스도의 나라와 그의 의를 구하며 살기를 기도합니다. 오늘도 우리 모두를 건강하게 지켜 주셔서 하나님을 사랑하고 이웃을 사랑하는 율법의 이중 계명을 잘 지키며 살도록 도와주시고 우리 형제들을 비판하거나 업신여기지 않도록 우리의 마음과 생각을 지켜 주옵소서.

예수님의 이름으로 기도하옵나이다. 아멘.

2. 거칠 것을 형제 앞에 두지 말라

(14:13-16)

롬 14:13-21

- "연약한 형제들의 마음을 상하게 하거나 망하게 하지 말라"
  그리스도께서 대신 죽으신 형제이기 때문에 그를 받으라(14-16절).
  하나님의 나라가 음식보다 더 중요하기 때문에 그를 받으라(17-21절).
- 주 안에서 하나 되어 예수님이 하나님 되심을 증거하라.

¹³ 그런즉 우리가 다시는 서로 비판하지 말고 도리어 부딪칠 것이나 거칠 것을 형제 앞에 두지 아니하도록 주의하라 ¹⁴ 내가 주 예수 안에서 알고 확신하노니 무엇이든지 스스로 속된 것이 없으되 다만 속되게 여기는 그 사람에게는 속되니라 ¹⁵ 만일 음식으로 말미암아 네 형제가 근심하게 되면 이는 네가 사랑으로 행하지 아니함이라 그리스도께서 대신하여 죽으신 형제를 네 음식으로 망하게 하지 말라 ¹⁶ 그러므로 너희의 선한 것이 비방을 받지 않게 하라 ¹⁷ 하나님의 나라는 먹는 것과 마시는 것이 아니요 오직 성령 안에 있는 의와 평강과 희락이라 ¹⁸ 이로써 그리스도를 섬기는 자는 하나님을 기쁘시게 하며 사람에게도 칭찬을 받느니라 ¹⁹ 그러므로 우리가 화평의 일과 서로 덕을 세우는 일을 힘쓰나니 ²⁰ 음식으로 말미암아 하나님의 사업을 무너지게 하지 말라 만물이 다 깨끗하되 거리낌으로 먹는 사람에게는 악한 것이라 ²¹ 고기도 먹지 아니하고 포도주도 마시지 아니하고 무엇이든지 네 형제로 거리끼게 하는 일을 아니함이 아름다우니라

예수님은 그리스도시요 살아 계신 하나님의 아들입니다. 예수님이 하나님의 아들 그리스도라는 증거로 십자가에서 우리 죄를 대신해서 피 흘려 죽으시고, 죽은 자들 가운데서 부활하셨습니다.

이 예수님이 하나님의 아들, 예수님이 그리스도, 예수님이 우리 죄를 대신해서 십자가에서 피 흘려 죽으시고 부활하셨다는 복음으로 우리 인생 모든 문제가 처리되고 해답을 얻습니다. 이 복음은 모든 믿는 자에게 구원을 주시는 하나님의 능력이 됩니다. 이 하나님의 아들 예수 그리스도의 복음, 그리스도 십자가 대속의 피의 복음으로 깊이 뿌리내리기를 기원합니다.

예수님의 신성의 하나님 되심과 십자가 대속의 피의 복음을 마음 중심에 믿고 중생하여 구원받은 그리스도인은 절대적으로 예수님 중심의 삶을 사는 것이 필수적입니다. 그래서 그리스도인은 그리스도 교회 안에서는 머리 되신 그리스도의 한 지체가 되어 형제를 사랑하고 서로 받으며 살고 세상에 나가서는 예수님이 신성의 하나님의 아들이라는 진리의 증인으로 사는 것입니다.

그런데 서로 다른 문화 속에서 살던 자들이 예수님을 그리스도로 믿고 그리스도 안에서 하나가 되어 한 몸으로 살아간다는 것은 쉬운 일이 아닙니다. 비록 예수 그리스도를 믿고 중생하여 새사람이 되었다고 하지만 옛사람의 속성이 여전히 남아 있기 때문입니다. 그래서 서로 비판하거나 업신여기는 일이 그리스도 교회 공동체 안에서 생기게 되어 있습니다.

우리가 지금 듣고 있는 로마 교회 안에서도 이런 일이 일어나고 있었습니다. 특히, 그들 사이에 음식과 날에 대한 의견 차이가 있었습니다. 로마에 거주하는 교인들은 원래 이방인들과 유대인들이 혼합되어 있었습니다.

그런데 이 유대인들은 음식과 날에 대한 유대교 의식법을 준수하도록 훈련을 받고 자랐습니다. 어렸을 때부터 지켜 온 이 습관은 철저히 몸에 배어 그리스도인이 되고 난 후에도 근절하지 못했습니다. 특히, 그들 중 어떤 자들은 그것을 근절하기는커녕 오히려 오랜 세월 견지해 온 그 습관에 더 강하게 집착했습니다.

그들은 그 의식법이 그리스도의 죽음으로 말미암아 사문화되었다는 것을 깨닫지 못했습니다. 그리하여 다른 이방인 그리스도인들은 그것을 잘 이해하고 그리스도 안에서 자유를 누리며 어떤 의견 차이도 드러내지 않았지만 그들은 의식법을 고수하면서 다양한 의견 차이를 드러냈습니다.

그런데 이런 사소한 문제들에서 나타나는 의견 차이를 우리가 어떻게 다루어야 할 원칙을 사도 바울은 계속하여 제시하고 있습니다. 오늘 본문은 의식법을 준수하는 "연약한 자들의 마음을 상하게 하거나 망하게 하지 말라"는 관용의 필요성을 역설하고 있습니다.

바울은 이에 관한 두 가지 권고를 말합니다.

첫째, 연약한 자가 그리스도께서 대신 죽으신 형제이기 때문에 그를 받으라는 것입니다(롬 14:13-16).

먼저 13절을 보면 "그런즉 우리가 다시는 서로 비판하지 말고 도리어 부딪칠 것이나 거칠 것을 형제 앞에 두지 아니하도록 주의하라"라고 하였습니다.

이에 대한 신학적 기초의 하나가 첫 번째 권고인 것입니다. 본문 15절을 보면 "만일 음식으로 말미암아 네 형제가 근심하게 되면 이는 네가 사랑으로 행하지 아니함이라 그리스도께서 대신하여 죽으신 형제를 네 음식으로 망하게 하지 말라"라고 하였습니다.

그래서 바울은 연약한 형제가 그리스도께서 대신하여 죽으신 형제이기 때문에 그를 받아라고 하는 것입니다.

둘째, 하나님의 나라가 음식보다 더 중요하기 때문에 그를 받으라는 것입니다(롬 14:17-21).

본문 17절을 보면 "하나님의 나라는 먹는 것과 마시는 것이 아니요 오직 성령 안에 있는 의와 평강과 희락이라"라고 합니다. 그리하여 예수님을 하나님 나라의 왕 그리스도로 믿는 자에게는 의와 평강과 희락의 심령 천국이 이루어졌습니다.

이렇게 평강의 심령 천국이 이루어진 그리스도인은 "화평의 일과 서로 덕을 세우는 일을 힘쓰나니"(19절)라고 하고, "음식으로 말미암아 하나님의 사업을 무너지게 하지 말라"(20절)라고 합니다. 그리고 "고기도 먹지 아니하고 포도주도 마시지 아니하고 무엇이든지 네 형제로 거리끼게 하는 일을 아니함이 아름다우니라"(21절)라고 하였습니다.

하나님의 나라가 음식보다 더 중요하기 때문에 그를 받으라는 것입니다.

모든 그리스도인은 그리스도 안에서 하나가 되어야 합니다. 마귀의 궤계는 그리스도인들의 연합을 파괴하는 것입니다. 교회 안에서 형제들 간의 다툼과 분열보다 기독교를 파괴하는 것은 없습니다. 모든 그리스도인은 예수님이 신성을 가지신 하나님이라는 진리를 믿는 자들인데 만일 그리스도 교회에서 신자들 간의 일치가 파괴된다면 불신자들에게 예수님이 하나님이시라는 사실을 전달하는 가장 강한 수단이 파괴되는 것입니다.

그리스도 교회에서 불신자들에게 예수님이 하나님이시라는 사실을 확신시킬 수 있는 요소는 하나 됨, 즉 서로 사랑하는 것입니다. 인간이란 어디에서나 일치하지 못하는 성향을 보이기 때문에 세상 사람들에게 서로 관용하고 받아 주는 사실은 경이로운 것입니다. 불신자들이 이런 일치를 볼 때, 그들의 마음은 그런 사랑의 공동체에 참여하기를 원하게 될 것입니다.

그러므로 우리 모두는 참되게 예수님을 신성의 하나님의 아들, 십자가에 못 박히신 그리스도로 믿어 오직 그리스도, 오직 믿음으로 살고, 성령 충만 받아 하나님 사랑과 이웃 사랑으로 살아 예수님이 하나님 되심을 증거하며 살도록 기도하겠습니다.

살아 계신 아버지 하나님!
하나님의 은혜를 감사합니다.
그리스도 교회 안에서 사소한 문제들에 있어서 나타나는 의견 차이를 우리가 어떻게 다루어야 할 원칙을 계속 듣게 하시니 우리가 진실로 회개해야 한다고 믿습니다. 우리는 이런 형제간의 사소한 의견 차이를 관용해야 한다는 원칙을 계속 들어야 하는 죄인입니다.

우리를 불쌍히 여겨서 우리 주 그리스도께서 대신 죽으신 형제이기 때문에 우리는 연약한 형제를 받아야 하고 또 하나님의 나라가 음식보다 더 중요하기 때문에 음식으로 말미암아 하나님의 사업을 무너지지 않도록 우리의 믿음을 더해 주시고 마음을 넓혀 주옵소서.

세상은 어디서나 일치하지 못하는 성향을 보이기 때문에 우리가 서로 사소한 문제들에 대하여 받아 주고 일치한다면 세상 사람들의 눈에는 경이로운 것이 될 것이고 예수님이 하나님이시라는 사실을 확신시킴으로 그들도 그리스도인의 교제 모임에 참여하기를 원하게 되리라고 믿습니다.

오늘도 우리 모두 건강하도록 지켜 주시고 주 안에 있는 형제를 비판하거나 업신여기는 죄를 범하지 않도록 우리의 눈을 밝게 해 주시고 하나님의 십자가 사랑을 우리 마음에 충만히 부어 주옵소서. 이 하나님의 십자가 사랑으로 서로 사랑하게 하여 주옵소서.

예수님의 이름으로 기도하옵나이다. 아멘.

롬 14:13

- "부딪칠 것이나 거칠 것을 형제 앞에 두지 말라"
  강한 자는 연약한 자가 넘어지지 않도록 조심하라.
- 내 자신의 옳은 것만 아니라 형제도 생각하라. 사랑하라.

> ¹³ 그런즉 우리가 다시는 서로 비판하지 말고 도리어 부딪칠 것이나 거칠 것을 형제 앞에 두지 아니하도록 주의하라

예수님은 그리스도시요 살아 계신 하나님의 아들입니다. 예수님이 하나님의 아들 그리스도라는 증거로 십자가에서 우리 죄를 대신해서 피 흘려 죽으시고, 죽은 자들 가운데서 부활하셨습니다.

이 예수님이 하나님의 아들, 예수님이 그리스도, 예수님이 우리 죄를 대신해서 십자가에서 피 흘려 죽으시고 부활하셨다는 복음으로 우리 인생 모든 문제가 처리되고 해답을 얻습니다. 이 복음은 모든 믿는 자에게 구원을 주시는 하나님의 능력이 됩니다. 이 하나님의 아들 예수 그리스도의 복음, 그리스도 십자가 대속의 피의 복음으로 깊이 뿌리내리기를 기원합니다.

예수님의 신성의 하나님 되심과 십자가 대속의 피의 복음을 마음 중심에 믿고 중생하여 구원받은 그리스도인은 세상에서 한 개인으로 존재하지 않고 그리스도 교회 한 공동체의 일원이 된다는 사실을 알게 되고 반드시 알아야 합니다.

왜냐하면, 우리가 예수님을 그리스도로 믿고 예수님을 주와 그리스도로 마음 중심에 모셔 들일 때 예수님은 우리의 주가 되시며 동시에 그리스도 교회의 머리가 되시고, 우리는 그리스도 교회의 몸의 한 지체가 되는 것입니다.

우리는 다 그리스도 안에서 하나님의 한 가족이 된 자들입니다. 우리 그리스도인들이 한 행동은 자신만의 행위가 아니라 하나님의 가족 전체의 명예와 정신과 희생과 고통에 다 관계되어 있습니다. 그래서 서로 비판하지 말고 부딪칠 것이나 거칠 것을 형제 앞에 두지 않도록 해야 합니다.

우리는 이에 관한 주의들을 지금까지 계속 들어 오고 있습니다. 주로 앞서는 소극적인 측면에서 권고를 하였습니다. 즉, 약한 자는 강한 자를 비판하지 말 것이며 강한 자는 약한 자를 업신여기지 말 것을 권고받았습니다. 우리가 다 하나님의 심판대 앞에 설 것이며 우리 각 사람이 자기 일을 직고할 것이기 때문이었습니다.

물론 오늘날 그리스도 교회는 초대 교회에서 대두되었던 음식과 날들을 지키는 문제에 대한 심각성은 거의 없는 편입니다. 그러나 다른 의미에서 약한 자와 강한 자 간의 판단은 상존하고 있습니다.

예컨대, 음주 문제, 흡연 문제, 영화 관람, 화투나 게임 문제, 춤추러 다니거나 노래방 가는 것들도 이에 대해 자유하는 강한 자와 이에 대한 의문시하는 약한 자가 있을 수 있습니다. 또 그보다는 더 높은 차원의 신학적인 관점에서 판단하는 경우도 있습니다.

예컨대, 그리스도인이 시련을 당하고 있는 다른 사람을 바라보면서 판단하는 문제, 개인 경건의 다양성에 대해 자신처럼 행하지 않는 사람을 영적이지 않다고 판단하는 문제, 교단의 분열의 문제, 인격의 차이에 대한 몰이해로 비판하거나 업신여길 수 있는 것입니다.

이런 문제들과 관련하여 사도 바울은 이제 더 적극적인 측면에서 형제 관계에 관하여 권고합니다.

오늘 본문 로마서 14장 13절을 보면 "그런즉 우리가 다시는 서로 비판하지 말고 도리어 부딪칠 것이나 거칠 것을 형제 앞에 두지 아니하도록 주의 하라"라고 합니다.

이 말씀은 그리스도 안에서 자유를 알고 있는 사람들에게 주는 것으로 그것을 사용할 때 연약한 형제들이 넘어지지 않도록 조심하라는 것입니다.

먼저 "우리가 다시는 서로 비판하지 말고"라고 합니다. "너희가 사랑의 덕을 실천하지 못한 것은 지금까지로 족하다 이제부터 더 이상 그러지 말라"라고 하는 것입니다. 바울은 이 권면의 의미를 강조하기 위해 자신도 "우리가"라고 하면서 이 속에 포함시켰습니다.

그리고 이어서 적극적인 권면을 합니다. "도리어 부딪칠 것이나 거칠 것을 형제 앞에 두지 아니하도록 주의하라"라고 합니다. 여기서 "부딪칠 것"은 개인의 삶 속에서 죄를 짓게 만드는 장애물을 뜻합니다. 또 "거칠 것"은 무언가를 잡기 위한 함정이나 덫을 의미합니다. 두 가지 다 신앙과 양심을 무너뜨리고 배교로 이끄는 방해물들입니다.

바울은 이런 현상들이 어떻게 일어나는지는 구체적으로 설명하고 있지 않습니다 그러나 앞서 형제 관계에 관한 권고나 이 말씀 이후에 권고하는 말씀들을 보면 몇 가지는 분명합니다.

본문에서 장애물은 약한 자들이 부정하다고(14절) 믿는 음식과 관련되어 있습니다. 강한 자들은 약한 자들이 "마음으로 확정함"(15절) 이 없이 억지로 고기를 먹게 하여 양심을 거스르게 했습니다.

연약한 자들의 확정함이 뒤집어질 때 그들의 믿음은 한층 꺾이게 될 것입니다. 음식법에 관한 믿음뿐만 아니라 기독교 신앙 전체를 버리게 되는 것입니다. 이를 통해 우리는 우리 형제들이 예수님을 하나님의 아들 그리스도로 참되게 믿고 중생한 그리스도인이라는 사실을 믿을 때는 사소한 문제들에 있어서 나타나는 의견 차이를 자유와 사랑으로 받을 필요가 있습니다.

십자가 대속의 피의 복음을 마음 중심에 참되게 믿고 구원받은 그리스도인은 자신이 볼 때 옳은 것만을 생각해서는 충분하지 못합니다. 자기 형제도 생각해야 합니다. 이것이 신약성경이 가르치는 중요한 사상입니다.

우리 예수님은 십자가에 못 박히시기 직전 다락방 강화에서 제자들에게 다음과 같이 말씀하셨습니다.

> 내 계명은 곧 내가 너희를 사랑한 것 같이 너희도 서로 사랑하라 하는 이것이니라(요 15:12).

예수님은 제자들이 서로 사랑하면 세상이 그들이야말로 예수님의 제자들임을 알 것이라고 말씀하셨습니다(요 13:35). 이 말씀은 그리스도 교회에서 우리가 항상 기억하고 지켜야 할 중요한 계명입니다.

그러므로 우리 모두는 예수 그리스도로 말미암아 성령 충만을 받고 성령으로 말미암아 하나님의 사랑이 우리 마음에 충만히 부어지도록 기도해야겠습니다. 이 받은 하나님의 사랑으로 하나님 사랑과 이웃 사랑을 행할 것입니다.

오직 그리스도, 오직 믿음, 오직 예수 보혈 신앙으로 살고 먼저 그리스도의 나라와 그의 의를 구하며 살고 형제간의 의견 차이를 용납하는 관용이 모든 사람에게 알게 되도록 기도하겠습니다.

살아 계신 아버지 하나님!

하나님의 은혜를 감사합니다.

우리가 예수님을 하나님의 아들로 믿고 중생할 때 하나님의 자녀로 태어남을 믿습니다. 그러므로 예수 그리스도를 참되게 믿고 중생한 모든 그리스도인은 모두가 하나님의 권속이 된 것을 믿습니다.

이렇게 하나님으로부터 다시 태어난 자들이라도 다 개성이 다르고 자라온 환경과 성장의 문화가 다르기 때문에 그리스도 교회 안에서 형제 간에 의견 차이가 필연적으로 생기게 되어 있습니다. 우리는 이에 대한 훌륭한 처방을 사도 바울의 성령의 감동된 말씀으로 받습니다.

우리는 소극적으로 서로 비판하지 말 것이며 적극적으로 형제 앞에 부딪칠 것이나 거칠 것을 두지 말아야 한다는 권고를 마음 중심에 받고자 합니다. 우리는 우리 주위의 형제들의 경건치 않는 행동이라고 생각해서 흡연이나 음주 및 게임 등에 대해 비판을 금할 것이며 시련을 당하는 형제를 징계받는다고 정죄하거나 자신처럼 행하지 않는 형제들의 행위를 비영적으로 생각하지 말 것이며 내 자신의 옳은 것을 판단 기준으로 삼지 말고 항상 형제도 생각하는 자들이 되기를 기도합니다.

무엇보다도 예수님께서 서로 사랑하라는 계명을 주신 것을 기억하고 기도하고 살도록 우리의 믿음을 더하여 주옵소서. 오늘도 위기와 역경과 고난의 세상에서 우리의 건강을 지켜 주시고 오늘의 말씀으로 생각을 바꾸어 그리스도의 편지로 사는 날이 되도록 은혜와 능력을 베풀어 주옵소서. 성령 충만을 부어 주셔서 성령의 능력으로 하나님 사랑과 이웃 사랑의 증인으로 살아가게 붙들어 주옵소서.

예수님의 이름으로 기도하옵나이다. 아멘.

롬 14:14

- "내가 주 예수 안에서 알고 확신하노니 무엇이든지 스스로 속된 것이 없으되"
- 그리스도께서 대속의 죽음으로 의식적 율법의 저주를 제거하심. 속된 것이 없다.

14 내가 주 예수 안에서 알고 확신하노니 무엇이든지 스스로 속된 것이 없으되 다만 속되게 여기는 그 사람에게는 속되니라

예수님은 그리스도시요 살아 계신 하나님의 아들입니다. 예수님이 하나님의 아들 그리스도라는 증거로 십자가에서 우리 죄를 대신해서 피 흘려 죽으시고, 죽은 자들 가운데서 부활하셨습니다.

이 예수님이 하나님의 아들, 예수님이 그리스도, 예수님이 우리 죄를 대신해서 십자가에서 피 흘려 죽으시고 부활하셨다는 복음으로 우리 인생 모든 문제가 처리되고 해답을 얻습니다. 이 복음은 모든 믿는 자에게 구원을 주시는 하나님의 능력이 됩니다. 이 하나님의 아들 예수 그리스도의 복음, 그리스도 십자가 대속의 피의 복음으로 깊이 뿌리내리기를 기원합니다.

예수님의 신성의 하나님 되심과 십자가 대속의 피의 복음을 마음 중심에 믿고 중생하여 구원받은 그리스도인은 모든 음식을 속된 것, 정한 것 가릴 것이 없이 자유롭게 먹을 수 있습니다. 이것은 구원받은 그

리스도인에게 있어서 자유요 특권입니다.

그런데 안식교는 구약의 규례들을 지켜야 한다고 주장합니다. 그 대표적인 것이 토요일 안식일, 부정한 음식의 금지 등입니다. 토요 안식일 주장의 잘못은 이미 로마서 14장 5절에서 논한바 있습니다.

안식교는 구약 레위기 11장의 부정한 음식에 관한 규례를 지금도 적용하여 금해야 한다고 주장하고 있습니다. 이 부정한 음식 금지는 오늘 본문에 당장 위배됩니다. 그래서 안식교를 율법주의로 정죄하는 것입니다.

그 외에도 그들은 시한부 종말론에 관련되어 있고 성경 외에 엘렌 G. 화잇을 마지막 선지자로 믿고 그녀의 저서를 계시로 인정하고 있으며 영혼의 불멸과 영원 지옥을 부인하고 자신들만이 참교회라고 주장하고 있습니다(진용식, 『안식일교회 대논쟁』).

우리는 오늘 본문을 보면서 그리스도 안에 갖고 있는 자유에 관한 기쁨을 누려야겠습니다. 본문 로마서 14장 14절을 보면 "내가 주 예수 안에서 알고 확신하노니 무엇이든지 스스로 속된 것이 없으되 다만 속되게 여기는 그 사람에게는 속되니라"라고 하였습니다.

본문에서 먼저 "내가 주 안에서 알고 확신하노니"라고 합니다. 이 말은 "나는 내가 그리스도 안에서 갖고 있는 자유에 관해 잘 알고 있고 또 그 안에서 무엇이든지 스스로 속된 것이 없다는 것, 곧 어떤 음식이든 그것이 사람의 몸에 좋은 음식이라면 어떤 정결 예식에 의해 불결한 것으로 규정되거나 먹지 않도록 금지되거나 할 것은 없다는 것을 확신하고 있다"라고 말하는 것입니다.

유대인들은 그들이 특별하고 구별된 민족이라는 점 때문에 다른 면에서처럼 음식 규정에 있어서 먹지 못하도록 금지된 음식들이 많이 있었습니다(레 11:44, 신 14:2, 3).

왜 이런 규정들이 생겼습니까?

그것은 태초에 인간의 타락 때문에 생긴 것이었습니다. 인간의 하나님에 대한 죄는 피조물 전체에 저주를 가져왔습니다. 창세기 3장 17절을 보면 "땅은 너로 말미암아 저주를 받고"라고 하였습니다. 이 저주로 인간은 피조물의 사용과 그것들에 대한 지배권이 박탈되었고 그 결과 사람에게는 아무것도 깨끗한 것이 없게 되었습니다(딛 1:15).

그 증거로서 하나님께서는 모든 피조물에 관해 그분이 무엇을 행하셨는지 보여 주기 위해 의식적 율법을 통해 어떤 피조물은 사용을 금하셨습니다. 그러나 지금은 그리스도께서 그 저주를 제거하셨기 때문에 그 문제는 다시 자유롭게 되었고 그 금지는 취소되었습니다.

그러므로 바울은 "내가 알고 확신하노니"라고 말하고, 그 확신의 근거가 되시는 주 예수 그리스도로 말미암아 자기가 확신케 되었다고 말하는 것입니다. 그것은 예수 그리스도의 죽음의 효력 위에 세워져 있습니다. 그것은 예수 그리스도의 죽음이 피조물 전체에 대한 저주를 제거하고 박탈을 면제시키며 우리의 권리를 회복시킴으로써 그 특별한 금지 규정에 종지부를 찍게 만들었기 때문입니다.

따라서 지금은 무엇이든지 스스로 속된 것이 없습니다. 하나님의 모든 피조물은 선합니다. 아무것도 속된 것이 없습니다. 아무것도 부정하지 않습니다. 유대인들은 부정하다는 의미에서 이 속되다는 말을 사용합니다.

사도행전 10장 14절을 보면 베드로가 말하되 "주여 그럴 수 없나이다 속되고 깨끗하지 아니한 것을 내가 결코 먹지 아니하였나이다"라고 하나님께 기도하는데 여기서 말한 "깨끗하지 아니한"이라는 단어에 의해서 설명됩니다.

무엇이든지 속되거나 깨끗지 아니한 것은 없습니다. 바울이 무엇이든지 속되거나 깨끗하지 아니한 것은 없다는 진리를 배운 것은 이 문제에 대해 베드로에게 주신 계시뿐만 아니라 복음 전체의 경향과 취지 그리고 그리스도의 죽음의 명백한 목적에 의해서였습니다.

이것이 바울 자신의 결백함이었고 그래서 그는 거기에 따라서 행동하였습니다. 우리는 바울이 한때 가장 협소한 민족주의자요 생각할 수 있는 가장 강력한 유대주의자요 바리새인이요 일등급 율법주의자였다는 것을 생각하면 위대한 복음 진리를 이처럼 엄청나게 적용할 때는 진실로 압도적인 무엇이 그에게 있었던 것입니다.

바울이 "내가 주 예수 안에서 알고 확신하노니 무엇이든지 스스로 속된 것이 없으되"라고 말한 것은 그리스도 십자가 대속의 피의 복음이 만들어 낸 것입니다. 예수 그리스도와 그리스도 십자가 대속의 피의 복음이 바울로 하여금 거듭나게 하여 그런 진리를 하게 만든 것입니다.

그러므로 우리 모두는 예수 그리스도와 그리스도 십자가 대속의 피의 복음을 마음 중심에 믿고 거듭나야 합니다. 그리하여 그리스도 안에서 약속된 자유자로 살아갈 것입니다. 오직 그리스도, 오직 믿음, 오직 예수 보혈 신앙으로 성령 충만 받고 하나님 사랑과 이웃 사랑의 율법을 기꺼이 지키며 살고 약한 형제들을 용납하고 사랑하며 관용이 모든 사람에게 나타나게 하는 자들이 되도록 기도하겠습니다.

살아 계신 아버지 하나님!

하나님의 은혜를 감사합니다.

우리로 하여금 어떤 음식이든지 거리낌 없이 먹도록 자유를 주심을 감사합니다.

우리는 첫 사람 아담의 타락으로 아담의 죄는 피조물 전체에 저주를 가져왔으며 그 결과 사람에게는 아무것도 깨끗한 것이 없게 되었고 그 증거로서 하나님께서는 모든 피조물에 관해 하나님께서 무엇을 행하셨는지 보여 주기 위하여 의식적 율법을 통해 어떤 피조물은 사용을 금하셨다는 진리를 듣고 우리들의 죄를 자각하게 하시니 감사하옵나이다.

 그러나 지금은 예수 그리스도께서 십자가에서 인류의 모든 죄를 대속하여 죽으심으로 우리가 죄로부터 자유케 되었음을 믿습니다. 우리는 지금 그리스도의 십자가 대속의 보혈의 능력으로 우리의 권리가 회복되어 의식적 율법의 금지 규례에서 해방받고 자유로이 모든 음식을 속되게 여기지 않고 먹을 수 있게 됨을 감사합니다.

과연 지금은 무엇이든지 속된 것이 없습니다. 그러므로 어떤 음식을 속된 것으로 생각하면서도 먹는다는 것은 있을 수 없음을 믿습니다. 그리스도 십자가 대속의 피의 복음을 굳게 믿고 그리스도 안에서 갖고 살 수 있는 자유자로 살아가게 하여 주옵소서.

그리고 주위에 있는 연약한 형제들을 판단하거나 업신여기지 말고 그들을 받아 주고 용납하여 우리가 예수 그리스도로부터 받은 관용을 모든 사람에게 나타내며 살게 하여 주옵소서.

오늘도 우리 모두를 건강하게 하여 주시고 그리스도 십자가 보혈의 능력을 굳게 믿고 사는 진정한 자유자요 하나님 사랑과 이웃 사랑의 계명을 기꺼이 실천하며 사는 자들이 되도록 은혜를 베풀어 주옵소서.

예수님의 이름으로 기도하옵나이다. 아멘.

롬 14:14

- "다만 속되게 여기는 그 사람에게는 속되니라"
  금지된 음식은 없다는 확신을 갖지 못한 자들에게 주는 경고.
- 잘못된 양심의 경우라도 그것을 어기면 죄가 된다.
  그리스도 십자가 보혈 신앙으로 깨끗한 양심을 갖고 말씀과 성령의 인도 따라 살라.

14 내가 주 예수 안에서 알고 확신하노니 무엇이든지 스스로 속된 것이 없으되 다만 속되게 여기는 그 사람에게는 속되니라

예수님은 그리스도시요 살아 계신 하나님의 아들입니다. 예수님이 하나님의 아들 그리스도라는 증거로 십자가에서 우리 죄를 대신해서 피 흘려 죽으시고, 죽은 자들 가운데서 부활하셨습니다.

이 예수님이 하나님의 아들, 예수님이 그리스도, 예수님이 우리 죄를 대신해서 십자가에서 피 흘려 죽으시고 부활하셨다는 복음으로 우리 인생 모든 문제가 처리되고 해답을 얻습니다. 이 복음은 모든 믿는 자에게 구원을 주시는 하나님의 능력이 됩니다. 이 하나님의 아들 예수 그리스도의 복음, 그리스도 십자가 대속의 피의 복음으로 깊이 뿌리내리기를 기원합니다.

예수님의 신성의 하나님 되심과 십자가 대속의 피의 복음을 마음 중심에 믿고 중생하여 구원받은 그리스도인은 이 믿음과 함께 착한 양심

을 가지고 살아야 합니다. 중생하지 못한 자연인들도 양심을 갖고 살지만 이 양심은 그리스도의 보혈로 씻김을 받기 전에는 아무리 선인들의 양심이라도 죄의 세력하에 있는 부패된 양심입니다.

그런데 예수님을 그리스도로 믿고 중생하여 선한 양심, 착한 양심, 깨끗한 양심을 갖게 된 자라도 이 양심을 버리면 그 믿음에 관하여는 파선하게 됩니다(딤전 1:19).

그러므로 십자가 대속의 피의 복음을 받고 중생하여 착한 양심을 가진 자라도 자신의 양심에 반하여 행동하면 죄가 됩니다. 그 행위가 비록 죄가 아닌데도 그것을 죄로 생각하고 행동하면 비록 다른 사람에게는 그것이 죄가 아닐지라도 그 사람에게는 죄가 됩니다.

왜냐하면, 비록 그 사람이 착각하고 잘못 알고 있는 것이지만 그것은 그 사람이 자신의 양심에 반하여 행하는 것이기 때문입니다. 그러므로 오늘 본문에서 바울은 이 문제에 관하여 자기처럼 확신을 갖지 못한 사람들에게 경고를 주고 있습니다.

본문 로마서 14장 14절을 보면 "내가 주 예수 안에서 알고 확신하노니 무엇이든지 스스로 속된 것이 없으되 다만 속되게 여기는 그 사람에게는 속되니라"라고 하였습니다.

본문 후단을 보면 "다만 속되게 여기는 그 사람에게는 속되니라"라고 합니다. 신구약을 막론하고 성경은 그리스도인이 몸을 어떻게 다스리고 통제해야 하는지를 말하는 가르침으로 풍성합니다. 우리가 무엇을 먹어야 하고 어떻게 마셔야 하며 심지어 성(性)의 선물을 어떻게 사용해야 하는지를 가르치고 있습니다.

이 모든 것은 다 하나님의 선물입니다. 그 자체는 속된 것이 없다는 것이 보편적인 원리입니다. 그러나 사도 바울은 그런 진리를 인정하면서 즉시 그에 대한 다른 원리를 부연하고 있습니다.

다시 말하면, 바울은 이러한 모든 것을 먹을 것이라고 말하기 전에 큰 원리가 있음을 기억하라는 것입니다. "다만 속되게 여기는 그 사람에게는 속되니라"라고 한 것입니다. 예를 들어 설명해 보면, 고기 자체는 속된 것이 아니지만 속되다고 생각하는 사람에게는 속된 것이 된다는 것입니다. 이것이 대단히 중요한 원리입니다. 이 특별한 경우는 그렇게 결정되면 일반 법칙이 됩니다.

그리하여 스스로 그것을 하면 옳지 않다고 믿는 그 일을 그냥 해 버리고 마는 사람은 그 일이 어떤 일이든 간에 죄를 범하는 것입니다. 이것은 불변의 창조 질서로부터 나온 것입니다.

즉, 존재하는 일들에 대한 우리의 의지 곧 우리의 모든 선택, 동기, 그리고 방향은 우리 이성의 지시에 따라야 한다는 것입니다. 이것은 본성의 법칙으로서 만일 우리 이성이 그런 일은 죄라고 말하는데 우리가 그 일을 해 버렸다면 그 법은 깨지는 것입니다. 이것이 악을 행하려는 의지입니다.

그래서 개혁주의 입장에서 죄의 원인은 인간의 의지에 있다고 봅니다. 한 개인의 양심은 중요하나 인간의 의지가 발동하기 전까지는 정죄하지도 않고 적극적으로 막도록 하지 않습니다. 그러나 우리가 자신의 의지적 결단으로 죄를 억제하는 것은 양심에서 더 나아가 하나님의 율법을 기억해야 하고 더 나아가 최종적으로는 성령님에 의해서 죄를 자각하고 멈추게 할 수 있습니다.

그러므로 행동 자체의 본질을 변경시키는 것은 사람의 양심의 능력에 있는 것이 아닙니다. 양심은 단지 자기 자신에 관해서만 영향을 미칠 뿐입니다. 그래서 속된 것이 아님에도 불구하고 속되게 여기는 자가 스스로 속되다고 생각하면서 먹는 것은 죄가 되는 것입니다.

우리가 "다만 속되게 여기는 그 사람에게는 속되니라"라는 단서 조항은 미묘한 두 가지 원리가 들어 있음을 알 수 있습니다.

첫째, 사람들이 잘못된 판단과 의견은 본질상 선한 것을 자기들에게 악한 것으로 만들수 있습니다. 이것이 앞서 설명한 내용입니다.

둘째, 그 반대로 본질상 악한 것을 그 자체로 또는 자기들에게 선한 것으로 만들 수 없습니다. 예컨대, 어떤 사람이 누구를 저주하는 것이 옳다고 확신하고 있다면 그 잘못된 확신은 그에게 악한 것으로 만들 것입니다.

바리새인들이 "고르반"을 자기 부모에 대한 부양 책임을 거부하는 구실로 삼았을 때(마 15:5, 6) 그들은 사람들로 하여금 양심을 피해 가도록 가르쳤습니다. 그러나 이것은 잘못된 진리에 대한 확신이기 때문에 역시 죄가 되는 것입니다.

그러므로 우리 모두는 자신의 양심과 함께 더 높은 차원으로 하나님의 말씀, 그리고 더 나아가 성령님의 감독을 받고 어떤 음식이든지 먹고 마시고 형제 사랑 속에서 살아야 합니다.

우리 모두 예수님의 신성과 십자가 대속의 보혈로 양심을 치료 받고 그 양심이 하나님의 말씀을 따라 살게 하고 더 나아가 성령님을 좇아

행하도록 살아야 합니다.

　오직 그리스도, 오직 믿음, 오직 예수 보혈 신앙으로 깨끗한 양심으로 말씀과 성령의 인도를 따라 살도록 기도하겠습니다.

　　살아 계신 아버지 하나님!
　　하나님의 은혜를 감사합니다.
　　우리로 하여금 잘못된 양심에 관하여 귀한 원리를 깨닫게 하시니 감사합니다. 별로 중요하지 않은 일로서 그렇게 하는 것이 죄가 아닌데 때로 우리는 그것을 죄로 생각할 수 있고 그럼에도 불구하고 그것을 행한다면 죄가 된다는 원리를 알게 하시니 감사합니다.
　　특히, 음식은 신약 시대 예수 그리스도의 십자가 죽으심으로 정결케 되었은즉 부정한 것이 아닌데도 양심상 부정한 것으로 생각하면서 먹는다면 그것은 죄가 된다는 것을 사도 바울의 가르침으로 마음 중심으로 받습니다.
　　반면에 본질상 악한 것인데 그것을 우리가 선한 것으로 만들 수 없다는 사실도 진리로 배우게 됨을 감사합니다. 그러므로 잘못된 양심의 확신으로 행한 것도 역시 선이 되지 않고 죄가 됨을 기억하고 십자가 보혈로 먼저 우리 양심의 깨끗함을 받고 하나님의 율법과 성령의 지도를 따라 죄를 자각하고 돌아서는 자들이 되도록 우리의 믿음을 굳게 세워 주옵소서.

오늘도 세상에 나가 빛의 자녀로 모든 착함과 의로움과 진실함으로 살도록 우리로 건강하게 하시고 건전하게 하여 주옵소서. 일을 시작하기 전에가 아니라 일을 계획할 때부터 기도하게 하셔서 양심과 율법과 성령님을 따라 죄를 피하여 그리스도의 길을 걷도록 도와주옵소서.
예수님의 이름으로 기도하옵나이다. 아멘.

롬 14:15

- "만일 음식으로 말미암아 네 형제가 근심하게 되면 이는 네가 사랑으로 행하지 아니함이라"
  두 가지 근심하게 되는 요소
  ① 강한 자가 행하는 일로 인해 형제가 불안하고 상처받고 고통당한다.
  ② 약한 형제는 강한 자를 따라 행하되 그 일로 정죄감을 느낀다.
- 이는 사랑으로 행하지 아니함이다.
  그리스도의 법, 사랑의 법으로 행하라.

15 만일 음식으로 말미암아 네 형제가 근심하게 되면 이는 네가 사랑으로 행하지 아니함이라 그리스도께서 대신하여 죽으신 형제를 네 음식으로 망하게 하지 말라

예수님은 그리스도시오 살아 계신 하나님의 아들입니다. 예수님이 하나님의 아들 그리스도라는 증거로 십자가에서 우리 죄를 대신해서 피 흘려 죽으시고, 죽은 자들 가운데서 부활하셨습니다.
이 예수님이 하나님의 아들, 예수님이 그리스도, 예수님이 우리 죄를 대신해서 십자가에서 피 흘려 죽으시고 부활하셨다는 복음으로 우리 인생 모든 문제가 처리되고 해답을 얻습니다. 이 복음은 모든 믿는 자에게 구원을 주시는 하나님의 능력이 됩니다. 이 하나님의 아들 예수 그리스도의 복음, 그리스도 십자가 대속의 피의 복음으로 깊이 뿌리내리기를 기원합니다.

예수님의 신성의 하나님 되심과 십자가 대속의 피의 복음을 마음 중심에 믿고 중생하여 구원받은 그리스도인은 삶의 최고 원칙이 사랑으로 행하는 것입니다. 물론 그 사랑의 원천은 예수님을 하나님의 아들 그리스도로 믿는 데서 오는 것이어야 합니다. 예수님을 그리스도로 믿는 믿음은 성령님을 임하시게 하고 성령님은 우리로 기꺼이 하나님 사랑과 이웃 사랑을 행하게 하는 것입니다.

우리가 항상 지적하는 바이나 그리스도 교회 공동체의 구성원들은 그들이 모두 예수님을 그리스도로 믿고 중생했기 때문에 절대적으로 모든 부분에서 동등할 것이라고 생각하는 것은 큰 오해라는 것입니다. 절대 그렇지 않습니다. 우리는 그 점에 관해서 지금 논하고 있는 것입니다.

그중에서 나타나는 큰 차이점은 믿음이 약한 자와 강한 자 간의 윤리가 중요합니다. 더 강한 자들은 그만큼 더 많은 책임을 지는 자리에 서게 됩니다. 만일 그렇지 않으면 강한 자가 약한 형제를 생각하지 않음으로써 거침돌 또는 장애물이 될 수 있습니다.

제가 목사 안수를 받기 전에 육사교회의 집사, 장로로 제직 시에 음주 문제로 어려움이 많았습니다. 그것은 제가 당시 육사 교수부의 교수로서 과장 직분을 맡고 있었는데 학교장께서 회식을 1년에 한두 번 베풀 때 반드시 과장 한 사람 한 사람에게 술을 권하는 것이 관례였습니다.

그 당시 저는 외람된 말이나 신앙이 강한 자로 육사 전체에 정평이 나 있는 관계로 십여 명의 과장 및 부장과 참모들이 지켜보는 자리에서 학교장이 주는 술을 받아 먹느냐 거절하느냐 하는 큰 시련 거리에

처했었습니다. 모든 사람이 저에게 집중되었습니다.

저는 술 먹는 것이 사소한 문제로 소위 "아디아포라"에 해당한다고 보기에 다른 그리스도인들이 술 먹는 것을 정죄하지 않습니다 그러나 저는 교회의 덕을 세우는 일이라고 굳게 생각하고 있기 때문에 학교장님의 술을 받아 먹을 수가 없었습니다.

만일 제가 술을 받아 먹으면 교인들 가운데 마음에 상처를 받고 비판하고 정죄당하는 일이 있을 것이었습니다. 제가 섬기는 지도력에 타격이 있었을 것입니다. 또한, 제가 술을 받아 먹을 때 저렇게 신앙 좋은 자라고 믿는 임덕규가 학교장 술이라고 아무 이의 없이 받아 먹은 것을 보니 우리도 어디서나 술을 마음껏 먹어도 좋을 것이라고 생각하게 되어 있습니다. 그러면서도 그것은 교회에 덕이 안 되리라는 정죄의식을 가질 것입니다.

이렇게 하여 소위 믿음이 강한 자라는 저의 행실로 형제들에게 근심하게 하니 이는 제가 사랑으로 행하지 않는 것이고 또 신앙의 지조도 없는 자라고 멸시도 받을 것이었습니다. 어쨌든 저는 대단히 미안한 일이었으나 학교장님 술을 받지 않았습니다.

오기 전에 몇 날 동안 기도해 온바 있는데 매우 어색한 장면이 연출되었을 때 옆의 동기생이 대신 받아 마신다고 하여 학교장님의 체면을 세워 주기도 하였습니다.

이것이 오늘의 주제에 반드시 정곡을 찌르는 것은 아니지만 다소간 이해가 될 것 같아 앞서 소개하였습니다.

오늘 본문에서 바울은 이렇게 말하였습니다. 로마서 14장 15절 전단을 보면 "만일 음식으로 말미암아 네 형제가 근심하게 되면 이는 네가 사랑으로 행하지 아니함이라"라고 하였습니다.

먼저 본문은 "만일 음식으로 말미암아 네 형제가 근심하게 되면"이라고 합니다. 이 말은 두 가지 주요한 의미를 가지고 있습니다(로이드 존스, 『로마서 강해 14』)

첫째, "너희가 행하는 일로 말미암아 형제가 불안해하고 마음에 상처를 받고 고통당하고 혼돈되고 침체된다"라는 의미입니다. 참된 거듭난 그리스도인에게 음식법이나 교회법에 대한 이해가 제한되어 있을 때 소위 믿음이 강한 자가 자기가 생각한 먹지 않아야 할 음식을 먹으면 그 형제는 그 의지나 심령이나 마음에 고통을 겪게 되고 혼돈하게 됩니다.

둘째, 약한 형제가 자기로서는 그릇된 일을 계속 행하는 더 강한 형제를 보면 그 자신도 그것을 따라 하기 시작합니다. 그러나 그것을 하면서도 그 일을 하는 것 때문에 정죄감을 느낍니다. 우리는 이에 관한 예를 후에 보게 될 20절 및 22절에서 다시 볼 것입니다.

그러므로 믿음이 더 강한 사람들은 형제를 근심하게 하는 일을 해서는 안 되게 되어 있습니다. 다시 말하면, 강한 자는 그만큼 더 많은 책임을 지는 자리에 서게 만드는 것입니다.

모든 그리스도인이 위대한 그리스도의 사랑의 법의 지배와 통제 속에 있습니다. 자기가 생각하기에 음식은 하나님이 깨끗하게 하신 것이니 다 먹어도 좋다고 약한 자 앞에서 먹어서는 안 되는 것입니다.

우리가 보통 교리에 있어서 강할 수 있습니다. 그러나 사랑에 있어서는 연약한 경우가 많습니다. 옳은 것보다 더 높은 원리가 있는데 그것이 바로 사랑하는 마음을 갖고 사랑하는 것입니다.

우리 모두 그리스도 십자가 대속의 피의 사랑을 마음 중심으로 믿고 성령으로 말미암아 이 하나님의 사랑이 우리 마음에 부어지도록 기도하겠습니다. 오직 그리스도, 오직 믿음, 오직 예수 보혈 신앙으로 성령 충만 받아 하나님 사랑과 이웃 사랑의 계명을 지키고 형제간에 서로 사랑하는 자가 되도록 기도하겠습니다.

살아 계신 아버지 하나님!

하나님의 은혜를 감사합니다.

기독교의 최고 원리인 서로 사랑의 원리를 우리로 다시 듣고 깨닫게 하시니 감사하옵나이다. 우리는 기독교 윤리에 대한 교리는 잘 알고 있지만 그것을 지키는 의무에 대해서는 무시하거나 무관심한 것을 회개합니다.

무슨 음식이든지 속된 것이 없기 때문에 다 먹을 수 있으나 그 사실을 믿지 못하고 의심하면서 먹는 경우에는 죄가 된다는 말씀을 들은 바 있습니다. 그러므로 이렇게 믿음이 약한 형제 앞에서 믿음이 강한 자라는 사람이 그런 음식을 먹으면 약한 형제는 마음에 상처를 받고 고통당하며 혼돈하게 됩니다.

또한, 자신도 그 음식을 먹어도 된다고 생각하여 먹으면서도 속으로는 정죄감을 받는다는 말씀을 듣고 우리로 경계를 받게 하시니 감사합니다.

강한 자라고 자칭하는 우리는 그런 경우에는 먹어서는 안 된다고 믿습니다. 우리가 실로 강한 자라고 시인한다면 우리는 그만큼 더 많은 책임을 지는 자리에 서게 된다는 것을 깊이 자각하게 하여 주옵소서.

옳은 것보다 사랑하는 마음을 가지고 사랑하는 것이 더 높은 원리라는 것을 깊이 마음에 새기게 도와주옵소서. 오늘도 서로 사랑하라는 주의 계명대로 살도록 우리로 모두 건강하게 하시고 건전하게 하여 주옵소서.

예수님의 이름으로 기도하옵나이다. 아멘.

461

롬 14:15

- "그리스도께서 대신하여 죽으신 형제를 네 음식으로 망하게 하지 말라"
  하나님의 아들 예수 그리스도의 십자가 대속의 사랑을 우선적으로 생각하라.
- 그리스도께서 피 주고 사신 형제를 망하게 하지 말라.
  음식 먹는 것을 주의하라.
  사랑으로 행하라.

15 만일 음식으로 말미암아 네 형제가 근심하게 되면 이는 네가 사랑으로 행하지 아니함이라 그리스도께서 대신하여 죽으신 형제를 네 음식으로 망하게 하지 말라

예수님은 그리스도시요 살아 계신 하나님의 아들입니다. 예수님이 하나님의 아들 그리스도라는 증거로 십자가에서 우리 죄를 대신해서 피 흘려 죽으시고, 죽은 자들 가운데서 부활하셨습니다.

이 예수님이 하나님의 아들, 예수님이 그리스도, 예수님이 우리 죄를 대신해서 십자가에서 피 흘려 죽으시고 부활하셨다는 복음으로 우리 인생 모든 문제가 처리되고 해답을 얻습니다. 이 복음은 모든 믿는 자에게 구원을 주시는 하나님의 능력이 됩니다. 이 하나님의 아들 예수 그리스도의 복음, 그리스도 십자가 대속의 피의 복음으로 깊이 뿌리내리기를 기원합니다.

예수님의 신성의 하나님 되심과 십자가 대속의 피의 복음을 마음 중심에 믿고 중생하여 구원받은 그리스도인은 자신의 억만죄악을 그리스도 십자가 대속의 죽으심으로 죄 사함을 받게 하고 영혼의 구원을 얻고 하나님의 자녀로 삼으신 은혜에 만강의 감사 속에서 사는 자가 됩니다. "나 같은 죄인을" 하나님의 아들 그리스도께서 대신하여 죽으셨다니 놀랍고도 놀랍다고 생각하며 삽니다.

구원받을 때 한 번만 생각하는 것이 아니고 날마다 십자가에 못 박히신 그리스도의 죄 사함의 신선한 구원 속에서 살아가야 합니다. 사도 바울은 빌립보 교인들에게 "항상 복종하며 두렵고 떨림으로 너희 구원을 이루라"(빌 2:12)라고 하였습니다.

우리는 죄의 형벌에서는 이미 구원을 받았으나(칭의), 죄의 권세에서는 날마다 죄와 싸우면서 구원을 얻고(성화) 살아야 합니다. 이때 우리 구원의 근거는 우리의 믿음이 아니라 예수 그리스도와 그리스도의 십자가 대속의 죽음인 것입니다.

참된 구원을 받은 그리스도인들은 예수 그리스도께서 피 주고 사신 자들로서 모두가 그리스도의 것입니다. 우리는 자신뿐만 아니라 우리 주위 그리스도인 형제들도 그리스도께서 피 주고 사신 그리스도의 것이 되었음을 믿고 인식하고 살아야 합니다. 그래서 그리스도께서 대신하여 죽으신 형제를 우리가 사소한 행위로 망하게 하면 안 됩니다.

오늘 본문에서 바울은 특히 음식으로 망하게 하지 말라고 경고합니다.

본문 로마서 14장 15절을 보면 "만일 음식으로 말미암아 네 형제가 근심하게 되면 이는 네가 사랑으로 행하지 아니함이라 그리스도께서 대신하여 죽으신 형제를 네 음식으로 망하게 하지 말라"라고 하였습니다.

우리는 본문 후단의 말씀만을 상고하고자 합니다. 우리는 앞서 "만일 음식으로 말미암아 네 형제가 근심하게 되면 이는 네가 사랑으로 행하지 아니함이라"라는 말씀을 들었습니다. 이 말씀은 그리스도인의 최고 법칙인 사랑과 관용을 생각하라는 것이었습니다.

예컨대, 믿음이 강한 우리는 의식적 율법이 예수 그리스도의 십자가 죽음으로 폐지되었다는 것을 알기에 의식법이 금해 온 음식을 먹을 수 있습니다. 그러나 믿음이 약한 형제는 이를 보고 판단하며 불안해하고 마음에 상처를 받고 고통당하고 혼돈을 일으킨다면 강한 자가 잘못한 것이며 그는 그 연약한 자를 고려하지 않고 사랑으로 행하지 않은 것입니다.

우리는 형제들의 영혼에 대한 사랑이 최고의 사랑임을 알아야 합니다. 참사랑은 형제들의 평강과 순결에 민감하도록 우리를 이끌고 그들의 양심을 우리 자신의 것만큼 존중하게 만듭니다.

동시에 우리는 예수 그리스도의 죽으심과 목적도 생각해야 합니다. 그래서 "사랑으로 행하지 아니함이라"라고 말한 후 즉시 "그리스도께서 대신하여 죽으신 형제를 네 음식으로 망하게 하지 말라"라고 하였습니다.

첫째, 한 영혼을 죄로 이끄는 것은 그 영혼을 망하게 하는 것입니다. 믿음이 약한 자들은 대부분 유대인들로서 그리스도인이 된 자들인데 의식법이 금한 음식을 그들 앞에서 먹으면 그들의 믿음을 흔들리게 하고 그들을 유대교로 돌아가도록 기회를 제공함으로써 그를 망하게 합니다.

둘째, 영혼들을 위해 그리스도께서 죽으실 때 보여 주신 그리스도의 사랑을 생각하면 우리는 다른 영혼들의 행복과 구원에 대해 지극히 큰 믿음을 가져야 하고 그들을 가로막고 훼방하는 일은 추호도 범하지 않도록 조심해야 합니다.

그리스도께서 우리 영혼들을 위해 생명을 내주셨는데 그 생명을 받은 우리가 연약한 자들을 위해 음식 먹는 것 하나 삼가지 못하겠습니까?

그리스도께서 자신의 피를 주고 사신 형제를 우리가 경멸할 수 있겠습니까?

우리가 형제를 망하게 하는 한 우리는 마귀의 계획을 앞장서서 돕는 자가 되고 맙니다. 또한, 우리는 그리스도의 목적에 대해서 반대자가 되고 말 것입니다. 그 이유는 예수 그리스도는 위대한 구원자이시기 때문입니다.

그리고 비록 그들이 망하지 않는다고 해도 그것이 우리에게 감사할 일은 아닙니다. 왜냐하면, 약한 자를 멸망으로 이끄는 일을 함으로써 우리는 그리스도께 큰 반기를 들었음을 보여 주는 것이기 때문입니다. 그들은 그리스도께서 대신하여 죽으신 형제들이기에 우리는 음식으로 망하게 해서는 안 됩니다.

그래서 사도 바울은 고린도전서 8장에서 "그러므로 만일 음식이 내 형제를 실족하게 한다면 나는 영원히 고기를 먹지 아니하여 내 형제를 실족하지 않게 하리라"(고전 8:13)라고 하였습니다.

그러므로 우리 모두는 우리 자신이 억만죄악을 그리스도께서 우리 죄를 대신하여 죽으심으로 구원해 주신 사실을 기억하며 우리처럼 그리스도께서 피 주고 사신 형제를 사소한 음식 먹는 것으로 망하게 하지 말 것입니다.

오직 그리스도, 오직 믿음, 오직 예수 보혈 신앙으로 성령 충만 받고 십자가 대속의 피의 사랑이 우리 마음에 부어지도록 기도하겠습니다. 이 십자가 피의 사랑으로 형제를 내 몸과 같이 사랑하도록 기도하겠습니다.

살아 계신 아버지 하나님!

하나님의 은혜를 감사합니다.

우리는 억만죄악을 그리스도께서 대신하여 십자가에서 죽으신 공로로 구원받은 사실을 잊을 때가 많음을 회개하면서 오늘 주신 말씀에 순종하기를 기도합니다.

우리의 구원은 시작부터 마지막까지 예수 그리스도의 십자가 대속의 죽음의 효력 위에 세워져 있음을 믿습니다. 그러므로 우리는 그리스도의 십자가 대속의 죽음 외에는 자랑할 것이 없다고 믿습니다. 그런데 우리는 오랫동안 유대교 전통 속에 살았던 유대인들이 그리스도께서 십자가 대속의 죽음을 믿고 구원을 받았지만 이들에 대한 사랑과 관용의 필요성을 우리로 듣게 하시니 감사합니다.

오늘날도 그리스도의 십자가 대속의 보혈을 믿고 죄 사함 받아 그리스도인이 된 형제 가운데서도 옛사람으로 살 때에 가졌던 음주나 흡연이나 카드 게임이나 쾌락적인 것에서 벗어나지 못한 것을 보면서 그들 앞에서 믿음이 강한 자라는 자가 이를 공공연히 행하면 그들을 근심하게 하고 더 나아가 그리스도께서 대신하여 죽으신 형제를 망하게 할 수도 있다고 믿습니다.

우리 주 그리스도께서 우리 영혼을 위해 생명을 내주셨는데 그 그리스도 생명을 받은 우리가 약한 자들을 위하여 음식 먹는 것이나 시험 들기 쉬운 불경건 행동들을 삼가지 못할 이유가 없다고 믿습니다. 그러므로 사도 바울처럼 그리스도께서 대신하여 죽으신 형제를 음식이나 불경건 행위로 망하지 않게 하기 위해 영원히 고기도 먹지 아니하고 불경건 행위로 삼가도록 믿음을 더해 주옵소서.

오늘도 형제 사랑의 삶을 살 수 있도록 우리로 건강하게 하시고 하나님 사랑과 이웃 사랑의 전도자로 살도록 은혜를 베풀어 주옵소서.

예수님의 이름으로 기도하옵나이다. 아멘.

롬 14:16

- "그러므로 너희의 선한 것이 비방을 받지 않게 하라"
  믿음이 강한 자가 갖는 신앙의 자유로 보는 그것이 약한 자의 비방의 대상이 되고 또 넘어지도록 하지 말라.
- 악평을 할 빌미를 주지 않도록 조심하라.
  선한 의무를 감당하는 데 총력을 기울이라.
  말에나 일에나 다 주 예수의 이름으로 하라.

16 그러므로 너희의 선한 것이 비방을 받지 않게 하라

예수님은 그리스도시요 살아 계신 하나님의 아들입니다. 예수님이 하나님의 아들 그리스도라는 증거로 십자가에서 우리 죄를 대신해서 피 흘려 죽으시고, 죽은 자들 가운데서 부활하셨습니다.

이 예수님이 하나님의 아들, 예수님이 그리스도, 예수님이 우리 죄를 대신해서 십자가에서 피 흘려 죽으시고 부활하셨다는 복음으로 우리 인생 모든 문제가 처리되고 해답을 얻습니다. 이 복음은 모든 믿는 자에게 구원을 주시는 하나님의 능력이 됩니다. 이 하나님의 아들 예수 그리스도의 복음, 그리스도 십자가 대속의 피의 복음으로 깊이 뿌리내리기를 기원합니다.

예수님의 신성의 하나님 되심과 십자가 대속의 피의 복음을 마음 중심에 믿고 중생하여 구원받은 그리스도인은 자기 중심에서 벗어나 그

리스도(하나님) 중심, 성경 중심, 교회 중심의 삶의 원리로 사는 자가 됩니다. 물론 이것은 원리적인 것이고 실제로는 그런 삶의 원리에서 벗어나는 경우가 많습니다.

이런 하나님 중심, 그리스도 중심, 성경 중심, 교회 중심의 삶은 신앙의 경륜을 필요로 합니다. 성경 진리의 전체적인 것을 파악하지 못한 연약한 신자는 교회 생활에서 많은 시험을 받고 떨어져 나갈 수 있습니다. 그래서 수년간 방황하다가 참된 구원의 신앙을 가진 자라면 성도의 견인 교리 따라 돌아오게 되는 경우도 많습니다.

그러므로 예수님의 신성의 하나님 되심과 십자가 대속의 피의 복음 진리를 확신하고 자칭 그리스도 안에서 자유를 얻고 사는 그리스도인, 소위 강한 자는 자신의 선한 것이 비방을 받지 않게 할 의무가 있습니다. 즉, 믿음이 강한 자가 갖는 신앙의 자유로 보는 그것이 약한 자의 비방의 대상이 되고 또 넘어지도록 해서는 안 된다는 말입니다. 도리어 선한 의무를 감당하는 데 총력을 기울이며 살아야 합니다.

우리는 오늘 본문에서 지금까지 다루어 온 믿음이 약한 자와 강한 자 간의 관계에 대해서 특히 강한 자가 취해야 할 태도에 관한 말씀을 듣고자 합니다.

본문 로마서 14장 16절을 보면 "그러므로 너희의 선한 것이 비방을 받지 않도록 하라"라고 합니다. 이 말씀은 일반적으로 기독교 신앙에 관해 또는 특수적으로 그리스도 안에서의 자유에 관해 다른 사람들에게 악평을 할 빌미를 주지 않도록 조심하라는 것입니다.

그리스도 십자가 대속의 피의 복음은 우리에게 선한 것입니다. 그것에 의해 주어진 자유와 권리, 특권과 면제 등도 선합니다. 믿음이 강한 자들은 논란이 되는 일들에 있어서 주어지는 자유를 분별하고 사용할 수 있게 하는 은혜의 지식과 힘은 그들에게 선한 것으로 연약한 형제들이 갖고 있지 못한 그들의 장점입니다. 따라서 이것이 비방을 받지 않도록 해야 합니다.

비방하는 자들의 혀를 막을 수는 없지만 우리에게 최선의 일은 비방하는 자들이 그런 말을 할 수 있는 빌미를 주지 않는 것입니다. 우리의 어떤 잘못 때문에 비방이 일어나지 않도록 해야 합니다.

우리가 우리의 지식과 힘을 사용할 때 그것은 하나님의 법에 대한 오만이요, 방탕이요, 불순종이라는 욕을 먹을 기회를 주도록 해서는 안 된다는 것입니다.

우리는 많은 경우에 우리의 행동이 우리의 선한 이름에 먹칠을 할 수도 있을 때에는 곧 의심을 받고 악에 노출되거나 선한 사람들 사이에서 추문이 되거나 또는 그것에 관해 오명을 뒤집어 쓸 때에는 그것이 아무리 합법적인 일로 옳다고 알고 있다고 해도 행함을 삼가며 자기를 부인함으로써 우리의 신뢰와 명성을 보존할 수 있도록 해야 합니다.

이런 경우 우리는 수치를 당하는 것보다 십자가를 짊어지는 쪽을 택해야 합니다. 그것은 비록 적은 우매에 불과하지만 죽은 파리들이 향기름을 악취가 나도록 하는 것처럼 지혜와 존귀를 난처하게 만듭니다(전 10:11). 우리는 이런 때에 다른 선한 방법으로 대처하는 것이 바른 적용입니다. 즉, 그들이 아예 악한 말을 하지 못하도록 선한 의무를 감당하는 데 총력을 기울이는 것입니다.

그 문제 자체는 선하고 법에 어긋나지 않은 일일지라도 때때로 잘못 인도를 받으면 엄청난 비판과 비방을 자초할 수도 있습니다. 선한 기도, 설교, 그리고 강론이 종종 시간, 표현 그리고 덕을 세우는 데 필요한 다른 상황들을 제대로 처리하지 못해 오히려 비방을 받을 수 있습니다. 물론 그런 지엽적인 잘못들로 말미암아 선한 것을 비방하는 자는 죄를 범하는 것이지만 그들이 그렇게 하도록 빌미를 주었다는 점에서는 우리의 잘못입니다.

우리 모두는 우리가 고백하고 실천하는 그 좋은 것에 대한 평판에 민감함으로써 우리가 욕을 먹지 않도록 기도해야겠습니다. 오직 그리스도, 오직 믿음, 오직 예수 보혈의 신앙으로 자기를 낮추고 형제의 마음을 먼저 헤아리는 겸손으로 옷 입도록 기도해야겠습니다. 그리고 성령 충만을 받도록 항상 기도하여 말에나 일에나 주 예수 이름으로 하고 하나님 사랑과 이웃 사랑 계명의 실천자가 되도록 기도하겠습니다.

살아 계신 아버지 하나님!
하나님의 은혜를 감사합니다.
우리가 예수님을 하나님의 아들 그리스도로 믿고 예수 그리스도를 영접하여 그리스도 안에 거할 때 우리는 자유자로 사는 은혜를 얻었음을 감사합니다.
그러나 우리는 동시에 그리스도 안에 함께 거하는 다른 형제들에 대한 배려와 사랑을 가져야 한다는 사실을 잊지 말아야 한다고 믿습니다.
그리스도 안의 형제들 가운데 약한 자도 있고 강한 자도 있는데 특히 강한 자들이 져야 할 의무가 중요하다는 사실을 듣고 우리가 스스로 강한 자라고 생각한다면 우리의 책무가 크고 우리의 선한 것이 비방을 받지 않게 하라는 경계의 말씀을 마음 중심으로 받아야 한다고 믿습니다. 믿음이 강한 자가 갖는 신앙의 자유로 보는 그것이 약한 자의 비방이 대상이 되고 또 넘어지도록 해서는 안 된다는 말씀을 우리가 믿음으로 받습니다.

우리가 갖는 그리스도 안에서의 자유에 관해 다른 사람들에게 악평을 할 빌미를 주지 않도록 조심해야 한다고 믿습니다. 우리는 도리어 그들이 악한 말을 하지 못하도록 선한 의무를 감당하는 데 총력을 기울여야 한다고 믿습니다.

우리 모두는 듣기는 속히 하고 말하기는 더디하는 자가 되고 또 무엇을 하든지 말에나 일에나 다 주 예수님의 이름으로 하고 예수 그리스도를 힘입어 하나님 아버지께 감사하게 하여 주옵소서. 오늘도 강한 자의 자유를 함부로 남용하지 말도록 우리를 도와주시고 자기를 부인하고 십자가를 지는 쪽을 택하도록 도와주옵소서.

무엇보다 건강하게 해 주셔서 주신 건강으로 먹든지 마시든지 무엇을 하든지 다 하나님의 영광을 위하여 하는 하루가 되도록 붙들어 주옵소서.

예수님의 이름으로 기도하옵나이다. 아멘.

3. 하나님의 나라는 음식보다 더 중요하다
(14:17-23)

463

롬 14:17

- "하나님의 나라는 먹는 것과 마시는 것이 아니요" (1)
  교회 안의 다툼을 진정시키고 예방할 수 있는 지시와 제안.
  기독교 본질은 하나님 나라임을 알라.
  하나님 나라의 현재성과 미래성.
- 그리스도 교회는 하나님 나라 자체로 볼 수는 없으나 교회는 가장 사회적이고 구체적인 하나님 나라의 현시이다.
  하나님 나라 백성으로서 자태를 나타내라.

> 17 하나님의 나라는 먹는 것과 마시는 것이 아니요 오직 성령 안에 있는 의와 평강과 희락이라

예수님은 그리스도시요 살아 계신 하나님의 아들입니다. 예수님이 하나님의 아들 그리스도라는 증거로 십자가에서 우리 죄를 대신해서 피 흘려 죽으시고, 죽은 자들 가운데서 부활하셨습니다.

이 예수님이 하나님의 아들, 예수님이 그리스도, 예수님이 우리 죄를 대신해서 십자가에서 피 흘려 죽으시고 부활하셨다는 복음으로 우리 인생 모든 문제가 처리되고 해답을 얻습니다. 이 복음은 모든 믿는 자에게 구원을 주시는 하나님의 능력이 됩니다. 이 하나님의 아들 예수 그리스도의 복음, 그리스도 십자가 대속의 피의 복음으로 깊이 뿌리내리기를 기원합니다.

예수님의 신성의 하나님 되심과 십자가 대속의 피의 복음을 마음 중심에 믿고 중생하여 구원받은 그리스도인은 그 마음속에 하나님의 나라가 이루어진 자입니다. 곧 심령 천국이 이루어진 자입니다. 그것은 예수님이 하나님과 일체 되시는 하나님의 아들로서 하나님 나라의 왕 되신 그리스도가 되시기 위해 이 세상에 오셨기 때문입니다.

신약성경이 보여 주는 하나님 나라는 이상적인 지상 사회도 아니고, 인간의 도덕적 발전 상태도 아닙니다. 하나님 나라는 하나님이 이 세상을 깨뜨리고 들어오심입니다. 곧 예수님이 하나님 나라 왕 그리스도의 지위로 이 세상에 오심으로 하나님 나라는 사탄의 왕국, 세상 나라를 깨뜨리고 이 세상에 들어온 것입니다(마 12:28-29).

신학적으로 말하면, 이 예수님이 첫 번째 오심으로 세워진 하나님 나라는 현재 우리 자신과 그리스도 교회 안에 세워져 있는 현재성을 띠고 있습니다. 이 하나님 나라의 현재성은 예수님이 마귀를 쫓아내심으로 증거하시고(눅 11:20), 예수님의 이적이 증거하며(마 11:5), 예수 그리스도 복음 전도로 증거되고(마 11:5), 예수님 자신이 직접 자신을 왕 되신 그리스도로 증거하신 수많은 말씀이 하나님 나라의 현재성을 증거합니다.

그러나 하나님 나라는 미래성으로 표현되기도 합니다. 그것은 하나님 나라의 완성으로서 의미입니다. 하나님 나라는 예수 그리스도의 재림을 통해 그 완성이 이루어지는 것입니다.

전통적인 개혁교회의 입장에서는 예수 그리스도의 초림과 함께 이러한 하나님의 구속적인 통치가 시작되는 하나님의 나라가 도래했고 교회를 통해 복음이 확장됨으로써 하나님의 나라가 현재 확장되고 있다고 봅니다. 그리고 그 완성은 그리스도의 재림과 함께 이루어지는 새 하늘과 새 땅 가운데 성취된다고 봅니다.

오늘 우리는 교회 안의 다툼을 진정시키고 예방할 수 있는 지시와 제안으로 바울의 두 번째 호소인 하나님 나라, 즉 하나님 백성의 삶 속에서 그리스도를 통한, 그리고 성령님에 의한 하나님의 자비로운 통치를 말합니다. 우리는 앞서 첫 번째 바울의 호소인 그리스도의 십자가라는 신학적 진리를 들어 왔습니다(롬 14:14-16).

오늘 본문 로마서 14장 17절을 보면 "주의 나라는 먹는 것과 마시는 것이 아니요 오직 성령 안에 있는 의와 평강과 희락이라"라고 하였습니다. 이것은 교회 안의 강한 자들에게 삼가라고 하는 두 번째 진리로서 하나님 나라의 통치를 말한 것입니다.

그리스도 교회를 하나님 나라 자체로 보는 견해는 어거스틴 이래 전통적 견해로 지배해 왔습니다. 오늘날 신학계에서는 이에 대한 비판이 있습니다. 그러나 우리는 그리스도 교회가 하나님 나라 자체라고 볼수는 없으나 그리스도 교회는 가장 사회적이고 구체적인 하나님 나라의 현시인 것은 틀림없습니다.

왕으로서의 예수 그리스도는 우리를 그분의 백성으로 삼으사 그 나라의 거룩한 통치의 주권이 우리의 심령 세계와 사회적 활동의 세계에 미치게 합니다. 말씀이 육신이 되어 인류 역사의 한 부분과 같이 나타나셨다는 것은 전체 세계 역사의 한 부분으로 보다 오히려 인류 역사 위에 나타나는 하나님 나라의 거룩한 핵심으로서 존재한다는 사실입니다.

그러므로 우리가 예수님을 하나님 나라의 왕 그리스도로 믿고서 그 믿는 도리에 의해서 우리가 어떤 위치에 서느냐 할 때, 단지 죄인으로서 그리스도의 구속함을 받는 그런 단순한 존재에 그치지 않고 역사 위에 건설하신 하나님의 나라, 그 은혜의 왕국, 예수 그리스도 나라의 영광스럽고 능력 있는 한 일원으로서 서게 되는 것입니다.

우리의 존재 위치는 은혜 왕국, 곧 그리스도 왕국의 영광을 나타내는 자라는 것입니다. 이런 위치에서 우리가 일상의 생활 목표를 세우고 나아갈 때 그 삶을 그리스도께서 지지해 주시는 것입니다. 그러므로 언제든지 하나님의 은혜 왕국, 하나님 나라의 거룩한 사상이 우리를 명확히 지배하고 있어야 합니다.

그때에 비로소 우리의 그리스도인으로서의 현실 생활의 진행과 또한 세계와 사회와 인류와 인간의 역사에 대한 우리의 태도가 명확해지는 것입니다. 그렇지 못하고 언제든지 "우리는 예수 믿고 구원받았으니 천당 갑니다"라는 식의 생각만 가진다면, 이는 매우 이기적이고 공리적인 사상의 한계에서 벗어나지 못하는 상태입니다.

그러므로 우리 모두는 참되게 하나님 나라의 왕 되신 예수 그리스도를 마음 중심에 모시어 심령 천국의 하나님 나라 백성으로서 살고 동시에 현재의 천국은 그리스도 교회의 생활에서 성령의 교제에서 오는 의와 평강과 희락임을 기억하고 먹는 것과 마시는 것의 음식 문제로 그리스도 교회 안의 형제를 판단하거나 업신여겨서는 안 될 것입니다.

우리 모두 오직 그리스도, 오직 믿음, 오직 은혜, 오직 예수 보혈 신앙으로 성령 충만 받아 심령 천국을 이루며 살고 현재의 천국인 그리스도 교회 안에서 하나님 나라 백성 답게 관용과 사랑을 갖고 살도록 기도해야겠습니다.

살아 계신 아버지 하나님!

하나님의 은혜를 감사합니다.

예수님을 하나님의 아들, 예수님을 그리스도로 믿는 그리스도인은 세상이 모르는 하늘의 신비를 갖고 사는 자가 됨을 감사합니다.

하나님의 아들 예수님께서 하나님 나라의 왕 그리스도의 직함을 가지고 이 세상에 오셔서 십자가 대속의 죽으심으로 사탄의 나라인 세상 나라를 정복하시고 하나님의 나라, 그리스도의 나라를 세우셨음을 믿습니다. 누구든지 십자가에 못 박히신 예수 그리스도를 믿고 그리스도를 마음에 영접한 자는 하나님의 나라, 그리스도의 은혜 왕국이 이루어짐을 믿습니다.

모든 그리스도인은 중보자 예수 그리스도의 통치를 받는 하나님 나라의 백성이 되었고 그리스도인들의 공동체인 그리스도 교회도 이 세상에서 가장 사회적이고 구체적인 하나님 나라의 현시라고 믿습니다. 그러므로 참된 십자가 대속의 피의 복음을 받은 그리스도인은 그리스도 왕국의 영광을 나타내는 자가 되었음을 믿고 이를 바로 이해하여 하나님과 그리스도의 영광을 드러내며 살아야 한다고 믿습니다.

이런 영광스러운 지위의 그리스도인들이 그리스도 교회 안에서 사소한 음식 문제 등으로 인하여 믿음이 약한 자와 강한 자 사이에 서로 판단하거나 업신여기는 일이 없어야 한다는 지시를 기꺼이 받도록 큰 믿음을 주시옵소서.

우리로 어려운 시대에 고난과 핍박과 질병과 가난을 극복할 힘을 주시고 우리를 능력 있는 주님의 손으로 붙들어 주옵소서. 예수 그리스도로 말미암아 성령 충만을 받고 그리스도 안에서 형제간의 서로 사랑을 실천하게 도와주옵소서.

예수님의 이름으로 기도하옵나이다. 아멘.

롬 14:17

- "하나님의 나라는 먹는 것과 마시는 것이 아니요"(2)
  하나님의 나라는 하나님의 '통치'와 '통치 영역'이다.
- 주관적 상태만이 아니라 하나의 장소이다.
  우리는 죽어서 천국(천당)에 들어간다.
  영광의 세계, 그곳을 사모하며 그리스도께 충성하라.

17 하나님의 나라는 먹는 것과 마시는 것이 아니요 오직 성령 안에 있는 의와 평강과 희락이라

예수님은 그리스도시요 살아 계신 하나님의 아들입니다. 예수님이 하나님의 아들 그리스도라는 증거로 십자가에서 우리 죄를 대신해서 피 흘려 죽으시고, 죽은 자들 가운데서 부활하셨습니다.

이 예수님이 하나님의 아들, 예수님이 그리스도, 예수님이 우리 죄를 대신해서 십자가에서 피 흘려 죽으시고 부활하셨다는 복음으로 우리 인생 모든 문제가 처리되고 해답을 얻습니다. 이 복음은 모든 믿는 자에게 구원을 주시는 하나님의 능력이 됩니다. 이 하나님의 아들 예수 그리스도의 복음, 그리스도 십자가 대속의 피의 복음으로 깊이 뿌리내리기를 기원합니다.

예수님의 신성의 하나님 되심과 십자가 대속의 피의 복음을 마음 중심에 믿고 중생하여 구원받은 그리스도인은 그 마음속에 심령 천국이

이루어진 자입니다. 이 심령 천국은 하나의 주관적 상태로서 개인이 누리는 의와 평강과 희락이지만, 동시에 그것은 객관적 사실로서 실제로 우리의 마음이라는 장소에 성령 하나님이 임하시어 계시는 것입니다.

앞서 하나님 나라의 현재성과 미래성을 언급했으나, 우리는 오늘 이 하나님 나라의 통치와 그 통치의 영역에 관해 바른 이해를 얻고자 합니다. 특히, 하나님 나라는 하나님의 통치와 하나님의 통치 영역(곧, 장소)이라는 의미는 많은 혼란과 오해가 있습니다.

최근의 신학자 다수가 하나님 나라는 "하나님의 다스림(통치)"이라는 동적인 뉘앙스만 가진 것으로 봅니다.

오늘날 개혁주의 교회를 무너뜨리고자 하는 바울새관점파의 톰 라이트는 이에 대한 대표적 인물입니다. 그는 "죽으면 천국에 간다"는 말은 "성경에 대한 참담한 오해이다"라고 말합니다(톰 라이트, 『새 하늘과 새 땅』). 그 이유는 "하나님 나라"는 장소라기보다는 오히려 "하나님이 다스리신다는 사실"을 뜻하며 "하나님의 왕권이나 하나님의 왕적 통치를 뜻하기 때문"이라고 합니다.

그러나 성경은 하나님의 통치를 인정함과 동시에 통치 영역을 인정합니다. 성경은 하나님 나라를 의인의 영원한 거처로 이해합니다.

그래서 예수님은 요한복음에서 다음과 같이 말씀하셨습니다.

> 내 아버지 집에 거할 곳이 많도다 그렇지 않으면 너희에게 일렀으리라 내가 너희를 위하여 거처를 예비하러 가노니 가서 너희를 위하여 거처를 예비하면 내가 다시 와서 너희를 내게로 영접하여 나 있는 곳에 너희도 있게 하리라 (요 14: 2, 3).

예수님은 하나님 나라를 하나의 장소로 분명히 말씀하신 것입니다. 신자들은 하나님 나라 소위 '천당'(天堂) 안에 있고, 불신자들은 그 밖에 있게 될 것입니다(마 22:12-13, 25:10-12). 의인들은 하나님 나라를 유업으로 받을 뿐만 아니라 새 하늘과 새 땅을 받게 될 것입니다(마 5:5, 계 21:1-3).

또한, 예수님은 하나님 나라를 선포하시면서 성전과 관련된 그림 언어들을 많이 쓰십니다. 하나님 나라에 가장 많이 쓰이는 동사는 "들어간다"인데 이것 자체도 하나님 나라가 하나의 장소로 뉘앙스를 갖고 있음을 시사합니다. 또한, "대문"(마 7:13), "문"(눅 13:24), "열쇠"(마 16:19, 23:19) 등의 그림 언어들이 쓰인 것을 보면 하나님 나라가 하나의 "집"으로 이해되어야 함을 가르쳐 줍니다.

이런 말씀들은 우리로 하여금 하나님 나라가 하나님의 통치임과 동시에 장소라는 결론에 이르게 합니다. 그러나 그 장소가 어디인지는 알 수 없고 그 장소의 실체도 우리의 감각으로는 인지가 불가능합니다. 마지막 심판 때에 새롭게 되어 새 땅과 연합될 곳이 하나님의 거하시는 장소입니다.

그러므로 우리는 오늘 본문 하나님 나라에 관한 말씀을 들으면서 하나님 나라의 통치와 그 장소에 대한 이해를 의심 없이 가져야겠습니다.

본문 로마서 14장 17절을 보면 "하나님의 나라는 먹는 것과 마시는 것이 아니요 오직 성령 안에 있는 의와 평강과 희락이라"라고 하였습니다. 하나님 나라는 중보자 예수 그리스도의 나라입니다. 그리스도께서 우리 마음속에서 통치하실 때 거기에 하나님 나라가 존재합니다. 이것은 하나님의 통치 상태이지만 우리의 마음이라는 영역의 장소가 분명히 있습니다. 그래서 그리스도인 안에 세워진 심령 천국은 그리스도인의 최대 관심이 되고 먹는 것과 마시는 것이 아닙니다.

우리 모두 예수님을 그리스도로 믿고 영접하여 우리 안에 모신 그리스도의 통치를 받아 심령 천국을 이루며 살고 오직 그리스도, 오직 믿음, 오직 예수 보혈 신앙으로 성령 충만을 받아 하나님 사랑과 이웃 사랑의 전도자로 살도록 기도하겠습니다. 우리 모두 하나님의 통치를 넘어 그 통치하는 곳 천당을 사모하며 살도록 기도하겠습니다

살아 계신 아버지 하나님!

하나님의 은혜를 감사합니다.

우리가 중보자 예수 그리스도를 우리의 주님으로 믿고 영접할 때, 하나님 나라가 우리 마음에 이루어진다고 믿습니다. 그것은 우리가 우리 안에 모신 예수 그리스도의 통치를 받아 그리스도의 말씀과 그리스도의 영의 인도를 받고 살기 때문입니다.

오늘 본문은 이 "하나님의 나라는 먹는 것과 마시는 것이 아니요 오직 성령 안에 있는 의와 평강과 희락이라"라고 합니다. 일응 이 말씀은 하나님의 통치, 그리스도의 통치를 하나님의 나라를 말하는 듯하나 하나님 나라는 이미 우리의 심령 속에 임했기에 하나님 나라는 장소로도 볼 수 있다고 믿습니다.

우리는 미래에 소천 시에 천국에 들어갑니다. 또는 천당에 들어갑니다. 이런 천국의 영역을 부인하는 신학자들도 있으나 이는 우리 예수

님께서 우리의 거처를 마련해 놓으시고 우리를 초대하신다는 말씀에 위배된다고 믿습니다.

아버지 하나님이여!

우리로 하여금 하나님 나라의 실체, 곧 하나님의 통치와 그 통치 장소까지 바르게 믿고 천국에 들어가 영생 복락의 삶을 사모하며 거룩하게 살게 하여 주옵소서. 무엇보다 우리가 소천하여 천국에 이를 때까지 건강하여 오직 예수 그리스도를 위하여 십자가 피의 복음을 위하여 살고 하나님 나라 복음 전도자로 살게 하여 주옵소서.

예수님의 이름으로 기도하옵나이다. 아멘.

롬 14:17

- "하나님의 나라는 먹는 것과 마시는 것이 아니요" (3)
- 하나님의 나라 시민이 됨으로 가져야 할 생각.
  ① 기독교의 본질은 하나님의 나라이다.
  ② 우리는 더 이상 우리 자신의 것이 아니다.
  ③ 하나님의 나라는 먹는 것과 마시는 것이 아니다.
  ④ 하나님의 나라 본질에 비추어 생각하라.
  ⑤ 교회 안에서 행하는 모든 일은 하나님의 나라에 비추어 행해져야 한다.

> ¹⁷ 하나님의 나라는 먹는 것과 마시는 것이 아니요 오직 성령 안에 있는 의와 평강과 희락이라

예수님은 그리스도시요 살아 계신 하나님의 아들입니다. 예수님이 하나님의 아들 그리스도라는 증거로 십자가에서 우리 죄를 대신해서 피 흘려 죽으시고, 죽은 자들 가운데서 부활하셨습니다.

이 예수님이 하나님의 아들, 예수님이 그리스도, 예수님이 우리 죄를 대신해서 십자가에서 피 흘려 죽으시고 부활하셨다는 복음으로 우리 인생 모든 문제가 처리되고 해답을 얻습니다. 이 복음은 모든 믿는 자에게 구원을 주시는 하나님의 능력이 됩니다. 이 하나님의 아들 예수 그리스도의 복음, 그리스도 십자가 대속의 피의 복음으로 깊이 뿌리내리기를 기원합니다.

예수님의 신성의 하나님 되심과 십자가 대속의 피의 복음을 마음 중심에 믿고 중생하여 구원받은 그리스도인이 된 사람은 심령 천국이 이루어진 사람입니다. 다시 말하면, 하나님 나라에 속한 백성이 된 사람입니다.

골로새서에서 다음과 같이 말씀합니다.

> 그가 우리를 흑암의 권세에서 건져 내사 그의 사랑의 아들의 나라로 옮기셨으니(골 1:13).

그리스도인은 세상 나라에서 하나님의 아들 예수 그리스도의 나라로 옮김을 받은 자입니다. 이것이 그리스도인이 된다는 실제적인 의미입니다. 그리스도인은 단순히 하나의 어떤 결심을 한 사람들이 아닙니다. 세상 나라에서 옮겨 하나님 나라의 시민이 되었다는 것이 중요합니다.

어떤 기독교 인도주의자들은 그리스도인의 도덕적 삶을 매우 중요시하고 또 박애주의 정신을 강조합니다. 세상에 나가 착한 일을 하고 희생하고 세상을 위해 봉사해야 한다고 합니다. 물론 그리스도인이 선행을 행하는 것은 중요합니다. 그러나 선을 행하는 것, 도덕성은 하나님 나라의 한 속성일 뿐, 그것들이 하나님 나라 전체를 대변하는 것이 아닙니다. 하나님 나라를 세상 나라의 훌륭한 진·선·미로 대체하려고 하는 것은 사탄의 음모입니다.

하나님 나라는 세상 나라를 정복합니다. 하나님의 아들 예수 그리스도께서 십자가에서 세상 신 사탄을 정복하시고 죽은 자 가운데서 부활하심으로 하나님 나라 생명이 이 세상 나라에 침투해 들어왔습니다. 이미 D-day(디데이, 결판의 날)가 이루어졌습니다. 그러나 아직 V-day(브이데이, 결정적 승리의 날)는 이루어지지 않았습니다.

그러면 이렇게 예수님의 초림과 재림의 중간기에 사는 하나님 나라의 백성은 어떤 생각을 가지고 살아야 합니까?

다음과 같은 다섯 가지를 생각할 수 있습니다.

첫째, 그리스도인은 기독교의 본질이 하나님 나라인 것을 바로 알아야 합니다.

과거에 우리는 세상 나라에 속했으나 이제는 하나님 나라로 옮겨진 자가 되었으므로 비록 세상에 살고 있지만 세상에 속한 자가 아니요 하나님 나라에 속한 자임을 깨달아야 합니다.

물론 하나님 나라는 하나님의 통치와 그 통치의 영역인 것을 앞서 들었습니다. 그러므로 하나님의 통치, 그리스도의 통치를 받는 자임을 알고 미래에 완성될 그리스도의 나라, 곧 천국에 들어가 살 자임을 자각하며 살아야 합니다.

둘째, 하나님 나라의 백성이 된 자는 더 이상 자신이 자기 자신의 것이 아니라는 사실을 자각해야 합니다.

하나님 나라 시민이 된 그리스도인은 왕 되신 그리스도께 부속되어 있고 복종한 자입니다. 자기 자신의 생각으로 옳고 그른 것을 결정하지 않습니다.

하나님 나라의 법, 그리스도의 법의 판단을 받고 사는 것입니다. 예수 그리스도의 말씀과 그리스도의 영의 인도를 받고 사는 자입니다.

셋째, 하나님 나라의 백성은 하나님 나라가 먹는 것과 마시는 것이 아니라는 것을 인식하며 살아야 합니다.

오늘 본문 로마서 14장 17절을 보면 "하나님의 나라는 먹는 것과 마시는 것이 아니요 오직 성령 안에 있는 의와 평강과 희락이라"라고 하였습니다.

하나님 나라는 먹는 것과 마시는 것이 아닙니다. 그것은 어떤 음식과 음료를 먹고 마시든지 아니면 절제하든지 하는 문제에 속해 있는 것이 아닙니다. 유대교는 먹고 마시는 것을 크게 강조합니다. 그러나 이제 예수 그리스도의 십자가 대속의 죽음으로 의식적 율법이 폐지되었습니다.

넷째, 하나님 나라 시민은 세상 나라가 아니라 영적인 하나님 나라의 백성이 되었으므로 하나님 나라 본질에 비추어서 새로운 방식으로 생각하는 법을 배워야 합니다.

의도적으로 과거의 썩어져 가는 구습을 쫓는 옛사람을 날마다 벗어 버리고 새로운 그리스도의 정신으로 살도록 애써야 합니다.

다섯째, 그리스도 교회 안에서 행하는 모든 일을 하나님 나라에 비추어 행하여야 합니다.

민주주의 방식이라고 자기 편 사람을 끌어모은다든지, 파당을 만들어서는 안 된다는 것입니다. 우리가 그리스도인으로서 그리스도 교회 영역 안에서 행하는 모든 일은 하나님 나라에 비추어서 숙고되어야 합니다.

우리 모두 참되게 십자가 대속의 피의 복음을 마음 중심에 받아 하나님의 나라 백성이 될 것입니다. 그리하여 하나님 나라의 백성이 가져야 할 생각을 갖고 그리스도 교회와 세상을 섬길 것입니다. 오직 그리스도, 오직 믿음, 오직 예수 보혈 신앙으로 성령 충만 받아 성령 안에 있는 의와 평강과 희락의 하나님의 나라가 여러분 심령 속에 충만히 이루어지기를 간절히 기원합니다.

살아 계신 아버지 하나님!
하나님의 은혜를 감사합니다.
참기독교의 본질은 하나님의 나라인 것을 믿습니다. 예수님을 그리스도로 믿고 예수 그리스도를 마음 중심에 영접한 우리는 하나님 나라의 백성이 된 것을 알고 하나님의 나라 백성답게 생각하고 사고하며 행해야 된다는 말씀을 우리로 오늘 듣게 하시니 감사합니다.
우리는 그리스도의 피를 주고 산 그리스도의 백성이기에 그리스도의 통치를 받고 그리스도의 나라와 그의 의를 구하며 살아야 한다고 믿습니다. 우리는 과거에 유혹의 욕심을 따라 썩어져 가는 구습을 따르는 옛사람, 곧 세상 나라의 시민임을 자각하고 새로운 생각과 새로운 삶을 살아야 한다고 믿습니다.
우리는 음주나 흡연을 하지 않고 음담 패설을 않으며 화투 치기나 게임 등을 하지 않으므로 하나님 나라에 속한 백성의 의무를 다하는 것이 아님을 믿습니다.

항상 그리스도의 통치와 그 통치가 완성될 천국을 사모하면서 먼저 그리스도의 나라와 그의 의를 추구하며 살게 하시고 자기에게 주어진 자기 십자가를 피하지 않고 기꺼이 지고 그리스도와 함께 동행하는 그리스도의 나라 백성이 되도록 우리를 주께서 날마다 붙들어 주시고 건강과 지혜를 주시옵소서.

예수님의 이름으로 기도하옵나이다. 아멘.

롬 14:17

- "하나님의 나라는 … 오직 성령 안에 있는 의와 평강과 희락이라"
  성령 안에 있는 의.
  성령님의 구원 실시로 오는 칭의 및 성화.
- 의롭다 함을 받고 거룩한 모습으로 나타나라.

> ¹⁷ 하나님의 나라는 먹는 것과 마시는 것이 아니요 오직 성령 안에 있는 의와 평강과 희락이라

예수님은 그리스도시요 살아 계신 하나님의 아들입니다. 예수님이 하나님의 아들 그리스도라는 증거로 십자가에서 우리 죄를 대신해서 피 흘려 죽으시고, 죽은 자들 가운데서 부활하셨습니다.

이 예수님이 하나님의 아들, 예수님이 그리스도, 예수님이 우리 죄를 대신해서 십자가에서 피 흘려 죽으시고 부활하셨다는 복음으로 우리 인생 모든 문제가 처리되고 해답을 얻습니다. 이 복음은 모든 믿는 자에게 구원을 주시는 하나님의 능력이 됩니다. 이 하나님의 아들 예수 그리스도의 복음, 그리스도 십자가 대속의 피의 복음으로 깊이 뿌리내리기를 기원합니다.

예수님의 신성의 하나님 되심과 십자가 대속의 피의 복음을 마음 중심에 믿고 중생하여 구원받은 그리스도인은 죄 사함 받고 의롭다 함을 얻는 자가 됩니다. 곧 칭의를 받은 자가 됩니다. 이 칭의란 하나님께서

예수 그리스도의 완전한 십자가 대속의 공로의 의를 근거로 하여 죄인을 의롭다고 선언하시는 하나님의 법적 행위입니다.

이렇게 칭의는 법적으로 의롭다고 선언하는 것이지만 참된 칭의를 얻은 자라면 반드시 거룩함의 열매를 맺게 되어 있습니다. 어떤 사람이 예수 그리스도를 믿고 의롭게 되었다고 말한다면 그 사람은 그가 받은 칭의의 결과로 나타나는 의로운 삶의 모습을 보여야 하는 것입니다.

현대 교회에서 예수 그리스도와 그리스도의 십자가 보혈을 믿고 의롭다고 확신한 다수 그리스도인의 생활 속에서 의로운 삶의 모습이 나타나지 않기 때문에 유보적 칭의론이 득세하고 있습니다. 유보적 칭의론이란 우리가 예수 그리스도를 믿을 때 의롭다고 선언되는 것이 아니라 칭의가 종말까지 유보된다는 주장입니다.

그리하여 마지막 날 그 사람의 선행 정도에 따라 그 칭의가 결정된다고 봅니다. 이런 주장은 16세기 종교개혁 사상을 뒤집는 것입니다. 루터나 칼빈은 신자가 예수 그리스도와 그리스도의 십자가 대속의 복음을 믿을 때에 즉시 의롭다고 선언받는다고 주장하기 때문입니다.

이 유보적 칭의론은 개혁교회의 기초를 파괴하는 주장이고 천주교식 구원론과 유사합니다. 그리스도 교회는 이런 악한 사상을 주장하는 자들을 경계해야 합니다. 그리고 모든 그리스도인은 참되게 예수님의 하나님 되심과 십자가 대속의 피의 복음을 마음 중심에 믿고 거듭나야 합니다. 그래서 예수 그리스도를 믿고 의롭다 함을 받은 증거로 의로운 삶의 열매를 나타내야 합니다.

종교개혁가 칼빈도 칭의는 신자의 불완전한 성화에 의존하지 않고 신자 밖에서 성취된 예수 그리스도의 완전한 의로움에 근거한다고 말하지만 칭의와 성화의 동시성을 강조했습니다. 즉, 성화란 신자의 믿음이 참되다는 사실을 증거한다는 점에서 칭의에 필수적이라고 하였습니다. 칭의는 거룩함의 열매를 반드시 산출한다고 강조하였습니다.

우리가 교리적으로 예수 그리스도를 믿는 삶을 살펴볼 때 이런 주장은 진리입니다. 우리가 예수님을 그리스도로 믿을 때 예수 그리스도로 말미암아 우리에게 성령님이 임하십니다. 물론 형식적으로 예수 그리스도를 믿는 자는 믿음이 없으므로 성령님이 임하시지 않을 것입니다. 이때 신자에게 임한 성령님은 그분의 능력으로 우리를 거룩하게 만드십니다.

그래서 사도 바울은 오늘 본문에서 "성령 안에 있는 의"를 말하고 있습니다. 이렇게 "성령 안에 있는 의"를 가진 자는 성령으로 말미암아 거룩한 모습을 나타내서 음식이나 특별한 날들에 관한 강한 자와 약한 자 간의 다툼을 진정시켜야 하는 것입니다.

오늘 본문 로마서 14장 17절을 보면 "하나님의 나라는 먹는 것과 마시는 것이 아니요 오직 성령 안에 있는 의와 평강과 희락이라"라고 하였습니다.

여기서 "성령 안에 있는 의"라는 말은 성령님의 구원 실시로 말미암아 오는 신앙으로 얻어지는 칭의와 성화를 말합니다. 그리스도인은 하나님 앞에 예수 그리스도의 죽음의 공로로 말미암아 의롭게 되고 하나님의 은혜의 영으로 말미암아 거룩한 모습으로 나타나는 것입니다.

그런데 주석가들 가운데는 "성령 안에 있는 의"는 "칭의"가 아니라 "윤리적" 의미에서의 의라고 하는 자들이 있습니다. 그들은 하나님의 나라가 정직, 바른 행실, 조화와 기쁨이라고 말하고 있다고 봅니다. 그들은 바울의 논증이 행위와 행실의 문제를 다루고 있다고 보기 때문입니다.

그러나 하나님 나라가 우리의 정직성, 평화로움 또는 조화와 기쁨이라고 하여 우리의 윤리적 행실로 이루어진다고 말하는 것은 옳지 않습니다. 우리의 윤리적 행실 차원에서 하나님 나라를 규정하는 것은 믿음의 입장에서 떠나는 것이고, 성경 모든 곳에서 발견되는 하나님 나라 가르침을 부정하는 것입니다.

하나님 나라는 본문 말씀대로 "성령 안에 있는 의"입니다. 하나님 앞에 예수 그리스도의 죽음의 공로로 말미암아 의롭게 되고 하나님의 은혜의 성령으로 말미암아 거룩하게 된 모습으로 나타나는 것입니다. 이렇게 신자가 자신을 하나님 나라의 백성으로 생각하게 되면 작고 사소한 문제로부터 해방됩니다. 서로 간의 다툼을 진정시킬 수 있는 것입니다.

오직 그리스도, 오직 믿음, 오직 예수 보혈 신앙으로 성령 충만 받아 마음을 넓히고 형제를 용납하고, 하나님 사랑과 이웃 사랑의 전도자로 살도록 기도하겠습니다.

살아 계신 아버지 하나님!

하나님의 은혜를 감사합니다.

우리로 하여금 하나님 나라 왕 예수 그리스도를 믿고 영접하게 하셔서 우리로 하나님 나라 백성이 되게 하시니 감사합니다.

아버지시여!

우리로 하여금 거룩한 하나님 나라의 백성이 되었으니 그리스도 교회 안에서 일어나는 사소한 문제의 의견 차이로 다투지 않게 믿음을 더하여 주옵소서. 우리 모두가 하나님 앞에 예수 그리스도의 죽음의 공로로 말미암아 의롭게 되고 하나님의 은혜의 성령으로 말미암아 거룩하게 된 모습으로 나타나게 하여 주옵소서.

항상 우리 자신을 하나님 나라의 백성으로 생각하도록 하여 사소한 문제로부터 해방되고 관용의 마음을 갖게 하여 주옵소서. 오늘 하루도 건강하게 우리를 붙들어 주셔서 하나님을 사랑하고 이웃을 사랑하는 삶을 살게 하여 주옵소서.

예수님의 이름으로 기도하옵나이다. 아멘.

467

롬 14:17

- "하나님의 나라는 … 오직 성령 안에 있는 의와 평강과 희락이라"
  하나님 나라의 평강은 형제들 간의 평화를 가져온다.
- 하나님의 평강이 판정자가 되게 하라.

¹⁷ 하나님의 나라는 먹는 것과 마시는 것이 아니요 오직 성령 안에 있는 의와 평강과 희락이라

예수님은 그리스도시요 살아 계신 하나님의 아들입니다. 예수님이 하나님의 아들 그리스도라는 증거로 십자가에서 우리 죄를 대신해서 피 흘려 죽으시고, 죽은 자들 가운데서 부활하셨습니다.

이 예수님이 하나님의 아들, 예수님이 그리스도, 예수님이 우리 죄를 대신해서 십자가에서 피 흘려 죽으시고 부활하셨다는 복음으로 우리 인생 모든 문제가 처리되고 해답을 얻습니다. 이 복음은 모든 믿는 자에게 구원을 주시는 하나님의 능력이 됩니다. 이 하나님의 아들 예수 그리스도의 복음, 그리스도 십자가 대속의 피의 복음으로 깊이 뿌리내리기를 기원합니다.

예수님의 신성의 하나님 되심과 십자가 대속의 피의 복음을 마음 중심에 믿고 중생하여 구원받은 그리스도인은 억만죄악을 사함 받고 하나님과 화해가 이루어진 사람입니다. 이때 그리스도인은 진정한 평안을 누리며 살 수 있습니다. 하나님과 원수 된 상태에 살 때에 우리에게는 참된 평안이 없었습니다.

나에게 평안이 없는데 이웃과 평안을 가질 수 있겠습니까?

가질 수 없습니다. 그래서 세상에는 참된 평안이 없습니다. 이런 세상에 사는 우리에게 예수님은 다음과 같은 약속을 주셨습니다.

> 평안을 너희에게 끼치노니 곧 나의 평안을 너희에게 주노라. 내가 너희에게 주는 것은 세상이 주는 것과 같지 아니하리라 (요 14:27).

그러므로 예수님을 하나님의 아들 그리스도로 믿고 구원받은 그리스도인은 그 마음속에 평강의 하나님의 나라가 세워진 자가 됩니다. 그리하여 우리에게 화목하게 하는 직분을 주셨습니다(고후 5:18). 이제 하나님 나라의 평강은 형제들 간의 평화를 가져오게 되는 것입니다.

그래서 오늘 본문은 "다른 사람들과 더불어 화평"을 말하는 것입니다.

본문 로마서 14장 17절을 보면 "하나님의 나라는 먹는 것과 마시는 것이 아니요 오직 성령 안에 있는 의와 평강과 희락이라"라고 하였습니다.

여기서 말하는 하나님 나라의 "평강"은 하나님의 "의"에서 비롯됩니다. 로마서 5장 1절을 보면 "그러므로 우리가 믿음으로 의롭다 하심을 받았으니 우리 주 예수 그리스도로 말미암아 하나님과 화평을 누리자"라고 하였습니다. 의가 먼저요 그다음으로 의가 평강(화평)을 불러옵니다.

바울 시대 당시 로마 교회는 사소한 문제로 다투고 판단하고 비판하는 분위기였습니다. 그래서 바울은 이렇게 본문에서 지적하는 것입니다. 즉, "너희는 하나님의 나라를 먹고 마시는 것의 문제로 바꾸어 버렸다. 너희가 그런 일을 했기 때문에 평강을 상실했다. 바로 이것이 너희의 문젯거리이다"라고 한 것입니다.

그래서 바울은 "하나님의 나라는 먹는 것과 마시는 것이 아니다"라고 말하였습니다. 하나님의 나라는 "오직 성령 안에 있는 의와 평강과 희락이라"라고 하였습니다.

여기서 "의"가 앞서고 "평강"이 뒤따릅니다. 이는 평강이 의에게서 비롯되기 때문입니다. 먼저 하나님의 의가 중요합니다. 그것은 인간의 죄가 하나님을 대적하고 하나님과 원수 관계가 되게 하여 하나님과의 평화가 없어졌기 때문입니다.

죄는 항상 평강을 없애 버립니다. 하나님과 사람 사이의 평강을 없애고, 사람과 사람 사이의 평강도 없애 버립니다. 죄는 어느 곳에서나 평강을 없애는 역할을 합니다. 그래서 악인에게는 평강이 없다(사 57:21)고 하는 것입니다.

그러므로 우리가 죄 가운데서 구원받아야 할 구원의 목적은 하나님과의 평화입니다. 즉, 하나님과의 화해입니다. 이런 하나님과의 평화를 수립한 사람은 다른 사람들에게 평화를 주는 자가 될 수 있습니다. 이는 그것이 구원의 목적의 하나이기 때문입니다.

이것이 오늘 본문이 다루는 주제입니다. 곧 "다른 사람들과 화평"입니다. 앞서 언급한 바대로 로마 교인들이 사소한 문제들의 의견 차이로 인한 다툼의 비판으로 인해 서로 나뉘어져 있는 잘못을 지적하고 이에 대한 치유가 하나님 나라의 의와 화평인 것을 가르치고 있는 것입니다.

하나님 나라는 서로의 적대감을 폐합니다. 골로새서에서는 다음과 같이 말씀합니다.

> 그리스도의 평강이 너희 마음을 주장하게 하라 평강을 위하여 너희가 한 몸으로 부르심을 받았나니 또한 너희는 감사하는 자가 되라(골 3:15).

이 말씀은 하나님의 평강이 모든 문제를 평화롭게 하라는 의미입니다.

우상에게 드려진 고기를 먹는 것이 옳은가, 또 어떤 특별한 날들을 지키는 것이 옳은가를 결정할 때의 기준이 하나님의 평강이 되게 하라는 것입니다. 하나님의 평강이 결정하게 하라는 것입니다. 하나님의 평강이 조정자나 판정자가 되게 하라는 말입니다.

예수님은 이미 산상수훈에서 말씀하셨습니다.

> 화평하게 하는 자는 복이 있나니 그들이 하나님의 아들이라 일컬음을 받을 것임이요(마 5:9).

화평을 만드는 것이 그리스도의 의를 받은 하나님의 자녀들의 큰 특성입니다. 그들의 아버지께서 평강의 하나님이시기 때문입니다.

우리 모두 참되게 십자가 대속의 피의 복음을 마음 중심에 믿고 하나님의 의, 그리스도의 의를 받고, 이를 통해 하나님의 평강이 형제간에 나타나도록 기도하겠습니다.

　오직 그리스도, 오직 믿음, 오직 예수 보혈의 신앙으로 성령 충만 받아 그리스도의 평강이 우리 마음을 주장하게 하시고 형제들 간의 평화의 조성자가 되도록 기도하겠습니다.

　살아 계신 아버지 하나님!
　하나님의 은혜를 감사합니다.
　우리가 하나님과 원수 되었을 때에 하나님의 아들 예수 그리스도의 죽으심으로 말미암아 하나님과 화목하게 된 자로서 우리도 마땅히 화목하게 하는 직분을 수행해야 한다고 믿습니다.
　오늘 우리는 하나님 나라의 평강은 형제들 간의 평화를 가져온다는 말씀을 들으면서 하나님의 평강을 마음속에 이룬 우리가 마땅히 서로 간의 사소한 의견 차이로 다투지 말고 비판하지 말며 용납하고 관용해야 된다고 믿습니다.
　그리하여 범사에 하나님의 평강이 우리 모든 삶의 행사에서 심판자요 조정자가 되도록 우리에게 믿음을 더해 주옵소서. 오늘 하루도 건강하게 우리를 붙들어 주셔서 하나님 사랑과 이웃 사랑의 전도자로 기꺼이 살아가게 도와주옵소서.
　예수님의 이름으로 기도하옵나이다. 아멘.

롬 14:17

- "하나님의 나라는 … 오직 성령 안에 있는 의와 평강과 희락이라"
  성령 안에 있는 희락.
- 믿음을 통해서 임하시는 성령에 의해 일어난 영적 기쁨.
  신앙적 삶은 끊임 없는 기쁨의 삶.
  영적 기쁨은 싫증이 없고 스릴과 천국을 맛보는 것.
  항상 기뻐하라.

> ¹⁷ 하나님의 나라는 먹는 것과 마시는 것이 아니요 오직 성령 안에 있는 의와 평강과 희락이라

예수님은 그리스도시요 살아 계신 하나님의 아들입니다. 예수님이 하나님의 아들 그리스도라는 증거로 십자가에서 우리 죄를 대신해서 피 흘려 죽으시고, 죽은 자들 가운데서 부활하셨습니다.

이 예수님이 하나님의 아들, 예수님이 그리스도, 예수님이 우리 죄를 대신해서 십자가에서 피 흘려 죽으시고 부활하셨다는 복음으로 우리 인생 모든 문제가 처리되고 해답을 얻습니다. 이 복음은 모든 믿는 자에게 구원을 주시는 하나님의 능력이 됩니다. 이 하나님의 아들 예수 그리스도의 복음, 그리스도 십자가 대속의 피의 복음으로 깊이 뿌리내리기를 기원합니다.

예수님의 신성의 하나님 되심과 십자가 대속의 피의 복음을 마음 중심에 믿고 중생하여 구원받은 그리스도인은 이전과 다른 기쁨의 성격을 갖고 사는 자가 됩니다. 곧 우리가 예수님을 그리스도로 믿을 때 임하시는 성령님에 의해 일어난 영적 기쁨을 갖고 사는 자가 됩니다.

성령님으로 인한 그리스도인의 영적 기쁨은 그리스도인 최고의 축복 가운데 하나이며 신앙생활의 필수 요소입니다. 예수 그리스도를 믿고 성령님 안에서 누리는 영적 기쁨은 아무런 대가 없이도 기꺼이 그리고 자발적으로 또한 지속적으로 예수 그리스도와 복음을 위하여 살게 합니다.

저는 세상에 예수님을 하나님의 아들로 믿고 영생을 맛보며 사는 것보다 더 큰 기쁨이 없습니다. 사람들은 TV도 잘 안 보고, 오락도 안 하고, 여행도 안 하고, 영화도 안 보고, 맛있는 음식 먹으러 이곳저곳 찾지도 않는 저를 보고 무슨 재미로 세상을 사느냐고 합니다. 물론 저는 예수님을 믿는 기쁨으로 삽니다.

세상에 예수님을 하나님의 아들, 십자가에 못 박히신 그리스도로 믿고 임하시는 성령님의 충만의 삶보다 더 기쁜 것이 없습니다. 성령님에 의하여 일어난 영적 기쁨은 아무리 받아 누려도 싫증이라는 것이 없습니다. 받으면 받을수록 더 큰 기쁨을 사모하게 됩니다. 동시에 그 큰 기쁨 안에는 인생의 스릴이 있어 결코 지루하지 않습니다.

세상 사회의 특징 중 하나는 권태와 염세입니다. 그리하여 옛날부터 사치와 방탕은 이런 지루한 권태를 벗어나기 위한 몸부림이었습니다. 인간은 하나님께서 하나님과 교제하는 가운데 기쁨의 근원 되시는 분으로부터 기쁨과 감격을 받고 살도록 창조되었습니다.

그런데 인간이 범죄하고 타락하여 하나님을 떠났을 때 그들은 낙원을 잃었을 뿐 아니라 기쁨과 스릴도 잃어버렸습니다. 그리하여 고대나 현대 사회에서 방탕과 사치와 각종 오락과 미칠 듯한 춤과 환락과 마약과 성적 방종을 추구하는 것은 인간들이 하나님과 교제 가운데 얻을 것을 잃어버린 데 대한 증거인 것입니다.

그런데 이런 권태와 염세의 세계에 기독교가 들어왔습니다. 하나님과 일체이신 중보자 예수 그리스도께서 이 세상에 오셨습니다. 하나님의 아들 예수 그리스도는 기쁨의 근원이십니다. 예수님을 하나님의 아들로 믿을 때 임하시는 성령님으로 말미암아 그 믿는 자의 심령 속에 기쁨의 하나님 나라가 세워지는 것입니다.

사도 바울은 오늘 본문에서 이 진리를 간략히 제시합니다.

본문 로마서 14장 17절을 보면 "하나님의 나라는 먹는 것과 마시는 것이 아니요 오직 성령 안에 있는 의와 평강과 희락이라"라고 하였습니다.

본문에서 하나님의 나라는 "성령 안에 있는 희락"이라고 말합니다. 이것은 신자들의 마음속에 거하시는 은혜의 성령에 의해 일어난 영적 기쁨입니다. 이것은 그리스도인이 예수 그리스도의 죽음으로 인한 의로 죄 사함을 받고 하나님과 화해가 이루어진 결과로 오는 영적 기쁨입니다.

우리의 모든 기쁨은 궁극적으로 하나님께 귀결되어야 합니다. 그리하여 하나님을 생각하는 것이 우리에게 기쁨이 되어야 합니다. 그래서 시편 기자는 "여호와를 기뻐하라"(시 37:4)라고 하였고, 사도 바울도 "나의 형제들아 주 안에서 기뻐하라"(빌 3:1)라고 하며, 더 나아가 "주 안에서 항상 기뻐하라 내가 다시 말하노니 기뻐하라"(빌 4:4)라고 말하였습니다.

하나님의 영광의 광채로 이 세상에 오신 그리스도 안에서의 기쁨은 그리스도인의 생활에서 마땅히 있어야 할 의무입니다. 만일 그리스도인이 이 기쁨의 축제를 유지하지 못하면 그것은 그들 자신의 잘못입니다.

물론 이런 신자의 기쁨의 축제의 삶은 자동적으로 되는 것이 아닙니다. 먼저 소극적으로는 세상의 낙을 추구하면 안 됩니다. 의도적으로 절제하고 피해야 합니다. 세상의 향락은 무서운 매력을 갖고 그리스도인을 잡아 자기 종으로 삼고자 합니다. 그래서 향락을 좋아하는 자는 살았으나 죽은 자입니다(딤전 5:6).

다음에는 적극적으로 그리스도 십자가 대속의 피의 사랑 속에 살아야 합니다. 억만죄악을 사해 주신 하나님과 예수 그리스도의 십자가 대속의 구원을 날마다 기억하고 감사하며 기뻐해야 합니다. 예수 그리스도의 말씀을 사모하며 영적 양식으로 배불러야 합니다. 하나님의 말씀은 하나님의 맛을 보게 하는 것입니다. 즉, 천국 맛을 보는 것입니다. 그러므로 우리는 십자가에 못 박히신 그리스도를 바라보고 쉬지 말고 기도해야 합니다.

우리 모두 세상의 오락과 향락은 피하고 예수 그리스도와 그리스도 십자가를 날마다 생각하며 예수 보혈의 능력 속에 살도록 기도하겠습니다. 성령의 충만을 받아 기쁨이 충만하고 사랑이 충만하도록 기도하겠습니다. 그리하여 교회 안에서 사소한 문제로 다투지 말고 성령 충만, 기쁨 충만을 받아 서로 사랑하고 관용하는 자가 되기를 기원합니다.

살아 계신 아버지 하나님!

하나님의 은혜를 감사합니다.

우리가 예수님을 하나님의 아들로 믿고 영생을 얻은 것도 무한 감사하오나 이 세상에서 그리스도인으로 살아가는 동안에도 기쁨의 왕국을 우리 심령 속에 이루어 주시니 감사합니다. 세상은 이런 영적 기쁨이 없기에 그것들의 모조품인 각종 오락이나 먹는 것과 마시는 것으로 기쁨을 찾고자 하나 그리스도 없는 자들은 결국 그 모조품들의 종으로 살게 하고 만다고 믿습니다. 오늘도 우리에게 참 진리의 말씀을 듣고 성령님께서 우리로 그 말씀의 맛을 보게 하시니 감사합니다.

하나님의 나라는 먹는 것과 마시는 것이 아니요 오직 성령 안에 있는 희락이라는 말씀에 실로 감사합니다. 우리는 예수님을 그리스도로 믿는 믿음을 통해서 임하는 성령님에 의해 일어난 영적 기쁨을 맛보며 즐거워하며 사는 자입니다. 우리로 하여금 술을 찾거나 오락을 찾거나 미식가로 세상의 낙을 추구하지 않게 하시고 그리스도의 얼굴 빛으로 기쁨을 삼고 살게 하시니 감사합니다. 그리스도께서 우리에게 주신 기쁨은 새포도주의 풍성한 것보다 더 기쁩니다. 삶의 권태를 극복하는 스릴의 삶을 살게 하시니 감사합니다. 오늘도 우리로 건강하게 해 주시고 믿음의 주요 온전케 하시는 이이신 예수님을 바라보고 기쁨과 힘과 능력과 지혜와 스릴을 얻고 살아가게 하여 주옵소서. 사소한 일로 형제간에 다투지 않도록 우리를 붙들어 주옵소서.

예수님의 이름으로 기도하옵나이다. 아멘.

롬 14:18

- "이로써 그리스도를 섬기는 자"
  하나님 나라는 그리스도를 섬기는 것이다.
- 첫째 유익은 하나님의 인정을 받는다.
  둘째 유익은 사람에게도 인정을 받는다.
  예수 그리스도를 섬겨라.
  먼저 그리스도의 나라와 그의 의를 구하며 살라.

18 이로써 그리스도를 섬기는 자는 하나님을 기쁘시게 하며 사람에게도 칭찬을 받느니라

예수님은 그리스도시요 살아 계신 하나님의 아들입니다. 예수님이 하나님의 아들 그리스도라는 증거로 십자가에서 우리 죄를 대신해서 피 흘려 죽으시고, 죽은 자들 가운데서 부활하셨습니다.

이 예수님이 하나님의 아들, 예수님이 그리스도, 예수님이 우리 죄를 대신해서 십자가에서 피 흘려 죽으시고 부활하셨다는 복음으로 우리 인생 모든 문제가 처리되고 해답을 얻습니다. 이 복음은 모든 믿는 자에게 구원을 주시는 하나님의 능력이 됩니다. 이 하나님의 아들 예수 그리스도의 복음, 그리스도 십자가 대속의 피의 복음으로 깊이 뿌리내리기를 기원합니다.

예수님의 신성의 하나님 되심과 십자가 대속의 피의 복음을 마음 중심에 믿고 중생하여 구원받은 그리스도인은 하나님 나라의 백성, 곧 그리스도 왕국의 백성이 된 자입니다.

우리는 아담의 타락으로 지상에 세워진 하나님의 나라가 붕괴됨으로 하나님께서 다시 하나님의 나라를 세우기 위하여 하나님의 아들 예수 그리스도를 이 세상에 보내셨다고 믿습니다. 그래서 예수님은 하나님 나라의 왕 되신 그리스도의 자격으로 이 세상에 오신 것입니다.

그러나 유대인들은 자기 땅에 오신 예수님이 하나님의 나라 왕 그리스도이심을 믿기를 거절하여 이방인 빌라도와 합작하여 예수님을 십자가에 못 박아 죽게 하였습니다. 그런데 이 하나님의 아들 예수 그리스도의 죽음은 도리어 하나님의 뜻을 이루는 것이었습니다.

타락하여 하나님께 범죄한 인간들은 죄와 사탄의 노예가 되어 사탄의 왕국, 세상 나라에 매여 종으로 살기 때문에 하나님은 자신에게 범죄한 인간들의 죄를 사하기 위해서 하나님의 공의에 따라 반드시 죽음이 집행되어야 했습니다. 그래서 하나님은 그분의 아들을 이 세상에 인간으로 보내시어 하나님께 범죄한 인간들의 죄를 십자가 죽음으로 대신 담당하게 하셨습니다.

이것은 하나님의 공의와 사랑의 성품을 드러내신 하나님의 지혜였습니다. 그래서 하나님 나라는 예수 그리스도의 죽음의 속죄 제사 위에 세워진 것이었습니다. 그리고 그 하나님 나라는 곧 중보자 그리스도의 왕국이 되었습니다. 누구든지 예수님을 그리스도로 믿고 그리스도의 통치에 복종하면 그리스도 왕국의 백성이요 그의 신하가 되는 것입니다.

그러므로 그리스도를 믿는 종교, 곧 그리스도교는 한마디로 그리스도를 섬기는 것입니다. 하나님 나라의 왕 그리스도를 섬기는 것입니다. 그리고 이 일을 온전히 준수하는 자는 당연히 하나님의 인정을 받을 것이며 또한 사람들에게도 인정을 받을 것입니다.

이에 관한 바울의 성령에 감동된 말을 듣겠습니다.

오늘 본문 로마서 14장 18절을 보면 "이로써 그리스도를 섬기는 자는 하나님을 기쁘시게 하며 사람들에게도 칭찬을 받느니라"라고 하였습니다.

여기서 "이로써"라는 말씀에 의미가 있습니다. "이로써"란 앞 절(17절)의 의와 평강과 희락에서 그리스도를 섬긴다는 의미가 아닙니다. "이로써"란 앞 절에서 말한 이런 덕목(의와 평강과 희락) 등에 나타난 원리에서 그리스도를 섬긴다는 의미입니다.

그러므로 앞 절에서 지적한 바처럼 하나님 나라는 먹는 것과 마시는 것이 아니기 때문에 음식물로 다투거나 비판하지 말고 성령 안에 있는 의와 평강과 희락의 원리에서 그리스도를 섬기는 신자가 되라는 것입니다.

이렇게 이 일들은 온전히 준수하는 자는 두 가지 유익을 받는다고 본문은 말합니다.

첫째, 하나님을 기쁘시게 한다는 것입니다.

"하나님을 기쁘시게 하며"라고 하였습니다. 비록 그 사람이 하는 일이 완전하지 않더라도 이로써 그리스도를 섬기기 때문에 하나님은 이런 사람을 기뻐하십니다. 하나님의 사랑과 총애를 받습니다.

둘째, 사람들에게도 칭찬을 받는다고 합니다.

"사람들에게도 칭찬을 받느니라"라고 하였습니다. 이때 사람들의 인정은 지혜롭고 선한 사람들의 인정이기 때문에 어떤 악의적 사람들의 판단은 중요하지 않습니다. 안티크리스천들은 이유 여하를 불문하고 그리스도인의 인격과 행위를 미워하기 때문입니다.

우리 그리스도인들은 하나님께 인정받기만 하면 된다고 생각해서는 안 됩니다. 물론 그런 경우가 있습니다. 우상 숭배나 십계명 율법의 문제는 타협할 수 없는 것입니다. 그러나 그리스도인의 하는 모든 일은 모든 사람의 눈에 정직해야 하고 좋은 평판을 받아야 합니다. 이로써 그리스도를 섬기는 것입니다.

우리 모두는 예수님을 하나님 나라 왕 그리스도로 참되게 믿어 그리스도 왕국의 백성이요 시민이 되어 하나님 나라 백성의 윤리로서 교회 안에서 형제간의 사소한 의견 다툼과 비판을 해결하여 그로서 그리스도를 섬기는 자가 되어야겠습니다.

오직 그리스도, 오직 믿음, 오직 예수 보혈 신앙으로 성령의 충만을 받아 성령 안에서 의와 평강과 희락의 하나님의 나라가 이루어지도록 기도하겠습니다. 이로써 그리스도를 섬기는 자는 하나님을 기쁘시게 하며 사람에게도 칭찬을 받을 것입니다. 즉시 기도하겠습니다.

살아 계신 아버지 하나님!

하나님의 은혜를 감사합니다.

우리로 하여금 보이는 세상뿐만 아니라 보이지 않으나 엄연히 이 세상 나라 속에 들어와 죄와 사탄의 세력을 그리스도의 죽음으로 정복한 하나님의 나라가 적극적으로 그 세력을 확장시키고 승리하고 있음을 믿게 하시니 감사합니다.

이 하나님 나라는 곧 중보자 하나님의 아들 그리스도의 나라임을 믿습니다. 그러므로 예수님을 하나님의 아들 그리스도로 믿고 구원을 받은 우리는 예수 그리스도 자신을 우리의 왕이요 주인으로, 예수 그리스도의 뜻을 우리의 법으로, 예수 그리스도의 영광을 우리의 목적으로 삼고 이 모든 일을 행하여 한다고 믿습니다.

하나님의 나라, 그리스도의 나라 백성으로 예수 그리스도를 섬기는 것 이외에 다른 무엇이 있겠습니까. 우리가 이 일들을 온전히 준수할 때 하나님의 인정을 받고 지각 있는 사람들의 인정도 받는다고 믿습니다. 이렇게 그리스도를 섬기는 자는 본문의 말씀대로 하나님을 기쁘시게 하며 사람에게도 칭찬을 받는다는 것을 마음에 새기기를 기도합니다. 그리고 이로써 그리스도를 섬기는 자는 교회 안에서 형제간의 사소한 문제로 다툼과 비판을 정지하고 그리스도를 섬기는 자세로 자기 십자가를 기꺼이 질 것입니다.

오늘도 우리 모두 이로써 그리스도를 섬기기 위해 모두 건강하게 하시고 건전하게 하여 주사 온 마음으로 왕 되신 그리스도의 신하로 충성하게 하여 주옵소서. 연약한 우리들을 주님의 능력있는 두 손으로 붙들어 주옵소서.

예수님의 이름으로 기도하옵나이다. 아멘.

롬 14:19

- "우리가 화평의 일과 서로 덕을 세우는 일을 힘쓰나니"
  화평과 덕을 세움.
  교회 형제에 대한 우리의 의무 요약.
- 화평을 도모하라.
  덕을 세우라.
  하나님이 받아 주시고 자신에게 유익하다.

¹⁹ 그러므로 우리가 화평의 일과 서로 덕을 세우는 일을 힘쓰나니

예수님은 그리스도시요 살아 계신 하나님의 아들입니다. 예수님이 하나님의 아들 그리스도라는 증거로 십자가에서 우리 죄를 대신해서 피 흘려 죽으시고, 죽은 자들 가운데서 부활하셨습니다.

이 예수님이 하나님의 아들, 예수님이 그리스도, 예수님이 우리 죄를 대신해서 십자가에서 피 흘려 죽으시고 부활하셨다는 복음으로 우리 인생 모든 문제가 처리되고 해답을 얻습니다. 이 복음은 모든 믿는 자에게 구원을 주시는 하나님의 능력이 됩니다. 이 하나님의 아들 예수 그리스도의 복음, 그리스도 십자가 대속의 피의 복음으로 깊이 뿌리내리기를 기원합니다.

예수님의 신성의 하나님 되심과 십자가 대속의 피의 복음을 마음 중심에 믿고 중생하여 구원받은 그리스도인은 자신이 교회의 일원으로

편입되었음을 알고 그리스도 교회 안에서 화평의 일과 서로 덕을 세우는 일에 힘써야 합니다. 중생하여 그리스도 안에 들어오고 그리스도 교회에 속한 그리스도인은 그리스도 교회에 위대성을 바로 깨달아야 합니다.

저는 예수님을 하나님의 아들 그리스도로 믿고 신앙생활을 약 46년 간 해 왔고, 집사와 장로직을 거쳐 목회 사역 27년간의 삶을 돌아보면서, 여러 가지 느낀 소감이 많이 있지만 성도들이 그리스도 교회의 신성성(神聖性)과 위대함을 너무나 잘 모른다는 생각을 갖고 있습니다. 그리스도 교회는 그리스도의 몸이요(엡1:23), 하나님이 자기 피로 사신 교회입니다(행 20:28).

그리스도 교회는 이 세상에서 구체적인 하나님 나라의 현시입니다. 그리스도 교회는 인류 역사의 궁극적 목표입니다. 곧 새 예루살렘 교회입니다. 그러므로 그리스도 교회는 인류 역사의 중심입니다. 그리스도 교회는 하나님의 모든 생각에 있어서 중심이 되어 있으며, 역사를 이끌어 가고 있습니다.

오늘날 세계의 모든 움직임은 교회를 지향하고 움직입니다. 세계 역사는 인류 구원 역사에 수종 들고 있습니다. 국제 정치나 핵무기 회담이나 무역 활동 등 모든 것이 워싱턴이나 런던이나 파리나 모스코바나 북경이 아니라 언제든지 교회가 오늘의 세계의 중심지입니다(임덕규, 『코로나19 바이러스와 그리스도 교회』, CLC).

이렇게 위대하고 신성성을 가지며 하나님이 피를 주고 사신 몸 된 그리스도의 교회를 신자들은 상당수가 사회의 한 단체의 하나로 생각하는 경향이 있습니다. 그러니까 교회 안의 형제들 간의 사소한 문제들로 다투고 서로 편당을 만들어 싸우기도 합니다.

심지어 성령님이 그들 가운데 감독자로 세우신 목회자를 대적하기도 하고 그의 권고를 듣지 않으며 심지어 쫓아내기도 합니다. 반면에 어떤 목회자는 그리스도 교회를 자신의 사유로 생각하여 모든 예산을 마음대로 쓰기도 합니다.

이런 현실을 성령의 감동으로 내다본 바울은 로마 교회에서 나타난 교회 성도 간의 문제들을 들으면서 교회 구성원으로서 우리가 준수하고 있는 경건한 일들 속에서 다른 형제들에 대해 보여 주어야 할 행위를 가르치고 있습니다.

오늘 본문 로마서 14장 19절을 보면 "그러므로 우리가 화평의 일과 서로 덕을 세우는 일을 힘쓰나니"라고 하였습니다. 이 말씀은 형제에 대한 우리의 의무의 요약입니다.

첫째, 우리는 서로 화평을 도모해야 합니다.

본문은 "그러므로 우리가 화평의 일과"라고 하면서 이를 힘쓸 것을 말하였습니다.

많은 사람이 화평을 원하고 큰 소리로 그것을 부르짖지만 화평을 도모하는 일을 따르지 않음으로써 실제로는 그 반대로 행하고 있습니다. 사소한 일들에 있어서 갖고 있는 자유, 연약하고 유약한 사람들에 대한 겸손, 우리 모두가 이구동성으로 동의하는 하나님의 큰 일에 대한 열심 등, 모든 일은 화평을 이루는 일들입니다.

온유함, 겸손, 자기 부인, 그리고 사랑은 화평의 원천으로 우리에게 화평을 제공합니다. 우리가 화평을 얻기를 다 바라는 것은 아닙니다.

다툼을 기뻐하는 사람들도 많습니다. 그러나 화평의 하나님은 우리가 화평을 이루는 일을 따를 때, 그것을 위해 노력할 때 우리를 받아 주실 것입니다.

둘째, 우리는 서로 덕을 세우는 데 힘써야 합니다.

본문은 "그러므로 우리가 서로 덕을 세우는 일을 힘쓰나니"라고 하였습니다. 앞서 말한 화평은 바로 이것을 위한 길입니다.

우리가 다투고 경쟁하는 한, 서로 덕을 세울 수는 없습니다. 우리가 그 일을 진지하게 생각한다면 서로 덕을 세울 수 있는 길이 많이 있습니다. 덕을 세운다는 말은 '집을 지어 올라감'(to build up)을 의미합니다. 이것은 신자들이 서로 세워 주며 버리지 아니하므로 되는 일입니다.

우리는 거룩한 믿음 안에서 좋은 충고, 책망, 가르침, 본보기를 통해 우리는 우리 자신만이 아니라 서로 간에 덕을 세울 수 있습니다. 그래서 교회는 하나님의 성전이라는 하나의 건물로 세워져 가는 것입니다. 우리가 다른 사람들을 세워 주는 것은 우리 자신에게 유익합니다.

그러므로 우리 모두 오직 그리스도, 오직 믿음, 오직 예수 보혈 신앙으로 성령의 충만을 받고 화평의 일과 서로 덕을 세우는 일을 힘쓰도록 기도하겠습니다.

살아 계신 아버지 하나님!

하나님의 은혜를 감사합니다.

우리가 예수님을 하나님의 아들로 믿고 몸 된 그리스도 교회의 일원이 되게 하시니 감사합니다. 그리스도 교회는 하나님께서 세우신 교회요, 더욱이 자기 피로 사신 교회이기에 교회는 신성한 하나님의 기관으로 이 세상에서 드러난 구체적인 하나님 나라의 현시가 됨을 믿습니다. 또한, 그리스도 교회는 머리 되신 그리스도의 몸이 지체 됨을 믿습니다. 그러므로 우리가 교회 구성원으로서 준수해야 할 의무를 듣게 하시니 감사합니다.

우리는 교회 안에서 활동 중에 나타나는 형제간의 사소한 문제들에 대한 이견으로 다투지 말고 우리가 화평의 일과 서로 덕을 세우는 일을 힘써야 한다는 권고를 마음 깊이 받기를 기도합니다. 사소한 잘못은 덮어 주고, 부족은 채워 주고, 무능은 능력으로 대신해 주는 십자가 피의 복음의 향기가 드러나는 교회가 되도록 우리의 믿음을 더 굳게, 그리고 바르게 세워 주옵소서.

오늘도 우리로 건강하게 하시고 건전하게 하여 그리스도 교회 안에서 서로 화평과 덕을 세우며, 세상에 나아가서는 십자가 피의 복음을 전하는 자들이 되도록 우리를 굳게 붙들어 주옵소서.

예수님의 이름으로 기도하옵나이다. 아멘.

471

롬 14:20

- "음식으로 말미암아 하나님의 사업을 무너지게 하지 말라"
  하나님의 사업은 형제의 영혼의 믿음의 사역.
- 그리스도 안에서 자유를 사용하는 데 있어서 자기를 부인하라.

> [20] 음식으로 말미암아 하나님의 사업을 무너지게 하지 말라 만물이 다 깨끗하되 거리낌으로 먹는 사람에게는 악한 것이라

예수님은 그리스도시요 살아 계신 하나님의 아들입니다. 예수님이 하나님의 아들 그리스도라는 증거로 십자가에서 우리 죄를 대신해서 피 흘려 죽으시고, 죽은 자들 가운데서 부활하셨습니다.

이 예수님이 하나님의 아들, 예수님이 그리스도, 예수님이 우리 죄를 대신해서 십자가에서 피 흘려 죽으시고 부활하셨다는 복음으로 우리 인생 모든 문제가 처리되고 해답을 얻습니다. 이 복음은 모든 믿는 자에게 구원을 주시는 하나님의 능력이 됩니다. 이 하나님의 아들 예수 그리스도의 복음, 그리스도 십자가 대속의 피의 복음으로 깊이 뿌리내리기를 기원합니다.

예수님의 신성의 하나님 되심과 십자가 대속의 피의 복음을 마음 중심에 믿고 중생하여 구원받은 그리스도인은 예수님의 제자가 되어 진리를 알고 진리가 자신을 자유롭게 하는 삶을 사는 자가 됩니다. 이것은 한마디로 말하면 크리스천의 자유입니다.

이 그리스도인의 자유는 누구에게든지 예속되지 않는 완전한 자유인입니다. 그러나 동시에 그리스도인은 누구에게든지 예속되는 완전한 종입니다. 이것이 루터가 종교개혁 시에 쓴 '크리스천의 자유'에 관한 논문의 요지입니다.

루터의 견해는 사적인 견해이지만 성경에 근거하는 것이기 때문에 우리는 종교개혁의 귀중한 유산으로 받고 있습니다. 다른 표현으로 말한다면, 십자가 대속의 피의 복음을 마음 중심에 참되게 믿고 중생한 그리스도인은 그가 그리스도 안에서 누리는 자유가 상대방에게 거리낌이 되고 또한 죄로 이끄는 것이 될 때에는 그 자유를 사용하는 데 있어서 자기를 부인해야 하는 것입니다.

우리는 오늘 본문의 사도 바울의 로마 교인들에 대한 가르침에서 이런 교훈을 발견합니다.

오늘 본문 로마서 14장 20절을 보면 "음식으로 말미암아 하나님의 사업을 무너지게 하지 말라 만물이 깨끗하되 거리낌으로 먹는 사람에게는 악한 것이라"라고 하였습니다.

먼저 본문은 "음식으로 말미암아 하나님의 사업을 무너지게 하지 말라"라고 합니다. 즉, 은혜의 사역 특히 형제의 영혼의 믿음 사역을 무너지게 하지 말라는 것입니다. 앞 절에서 말했던 평강과 서로 세워 주는 사역은 이같이 망하게 하는 일로 파괴됩니다.

믿음이 강한 자는 어떤 음식이든지 자유롭게 먹을 수 있습니다. 그러나 그 강한 자의 자유를 위해 다른 자들, 곧 약한 자들에게 영적으로 피해를 주는 것은 죄인 것입니다.

약한 자의 양심은 선택의 폭을 좁게 합니다. 예를 들면, 율법대로 만든 유대인의 피를 제거한 음식이 아니면 먹을 수 없는 사람들이 있습니다.

반면에 강한 자들은 선택의 폭이 넓습니다. 피를 제거했던 제거하지 않던 아무 고기를 먹을 수도 있고 먹지 않을 수도 있습니다. 문제를 직면할 때 해결할 자유가 그들에게 있습니다. 이때 오늘 본문에서 바울은 연약한 자들을 위해 자기의 자유를 부인할 수 있다고 권하는 것입니다.

많은 사람이 먹고 마시는 일에 있어서 의도적으로 그것을 어김으로써 그들 자신이나 또는 다른 사람들에게 있어서 하나님의 사업을 망하게 합니다. 우리는 육체를 즐겁게 하고 그 정욕을 만족시키는 것이 그 사람의 자유라 할지라도 형제를 위하여 자신의 자유를 사용하는 데 있어서 자기를 부인해야 합니다.

다음에 본문은 "만물이 다 깨끗하되 거리낌으로 먹는 사람에게는 악한 것이라"라고 하였습니다.

바울은 만물이 다 깨끗하다는 것을 인정합니다. 아무리 의식적 율법에 의해 금지된 고기라 하더라도 우리는 합법적으로 그것을 먹을 수 있습니다. 그러나 만일 우리가 이 자유를 남용한다면 그것은 우리에게 죄를 일으킵니다. "거리낌으로 먹는 사람에게는 악한 것이라"라고 하기 때문입니다.

우리는 여기서 먼저 거리낌으로 제공하는 사람들을 책망의 대상으로 볼 수 있습니다. 즉, 음식의 자유로 먹을 때 약한 자는 강한 자의 먹는 것을 보고 거리낌을 가지면서 먹기 때문에 강한 자가 약한 자에게 죄를 짓게 만든 것에 대한 책망으로 봅니다.

반대로 약한 자 자신도 강한 자는 믿음으로 먹는 것을 그 믿음이 없이 먹기 때문에 양심에 거리낌을 갖고 먹게 되어 죄를 짓게 되는 것입니다.

그러므로 우리 모두는 그리스도 안에서 자유에 관해 절제와 자기 부인을 할 수 있어야 합니다. 우리 이방인들은 유대인과 달리 음주나 흡연, 카드 놀이 등에 있어서 동일한 지적을 받을 수 있습니다.

우리는 항상 먼저 하나님의 사업을 생각하고 그리스도 안에서 자신의 자유를 남용하지 않는가 항상 생각해야 합니다. 루터의 말대로 그리스도인은 누구에게도 예속되지 않는 완전한 자유인이나 동시에 누구에게나 예속되는 종입니다. 특히, 그리스도 안에 있는 형제들에 있어서 그렇습니다.

우리 모두는 오직 그리스도, 오직 믿음, 오직 예수 보혈 신앙으로 성령의 충만을 받아 자기를 부인하고 자기 십자가를 지고 그리스도를 좇도록 기도해야겠습니다. 먼저 그리스도의 나라와 그의 의를 구하는 자들이 되도록 기도하겠습니다.

살아 계신 아버지 하나님!

하나님의 은혜를 감사합니다.

그리스도 안에 있는 우리로 하여금 먹는 것, 마시는 것 등의 구약의 의식적 율법으로부터 자유케 하심을 감사합니다. 우리는 예수님께서 모든 식물을 깨끗하다 하신 말씀을 기억하고 감사로 받아 먹습니다.

그러나 우리는 의식적 율법이 폐하여진 것을 아직 믿지 못하는 형제들 앞에서 그들이 꺼리는 음식을 먹는 것을 자제해야 한다는 말씀을 사도 바울로 말미암아 듣게 하시니 또한 감사합니다.

우리는 음식으로 말미암아 형제의 영혼에 대한 믿음의 사역을 무너지게 해서는 안 된다고 믿습니다. 오늘날 우리 이방인 사회에 널리 퍼진 음주나 흡연, 카드 놀이, 댄스장 가는 것이나 명품 과시 등은 믿음이 강한 자들이 믿음이 약한 자들 앞에서 자제하고 자기 부인이 있어야 한다고 믿습니다. 또한, 우리 자신도 어떤 음식을 먹을 때 거리낌이 있으면 먹지 않음으로 죄를 짓지 않도록 우리의 믿음을 굳게 붙들어 주시기를 기도합니다.

오늘도 우리 모두를 건강하게 하시고 건전하게 하셔서 형제들뿐만 아니라 세상 앞에서 고결한 인격으로 살아가게 도와주옵소서.

예수님의 이름으로 기도하옵나이다. 아멘.

롬 14:21

- "고기도 먹지 아니하고 포도주도 마시지 아니하고"
  자기 부인의 고결한 행위.
- 십자가와 하나님 나라를 우선하라.
  그리스도의 사랑과 덕을 세우라.

²¹ 고기도 먹지 아니하고 포도주도 마시지 아니하고 무엇이든지 네 형제로 거리끼게 하는 일을 아니함이 아름다우니라

예수님은 그리스도시요 살아 계신 하나님의 아들입니다. 예수님이 하나님의 아들 그리스도라는 증거로 십자가에서 우리 죄를 대신해서 피 흘려 죽으시고, 죽은 자들 가운데서 부활하셨습니다.

이 예수님이 하나님의 아들, 예수님이 그리스도, 예수님이 우리 죄를 대신해서 십자가에서 피 흘려 죽으시고 부활하셨다는 복음으로 우리 인생 모든 문제가 처리되고 해답을 얻습니다. 이 복음은 모든 믿는 자에게 구원을 주시는 하나님의 능력이 됩니다. 이 하나님의 아들 예수 그리스도의 복음, 그리스도 십자가 대속의 피의 복음으로 깊이 뿌리내리기를 기원합니다.

예수님의 신성의 하나님 되심과 십자가 대속의 피의 복음을 마음 중심에 믿고 중생하여 구원받은 그리스도인의 삶의 원리는 자기를 부인하고 자기 십자가를 지고 예수님을 따르는 것입니다. 먼저 그리스도의

나라와 그의 의를 구하며 사는 것입니다.

　이렇게 예수 그리스도를 믿고 중생하여 그리스도 안에서 새사람이 된 자는 과거와는 다른 예수 그리스도와 십자가 중심의 새로운 가치관을 갖고 사는 자입니다. 그러나 중생한 그리스도인 안에는 여전히 자아 중심의 옛 자아가 살아서 새사람 된 또 다른 성품과 싸우게 되어 있습니다.

　그래서 소위 '칭의'를 받은 그리스도인은 한순간 의인이 되었으나, 그리스도인의 '성화'(聖化)는 전 생애에 걸쳐서 계속되어야 합니다. 하나님의 섭리는 그리스도인으로 하여금 삶 속에서 여러 가지 시련과 시험을 만나게 하여 옛 자아를 깨뜨리게 하고 자신의 추하고 죄된 모습을 드러나게 만듭니다.

　그래서 참된 중생을 체험한 그리스도인은 날마다 자신의 죄를 하나님과 그리스도 십자가 앞에 나아와 회개하고 신선한 죄 사함을 받고 자기 부인의 거룩한 삶을 살고자 달려가는 것입니다. 이때 형제간의 관계에 있어서도 형제를 부딪치게 하거나 거리끼게 하는 사소한 일들에 있어서까지 자기 부인과 건덕을 위해 힘써야 합니다.

　우리는 오늘 본문에서 이러한 자기 부인의 고결한 행위에 대한 사도 바울의 권고를 듣고자 합니다.

　로마서 14장 21절을 보면 "고기도 먹지 아니하고 포도주도 마시지 아니하고 무엇이든지 네 형제로 거리끼게 하는 일을 아니함이 아름다우니라"라고 하였습니다.

　우리는 예수님께서 이 세상에 오심으로 구약의 의식적 율법이 폐지되었다는 사실을 알고 있습니다. 예수님은 제자들에게 "모든 음식물을 깨끗하다"(막 7:19)라고 가르치셨습니다.

그러므로 오늘날 우리는 어떤 고기도 포도주도 마실 수 있습니다. 그러나 오늘 본문에서 바울은 "고기도 먹지 아니하고 포도주도 마시지 아니하고 무엇이든지 네 형제를 거리끼게 하는 일을 아니함이 아름다우니라"라고 하였습니다.

그러면 왜 바울은 그런 금지의 권고를 합니까?

그것은 적법한 일을 행하는 것이 다른 형제들에게 누가 되지 않도록 조심해야 하기 때문이었습니다. 고기도 먹고 포도주도 마시는 이런 일들은 실제로는 적법하고 안전한 일이지만 인간 생활의 유익을 위해서는 반드시 필수적인 일은 아닙니다.

그러므로 우리는 그런 일로 남에게 손해를 끼치기보다는 그들을 위해 자신을 부인할 수 있어야 하고 또 당연히 그리해야 합니다. 그래서 바울은 그런 일들을 "아름다우니라"라고 하였습니다. 곧 그것은 하나님을 기쁘시게 하는 것이요 우리 형제를 유익하게 하는 것이며 우리 자신에게 아무 해가 되지 않는 것입니다.

다니엘과 그의 친구들은 채소와 물만 먹고 살았지만 왕의 식탁에서 음식을 먹은 사람들보다 더 혈색이 좋았습니다(단 1:11-15). 이것은 자기를 부인하는 고결한 행위로서 바울에게서도 그 실례를 발견할 수 있습니다.

> 그러므로 만일 음식이 내 형제를 실족하게 한다면 나는 영원히 고기를 먹지 아니하여 내 형제를 실족하지 않게 하리라 (고전 8:13).

여기서 바울은 자기를 파괴하기 위하여 영원히 고기를 먹지 않겠다고 말하는 것이 아니고, 자기를 부인하기 위하여 영원히 고기를 먹지 않겠다고 말하는 것입니다.

이것은 형제를 부딪치게 하거나 거치게 하는 사소한 일들에 이르기까지 모든 일에 확대되어야 합니다. 죄든 환난이든 다 포함됩니다. 또한, "거리끼게 하는 일", 곧 그의 은혜를 약화시키고 그의 위로를 약화시키며 그의 결심을 약화시키는 것도 포함됩니다. 거리끼게 한다는 것은 그의 비판과 망설임으로 말미암아 자신의 약점을 보여 줄 기회를 갖는다는 것입니다.

그러므로 믿음이 강한 자들은 마땅히 그리스도인의 최고 법칙인 사랑과 관용을 염두에 둘 것이며 자기 부인의 고결한 행위로써 십자가와 하나님 나라를 우선하며 살 것입니다. 한국 교회 형편에서는 초신자 앞에서 음주, 흡연, 노래방 출입, 화투, 게임 등을 삼가고 상거래 및 국가에 세금 내는 것에 정직하고, 어리석고 무식한 변론을 버리는 것 등이 될 것입니다.

우리 모두 그리스도 십자가 대속의 피의 복음에 참된 뿌리를 갖고 은혜의 뿌리 그리스도로부터 오는 은혜의 능력을 받아 자기를 부인하고 날마다 자기 십자가를 지고 그리스도를 따를 것입니다.

오직 그리스도, 오직 믿음, 오직 은혜, 오직 예수 보혈 신앙으로 성령 충만 받아 하나님 사랑과 이웃 사랑의 증인으로 살고 먼저 그의 나라와 그의 의를 구하며 살도록 기도하겠습니다.

살아 계신 아버지 하나님!

하나님의 은혜를 감사합니다.

오늘 우리로 하여금 자기 부인의 고결한 행위와 십자가와 하나님의 나라를 우선하며 살아야 하는 믿음의 삶의 원리를 듣게 하시니 감사합니다. 바울이 우리 믿음이 강한 자들, 곧 자신의 양심에는 정하지 않는 음식이 없다고 믿는 자들에게 주는 권고를 우리는 기꺼이 받습니다. 믿음이 약한 형제들을 위해서 그들이 거리끼고 있는 고기도 먹지 아니하고 포도주도 마시지 아니하는 일을 해야 한다고 믿습니다.

이것은 자기를 부인하는 고결한 행위로서 마땅히 우리 믿음이 강한 자들은 언제나 십자가와 하나님의 나라를 우선하며 살기를 소원합니다. 우리는 언제든지 형제를 부딪치게 하거나 거치게 하는 사소한 일들에 이르기까지 모든 일에 있어서 자기 부인이 따라야 하리라고 믿습니다. 오늘날 한국 교회 현실에서 볼 때 교회의 중직자들은 초신자들 앞에서 음주, 흡연, 노래방 출입, 댄스장 출입, 화투치기 등을 삼가고 상거래를 정직하게 행하고 세금을 떼먹지 말고 모든 착함과 의로움과 진실함의 열매를 맺어야 한다고 믿습니다.

이를 위하여 오늘도 우리의 건강을 지켜 주시고 건전하게 하여 주셔서 고결한 행위를 형제와 세상 앞에 나타내며 살도록 은혜를 베풀어 주옵소서.

예수님의 이름으로 기도하옵나이다. 아멘.

롬 14:22

- "네게 있는 믿음을 하나님 앞에서 스스로 가지고 있으라"
  의심스러운 문제들에 대한 분명한 지식을 가지라.
- 강한 자로서 갖는 믿음에 흔들리지 말라.
  본질적인 것은 일치로, 비본질적인 것은 자유로, 모든 것을 사랑으로.

> ²² 네게 있는 믿음을 하나님 앞에서 스스로 가지고 있으라 자기가 옳다 하는 바로 자기를 정죄하지 아니하는 자는 복이 있도다

예수님은 그리스도시요 살아 계신 하나님의 아들입니다. 예수님이 하나님의 아들 그리스도라는 증거로 십자가에서 우리 죄를 대신해서 피 흘려 죽으시고, 죽은 자들 가운데서 부활하셨습니다.

이 예수님이 하나님의 아들, 예수님이 그리스도, 예수님이 우리 죄를 대신해서 십자가에서 피 흘려 죽으시고 부활하셨다는 복음으로 우리 인생 모든 문제가 처리되고 해답을 얻습니다. 이 복음은 모든 믿는 자에게 구원을 주시는 하나님의 능력이 됩니다. 이 하나님의 아들 예수 그리스도의 복음, 그리스도 십자가 대속의 피의 복음으로 깊이 뿌리내리기를 기원합니다.

예수님의 신성의 하나님 되심과 십자가 대속의 피의 복음을 마음 중심에 믿고 중생하여 구원받은 그리스도인은 믿음이 성장하는 가운데 의심스러운 문제들에 대한 분명한 지식을 가져야 합니다. 그래야 믿음

이 약한 자들과 관계에 있어서 그리스도 안에서 자유의 삶을 살 수 있습니다.

즉, "본질적인 것은 일치로, 비본질적인 것은 자유로, 모든 것을 사랑으로" 행하며 살아야 합니다. 의심스러운 문제들에 대한 분명한 지식은 편안한 삶을 사는 데 크게 도움이 되는 것입니다.

그래서 바울은 오늘 본문에서 이런 의심스러운 문제들에 있어서 분명한 지식을 갖고 있는 사람들이 하나님 앞에서 스스로 가지고 있는 것으로 만족하고 그것을 다른 사람들에게 강요하지 않는다면 그 사람들은 복이 있다고 말합니다.

본문 로마서 14장 22절을 보면 "네게 있는 믿음을 하나님 앞에서 스스로 가지고 있으라 자기가 옳다 하는 바로 자기를 정죄하지 아니하는 자는 복이 있도다"라고 하였습니다.

여기서 말하는 "믿음"은 의롭다고 하는 믿음이 아닙니다. 여기서 말하는 "네게 있는 믿음"이란 의심스러운 일들에 있어서 그리스도 안에서의 자유에 대한 우리의 지식과 확신을 가리킵니다.

그래서 대주석가 매튜 헨리는 본문 주석에 있어서 이렇게 묻고 요구하고 있습니다.

> 너희가 이 특수한 일에 확신을 갖고 있는가?
> 모든 음식을 먹을 수 있고, 모든 날을 똑같이 지키는 것에 대해 만족하는가?
> 스스로 가지고 있으라. 즉, 너 혼자 그 위로를 누리라. 그것을 무분별하게 사용해서 다른 사람들을 혼란시키지 말라. 그것은 다른 사람들을

실족시키고 연약한 형제를 부딪치거나 거치게 할 것이다.

우리는 비본질적인 문제들에 있어서 우리의 확신과 모순되게 행동할 필요는 없지만 때때로 그것을 드러내는 것이 선보다 악을 일으키는 경우에는 감추어야 합니다. 예컨대, 약한 자의 건덕을 위하여 고기를 먹지 아니할 수 있습니다.

그렇다고 해서 우리에게 있는 믿음이 동요된 것은 아닙니다. 그래서 바울은 본문에서 "내게 있는 믿음을 하나님 앞에서 스스로 가지고 있으라"라고 하였습니다. 그 법을 자기 자신에게만 적용하라고 하는 것입니다. 그 법을 다른 사람들에게 강요하거나 그들에게 법이 되도록 해서는 안 되고 자신을 위해서만 사용하라고 하였습니다.

의심스러운 문제들에 대한 분명한 지식을 갖고 있는 사람들이 하나님 앞에서 스스로 가지고 있는 것으로 만족하고 그것을 다른 사람들에게 강요하지 않는다면 교회는 그것 때문에 정말 행복할 것입니다.

우리가 가장 우선시해야 할 것은 모든 그리스도인은 하나님 나라의 백성이 되었다는 사실을 직시하고 하나님 나라의 영적 삶을 발전시키는 데 있어야 합니다. 곧 하나님 나라에 대한 세상에서 가장 구체적인 현시인 그리스도 교회의 하나 됨입니다.

그래서 믿음이 강한 자는 자신의 적법한 자유의 사용이라도 그것이 다른 이들의 영적 삶을 해친다면 우리는 그 문제를 야기한 일을 행할 자유를 포기할 수 있어야 합니다.

그리스도인의 삶의 목적은 자신이 독립해서 존재하는 자가 아니기 때문에 자신의 자유를 임의로 사용하는 것이 아니라 하나님 나라의 의와 평강과 희락을 끼치는 것이어야 합니다.

믿음이 강한 자로 인식한 그리스도인은 힘을 다하여 그리스도 교회 안에서 사소한 문제들에 있어서 나타나는 의견 차이로 다투기를 멈추고 서로를 세우는 데 전력해야 합니다. 그리스도 교회 안에서 그 구성원들의 다툼과 분열보다 더 치명적인 것은 없습니다. 이로 인한 상처 때문에 예수그리스도의 생명과 정신이 교회에서 사라지게 됩니다.

그래서 사도 바울은 로마 교회에서 있었던 논쟁처럼 강한 자들이 그들의 적법한 자유를 누릴 수 있지만, 스스로만 간직하고 약한 자들을 억지로 압박하지 말아야 한다고 본문에서 말하였습니다(22절).

우리는 곧 이어서 다음 절에서 약한 자는 강한 자의 믿음의 분량을 존중하고 의심하면서 강한 자의 행동에 동참하지 말 것을 들을 것입니다(23절).

우리 모두 그리스도 십자가 대속의 피의 복음에 뿌리를 내려 자신에게 있는 믿음을 하나님 앞에서 스스로 가지고 있어야 할 것입니다. 그리하여 본질적인 일에는 일치가 있게 하고 비본질적인 일에는 자유가 있도록 하며 이 둘 모두에 사랑이 있도록 한다면 그리스도 교회에서 가장 탁월한 분쟁의 치유 방법이 될 것입니다.

다시 한번 우리 모두 오직 그리스도, 오직 믿음, 오직 예수 보혈 신앙으로 성령 충만 받아 평안의 매는 줄로 성령님이 하나 되게 하신 것을 힘써 지킬 수 있도록 기도하겠습니다.

살아 계신 아버지 하나님!

하나님의 은혜를 감사합니다.

우리가 이신칭의 믿음에 더 깊이 뿌리내리기를 기도합니다. 그리하여 더 큰 믿음을 갖고 연약한 믿음의 형제들의 의심스러운 문제들에 대한 생각을 용인해 주고 그들 앞에서 그들이 거리끼는 행위를 하지 않기를 기도합니다.

우리가 그리스도 안에서 자유자로 적법하게 할 수 있는 일이라도 믿음이 약한 형제가 이해를 못한다면 자기를 부인하고 그 일을 해서는 안 되리라고 믿습니다. 그러나 우리가 그런 행위를 하면서 자신이 현재 갖는 믿음에 흔들리지 않기를 기도합니다. 의심스러운 문제들은 비본질적인 것인즉 자유하고, 사랑으로 용납할 수 있는 넓고 관용한마음을 주시옵소서.

오늘도 우리 모두를 건강하게 해 주시고 건전하게 해 주셔서 교회 안에서는 형제 사랑과 봉사로, 교회 밖에서는 고결한 인격자로 살아가게 은혜를 베풀어 주옵소서.

예수님의 이름으로 기도하옵나이다. 아멘.

롬 14:23

- "의심하고 먹는 자는 정죄되었나니"
  양심에 반하여 행하지 말라.
- 그것은 죄이다.
  믿음을 따라 행하라.

²³ 의심하고 먹는 자는 정죄되었나니 이는 믿음을 따라 하지 아니하였기 때문이라 믿음을 따라 하지 아니하는 것은 다 죄니라

예수님은 그리스도시요 살아 계신 하나님의 아들입니다. 예수님이 하나님의 아들 그리스도라는 증거로 십자가에서 우리 죄를 대신해서 피 흘려 죽으시고, 죽은 자들 가운데서 부활하셨습니다.

이 예수님이 하나님의 아들, 예수님이 그리스도, 예수님이 우리 죄를 대신해서 십자가에서 피 흘려 죽으시고 부활하셨다는 복음으로 우리 인생 모든 문제가 처리되고 해답을 얻습니다. 이 복음은 모든 믿는 자에게 구원을 주시는 하나님의 능력이 됩니다. 이 하나님의 아들 예수 그리스도의 복음, 그리스도 십자가 대속의 피의 복음으로 깊이 뿌리내리기를 기원합니다.

예수님의 신성의 하나님 되심과 십자가 대속의 피의 복음을 마음 중심에 믿고 중생하여 구원받은 그리스도인은 이 믿음과 함께 착한 양심을 갖고 살아야 합니다. 이 양심을 버리면 믿음이 파선하기 때문입니다.

양심은 무오하지 않지만 그럼에도 불구하고 하나님이 주시는 각인의 선물이기 때문에 그 양심에 따라서 행하지 않는 것은 믿음으로 행하지 아니하는 것으로 죄인 것입니다. 그러므로 우리는 의심에 빠져 있는 양심의 지시에 반하여 행동해서는 안 됩니다.

사도 바울은 오늘 본문에서 음식과 특별한 날들에 관한 견해 차이의 처방으로 양심에 반하여 행하지 말고 믿음을 따라 행하기를 결론으로 제시하고 있습니다.

본문 로마서 14장 23절을 보면 "의심하고 먹는 자는 정죄되었나니 이는 믿음을 따라 하지 아니하였기 때문이라 믿음을 따라 하지 아니하는 것은 다 죄니라"라고 하였습니다.

먼저 "의심하고 먹는 자는 정죄되었나니"라고 합니다. 음식에 대하여 자유로 먹는다는 믿음이 없으면서도 남이 먹으면 따라 먹는 자는 정죄를 면치 못한다는 것입니다. 이런 경우 잘못은 음식에 있지 않고 믿음으로 행하지 아니한 양심에 반하는 것 때문에 있습니다.

그러므로 우리는 의심에 빠져 있는 양심의 지시에 반하여 행동해서는 안 됩니다. 중립적인 일들에 있어서 확신하는 대로 행하는 것은 죄가 아닙니다. 그러나 그렇게 하는 것이 적법한지 확신이 서지 않을 때는 의심이 계속되는 한 그 일을 행해서는 안 됩니다. 왜냐하면, 의심하고 먹는 자는 정죄되기 때문입니다.

즉, 그 사람에게 그것은 죄로 바뀝니다. 그것은 정죄됩니다. 그 사람은 자신의 양심에 대해 정죄됩니다. 그것은 그가 믿음을 따라 하지 아니하였기 때문입니다. 그 사람은 자기가 합법적으로 해도 된다는 확신 없이 행하는 것이기 때문입니다.

예컨대, 어떤 그리스도인이 자기가 돼지고기를 먹는 것이 합법적이라는 데 대해 확신이 없는데, 다른 사람들이 그것을 먹는 것을 보았기 때문에 그것에 대한 자신의 식욕을 만족시키려고 또는 자신의 소행에 대한 비난이 없기 때문에 의심이 있음에도 불구하고 그것을 먹었다면 그의 마음은 자신을 범법자로 정죄할 수밖에 없습니다.

그러므로 우리가 음식이나 절기에 대해 그리고 유대 율법의 다른 문제들에 대하여 달리 생각하면 양심에 반하여 행하지 말고 하나님께서 우리에게 더 나은 깨달음을 주실 때까지 기다려야 합니다. 때가 되면 하나님께서는 그렇게 하실 것입니다. 그동안 우리가 어디까지 이르렀든지 믿음을 따라 행하여야 합니다(빌 3:15-16).

그래서 본문은 "믿음을 따라 하지 아니하는 것은 다 죄니라"라고 합니다. 우리가 "믿음을 따라 행한다는 것"은 믿음의 원리에 따라 행한다는 것입니다. 여기서 믿음의 원리에 따른다는 것은 예수 그리스도의 뜻을 우리의 법으로, 예수 그리스도의 영광을 우리의 목적으로, 그리고 예수 그리스도의 의를 우리의 모토로 믿는 마음으로 하는 것입니다.

그러므로 우리는 그것을 행하는 것이 합당하다는 분명한 확신이 없이 행하는 것은 모두 양심에 반하는 죄입니다. 그것이 본질상으로는 불법적인 것이 아닌데 자신의 양심이 그것을 불법적이라고 제시하는 일을 감히 행하는 자는 똑같은 유혹에 의해 실제로 불법적일 때 양심이 그것은 불법적이라고 말해도 그것을 행할 수 있는 자입니다.

사람의 영혼은 하나님의 등불이므로 양심을 타락시키고 강요하는 것은 그것이 실수에 의한 것일지라도 위험한 일입니다. 그러나 많은 사람이 자신의 판단과 양심에 있어서 스스로를 정죄하는 일을 하고 맙니다.

즉, 쾌락과 이익을 위해 또는 그것을 신뢰하기 때문에 그것을 허용합니다. 말하자면 습관에 따라 그렇게 하는 것입니다. 그러나 양심은 그것을 정죄하게 됩니다.

그러므로 자기 양심의 도전과 비난에 저촉받지 않는 행동을 함으로써 생활을 규모 있게 하는 사람은 복이 있습니다. 다시 말해서 자신이 적법하게 행하는 것인지 확신하지 못하는 일을 행하지 않음으로써 자신의 마음을 자신의 원수로 만들지 않는 자는 행복하다는 것입니다.

우리 모두 이신칭의 믿음으로 깊이 뿌리내려 오직 그리스도, 오직 믿음, 오직 예수 보혈 신앙으로 살고 깨끗한 양심을 갖도록 힘을 써야겠습니다. 음식뿐만 아니라 모든 생활 영역에서 의심스러운 일에는 참여하지 말고 자신의 양심과 항상 평화를 누리는 행복자로 살도록 기도하겠습니다.

살아 계신 아버지 하나님!
하나님의 은혜를 감사합니다.
우리는 의심하고 먹는 자는 정죄되었다는 말씀을 들으면서 우리의 양심에 반하여 행해서는 안 된다고 믿습니다. 우리가 중립적인 일들에 있어서 우리가 확신하는 바대로 행하는 것은 죄가 안 되지만 적법한지 확신이 서지 않을 때는 의심이 계속되는 한 그 일을 행해서는 안 된다고 믿습니다. 더 나아가 우리는 믿음을 따라 하지 아니하는 것은 다 죄이니라는 말씀을 마음 중심에 경건히 받습니다.

우리 모두는 오직 그리스도, 오직 믿음, 오직 예수 보혈 신앙으로 살고 깨끗한 양심을 유지하여 의심스러운 일에 참여하지 않으므로 우리의 양심과 평화 속에 살기를 기도합니다. 사람들은 우리를 정죄할지라도 우리 자신의 마음이 우리를 정죄하지 않는다면 그것으로 충분하다고 믿습니다.

오늘도 오직 그리스도, 오직 믿음을 따라 살도록 우리로 이 위기의 시대에 건강하게 도와주시고 우리의 전 인생과 운명과 미래를 우리 주 예수 그리스도의 손에 맡기며 살아가도록 우리를 붙들어 주옵소서. 우리 교회도 주의 능력 있는 손으로 붙들어 주옵소서.

예수님의 이름으로 기도하옵나이다. 아멘.

4. 선을 이루고 덕을 세우라
(15:1-8)

롬 15:1

- (1-13절의 개요) 선을 이루고 덕을 세우라.
  ① 강한 자의 책임(1-6절)
  ② 강한 자, 약한 자 모두 서로 받으라(7-13절)
- 그리스도께서 본을 보이셨기 때문이다.
  자신이 아닌 다른 사람의 영적 필요를 채우라.

1 믿음이 강한 우리는 마땅히 믿음이 약한 자의 약점을 담당하고 자기를 기쁘게 하지 아니할 것이라

예수님은 그리스도시요 살아 계신 하나님의 아들입니다. 예수님이 하나님의 아들 그리스도라는 증거로 십자가에서 우리 죄를 대신해서 피 흘려 죽으시고, 죽은 자들 가운데서 부활하셨습니다.

이 예수님이 하나님의 아들, 예수님이 그리스도, 예수님이 우리 죄를 대신해서 십자가에서 피 흘려 죽으시고 부활하셨다는 복음으로 우리 인생 모든 문제가 처리되고 해답을 얻습니다. 이 복음은 모든 믿는 자에게 구원을 주시는 하나님의 능력이 됩니다. 이 하나님의 아들 예수 그리스도의 복음, 그리스도 십자가 대속의 피의 복음으로 깊이 뿌리내리기를 기원합니다.

예수님의 신성의 하나님 되심과 십자가 대속의 피의 복음을 마음 중심에 믿고 중생하여 구원받은 그리스도인은 누구에게나 예속되지 않

은 자유인이나 동시에 누구에게든지 예속되는 종입니다.

왜 그렇습니까?

우리를 자신의 피로 사신 그리스도께서 모본을 보이셨기 때문입니다.

그러므로 그리스도 교회 안에서 한 공동체가 된 그리스도인은 사소한 문제들에 대한 상호간의 관용이 필요합니다. 서로 간에 선을 이루고 덕을 세워야 합니다.

특히, 믿음이 강한 자들에게 이런 요구가 주어져야 합니다. 무엇보다도 그리스도께서 자기 자신을 기쁘게 하지 않으셨기 때문에, 그리스도께서 연합된 예배로 이르는 길이기 때문에, 그리스도께서 우리를 받으셨기 때문에, 그리스도께서 종이 되셨기 때문입니다.

오늘 본문에서 사도 바울은 앞 장에서 다루었던 음식과 특정한 절기에 관한 다툼에 관하여 선을 세우고 덕을 세우라는 요구를 계속해서 강조하고 있습니다. 그리스도인들 사이에 이해의 차이와 그로 인한 감정의 거리가 생겼을 때에는 그에 대한 훈계에 훈계, 강조에 강조가 필요합니다.

오늘부터 시작되는 로마서 15장에서 사도 바울은 앞 장에서 행한 성도들 간의 관용에 대하여 못을 박기를 원합니다. 아주 확실한 곳에 박기 위하여 망치질을 계속하는 것처럼 어느 정도 만족할 때까지 그 주제를 떠나지 아니하고 계속 강조합니다.

오늘 본문에서 바울은 크게 두 가지 내용을 강조합니다. 강한 자의 책임(롬 15:1-6) 그리고 강한 자와 약한 자 모두 서로 받을 것(롬 15:7-13)입니다. 그 이유는 그리스도께서 이에 대한 우리의 모범이 되셨기 때문이라고 합니다.

첫째, 강한 자들의 책임입니다(롬 15:1-6).

강한 자는 약한 자의 약점을 담당해야 한다는 것입니다(1절). 우리 모두는 약점을 가진 존재들입니다. 그러나 약한 자는 다른 자들보다 더 약하기 때문입니다.

그리고 우리는 우리 자신이 아니라 우리의 이웃을 기쁘게 해야 합니다(2절). 그 이유는 우리 구원의 주 그리스도께서 자기 자신을 기쁘게 하지 않으셨기 때문입니다(3절). 그리고 우리 주 예수 그리스도께서 우리 모두를 연합된 예배로 이르는 길이기 때문입니다(5-6절).

둘째, 강한 자나 약한 자 모두 서로 받으라고 합니다(롬 15:7-13).

이것은 유대인과 이방인 간의 융화를 전하는 것으로 그들이 서로 용납하여 하나님께 영광을 돌릴 것을 가르치는 것입니다.

그리고 그 이유는 그리스도께서 우리를 받으셨기 때문이라고 합니다(7절). 우리가 그리스도께 받아들여진 목적은 우리로 하여금 이 세상에서 하나님을 영화롭게 하고 다가올 세상에서 그분과 함께 영광을 누리게 하기 위해서입니다.

그러므로 우리는 하나님의 영광을 위해 서로 받아들여야 합니다. 하나님이 영광을 받으시는 것, 이것이 우리의 모든 행동의 궁극적 목적이 되어야 합니다. 믿음을 고백하는 모든 사람이 서로 사랑하고 감싸 주어야 하는 이유는 오직 이것 외에 다른 것이 있을 수 없습니다.

그리고 또 다른 이유는 그리스도께서 종이 되셨기 때문입니다(8-13절). 그리스도께서는 먼저 유대인들을 받으시기 위하여 할례의 추종자가 되셨습니다(8절). 추종자 곧 종이 되셨습니다. 그리스도께서 할례의 추종자였다는 것은 그리스도 자신이 할례를 받으셨고 율법 아래 계셨으며 복음을 할례에 속한 유대인에게 선포하셨습니다.

또한, 그리스도께서는 유대인 뿐만 아니라 이방인도 똑같이 받으셨습니다(9-12절). 그리스도께서는 이방인들을 받아들여 하나님을 찬양하게 하셨습니다. 이것이 바로 그리스도 교회의 사역이요 천국에서 신비로운 몸으로 유대인과 하나가 되도록 하는 것이었습니다.

이렇게 그리스도께서 유대인과 이방인 모두를 받으셨으니 너희도 서로 받으라고 하는 것입니다. 그러므로 바울이 강조한 요점은 자신만이 아닌 다른 사람의 영적 필요를 채우는 것이 우리의 주요 관심이 되어야 한다는 것입니다. 이것이 그리스도 교회 안에서 교인들 사이에 있는 사소한 문제의 의견 차이를 치유하는 훌륭한 처방책입니다.

우리 모두 오직 그리스도, 오직 믿음, 오직 예수 보혈 신앙으로 하나님과 예수 그리스도의 십자가 대속의 사랑을 깊이 깨달아 하나님의 능력, 성령의 능력으로 자기를 부인하고 다른 사람의 영적 필요를 채우는 것이 우리의 주요 관심이 되도록 기도해야겠습니다.

살아 계신 아버지 하나님!
하나님의 은혜를 감사합니다.
우리가 억만죄악을 사함 받아 하나님과 화목하고 그리스도와 연합된 삶을 사는 존귀한 자가 된 것은 오직 하나님의 아들 예수 그리스도의 십자가 대속의 죽음을 통한 하나님의 사랑이라고 믿습니다.

그러나 이런 큰 하나님의 사랑, 그리스도 십자가 사랑을 받고 구원받은 저희들이지만 그리스도 교회 안에서 그리스도의 피를 주고 사신 형제들 간의 사소한 문제들에 의한 의견 차이로 분열되고 다투는 자 됨을 깊이 회개합니다.

우리가 살아도 그리스도를 위하여 살고 죽어도 그리스도를 위하여 죽는 자로서 예수 그리스도께서 우리 앞서 보여 주신 본을 받아 서로가 형제를 받는 자가 되게 하여 주옵소서. 그러므로 우리는 사도 바울이 그리스도의 영을 받아 명령한 형제간에 서로 선을 이루고 덕을 배우라는 말씀을 마음 중심에 새기게 하여 주옵소서.

이를 위해 오늘도 우리 모두를 건강하게 지켜 주시고 건전하게 하여 그리스도 교회 안에서는 예수님을 본받아 형제간에 서로 받고 서로 뜻이 같게 하여 주시고 세상에 나가서는 그리스도의 고결한 인격을 드러내는 자가 되도록 은혜를 베풀어 주옵소서.

예수님의 이름으로 기도하옵나이다. 아멘.

롬 15:1

- "우리는 마땅히 믿음이 약한 자의 약점을 담당하고"
  자기를 기쁘게 하지 말라.
- 자기를 부인하라.
  강한 자는 양보하기 마련이다.

> ¹ 믿음이 강한 우리는 마땅히 믿음이 약한 자의 약점을 담당하고 자기를 기쁘게 하지 아니할 것이라

예수님은 그리스도시요 살아 계신 하나님의 아들입니다. 예수님이 하나님의 아들 그리스도라는 증거로 십자가에서 우리 죄를 대신해서 피 흘려 죽으시고, 죽은 자들 가운데서 부활하셨습니다.

이 예수님이 하나님의 아들, 예수님이 그리스도, 예수님이 우리 죄를 대신해서 십자가에서 피 흘려 죽으시고 부활하셨다는 복음으로 우리 인생 모든 문제가 처리되고 해답을 얻습니다. 이 복음은 모든 믿는 자에게 구원을 주시는 하나님의 능력이 됩니다. 이 하나님의 아들 예수 그리스도의 복음, 그리스도 십자가 대속의 피의 복음으로 깊이 뿌리내리기를 기원합니다.

예수님의 신성의 하나님 되심과 십자가 대속의 피의 복음을 마음 중심에 믿고 중생하여 구원받은 그리스도인은 자신의 억만죄악을 대신 담당하여 십자가에서 죽으신 그리스도의 십자가 대속의 피의 사랑 속

에서 살아야 합니다.

우리가 십자가에 못 박히신 그리스도를 마음 중심에 믿고 구원받은 그리스도인이라도 여전히 죄의 본성을 갖고 사는 자이기 때문입니다. 그 죄는 날마다 우리로 하여금 육신의 정욕의 죄로 살도록 충동합니다.

그러므로 비록 그리스도 십자가 대속의 보혈을 믿고 죄 사함 받아 구원받은 의인이라도 날마다 그리스도 십자가 보좌 앞에 나아가 신선한 죄 사함을 받고 거룩한 십자가의 그리스도 사랑의 증인으로 살아야 합니다. 이 진리를 모르거나 교만한 그리스도인들은 그들이 예수님을 하나님의 아들로 믿고 구원받아 의롭다 여김을 받았으니 완전한 자유를 누리는 자로 살아야 한다고 믿고 그 자유를 형제간의 관계 속에서도 누리고자 합니다.

그리스도인의 자유는 소극적으로는 죄와 사탄과 세상과 자기 육체로부터의 자유이지 하나님과 이웃 사랑을 해야 하는 데에서까지 자기 뜻대로 하는 자유가 아닙니다. 그리스도인의 진정한 자유는 하나님과 이웃을 사랑하는 자유인 것입니다. 우리 그리스도인들은 이런 적극적 의미의 그리스도인의 자유를 기억하고 실천해야 합니다.

제가 과거 목회 시작 전 장로로 수년간 봉직했는데 우리 동료 장로 중 매우 총명하고 똑똑한 한 사람이 있었습니다. 이 장로는 언제나 당회를 열 때를 고대하고 그 당회에서 자기 의견을 개진하고 자기 의견의 우월성을 드러내는 데 취미가 있었습니다. 그래서 먼저 의견을 개진하는 자는 언제나 그 의견을 양보해야 당회가 평화롭게 끝났습니다.

아마도 그 똑똑한 장로는 자기가 믿음이 강한 자로 자임하고 있었겠지만 사실은 믿음이 약한 자였습니다. 왜냐하면, 사소한 문제들에 있어서 의견의 차이가 있을 때 언제나 강한 자가 양보하기 마련이기 때문입니다. 양보하는 편이 강한 자인 것입니다.

이러한 원리를 사도 바울은 로마에 있는 형제들에게 권고하고 있습니다. 본문 로마서 15장 1절을 보면 "믿음이 강한 우리는 마땅히 믿음이 약한 자의 약점을 담당하고 자기를 기쁘게 하지 아니할 것이라"라고 하였습니다.

바울은 "믿음이 강한 우리는"이라고 하여 분명히 자기를 강한 자의 편에 분류합니다. 그리고 "우리는 마땅히 믿음이 약한 자의 약점을 담당하고"라고 합니다.

사실 우리 모두는 약점을 가진 존재들입니다. 그러나 약한 자는 다른 자들보다 더 약합니다. 그들은 지식이나 은혜에 있어서 약한 자로서 상한 갈대요 꺼져 가는 심지입니다.

우리는 배려해야 합니다. 그들을 짓밟을 것이 아니라 용기를 주고 그들의 약점을 담당해야 합니다. 만일 약하기 때문에 그들이 우리를 판단하고 비판하며 우리를 비방한다면, 우리는 그들을 담당하고 동정하며 그들에 대한 우리의 사랑을 소멸시켜서는 안 됩니다.

예수님은 자신의 연약한 제자들과 함께하셨고, 그들을 옹호하셨습니다. 그러나 그 말씀 안에는 그 이상의 것이 들어 있습니다. 우리는 또한 기회가 있을 때마다 그들을 동정하고 그들을 보살펴 주고 그들에게 힘을 줌으로써 그들의 약점을 담당해야 합니다. 이것이 서로 짐을 짊어지는 것입니다.

또 본문은 "자기를 기쁘게 하지 아니할 것이라"라고 하였습니다. 그리스도인들은 자기를 기쁘게 해서는 안 됩니다. 우리는 우리 마음의 사소한 욕망과 욕구를 채우는 것을 우리의 임무로 삼아서는 안 됩니다. 우리는 때때로 우리 자신을 부인하고 그리하여 우리를 거부하는 다른 사람들을 기쁘게 용납하는 사람이 되는 것이 좋습니다.

우리가 항상 우리의 기분만 신경 쓴다면 결국 손해를 보게 될 것입니다. 우리가 배워야 할 첫 번째 교훈은 자기를 부인하는 것입니다.

저는 언젠가 한 성도로부터 목회자인 저를 훈계하는 모욕을 당한 적이 있었습니다. 참고 인내하였는데 기도하는 가운데 "모욕을 당한즉 축복하고"(고전 4:12)라는 말씀이 생각나서 그 후 그 성도와 다시 나눌 기회가 주어졌을 때 축복기도를 해 준 일이 있었습니다. 그러나 자기 부인은 결코 쉬운 일이 아닙니다.

우리 모두 그리스도와 함께 십자가에 못 박혔다는 사실을 기억하고 나는 죽고 내 안에서 그리스도께서 사시는 믿음으로 살도록 기도해야 겠습니다. 오직 그리스도, 오직 믿음, 오직 예수 보혈 신앙으로 자기를 부인하고 약한 형제의 약점을 담당하고 이웃을 기쁘게 하는 자들이 되도록 기도하겠습니다.

살아 계신 아버지 하나님!
하나님의 은혜를 감사합니다.
우리는 하나님과 우리 주 예수 그리스도 앞에서 억만죄악을 사함 받은 죄인인 것을 먼저 기억하고 하나님께서 피 주고 사신 그리스도 교회 안의 형제를 비판하지 말고 또 믿음이 약한 형제의 약점을 담당할 수 있기를 기도합니다.

우리는 그리스도 교회에서 서로 교제하는 가운데 자기를 내세우고 양보 않는 불편한 형제들을 대할 때가 많이 있으나 우리가 자기를 부인하고 그들이 가진 고집의 약점을 담당하기를 기도합니다.

본질적인 것이 아닌 문제에서 서로 싸워 논쟁에 이길 것이 아니라 차라리 양보하여 이기게 하여 주옵소서. 우리 모두의 마음을 넓혀 주옵소서. 오늘도 형제들 사랑하고 섬기는 자가 되도록 우리로 건강하게 하시고 건전하게 하여 주옵소서.

예수님의 이름으로 기도하옵나이다. 아멘.

롬 15:2

- "우리 각 사람이 이웃을 기쁘게 하되"
  선을 이루고 덕을 세우라.
- 형제 영혼의 선을 이루도록 하라.
  그리스도의 몸을 세우라.

² 우리 각 사람이 이웃을 기쁘게 하되 선을 이루고 덕을 세우도록 할지니라

예수님은 그리스도시요 살아 계신 하나님의 아들입니다. 예수님이 하나님의 아들 그리스도라는 증거로 십자가에서 우리 죄를 대신해서 피 흘려 죽으시고, 죽은 자들 가운데서 부활하셨습니다.

이 예수님이 하나님의 아들, 예수님이 그리스도, 예수님이 우리 죄를 대신해서 십자가에서 피 흘려 죽으시고 부활하셨다는 복음으로 우리 인생 모든 문제가 처리되고 해답을 얻습니다. 이 복음은 모든 믿는 자에게 구원을 주시는 하나님의 능력이 됩니다. 이 하나님의 아들 예수 그리스도의 복음, 그리스도 십자가 대속의 피의 복음으로 깊이 뿌리내리기를 기원합니다.

예수님의 신성의 하나님 되심과 십자가 대속의 피의 복음을 마음 중심에 믿고 중생하여 구원받은 그리스도인은 누구에게도 예속되지 않는 자유인이 됩니다. 그러나 그리스도인의 자유는 자신의 기쁨이 아니

라 하나님의 영광과 다른 사람들의 유익과 덕을 세우는 데 사용하도록 주어진 것입니다. 쉽게 말하면 우리의 이웃을 기쁘게 하는 데 사용해야 합니다.

많은 그리스도인이 예수 그리스도의 대속의 죽으심과 부활을 믿고 중생한 후 자유를 누립니다. 그것은 크게 세 가지입니다. 바로 죄책과 자신의 자아와 두려움입니다. 이 자유는 소극적 측면의 자유입니다.

그것은 예수님이 우리를 위해 죽으셨기 때문에 우리는 '죄책'으로부터 자유로울 수 있고 우리가 예수님의 부활의 능력 안에서 살 수 있기 때문에 '자아'로부터 자유로울 수 있고 예수님이 만물을 그 발 아래 두시고 다스리시기 때문에 '두려움'으로부터 자유로울 수 있습니다.

그러나 그리스도인에게는 더 위대한 자유가 있습니다. 그것은 적극적 측면의 자유입니다. 이것이야말로 '진정한 자유'입니다. 곧 하나님이 만드시고 의도하신 대로의 진정한 우리 자신이 되는 자유입니다 (존 스토트, 『로마서 강해』).

우리는 하나님만이 완전한 자유를 누리는 유일하신 분이라는 것을 알아야 합니다. 이 하나님의 자유는 언제나 전적으로 자기 자신이 될 수 있는 자유입니다. 그렇다면 우리의 자유도 우리 자신이 되는 자유입니다.

모든 피조물의 자유는 하나님이 부여하신 본성에 의해 제한됩니다. 예컨대, 물고기는 물 속에서 살도록 만들어졌습니다.

그러면 인간은 어떻게 살도록 창조되었습니까?

하나님은 우리를 하나님의 형상대로 창조하셨습니다. 그리고 하나님 사랑과 이웃 사랑의 두 계명대로 살도록 명령하셨습니다. 그래서 인간이 하나님과 이웃을 사랑하며 사는 것은 인간에게 주어진 운명입니다.

그러므로 사랑 없이는 진정한 인간의 실존은 불가능합니다. 사는 것이 곧 사랑하는 것입니다. 만일 그리스도인이 중생하여 진정한 인간이 되었다면 하나님이 우리를 만드신 목적대로 서로 사랑하는 것입니다.

중생하여 새사람이 된 그리스도인은 자유롭게 되기 위하여 이웃을 섬겨야 합니다. 살기 위하여 우리는 우리 자신의 자기 중심성에 대하여 죽어야 합니다. 그렇다면 진정한 자유란 세상 사람들이 생각하는 것과는 정반대입니다.

진정한 자유는 하나님과 이웃을 사랑하는 가운데 책임 있게 살기 위해 나의 어리석고 보잘 것 없는 자아로부터 자유로워지는 것입니다. 완전한 자유란 오로지 희생적인 섬김이며 하나님과 이웃을 사랑하는 가운데 자신을 주는 것입니다.

사도 바울은 이 진리에 대한 깊은 깨달음을 가진 자로서 음식과 특별한 날들과 같은 사소한 문제의 의견 차이에 대한 훌륭한 처방을 제시하고 있습니다.

오늘 본문 로마서 15장 2절을 보면 "우리 각 사람이 이웃을 기쁘게 하되 선을 이루고 덕을 세우도록 할지니라"라고 하였습니다.

그리스도인들은 앞서 언급한 바대로 형제들을 기쁘게 하되 "선을 이루도록" 기쁘게 해야 합니다. 기독교의 목적은 타락한 영혼을 중생시켜서 그 영혼을 부드럽고 온유하게 하여 순종과 참된 사랑의 비결을 가르치는 데 있습니다. 그것은 우리의 정욕에 대하여 종이 아니라 우리 형제들의 필요와 약함에 대해 종이 되는 것입니다.

우리는 할 수 있는 한 선한 양심을 가지고 우리가 대하는 모든 사람과 화합하는 것입니다. 그리스도인은 형제들의 기쁨을 주기 위해 힘써야 합니다. 그래서 본문은 "우리 각 사람이 이웃을 기쁘게 하되 선을 이루고"라고 하는 것입니다.

우리는 그리스도인으로서의 자유를 사용할 때 우리 자신을 기쁘게 사용해서는 안 되고, 하나님의 영광과 다른 사람들의 유익과 덕을 세우는 데 사용해야 합니다. 형제 영혼의 선을 이루도록 그렇게 해야 합니다. 형제의 영적 선을 위해 기쁘게 하라는 것입니다.

반면에 이웃의 악한뜻을 도와주거나 죄악된 방법으로 이웃의 기분을 맞추어 주거나 그의 유혹에 동조해서는 안 됩니다. 이것은 이웃의 영혼의 파멸을 재촉하는 비열한 것입니다.

또 본문은 "덕을 세우도록 할지니라"라고 하였습니다. 이는 자신의 유익뿐만 아니라 다른 사람들의 유익을 위해서 서로 간에 은혜를 베푸는 데 최선을 다함으로써 그리스도의 몸을 세우라는 것입니다. 돌들이 서로 밀착되어 있으면 있을수록, 그리고 더 잘 연결되어 있을수록 건물은 그만큼 더 견고합니다.

그러므로 우리 모두는 그리스도 안에서 누리는 우리의 자유를 형제들을 기쁘게 하는 데 사용해야 합니다. 우리 자신의 기쁨이 아니라 하나님의 영광과 다른 사람들의 유익과 덕을 세우는 데 사용해야 합니다. 그리고 덕을 세움으로써 그리스도의 몸을 세우도록 최선을 다해야 합니다.

오직 그리스도, 오직 믿음, 오직 은혜, 오직 예수 보혈 신앙으로 성령 충만, 사랑 충만 받아 하나님 사랑과 이웃 사랑의 전도자로 살고 서로 간에 은혜를 베푸는 데 최선을 다함으로써 그리스도의 몸을 세우도록 기도하겠습니다.

------ ·:❦·······❦·· ------

살아 계신 아버지 하나님!

하나님의 은혜를 감사합니다.

우리는 예수 그리스도의 대속의 죽으심과 부활의 공로를 믿음으로 죄책과 자신과의 평화, 그리고 두려움으로부터 자유를 얻은 자가 되었음을 믿습니다. 그러나 그리스도인이 되었을 때 진정한 자유는 하나님과 이웃을 사랑하는 자유라는 기독교의 위대한 진리를 더 깊이 자각해야 할 것을 오늘 본문은 우리에게 말씀해 주심을 감사합니다. 우리는 우리에게 주어진 그리스도인의 자유를 자신의 기쁨이 아니라 하나님의 영광과 다른 사람들의 유익과 덕을 세우는 데 사용하도록 해야 한다는 말씀을 마음 중심에 믿고 살기를 기도합니다.

우리는 이웃을 기쁘게 하되 선을 이룰 것을 요구받고 있으니 우리가 선을 이루도록 특별히 이웃의 영혼의 선을 이루도록 하라는 권고에 기꺼이 순종하도록 은혜를 베풀어 주옵소서. 또한, 우리가 그리스도 교회 안에서 다른 형제들의 유익을 위해서 서로 간에 은혜를 베푸는 데 최선을 다함으로써 하나님 아버지께 영광을 돌리고 그리스도의 몸을 세우는 자들이 되도록 도와주옵소서. 이를 위해 오늘도 우리로 건강하게 하시고 성령의 권능을 부으셔서 선을 이루고 덕을 세우는 삶이 되게 은혜를 베풀어 주옵소서.

예수님의 이름으로 기도하옵나이다. 아멘.

롬 15:3

- "그리스도께서도 자기를 기쁘게 하지 아니하셨나니"
  구약 메시아 예언(시 69:6)의 성취.
  그리스도의 자기 희생의 극치.
- 이것이 그리스도인의 자기 부인의 이유.
  형제를 위해 겸손하고 자기를 부인하라.

> ³ 그리스도께서도 자기를 기쁘게 하지 아니하셨나니 기록된 바 주를 비방하는 자들의 비방이 내게 미쳤나이다 함과 같으니라

예수님은 그리스도시요 살아 계신 하나님의 아들입니다. 예수님이 하나님의 아들 그리스도라는 증거로 십자가에서 우리 죄를 대신해서 피 흘려 죽으시고, 죽은 자들 가운데서 부활하셨습니다.

이 예수님이 하나님의 아들, 예수님이 그리스도, 예수님이 우리 죄를 대신해서 십자가에서 피 흘려 죽으시고 부활하셨다는 복음으로 우리 인생 모든 문제가 처리되고 해답을 얻습니다. 이 복음은 모든 믿는 자에게 구원을 주시는 하나님의 능력이 됩니다. 이 하나님의 아들 예수 그리스도의 복음, 그리스도 십자가 대속의 피의 복음으로 깊이 뿌리내리기를 기원합니다.

예수님의 신성의 하나님 되심과 십자가 대속의 피의 복음을 마음 중심에 믿고 중생하여 구원받은 그리스도인은 그 이후의 삶이 그리스도

의 고난과 영광의 삶에 참여하는 자가 됨을 알아야 합니다. 우리 예수님을 하나님의 아들로 믿고 하나님의 상속자요 그리스도와 함께한 상속자가 되는데 이때 우리도 그리스도와 함께 영광을 받기 위하여 고난도 함께 받아야 하는 것입니다.

그러므로 예수님을 그리스도로 믿고 예수 그리스도를 영접하여 그리스도 안에서 사는 그리스도인은 그리스도께서 사셨던 모본의 삶을 살아야 합니다. 즉, 그리스도께서는 자기를 기쁘게 하지 아니하셨고 낮아지심 속에서 고난을 당하셨습니다.

그러므로 예수님을 하나님의 아들로 믿고 중생한 그리스도인이라면 우리도 그리스도처럼 자신을 기쁘게 하지 않고 이웃을 기쁘게 해야 마땅합니다. 그리스도 십자가 대속의 자기 희생의 극치를 깨달은 그리스도인이라면 우리들도 남의 약점을 담당하고 이웃을 기쁘게 할 것입니다.

이것이 과연 가능한 일입니까?

물론 가능합니다. 이는 그리스도께서 우리에게 능력을 주시기 때문에 가능합니다.

오늘 본문은 왜 우리 그리스도인이 우리 자신이 아니라 우리가 이웃을 기쁘게 해야 하는 이유를 말합니다. 그 이유는 그리스도께서도 자기를 기쁘게 하지 않으셨기 때문입니다.

오늘 본문 로마서 15장 3절을 보면 "그리스도께서도 자기를 기쁘게 하지 않으셨나니 기록된 바 주를 비방하는 자들의 비방이 내게 미쳤나이다 함과 같으니라"라고 하였습니다.

본문은 먼저 "그리스도께서도 자기를 기쁘게 하지 아니하셨나니"라고 합니다. 예수님은 자기를 기쁘게 하는 대신에 성부 하나님과 인간들을 섬기기 위하여 자신을 주셨습니다.

예수님은 "근본 하나님의 본체이시기" 때문에 모든 사람이 예수님을 기쁘시게 하도록 할 만한 가장 큰 권리를 가지고 계셨지만 자기 자신의 이익을 위하여 "하나님과 동등됨을 취할 것으로 여기지 아니하시고" 먼저 영광에서 "자기를 비웠고", 그다음에는 섬기기 위하여 "자기를 낮추셨습니다"(빌 2:6 이하).

예수님의 전 생애는 자기를 부인하고 자기를 전혀 기쁘게 하지 않는 삶이었습니다. 이러한 삶은 이미 구약성경 여러 곳에서 예언되었지만 오늘 본문에서 바울은 시편 69편을 인용합니다.

본문을 보면 "기록된 바 주를 비방하는 자들의 비방이 내게 미쳤나이다 함과 같으니라"라고 하였습니다. 이 말씀은 시편 69편 9절에서 인용한 것인데 이는 간접적인 메시아 구절로서, 의로운 이스라엘 백성이 하나님을 위해 고난받은 것을 말한 것입니다.

사도 바울은 이 말을 직접 그리스도에게 적용시키고 있습니다. 여기서 "주"는 하나님이시고, "내"는 그리스도이십니다. 예수 그리스도는 하나님이시요, 하나님의 숭고한 대리자로서 하나님에 대한 비방을 예수 그리스도의 일신에 받으셨다는 것입니다. 이것은 그리스도의 자기희생의 극치였습니다.

모든 죄는 일종의 하나님에 대한 비방죄를 구성합니다. 우리는 기억해야 합니다.

이 세상 사람들이 얼마나 하나님을 모욕하고 비방합니까?

이들의 모든 죄책은 그리스도께 미치고 예수님은 죄가 되신 것입니다. 즉, 예수님은 희생 제물, 다시 말해 우리를 위한 속죄 제물이 되셨습니다. 예수님께서 우리 모두의 죄악을 자신 위에 두고 나무에 친히 달리심으로써 자신의 몸으로 우리 죄를 담당하셨을 때 그것들은 우리의 보증으로 예수님 위에 떨어졌습니다.

이것은 있을 수 있는 최대의 자기 비하입니다. 이것은 당연히 우리가 연약한 자들의 약점을 담당해야 하는 하나의 이유로 취해져야 합니다. 우리는 그리스도께서 자신을 기쁘게 하지 아니하셨기 때문에 우리 자신을 기쁘게 해서는 안 됩니다. 우리는 그리스도께서 하나님을 비방하는 자들의 비방을 담당하셨기 때문에 약한 자들의 약점을 담당해야 합니다.

본문 첫 시작은 "그리스도께서도"라고 하는데 이는 스스로 무한히 행복하신 분으로서 우리의 섬김이 전혀 필요 없으신 분인데도 우리가 하나님과 동등하신 분으로서 자신을 기쁘게 할 충분한 이유를 갖고 계시고, 또한 우리에게 관심을 두실 이유가 전혀 없으신 분인데도 예수님은 자신을 기쁘게 아니하시고 우리 죄를 담당하셨다는 것입니다.

그렇다면 우리가 서로 지체가 되는 사람들을 위해 겸손하고 자기를 부인하고 배려하는 것이 당연한 것입니다.

그러므로 우리 모두 그리스도 십자가 대속의 피의 사랑을 먼저 깊이 체험하고 성령 충만 받아 오직 그리스도, 오직 믿음으로 자기를 부인하고 이웃을 기쁘게 하고 선을 이루고 덕을 세우는 자들이 되어야겠습니다. 이를 위해 우리 다 같이 기도하겠습니다.

살아 계신 아버지 하나님!

하나님의 은혜를 감사합니다.

억만죄악을 가진 우리를 하나님의 아들 예수 그리스도의 십자가 대속의 죽음의 은혜로 우리를 구원해 주심을 감사합니다. 예수님은 하나님과 일체이신 하나님의 아들이심에도 불구하고 자기를 기쁘게 하지 아니하셨음을 우리가 믿으면서도 우리도 그리스도를 따라 자기를 부인하는 삶을 바르게 살지 못함을 회개합니다.

우리가 그리스도께서 자신을 기쁘게 하지 아니하셨기 때문에 그리스도의 십자가 대속의 피의 사랑을 받은 우리도 우리 자신을 기쁘게 해서는 안 된다고 믿습니다. 우리는 그리스도께서 하나님을 비방하는 자들의 비방을 담당하셨기 때문에 약한 자들의 약점을 담당해야 한다고 믿습니다.

우리 모두 그리스도 십자가 대속의 피의 사랑을 참되게 받고, 알고, 체험하여 그리스도 안에서 서로 지체가 되는 자를 위해 겸손하고 자기를 부인하고 배려하는 자들이 되도록 은혜를 베풀어 주옵소서. 오늘도 이런 섬김을 위해 우리로 건강하게 하시고 하나님의 사랑을 우리 마음에 부어 주시어 하나님 사랑과 이웃 사랑의 증인으로 살아가게 하여 주옵소서.

예수님의 이름으로 기도하옵나이다. 아멘.

479

롬 15:4

- "무엇이든지 전에 기록된 바는 우리의 교훈을 위하여 기록된 것이니"
  성경은 우리 평생의 법칙.
- 성경의 인내와 위로로 그리스도 복음의 소망을 가지라.
  예수 그리스도로 말미암아 절망을 극복하라.
  예수 그리스도로 말미암아 일어서라.

⁴ 무엇이든지 전에 기록된 바는 우리의 교훈을 위하여 기록된 것이니 우리로 하여금 인내로 또는 성경의 위로로 소망을 가지게 함이니라

예수님은 그리스도시요 살아 계신 하나님의 아들입니다. 예수님이 하나님의 아들 그리스도라는 증거로 십자가에서 우리 죄를 대신해서 피 흘려 죽으시고, 죽은 자들 가운데서 부활하셨습니다.

이 예수님이 하나님의 아들, 예수님이 그리스도, 예수님이 우리 죄를 대신해서 십자가에서 피 흘려 죽으시고 부활하셨다는 복음으로 우리 인생 모든 문제가 처리되고 해답을 얻습니다. 이 복음은 모든 믿는 자에게 구원을 주시는 하나님의 능력이 됩니다. 이 하나님의 아들 예수 그리스도의 복음, 그리스도 십자가 대속의 피의 복음으로 깊이 뿌리내리기를 기원합니다.

예수님의 신성의 하나님 되심과 십자가 대속의 피의 복음을 마음 중심에 믿고 중생하여 구원받은 그리스도인은 성경을 신앙과 생활의 유

일의 법칙으로 믿고 사는 자입니다. 중생한 그리스도인은 이 세상 풍속을 따라 사는 자가 아닙니다. 가족이나 친지 및 이웃으로부터 도움을 받아 험한 세상을 인내하며 때로 위로를 얻고 살 수 있습니다.

그러나 중생하여 그리스도 안에 들어온 그리스도인은 성경의 인내와 위로로 그리스도 복음의 소망을 갖고 살 수 있습니다. 인내는 힘들고 피곤하나 성경의 위로 곧 하나님과 예수 그리스도의 위로가 공급되기 때문에 소망을 가질 수 있습니다. 우리가 주위 환경의 열악함과 인간적 배신, 그리고 자신의 무능 때문에 절망할 법하지만 복음의 소망은 우리를 일으켜 세웁니다.

그래서 사도 바울은 오늘 본문에서 성경이 우리의 평생 법칙 됨을 말하고 인내와 성경의 위로로 그리스도 복음의 소망을 가질 것을 권면합니다. 교회의 다툼과 분열의 치유 방법의 하나는 그리스도 복음의 소망입니다. 그리스도 안에서 우리 모두는 그리스도의 소망의 깃발 아래 하나가 되어야 합니다. 또한, 복음의 소망으로 절망을 극복해야 합니다.

본문 로마서 15장 4절을 보면 "무엇이든지 전에 기록된 바는 우리의 교훈을 위하여 기록된 것이니 우리로 하여금 인내로 또는 성경의 위로로 소망을 가지게 함이니라"라고 하였습니다.

먼저 본문은 "무엇이든지 전에 기록된 바는 우리의 교훈을 위하여 기록된 것이니"라고 하였습니다. 이 말씀은 앞 절(3절)에서 그리스도께서 시편 69편 9절을 성취하신 것으로 구약성경의 본질과 목적에 대해 말하는 것입니다.

구약성경의 기록은 일반적으로 우리의 교훈을 위해 기록된 것입니다. 바울은 자신의 견해가 성경을 억지로 해석하는 것처럼 보이지 않도록 하기 위해 그는 모든 구약성경은 우리의 교훈을 위해 기록되었다는 일반 원리를 제시하였습니다. 물론 신약성경도 똑같은 원리하에 기록되었습니다. 성경은 우리에게 평생의 법칙으로 주어진 것입니다.

따라서 성경에 정통한 자가 가장 유식한 사람입니다. 그러므로 우리는 먼저 성경의 문자적 의미가 무엇인지 이해하기를 심혈을 다해 배워야 하고 그 배운 것이 우리에게 유익이 되도록 해야 합니다.

그러나 성경은 우리로 하여금 그리스도 예수 안에 있는 믿음으로 말미암아 구원에 이르는 지혜가 있는 것이므로 성경의 중심은 예수 그리스도와 그리스도의 구원의 십자가 대속의 보혈인 것을 바로 알아야 합니다.

성경을 100독 통독했다고 하더라도 하나님의 모든 계시의 함축이요 중심이 예수 그리스도 복음인 것을 모르면 유대인과 같은 입장이 됩니다. 그들은 모세오경에 통달한 자들이나 예수님을 하나님의 아들 그리스도로 믿지도 못하고 인격적 체험을 갖지도 못한 자들이었습니다.

또 본문에서 성경은 "우리로 하여금 인내로 또는 성경의 위로로 소망을 가지게 함이니라"라고 하였습니다. 여기서 그리스도 복음 소망, 곧 영생을 그 목적으로 하는 소망이 성경을 배우는 목적으로 소개되고 있습니다.

성경은 우리가 하나님으로부터 어떤 소망을, 또 어떤 근거와 어떤 방법으로 그것을 가져야 하는지를 가르치려고 기록되었습니다. 이것은 우리에게 성경이 그리스도인의 소망에 대해 소중한 친구가 된다는 것을 보여 줍니다. 따라서 이 소망을 얻는 방법은 인내와 성경의 위로를 통해서입니다.

인내와 위로는 고통과 슬픔을 전제로 합니다. 이것은 이 세상에 사는 성도들의 운명입니다. 만일 그렇지 않다면 우리는 인내와 위로에 대한 기회를 갖지 못할 것입니다.

그러나 인내와 성경의 위로는 우리 영혼의 생명이 되는 소망의 친구가 됩니다. 인내는 연단을 낳고 연단은 부끄럽지 않는 소망을 낳습니다(롬 5:3-5). 환난 속에서 연단 받는 인내가 클수록 환난을 통해 바라볼 수 있는 소망도 그만큼 커집니다.

인내하지 못하는 것보다 소망에 치명적인 것은 없습니다. 그리고 성경의 위로, 즉 하나님의 말씀으로부터 나오는 위로는 가장 확실하고 가장 달콤한 위로입니다. 그 위로는 그리스도 복음의 소망이기 때문입니다. 영생의 소망이기 때문입니다.

소망을 가진 자는 인내할 수 있습니다. 저는 육체의 약함과 교회의 약함, 그리고 무능함과 의지의 약함에도 불구하고 예수 그리스도와 천국 소망, 영생의 소망, 나를 찾아와 구원하신 그리스도께서 예수님의 날까지 이루시리라는 소망, 내가 의탁한 것을 그날까지 그분이 능히 지키실 줄을 확신하는 소망으로 모든 것을 인내하며 위로받고 살아갑니다.

우리 모두 오직 그리스도, 오직 믿음, 오직 예수 보혈 신앙으로 소망의 구주 예수 그리스도를 바라보고 어떤 역경, 고난, 핍박, 위기 속에서도 구원의 소망을 갖고 절망하지 말며 낙심하지 말며 포기하지 말 것입니다. 그리스도께서 일으키시면 일어납니다. 포기하지 맙시다. 기도하겠습니다.

살아 계신 아버지 하나님!

하나님의 은혜를 감사합니다.

우리에게 평생의 삶의 법칙으로 성경을 주심을 감사합니다. 또한, 무엇보다 하나님의 모든 계시의 함축이요 중심이 그리스도 복음인 것을 우리로 믿고 의지하며 살게 하시니 감사합니다. 그리하여 우리는 세상의 위로를 기대하지 않고 오직 성경의 위로로 우리가 직면하는 역경과 환난과 질병과 위기와 난제들을 극복해 나아갑니다. 우리에게 우리 주 예수 그리스도의 십자가 대속의 피의 복음의 능력의 위로가 주어짐을 항상 감사합니다.

하나님과 예수 그리스도의 말씀으로부터 오는 위로보다 더 달콤하고 확실한 위로는 없다고 굳게 믿습니다. 그리스도 십자가 대속의 피의 복음의 소망을 갖고 사는 자는 교회 안에서도 약한 자의 약점을 담당하고 이웃을 기쁘게 하는 삶을 살수 있다고 믿습니다.

오늘도 우리가 가진 소망이 부끄럽지 아니하도록 우리에게 주신 성령으로 말미암아 하나님의 사랑이 우리 마음에 부어지기를 기도합니다. 또한, 우리로 건강하게 하셔서 하나님 사랑과 이웃 사랑의 증인으로 살아가게 하여 주옵소서.

예수님의 이름으로 기도하옵나이다. 아멘.

480

롬 15:5

- "이제 인내와 위로와 하나님이"
  서로 뜻이 같게 하여 주도록 기도.
- 역사하시는 분은 하나님이시기 때문.
  마음에 말씀하시는 것은 하나님의 대권이다.
  기도하라.

> 5 이제 인내와 위로의 하나님이 너희로 그리스도 예수를 본받아 서로 뜻이 같게 하여 주사

예수님은 그리스도시요 살아 계신 하나님의 아들입니다. 예수님이 하나님의 아들 그리스도라는 증거로 십자가에서 우리 죄를 대신해서 피 흘려 죽으시고, 죽은 자들 가운데서 부활하셨습니다.

이 예수님이 하나님의 아들, 예수님이 그리스도, 예수님이 우리 죄를 대신해서 십자가에서 피 흘려 죽으시고 부활하셨다는 복음으로 우리 인생 모든 문제가 처리되고 해답을 얻습니다. 이 복음은 모든 믿는 자에게 구원을 주시는 하나님의 능력이 됩니다. 이 하나님의 아들 예수 그리스도의 복음, 그리스도 십자가 대속의 피의 복음으로 깊이 뿌리내리기를 기원합니다.

예수님의 신성의 하나님 되심과 십자가 대속의 피의 복음을 마음 중심에 믿고 중생하여 구원받은 그리스도인은 한 피 받아 한 몸 된 교회

공동체의 한 지체가 됩니다. 예수 그리스도를 머리로 하여 그리스도의 몸 된 교회의 한 지체가 됩니다. 그렇다면 우리 주 예수 그리스도께 영광을 돌리며 살아야 합니다.

그러나 구원받은 그리스도인이라도 죄의 옛 본성이 남아 있어 형제간에 교회에서 예수님을 본받아 서로 뜻을 같이하는 연합이 매우 어려운 것이 오늘의 그리스도 교회 현실의 비극입니다. 그러므로 이렇게 서로 뜻이 같게 된다는 것은 하나님의 은혜로만 가능합니다. 예수 그리스도를 본받아 그리스도인 간에 뜻이 같게 되는 것은 하나님의 은사인 것입니다.

그래서 바울은 하나님께서 형제들의 연합을 허락하시기를 기도하였습니다. 신실한 설교자들은 자신의 설교에 항상 기도의 물을 뿌립니다. 씨를 뿌리는 자가 누구든 그것을 자라게 하시는 이는 하나님이시기 때문입니다.

오늘 본문 로마서 15장 5절을 보면 "이제 인내와 위로의 하나님이 너희로 그리스도 예수를 본받아 서로 뜻이 같게 하여 주사"라고 합니다.

형제간의 서로 뜻이 같게 하여 주시는 분은 본문에서 보듯이 "인내와 위로의 하나님"이십니다. 하나님은 성도들의 모든 인내와 위로의 창시자이자 원천이십니다. 하나님은 인내의 은혜를 주십니다. 하나님은 위로의 하나님으로서 인내를 확증하고 유지시키십니다. 왜냐하면, 성령의 위로가 신자들을 돕고 어떤 고난이 닥치든 용기를 갖고 기꺼이 그것을 감당하도록 하시기 때문입니다.

그래서 바울은 형제간에 사랑과 연합의 영을 허락해 달라고 기도하면서 본문에서 하나님을 "인내와 위로의 하나님"으로 부르고 있습니다. 그리고 "너희로 그리스도 예수를 본받아 서로 뜻이 같게 하여 주사"라고 기도하는 것입니다.

바울이 하나님께 구하는 자비는 "너희로 그리스도 예수를 본받아 서로 뜻이 같게 하여 주사"입니다.

그리스도인의 사랑과 화평의 원천은 똑같은 마음, 곧 할 수 있는 한 같은 판단, 아니면 최소한 같은 감정을 갖는 데 있습니다. "뜻이 같게 하여"라는 말은 "같은 일을 생각한다"라는 뜻으로 그렇게 되면 모든 차이가 제거되고 모든 다툼이 사라지게 됩니다.

이 뜻이 같음은 "그리스도 예수를 본받아" 이루어져야 합니다. 즉, 그들로 하여금 본받도록 선포된 그리스도의 교훈, 최고의 사랑, 그리고 그리스도의 형상과 모범에 입각하여 진행되어야 합니다(3절).

다시 말하면, "그리스도 예수를 너희 연합의 중심이 되게 하라. 오류가 아니라 진리에 있어서 하나가 되라"(매튜 헨리, 『로마서 주석』)는 것입니다. 한뜻을 가지고 자기들의 능력과 권세를 짐승에게 준 사람들(계 17:13)의 연합과 일치는 저주받은 것입니다. 이것은 그리스도를 본받아서가 아니라 그리스도를 대적하기 위해서 한뜻이 되는 것입니다. 그들은 바벨탑을 건축한 사람들처럼(창 11:6), 반역을 위해 하나가 된 사람들이었습니다.

우리 기도의 방법은 먼저 예수 그리스도와 그리스도 십자가 대속의 피의 복음의 진리에 합당해야 하고, 그다음에 화평을 이루는 것이어야 합니다. 이것이 위로부터 오는 지혜의 방법이기 때문입니다. 그것은 첫째 성결하고 다음에 화평하다(약 3:17)는 것입니다.

이것이 "그리스도 예수를 본받아 서로 뜻이 같게 하여 주사"라는 말씀의 의미입니다. 그리스도 예수를 본받아 그리스도인 간에 뜻이 같게 되는 것은 하나님의 은사입니다. 그것도 보배로운 은사입니다. 왜냐하면, 그것을 받기 위해서는 우리가 열렬히 구해야 하기 때문입니다.

하나님은 영들의 아버지로서 사람들의 마음을 똑같이 지으셨고(시 33:15), 구하는 자들에게 이성을 열고, 마음을 부드럽게 하고, 감정을 달콤하게 하고, 사랑의 은혜를 베푸시며, 사랑의 영이신 성령을 허락하십니다(롬 15:30).

우리는 하나님의 뜻이 하늘에서처럼 땅에서도 이루어지기를 기도하도록 가르침을 받았습니다. 지금 하늘에서는 천사들을 통해 찬양과 봉사가 만장일치로 이루어지고 있으니, 이 땅에서도 그렇게 할 수 있도록 하는 것이 우리의 소원이 되어야 합니다.

그러므로 교회 안에서 강한 자와 약한 자가 함께 "그리스도 예수를 본받아" 따르되 그리스도의 십자가 대속의 피의 희생의 사랑을 기억하고 그 십자가 사랑을 마음속에 새롭게 가지면 예수 그리스도와 함께 멍에를 메고 걸어야 합니다. 다시 말해서 이것은 그리스도 안에 있는 형제들이 다 같이 그리스도 십자가 대속의 피의 사랑을 날마다 받고 사는 구원의 삶에 있습니다. 이렇게 함께 그리스도의 멍에를 메고 걸을 때, 서로 사소한 문제들에 있어서 의견이 다른 것들 때문에 다투거나 비판하지 않고 용납하고 관용할 수 있을 것입니다.

그러나 이것은 쉬운 일이 아닙니다. 이것은 하나님의 은사요 선물입니다. 그래서 우리는 그것을 받기 위해서 열렬히 구하고 기도해야 하는 것입니다.

  우리 모두 오직 그리스도, 오직 믿음, 오직 예수 보혈 신앙으로 성령 충만을 받아 하나님 사랑과 이웃 사랑의 증인으로 살도록 기도하겠습니다. 우리의 마음을 넓혀 관용의 마음을 갖도록 기도하겠습니다. 마음에 말씀하시는 것은 하나님의 대권이기 때문입니다. 기도하겠습니다.

  살아 계신 아버지 하나님!
  하나님의 은혜를 감사합니다.
  우리 모든 인간은 타락한 이후 교만해서 서로 뜻이 같게 된다는 것은 인간의 본성이 아님을 믿습니다. 그러므로 그리스도 교회 안에서 신자들이 서로 뜻을 같게 하여 연합한다는 것은 하나님의 은혜와 능력으로만 가능하다는 것을 믿습니다. 그리스도 교회 안에서 형제들 간의 다툼과 분열보다 더 치명적인 것이 없음을 압니다.
  이로 인해 그리스도 예수님의 생명과 사랑의 정신이 사라지고 세상 사람들은 이런 교회를 보고 예수님을 하나님의 아들 그리스도로 믿고자 하지 않는다고 믿습니다. 복음 전도를 방해하는 것은 예수 그리스도와 십자가 피의 복음이 어려워서가 아니라 그 복음이 진실하다는 증거는 우리 그리스도인의 삶 때문이라고 믿습니다.
  우리가 진실로 회개하여 예수님을 그리스도로, 예수님을 십자가에 못 박히신 그리스도로 참되게 믿어 중생하여 하나님의 능력, 성령의 능력, 사랑의 능력을 믿고 살면서 형제들 간의 사소한 문제를 용납하고 관용하도록 은혜를 베풀어 주옵소서. 성령의 사랑을 부어 주옵소서. 그리스도 예수를 본받아 서로 뜻이 같게 하여 주옵소서.

오늘도 우리가 이렇게 살도록 우리 마음에 말씀하여 주옵소서. 또한, 건강하게 하시고 건전하게 하여 주사 하나님 사랑과 이웃 사랑으로 살아 하나님 아버지께 영광을 돌리게 하여 주옵소서.

예수님의 이름으로 기도하옵나이다. 아멘.

481

롬 15:6

- "한마음과 한 입으로 하나님께 영광"
  교회 일치의 궁극적 목적.
- 성도들의 통일성.
  예수님이 그리스도이심을 믿게 한다.
  하나님께 영광을 돌리라.

> ⁶ 한마음과 한 입으로 하나님 곧 우리 주 예수 그리스도의 아버지께 영광을 돌리게 하려 하노라

예수님은 그리스도시요 살아 계신 하나님의 아들입니다. 예수님이 하나님의 아들 그리스도라는 증거로 십자가에서 우리 죄를 대신해서 피 흘려 죽으시고, 죽은 자들 가운데서 부활하셨습니다.

이 예수님이 하나님의 아들, 예수님이 그리스도, 예수님이 우리 죄를 대신해서 십자가에서 피 흘려 죽으시고 부활하셨다는 복음으로 우리 인생 모든 문제가 처리되고 해답을 얻습니다. 이 복음은 모든 믿는 자에게 구원을 주시는 하나님의 능력이 됩니다. 이 하나님의 아들 예수 그리스도의 복음, 그리스도 십자가 대속의 피의 복음으로 깊이 뿌리내리기를 기원합니다.

예수님의 신성의 하나님 되심과 십자가 대속의 피의 복음을 마음 중심에 믿고 중생하여 구원받은 그리스도인은 삶의 목적이 하나님께 영

광을 돌리는 것입니다.

유명한 종교개혁가 루터는 『군인들도 구원받을 수 있는가?』에서 다음과 같이 말하였습니다.

> 자신의 영예를 구하는 것은 가장 큰 죄악 가운데 하나로 하나님의 위엄에 대한 노략질에 불과하다.

그래서 16세기 종교개혁 기간 동안 다섯 가지 표어 가운데 하나가 "오직 하나님의 영광을 위하여"였습니다. 그 나머지 네 가지는 우리가 항상 모든 설교에서 강조받고 있는 "오직 그리스도, 오직 믿음, 오직 은혜, 오직 성경"입니다.

그래서 오늘 본문에서도 사도 바울의 소원의 목적은 바로 "하나님께서 영광을 받으시는 것"이었습니다. 이는 기도로 하나님께 드리는 바울의 염원이자 그것을 추구하도록 성도들에게 역설하는 그의 논증입니다.

오늘 본문 로마서 14장 6절을 보면 "한마음과 한 입으로 하나님 곧 우리 주 예수 그리스도의 아버지께 영광을 돌리게 하려 하노라"라고 하였습니다.

먼저 본문은 "한마음과 한 입으로"라고 합니다. 그리스도인들이 모든 일에 일치하는 것은 바람직한데 그렇게 할 때 그들은 함께 하나님을 찬양하게 되기 때문입니다. 그렇게 될 때 한 분이시고 그 이름도 하나이신 하나님께 큰 영광이 돌아가도록 되어 있습니다.

한 입이 있는 것으로 족하지 않고, 한마음이 있어야 합니다. 하나님은 중심을 보시는 분이기 때문입니다. 아니, 한마음이 없는 곳에는 한 입도 거의 없게 될 것입니다. 이 둘이 조화롭게 등장하지 않는 곳에서 하나님도 거의 영광을 받지 못할 것입니다.

하나님에 관한 진리를 고백하고 하나님의 이름을 찬양하는 데 있어서 한 입이 되어야지 서로 충돌하고 다투고 물어 뜯는 일에 한 입이 되어서는 안 됩니다. 거룩한 공동체 안에서 한 입 곧 한목소리, 한 음성이 나와야 합니다.

그러면 한마음과 한 입으로 영광을 돌려야 할 하나님은 어떤 분이십니까?

본문은 "하나님 곧 우리 주 예수 그리스도의 아버지"이십니다. 그래서 본문은 "하나님 곧 우리 주 예수 그리스도의 아버지께 영광을 돌리게 하려 하노라"라고 하였습니다.

"하나님 곧 우리 주 예수 그리스도의 아버지"라는 말씀은 하나님이 우리 주 예수 그리스도의 아버지시라는 말입니다. 하나님이 주 예수 그리스도의 아버지시라는 말씀은 바울 서신에서 자주 강조된 바입니다(고후 1:3, 11:31, 엡 1:3, 골 1:3).

이 말씀은 삼위일체 하나님 교리의 근간으로서 기독교 신관의 특징입니다. 하나님은 성부 하나님, 성자 예수 그리스도 하나님, 성령 하나님의 세 위격이시나 본질에 있어서는 하나이라는 것입니다.

이 삼위일체 신관은 기독교만이 가진 최고의 진리이며 유대교나 이슬람교 같은 계시의 종교도 이를 알지 못하는 하나님의 신비입니다. 이 삼위일체 신관은 구약성경에서도 계시된 바 있지만 신약 시대에 하나님께서 그분의 아들을 구약성경의 예언과 약속대로 이 세상에 인간 예수님으로 보내심으로 명백하게 계시되었습니다. 예수님이 하나님의 아들이라는 진리가 곧 복음인 것입니다.

예수님은 하나님과 일체이신 하나님의 아들이십니다. 곧 예수님은 하나님이십니다. 그래서 오늘 본문은 "하나님 곧 우리 주 예수 그리스도의 아버지께"라고 하는 것입니다.

그러므로 하나님은 복음의 법칙에 따라 예수 그리스도 안에서 자신을 계시하신 대로 영광을 받으셔야 합니다. 하나님은 그리스도 예수 안에서 우리 아버지가 되시기 때문입니다. 그리스도인들의 통일성은 하나님을 우리 주 예수 그리스도의 아버지로서 영화롭게 하는 데 있습니다. 왜냐하면, 그것은 아버지와 아들 사이의 통일에 대한 대응 또는 표상이기 때문입니다.

우리는 이미 요한복음 17장 21절의 "아버지여, 아버지께서 내 안에, 내가 아버지 안에 있는 것 같이 그들도 다 하나가 되어 우리 안에 있게 하사"라는 예수님의 기도로부터 연합에 관해 말하고 그것을 바라고 그것을 위해 기도하도록 보장받았습니다. 이 말씀은 성도들의 통일성에 대한 가장 영예롭고 가장 아름다운 표현입니다.

이어서 예수님은 "세상으로 아버지께서 나를 보내신 것을 믿게 하옵소서"라고 기도하셨습니다. 그래야 하나님은 우리 주 예수 그리스도의 아버지로서 영광을 받으실 수 있기 때문입니다.

그러므로 '한마음과 한 입으로 하나님께 영광을 돌리는 것'이 그리스도 교회의 궁극적인 목적입니다. 교회의 일치가 없이 하나님께 영광을 돌릴 수는 없습니다. 믿음이 강한 자가 믿음이 약한 자의 약점을 담당하고 각 사람이 이웃을 기쁘게 할 때 하나님의 영광은 나타나게 되는 것입니다.

　우리 모두 참되게 예수님을 신성의 구주이신 하나님의 아들로 믿어야겠습니다. 삼위일체 하나님을 아는 유일한 길은 하나님께서 자신을 계시하기 위해 보내신 하나님의 아들 예수님을 믿는 것입니다. 예수님을 하나님의 아들로 믿는 신앙으로 오직 그리스도, 오직 믿음, 오직 예수 보혈, 오직 하나님의 영광을 위하여 사는 자가 되도록 기도하겠습니다. 한마음과 한 입으로 하나님 아버지께 영광을 돌리도록 기도하겠습니다.

살아 계신 아버지 하나님!
하나님의 은혜를 감사합니다.
　우리는 마땅히 억만죄악을 사함 받은 자로서 동일하게 죄 사함 받고 구원받은 형제들을 사소한 문제로 다투거나 분열하지 말고 예수님을 본받아 서로 뜻이 같게 해 주시기를 기도해야 된다고 배웠습니다. 그러나 완전히 성화되지 못한 우리는 예수님을 본받아 서로 뜻이 같게 된다는 것이 사실상 너무 어려운 일인 것을 알고 있습니다. 그러므로 예수님을 본받아 서로 뜻이 같게 된다는 것은 하나님의 은사인 것을 믿습니다.
　우리에게 이런 은혜와 은사를 주시기를 간절히 기도합니다. 그렇게 되어서 우리는 한마음과 한 입으로 하나님 곧 우리 주 예수 그리스도의 아버지께 영광을 돌리게 되기를 소원하며 기도합니다. 이것이 그리스도 교회의 궁극적인 목적이라고 믿습니다. 우리가 믿음이 강한 자라면 믿음이 약한 자의 약점을 담당하고 이웃을 기쁘게 함으로써 하나님 아버지께 영광을 돌리게 하여 주옵소서.

오늘도 이 믿음대로 살도록 우리의 믿음을 더하여 주시고 우리로 건강하게 해 주시고 성령으로 말미암아 하나님의 사랑을 우리 마음에 부어 주옵소서. 먹든지 마시든지 다 하나님의 영광을 위하여 사는 자가 되게 하여 주옵소서.

예수님의 이름으로 기도하옵나이다. 아멘.

482

롬 15:7

- "너희도 서로 받으라"
  그리스도께서 우리를 받으셨다.
- 그리스도 십자가 대속의 큰 사랑을 기억하고 서로 받으라.
  하나님이 영광을 받으신다.
  이것이 우리 삶의 궁극적 목적이다.

> ⁷ 그러므로 그리스도께서 우리를 받아 하나님께 영광을 돌리심과 같이 너희도 서로 받으라

예수님은 그리스도시요 살아 계신 하나님의 아들입니다. 예수님이 하나님의 아들 그리스도라는 증거로 십자가에서 우리 죄를 대신해서 피 흘려 죽으시고, 죽은 자들 가운데서 부활하셨습니다.

이 예수님이 하나님의 아들, 예수님이 그리스도, 예수님이 우리 죄를 대신해서 십자가에서 피 흘려 죽으시고 부활하셨다는 복음으로 우리 인생 모든 문제가 처리되고 해답을 얻습니다. 이 복음은 모든 믿는 자에게 구원을 주시는 하나님의 능력이 됩니다. 이 하나님의 아들 예수 그리스도의 복음, 그리스도 십자가 대속의 피의 복음으로 깊이 뿌리내리기를 기원합니다.

예수님의 신성의 하나님 되심과 십자가 대속의 피의 복음을 마음 중심에 믿고 중생하여 구원받은 그리스도인의 삶의 궁극적인 목적은 하

나님의 영광을 위하여 사는 것입니다. 이 진리가 신구약 성경의 중심 메시지 중의 하나입니다.

> 너희가 먹든지 마시든지 무엇을 하든지 다 하나님의 영광을 위하여 하라 (고전 10:31).

만물이 왜 존재하며, 왜 그래야 하는 가에 대한 궁극적인 답변은 하나님이 원하셨다는 하나님의 절대적 주권 가운데 있습니다. 하나님은 말씀하셨습니다.

> 내가 내 영광을 위하여 창조한 자를 오게 하라 그를 내가 지었고 그를 내가 만들었느니라(사 43:7).

그러므로 하나님의 영광은 궁극적인 목적이며 만물의 가장 심오한 근거입니다. 궁극적으로 모든 존재하는 것과 발생하는 것은 신적 존재의 반영입니다(헤르만 바빙크, 『개혁교의학』). 그러므로 하나님이 영광을 받으시는 것, 이것이 우리의 모든 행동의 궁극적 목적이 되어야 합니다.

무엇보다도 억만죄악의 우리를 그리스도께서 하나님의 영광을 위하여 받아 주셨습니다. 그러므로 우리도 서로 다른 의견을 가진 형제를 서로 받아야 합니다.

이런 진리를 오늘 본문에서 사도 바울은 우리에게 말씀합니다. 본문 로마서 15장 7절을 보면 "그러므로 그리스도께서 우리를 받아 하나님께 영광을 돌리심과 같이 너희도 서로 받으라"라고 하였습니다.

이런 사도 바울의 권면은 이미 앞서 권면한 내용으로서 동일한 내용의 권면을 하고 있습니다. "서로 받으라"는 권면을 매우 강조하고 있는 것입니다. 곧 "기회 있을 때마다 너희 마음속에, 너희 친교 속에, 너희 생활 속에 깊이 받아들이라"는 것입니다.

바울은 앞서 강한 자에게 약한 자를 받아 주도록 권면했는데(롬 14:1), 여기서는 서로 받으라(7절)고 권면하였습니다. 그리스도인 간에는 서로 감싸 주는 모습이 있어야 합니다. 믿음으로 예수 그리스도를 마음 중심에 받아들인 사람들은 형제 사랑을 통해 모든 그리스도인을 받아들여야 합니다.

그리스도인들이 사소한 문제들에 있어서 차이로 분열하지 말고 서로 받아들여야 되는 이유를 본문은 이렇게 말합니다.

"그리스도께서 우리를 받아 하나님께 영광을 돌리심과 같이"라고 하였습니다. 이보다 더 설득력 있는 논증이 있을 수 없습니다. 그리스도께서 우리에게 십자가 대속의 죽음으로 우리에게 그토록 큰 사랑을 베푸셨는데 우리가 그리스도께 속한 자들에게 사랑을 베풀어야 마땅하지 않는가인 것입니다.

예수 그리스도는 우리 죄를 대신하여 죽으사 우리를 자녀로 받아 주셨고 자신의 양떼로, 자신의 가족으로, 입양된 아들로, 은혜 언약의 당사자로, 아니 자신과의 결혼 언약 속으로 우리를 받아 주셨습니다(매튜 헨리, 로마서 주석). 우리가 이방인으로, 하나님과 원수요 탕자의 역할을 한 자들이었음에도 받아 주셨습니다.

그것은 "하나님께 영광을 돌리심"이었습니다. 그리스도는 하나님의 영광을 위해 우리를 받아 주셨습니다. 우리가 그리스도에게 받아들여진 목적은 우리로 하여금 이 세상에서 하나님을 영화롭게 하고 다가올 세상에서 하나님과 함께 영광을 누리게 하기 위해서였습니다.

다시 반복하고자 합니다.

그리스도께서 우리를 무엇 때문에 받아 주셨습니까?

그것은 하나님 아버지의 영광을 위해서였습니다.

그렇다면 우리도 하나님의 영광을 위해 서로 받아들여야 합니다. 그래서 바울은 강조해서 말합니다.

"너희도 서로 받으라".

하나님이 영광을 받으시는 것, 이것이 우리의 모든 행동의 궁극적 목적이 되어야 합니다. 예수님을 하나님의 아들로 믿는 그리스도인들이 서로 사랑하고 감싸주고 서로 받아 주어야 하는 이유는 이것 외에 다른 것이 있을 수 없습니다. 이방인과 유대인 간의 연합 뿐만 아니라 서로 의견 차이를 갖고 있는 그리스도인 간의 연합이야 말로 하나님께 영광을 돌리는 것입니다.

억만죄악을 가진 우리를 예수 그리스도께서는 하나님의 영광을 위하여 받아 주셨습니다. 우리도 마땅히 하나님의 영광을 위하여 형제를 서로 받아들여야 합니다. 예수 그리스도와 십자가 대속의 피의 사랑을 먼저 깊이 인격적으로 체험해야 할 것입니다.

그리하여 오직 그리스도, 오직 믿음, 오직 예수 보혈 신앙으로, 오직 하나님의 영광을 위하여 사는 자가 되도록 기도하겠습니다. 형제의 약짐을 담당하고 허물은 덮어 주며 부족은 힘이 되어 주는 자들이 되도록 기도하겠습니다.

살아 계신 아버지 하나님!

하나님의 은혜를 감사합니다.

억만죄악을 가진 우리를 십자가 대속의 죽음으로 죄 사함을 얻게 하시고 하나님의 자녀로 삼으심을 감사합니다. 이는 모두 죄 사함 받고 새 사람 된 하나님의 자녀로서 하나님의 영광을 위하여 살라고 우리를 받으셨다고 믿습니다. 그래서 사도 바울은 그리스도께서 우리를 받아 하나님께 영광을 돌리심같이 우리도 서로 받으라고 권면하였습니다.

이렇게 우리가 그리스도에게 받아들여진 목적이 우리로 하여금 이 세상에서 하나님을 영화롭게 하고 다가올 세상에서 하나님과 함께 영광을 누리게 하기 위해서임을 믿습니다. 그렇다면 우리도 하나님의 영광을 위해 형제간의 사소한 문제로 분열할 것이 아니라 서로 받아들여야 한다고 믿습니다. 하나님이 영광을 받으시는 것, 이것이 우리의 모든 행동의 궁극적 목적이 되어야 한다고 굳게 믿습니다.

이렇게 확실한 믿음을 우리에게 더해 주시고 건강하게 하셔서 하나님의 영광과 이웃 사랑을 위해 살도록 우리를 붙들어 주옵소서.

예수님의 이름으로 기도하옵나이다. 아멘.

롬 15:8

- "그리스도께서 하나님의 신실하심을 위하여 할례의 추종자가 되셨으니" 하나님의 언약의 신실하심.
- 먼저는 유대인, 다음에는 헬라인의 구원.
  예수 그리스도와 그리스도 십자가 대속의 피의 언약의 신실하심에 전 운명과 미래를 맡기고 예수 그리스도와 복음을 위해 살라.

⁸ 내가 말하노니 그리스도께서 하나님의 진실하심을 위하여 할례의 추종자가 되셨으니 이는 조상들에게 주신 약속들을 견고하게 하시고

예수님은 그리스도시요 살아 계신 하나님의 아들입니다. 예수님이 하나님의 아들 그리스도라는 증거로 십자가에서 우리 죄를 대신해서 피 흘려 죽으시고, 죽은 자들 가운데서 부활하셨습니다.

이 예수님이 하나님의 아들, 예수님이 그리스도, 예수님이 우리 죄를 대신해서 십자가에서 피 흘려 죽으시고 부활하셨다는 복음으로 우리 인생 모든 문제가 처리되고 해답을 얻습니다. 이 복음은 모든 믿는 자에게 구원을 주시는 하나님의 능력이 됩니다. 이 하나님의 아들 예수 그리스도의 복음, 그리스도 십자가 대속의 피의 복음으로 깊이 뿌리내리기를 기원합니다.

예수님의 신성의 하나님 되심과 십자가 대속의 피의 복음을 마음 중심에 믿고 중생하여 구원받은 그리스도인은 예수 그리스도와 그리스

도 십자가 대속의 피의 복음의 기초가 얼마나 견고하고 불변의 진리인 것을 진실로 확신해야 합니다. 저는 성경을 연구하면 할수록 이 예수 그리스도와 그리스도 십자가 대속의 피의 복음의 구원의 진리의 견고함과 완전함과 진리 됨을 알아 가면서 전율을 느낍니다.

실로 구약의 전 계시가 우리 주 예수 그리스도께로 이끌어 가고 있으며, 예수 그리스도의 인격과 사역 속으로 들어갑니다. 구약의 전 계시는 실로 한 인간 예수 그리스도께서 성취된 하나님의 계시입니다. 이스라엘 백성 자체, 곧 그분의 역사와 직무와 제도, 성전과 제단, 제사와 의식, 예언과 시와 지혜론은 예수 그리스도의 말씀과 역사, 그분의 탄생과 생활, 그분의 죽음과 부활, 그리고 그분의 승천과 하나님의 우편에 앉아 계심에서 모두 완성되었습니다.

저는 하나님 아버지와 그분의 아들 예수 그리스도, 그리고 그분의 성령의 삼위일체 하나님 앞에 엎드려 경배합니다. 신약과 구약은 서로 율법과 복음으로서 서 있는 것이 아니라, 약속과 성취로서 관계합니다.

우리는 오늘 본문에서 사도 바울의 짧은 권면의 말씀 속에서 이런 웅대한 진리의 일면을 엿볼 수 있습니다.

오늘 본문 로마서 15장 8절을 보면 "내가 말하노니 그리스도께서 하나님의 신실하심을 위하여 할례의 추종자가 되셨으니 이는 조상들에게 주신 약속들을 견고하게 하시고"라고 합니다.

먼저 본문의 "내가 말하노니"라는 유대인과 이방인이 동일하게 그리스도 사역의 수신자가 된 새로운 현실을 지지하는 교리적 진실을 말하고자 하는 것입니다. 먼저 유대인의 구원을 오늘 본문(8절)에서 말하고, 다음절(9절) 이하에서 이방인 구원을 말합니다. 이것이 하나님께서 경륜하신 인류 구원의 순서입니다. 바울도 이 사실을 로마서 1장 16절 후단에서 "먼저는 유대인에게요 그리고 헬라인에게로다"라고 하였습니다.

그래서 바울은 앞서 자신이 선언한 말대로 하나님의 웅대한 경륜을 성령의 감동으로 말하였습니다. "그리스도께서 하나님의 진실하심을 위하여 할례의 추종자가 되셨으니"라고 하였습니다. "할례의 추종자"란 할례 받은 자를 말합니다.

예수님은 이 세상에 오셔서 먼저 유대인을 구원하시려고 순종하셨습니다. 이 사실은 예수님 자신도 직접 이렇게 말씀하셨습니다.

예수님은 가나안 여자가 그 딸이 귀신 들린 것을 불쌍히 여겨 구원을 호소했을 때 다음과 같이 말씀하셨습니다.

> 나는 이스라엘 집의 잃어버린 양 외에는 다른데로 보내심을 받지 아니하였노라(마 15:24).

이 말씀은 그리스도께서 먼저 유대인을 섬기는 할례의 추종자가 되셨음을 말씀하신 것입니다.

마태는 예수 그리스도의 생애와 사역이 완전히 구약 예언과 약속의 성취인 것을 증명하고 유대인의 대망이신 메시아(그리스도)이심을 밝혔던 것입니다. 그래서 바울도 "내가 말하노니"라고 어조를 높여 강조하면서 "그리스도께서 하나님의 진실하심을 위하여 할례의 추종자가 되셨으니"라고 말한 것입니다.

예수님은 그 자신이 할례를 받으셨고, 율법 아래 계셨으며, 복음을 할례에 속한 유대인에게 선포하셨습니다. 그리스도는 유대인들과 함께 생활하셨고 그들을 축복하셨으며 스스로를 "이스라엘 집의 잃어버린 양"에게, 곧 "아브라함의 자손을 붙들어 주려" 보냄을 받은 것(히 2:16)으로 여기셨습니다. 말하자면 인류 전체를 대표하는 유대인들에 의해서 붙잡힌 바 되셨습니다.

예수 그리스도의 개인적 사역은 나중에 사도들에 의해 이방인에게까지 확대 되기 전에는 그들에게 한정되었습니다. 예수님께서 이렇게 되신 이유는 하나님의 진리를 위해 그렇게 하셨습니다.

그래서 본문에서 바울은 "그리스도께서 하나님이 진실하심을 위하여 할례의 추종자가" 되셨다고 하였습니다. 예수 그리스도께서는 하나님이 진실하심을 위하여 이 세상에 오셨습니다. 다시 말하자면 하나님께서 유대인들의 조상들에게 약속하신 특별한 은혜에 대한 약속을 실현시키러 오셨다는 말입니다.

유대인들이 이처럼 특출하게 된 것은 유대인들의 공로 때문이 아니라 하나님이 진실하심 때문입니다. 곧 하나님께서 자신의 말씀에 신실하시다는 것을 입증해 보여 주시기 위해서였습니다. 그래서 바울은 이어서 곧 "이는 조상들에게 주신 약속들을 견고하게 하시고"라고 말하였습니다.

아브라함의 후손을 통해 온 땅의 민족들이 축복을 받고, 실로가 유다의 발 사이에서 나오며, 이스라엘로부터 주권자가 배출되게 하며, 시온에서 율법이 나오도록 하신 것 등 많은 사실이 유대인들에게 약속되었습니다. 그리고 때가 이르러 왕 되신 그리스도가 할례의 추종자로 오셨을 때, 이 모든 약속은 확증되었고 하나님의 진실하심이 우리 눈에 드러나게 되었습니다.

이제 그리스도 안에서 신구약에 주어진 하나님의 모든 약속은 예가 되고 아멘이 됩니다. 우리는 우리의 전 인생과 운명과 미래를 그리스도의 손에 맡길 수 있게 되었습니다.

오직 그리스도, 오직 믿음, 오직 예수 보혈 신앙으로 우리의 전 인생과 운명과 미래와 우리 교회의 미래를 그리스도의 수중에 맡겨야겠습니다. 그 방법이 바로 기도하는 것입니다. 그러므로 기도할 수만 있으면 구원을 얻습니다. 일어섭시다. 결코 포기하지 말고 쉬지 말고 기도합시다.

살아 계신 아버지 하나님!

하나님의 은혜를 감사합니다.

우리 같은 억만죄악의 인생들을 구원하시려고 인류 전체를 대표하는 유대인들을 먼저 구원하시고 이어서 우리 이방인도 구원하여 하나님께 영광을 돌리며 살게 하심을 감사합니다.

인류 구원을 위한 하나님의 약속은 얼마나 진실한지 그동안 하나님의 약속들은 무효가 되는 것처럼 보였으나 때가 이르러 왕이신 메시아가 할례의 추종자로 오셨을 때 이 모든 하나님의 약속들은 확증되었음을 믿습니다. 그리고 그 하나님의 약속의 꽃인 그리스도 십자가 대속의 죽음과 부활의 사건으로 온 우주적 죄악을 담당하신 하나님 앞에 의롭다 하는 길을 열어 주신 그리스도 십자가 대속의 복음의 은혜를 찬양합니다.

그러므로 우리 모두는 예수 그리스도와 그리스도 십자가 대속의 피 언약의 신실하심을 굳게 믿고 우리 전 인생의 운명과 미래를 맡기고자 합니다. 우리를 받아 주시고 붙들어 주옵소서.

우리로 이 위기의 시대에 건강을 지켜 주시고 복음의 능력, 하나님의 능력으로 하나님 사랑과 이웃 사랑의 삶으로 형제들을 서로 받아 주시고 사랑하게 하여 주시옵소서.

예수님의 이름으로 기도하옵나이다. 아멘.

롬 15:9

- 이방인들도 그 긍휼하심으로 말미암아 하나님께 영광을.
  이방인과 하나님의 긍휼하심.
- 하나님의 영광을 위해 이방인도 받으셨다. 너희도 서로 받으라.

⁹ 이방인들도 그 긍휼하심으로 말미암아 하나님께 영광을 돌리게 하려 하심이라 기록된 바 그러므로 내가 열방 중에서 주께 감사하고 주의 이름을 찬송하리로다 함과 같으니라

예수님은 그리스도시요 살아 계신 하나님의 아들입니다. 예수님이 하나님의 아들 그리스도라는 증거로 십자가에서 우리 죄를 대신해서 피 흘려 죽으시고, 죽은 자들 가운데서 부활하셨습니다.

이 예수님이 하나님의 아들, 예수님이 그리스도, 예수님이 우리 죄를 대신해서 십자가에서 피 흘려 죽으시고 부활하셨다는 복음으로 우리 인생 모든 문제가 처리되고 해답을 얻습니다. 이 복음은 모든 믿는 자에게 구원을 주시는 하나님의 능력이 됩니다. 이 하나님의 아들 예수 그리스도의 복음, 그리스도 십자가 대속의 피의 복음으로 깊이 뿌리내리기를 기원합니다.

예수님의 신성의 하나님 되심과 십자가 대속의 피의 복음을 마음 중심에 믿고 중생하여 구원받은 그리스도인은 자신의 억만죄악을 그리스도께서 대신 담당하여 자신을 구원해 주셨다는 사실을 한시도 잊지

말고 마음속에 간직하며 살아야 합니다. 이것이 우리 그리스도인의 삶의 기초이며 반석입니다. 이 신성의 하나님의 아들 그리스도의 대속의 죽음의 은혜 속에서 비로소 삶의 목적이 발견됩니다. 그것은 하나님의 영광을 위하여 살아야 한다는 것입니다.

무엇보다도 그리스도께서 왜 우리 죄를 대신해서 십자가에서 죽으셨습니까?

그것은 하나님께 영광을 돌리기 위해서였습니다.

우리가 예수 그리스도에게 받아들여진 목적은 우리로 하여금 이 세상에서 하나님을 영화롭게 하고 다가올 세상에서 하나님과 함께 영광을 누리게 하기 위해서였습니다. 그렇다면 우리 모두는 하나님의 영광을 위하여 서로 받아들여야 합니다.

로마 교회에서는 먹는 것과 마시는 것에 대한 의견 차이로 유대인과 이방인 그리스도인 간에 서로 분쟁이 있었습니다. 이런 차이를 방지하고 조정하기 위해서 바울은 예수 그리스도께서 유대인과 이방인을 어떻게 받으셨는지를 지금까지 보여 주고 있습니다. 우리 모두는 그리스도 예수 안에서 하나입니다. 한 새사람이 되었습니다. 사소한 의견 차이를 받아 주고 관용하고 양보하고 서로 받아야 합니다. 오늘의 우리들 교회도 전혀 마찬가지입니다.

우리는 앞서 그리스도께서 "하나님의 진실하심을 위하여" 유대인들을 받으셨다는 말씀을 들었습니다(8절). 유대인과 하나님의 진실하심 곧 하나님의 진리였습니다. 이제는 이방인도 그리스도께서 똑같이 받으셨습니다. "이방인과 하나님의 긍휼하심"이었습니다. 오늘 본문 말씀입니다.

오늘 본문 로마서 15장 9절을 보면 "이방인들도 그 긍휼하심으로 말미암아 하나님께 영광을 돌리게 하려 하심이라"라고 하였습니다.

이방인들인 우리를 받아들여 하나님을 찬양하게 하신 그리스도의 긍휼하심을 살펴보겠습니다. 그리스도께서 이방인들을 받아들이심으로 그리스도 교회가 세워졌으니 하나님께 영광을 돌리는 것이 교회의 사역이요 천국에서 받을 상급입니다.

우리 주 예수 그리스도의 한 가지 목적은 이방인들도 똑같이 회개하고 돌아와 그리스도의 신비로운 몸으로 유대인과 하나가 되도록 하는 것이었습니다. 이것은 어떤 그리스도인이 과거에 이방인이었다는 이유로 배척을 받아서는 안 된다는 데 대한 중요한 이유가 될 것입니다. 왜냐하면, 그리스도께서 그를 받으셨기 때문입니다.

여러 가지 면에서 기독교는 다른 고급 종교와 비교가 안 되지만 과거에 유대인들에게 "개"라는 비하의 호칭을 들은 이방인들이 예수님을 하나님의 아들로 믿고 그리스도 안에서 존귀한 자가 되고 예수 그리스도처럼 그리스도의 영으로 말미암아 세상에서 선지자, 제사장, 왕의 직함을 가진 자로 살게 되었다는 것은 다른 종교에서는 꿈에도 생각할 수 없는 일입니다.

때로 역설적이기도 하지만 그리스도인이 되기 전의 과거의 죄악된 행실이 도리어 그리스도인이 된 후로는 영광스러운 유산이 된다는 것입니다.

얼마 전에 작고했지만 미국 복음주의 지도자로 찰스 콜슨이란 분이 계십니다. 이분은 미국 닉슨 대통령 시절 닉슨의 법률 고문으로서 막강한 권력과 또 많은 훈장을 받은 사람이었습니다. 그는 닉슨 대통령의 워터게이트 사건에 연루되어 감옥에 들어갔고 유죄 판결을 받아 세상의 모든 명예를 잃어버렸습니다.

그러나 그가 감옥에 있을 때 회심하여 예수님을 하나님의 아들로 믿고 새사람이 되어 출소 후 교도소 선교를 시작하여 세계적인 명성을 얻었고 미국 기독교계에서 지도자가 되었습니다. 그가 쓴 자전적 글에 이런 고백이 나옵니다.

> 내 일생의 진짜 유산은 나의 최대의 실패, 즉 내가 전과자라는 사실이었다. 교도소에 들어가게 된 나의 최대의 치욕이 나의 생애를 하나님께서 가장 유용하게 사용하시게 된 시작이었다.

예수님은 분명하게 이방인들을 초청하고 그들을 환영했습니다. 그래서 바울은 본문에서 "이방인들도 그 긍휼하심으로 말미암아 하나님께 영광을 돌리게 하려 하심이라"라고 하였습니다.

이 말씀은 이방인들은 하나님의 긍휼하심으로 말미암아 찬양할 이유를 갖고 있습니다. 이방 세계가 과거에 갖고 있던 비참하고 통탄할 만한 상태를 고려하면 그들을 받아 주신 것은 유대인을 받아 주신 것보다 훨씬 더 큰 자비의 행위라고 말하지 않을 수 없습니다.

이방인들은 성경적 표현대로 보면 "로암미" 곧 백성이 아닌 자들이었고, "로루하마" 곧 긍휼히 여김을 받지 못한 자들이었습니다(호 1:6,9; 2:23). 어떤 백성에게든 하나님께서 보여 주시는 가장 큰 긍휼은 자신과의 언약 관계 속에 그들을 받아 주신 것입니다. 그러므로 우리를 받아 주신 일에서 하나님의 긍휼을 찾아 내는 것이 좋습니다.

또한, 오늘의 말씀은 이방인들은 하나님의 긍휼하심으로 말미암아 찬양할 마음을 갖게 될 것입니다. 이방인들은 하나님의 긍휼하심에 대해 하나님을 영화롭게 할 것입니다. 회개하지 않은 죄인들은 절대로 하나님을 영화롭게 하지 못합니다.

그러나 회개하게 하는 은혜는 하나님께 영광을 돌리도록 모든 것을 말하고 행하는 성향을 영혼 속에 일으킵니다. 하나님은 오랜 세월 자신의 영광을 수치로 변질시켰던 이방인들로부터 영광의 추수를 할 계획을 갖고 계셨습니다.

그러므로 우리 모두 이방인으로 예수님을 하나님의 아들로 믿고 그리스도인 된 자로서 하나님의 긍휼하심을 깊이 깨닫고 하나님께 영광을 돌리며 살아야겠습니다. 오직 그리스도, 오직 믿음, 오직 예수 보혈 신앙으로 십자가 대속의 하나님의 긍휼의 사랑을 받고, 그 사랑으로 하나님 사랑과 이웃 사랑을 지키므로 범사에 하나님께 영광을 돌리는 자들이 되도록 기도하겠습니다.

살아 계신 아버지 하나님!

하나님의 은혜를 감사합니다.

억만죄악을 가진 우리 이방인들이 하나님의 긍휼하심으로 말미암아 구원을 받았다는 진리를 우리는 다시 한번 마음속 깊이 새기기를 기도합니다. 과거에 이방 세계가 갖고 있던 비참한 현실 속에서 이방인인 우리를 구원해 주심은 유대인들을 받아 주신 것보다 훨씬 더 큰 하나님의 자비라고 믿습니다. 그러므로 우리는 하나님과 우리 주 예수 그리스도의 긍휼에 보답하기 위해서라도 하나님께 영광을 돌리며 살아야 한다고 믿습니다.

그렇다면 구원받은 그리스도인 사이에서 나타나는 사소한 문제들에 있어서 나타나는 의견 차이로 다투거나 분열되어서는 안 된다고 믿습니다. 더욱이 억만죄악을 가진 우리를 그리스도께서 우리를 받아 하나님 아버지께 영광을 돌리심과 같이 우리도 예수님을 본받아 서로 받아 주어야 한다고 믿습니다. 그러므로 우리는 그리스도 안에서 유대인과 이방인이 그리스도의 신비한 몸으로 하나가 되었음을 믿을 뿐 아니라 그리스도 교회 안의 형제들도 그리스도 몸의 한 지체가 된 것을 믿어 서로 받아 주고 사랑하고 용납하는 자들이 되어야 한다고 굳게 믿습니다.

우리에게 더 큰 믿음을 주옵소서. 연약한 우리들을 붙들어 주옵소서. 능력 있는 주님의 두 손으로 우리를 붙들어 주옵소서. 능력 있는 주님의 두 손으로 우리를 붙들어 주시어 좁은 길을 걸을 때 넓은 마음과 관용으로 의견의 차이를 가진 형제를 받아 주도록 도와주옵소서. 오늘도 우리로 건강하게 하셔서 하나님 사랑과 이웃 사랑의 증인으로 살도록 하나님의 사랑을 우리 마음에 부어 주옵소서.

예수님의 이름으로 기도하옵나이다. 아멘.

5. 기록된바, 또 이르되, 구약의 네 개의 인용문과 소망의 하나님

(15:9-13)

485

롬 15:9-12

- "기록된 바, 또 이르되, 또 이사야가 이르되"
  네 개의 구약 인용문(율법 하나, 선지서 하나, 성문서 둘).
  구약을 세 부분으로 나눔.
- 구약도 이방인들과 하나님에 대한 예배를 언급.
  구약은 그리스도의 복음이 자리 잡은 기초.
  그래서 유대인과 이방인이 메시아적 공동체에 포함된다는 진리를 강조.
  오직 그리스도, 오직 믿음으로 서로 받으라.

> ⁹ 이방인들도 그 긍휼하심으로 말미암아 하나님께 영광을 돌리게 하려 하심이라 기록된 바 그러므로 내가 열방 중에서 주께 감사하고 주의 이름을 찬송하리로다 함과 같으니라 ¹⁰ 또 이르되 열방들아 주의 백성과 함께 즐거워하라 하였으며 ¹¹ 또 모든 열방들아 주를 찬양하며 모든 백성들아 그를 찬송하라 하였으며 ¹² 또 이사야가 이르되 이새의 뿌리 곧 열방을 다스리기 위하여 일어나시는 이가 있으리니 열방이 그에게 소망을 두리라 하였느니라

예수님은 그리스도시요 살아 계신 하나님의 아들입니다. 예수님이 하나님의 아들 그리스도라는 증거로 십자가에서 우리 죄를 대신해서 피 흘려 죽으시고, 죽은 자들 가운데서 부활하셨습니다.

이 예수님이 하나님의 아들, 예수님이 그리스도, 예수님이 우리 죄를 대신해서 십자가에서 피 흘려 죽으시고 부활하셨다는 복음으로 우리 인생 모든

문제가 처리되고 해답을 얻습니다. 이 복음은 모든 믿는 자에게 구원을 주시는 하나님의 능력이 됩니다. 이 하나님의 아들 예수 그리스도의 복음, 그리스도 십자가 대속의 피의 복음으로 깊이 뿌리내리기를 기원합니다.

예수님의 신성의 하나님 되심과 십자가 대속의 피의 복음을 마음 중심에 믿고 중생하여 구원받은 그리스도인은 신구약 성경이 하나님의 영감으로 쓰여진 정확 무오한 하나님의 말씀인 것을 반드시 믿어야 합니다. 이 믿음의 정도에 따라서 개혁주의와 신정통주의가 갈라집니다.

우리는 신구약 성경이 무오한 하나님의 말씀인 것을 굳게 믿는 개혁주의 입장에 서 있지만, 오늘날 복음주의권에 속한다는 신학교에서 칼 바르트의 신정통주의가 정통 신학인양 가르쳐지고 있습니다.

바르트는 아담이 범죄한 것은 역사적 사건이 아니라고 합니다. 그는 원죄의 기원을 역사로 보지 않고 비역사로 봅니다. 바르트는 하나님의 계시가 와서 터치하지만 터치가 아니라고 합니다. 진리는 붙잡지 못한다는 것입니다. 영원은 시간에 붙들릴 수 없다는 사고 방식입니다. 이는 터치는 할 수 있지만 붙잡을 수는 없다는 것입니다.

저는 이런 신학적 교리를 들으면 웃음이 나오고 딱하다는 생각이 듭니다. 하나님의 말씀인 진리는 우리에게 임합니다. 우리에게 찾아와 우리 안에 거하십니다. 사람의 말은 바람에 불과하지만 하나님의 말씀은 본질이며 실체입니다.

우리가 하나님과 예수 그리스도를 보는 진리의 영광을 알았다면 그것은 계속 존재합니다. 그것은 우리를 감동시켜 행동하게 하고 우리를 지배하고 우리를 인도하며 우리에게 명령합니다. 즉, 진리는 우리와 함께 있는 것입니다.

　이러한 하나님의 진리의 함축과 요약이 하나님의 아들 예수 그리스도를 통해서 계시되었습니다. 구약성경의 전 계시는 모두 예수 그리스도께로 이끌어 갑니다. 구약의 전 계시는 한 인간 하나님의 아들 예수 그리스도에 의해 성취됩니다. 예수 그리스도는 창조와 섭리에서(요 1:3-10), 그리고 이스라엘의 인도 속에서(요 1:11) 예수님은 그 자신이 육체로 오심을 준비하셨습니다.

　구약 시대의 특별 계시는 의심 없이 오시는 예수 그리스도의 역사입니다. 신현, 예언과 이적은 예수 그리스도를 증명하고, 그분 안에서 그것들은 충만함에 도달합니다. 구약의 특별 계시는 그리스도의 인격과 사역에서 절정에 달했습니다.

　이렇게 하나님의 계시가 그리스도 안에 나타났을 때, 그리고 성경과 교회 안에 우주의 한 구성 부분으로 만들어졌을 때 다른 의미가 개입되었습니다. 그때까지는 만물이 그리스도를 준비하는 것들이었던 것처럼 이제 만물이 그로부터 유래되고 있습니다. 그때에는 그리스도가 교회의 머리로 형성되었지만, 이제는 교회가 그리스도의 몸으로 형성되고 있습니다.

　그러므로 그리스도 교회 안에서 성도들 간의 다툼과 분열보다 더 치명적인 것은 없습니다. 이로 인한 상처 때문에 그리스도의 몸은 생명과 정신이 사라집니다. 그래서 사도 바울은 사소한 문제들에 대한 상호 간의 관용에 대하여 계속 강조하고 있습니다. 서로 받으라고 하는 것입니다.

사도 바울은 이에 대한 귀감으로서 그리스도께서 하나님의 영광을 위하여 우리를 받아 주셨다는 사실을 말하면서 우리도 서로 받으라고 하는 것입니다(7절). 그리스도께서는 유대인들을 받으셨습니다. 그분은 할례의 추종자가 되셨기 때문입니다(8절). 또한, 그리스도께서는 이방인도 똑같이 받으셨습니다(9절 전단).

사도 바울은 이제 유대인과 이방인이 메시아적 공동체인 그리스도 교회에 포함된다고 하는 진리를 네 개의 구약성경 인용문을 통해 강조합니다. 이 네 개의 구약성경은 율법서에서 하나, 선지서에서 하나, 그리고 성문서에서 두 개를 골랐습니다. 이는 구약을 유대인들이 이 세 개로 나누기 때문이었습니다.

이 네 개의 인용문들은 모두 이방인들과 하나님에 대한 예배를 언급합니다. 각각은 약간씩 다른 강조점을 가지고 있습니다. 우리는 후에 이 네 개의 인용문 각각에 대한 내용을 구체적으로 살펴볼 것입니다. 다만 오늘 본문에서는 그 개요만 보도록 하겠습니다.

첫째, 본문 로마서 15장 9절 후단에 보면 "기록된 바 그러므로 내가 열방 중에서 주께 감사하고 주의 이름을 찬송하리로다 함과 같으니라"라고 하였습니다. 이 말씀은 시편 18편 49절과 사무엘하 22장 50절에서 인용하고 있습니다. 이는 다윗이 이스라엘의 왕이었지만 이방인 가운데서 하나님을 찬양하려는 그의 의도를 알립니다.

이는 로마에 있던 유대 그리스도인들도 다윗의 예를 따라 이방인과 함께 하나님 찬양하기를 권면하는 것입니다.

둘째, 본문 10절을 보면 "또 이르되 열방들아 주의 백성과 함께 즐거워하라"라고 하였습니다. 이는 신명기 32장 43절의 인용으로서 바울은 이스라엘의 경배에 참여하는 이방인을 말하고 있습니다.

셋째, 본문 11절은 "또 모든 열방들아 주를 찬양하며 모든 백성들아 그를 찬송하라"라고 하며 시편 117편 1절을 인용하였습니다.

넷째, 본문 12절은 "또 이사야가 이르되 이새의 뿌리 곧 열방을 다스리기 위하여 일어나시는 이가 있으리니 열방이 그에게 소망을 두리라"라고 하였습니다. 이는 이방인에게 소망을 가져다 주는 그리스도의 통치를 말하는 것입니다.

이와 같이 하나님은 이미 구약성경에서 이방인들도 유대인과 함께 아브라함이 보여 준 것과 같이(창 12:3, 18:18, 22:18, 26:4) 함께 예배에 참여하는 것을 계획하셨던 것입니다. 그러므로 그리스도인들 사이에 사소한 문제에 대한 차이와 감정의 문제는 그리스도 십자가 대속의 피의 사랑을 받고 서로 용납하며 서로 받고 서로 세워 주어야 합니다.

오직 그리스도, 오직 믿음, 오직 예수 보혈 신앙으로 성령의 충만을 받고 하나님 사랑의 부음을 받아 관용하고 교회의 건덕을 위해 힘쓰도록 기도해야겠습니다. 다 같이 기도하겠습니다.

살아 계신 아버지 하나님!
하나님의 은혜를 감사합니다.

오늘 본문을 통해서 인류 구원을 위한 하나님의 중대한 계획과 경륜을 알게 하시니 실로 감사합니다. 이스라엘 민족의 지표는 단순히 한 민족에게만 국한된 것이 아니라 이방인을 포함한 인류 보편의 목표로 세워졌고 그 후 역사의 진행으로 구약에서 예표되신 그리스도께서 이 세상에 오셔서 그리스도 교회를 세우심으로 하나님 나라는 완성되어 간다는 신비를 조금이나마 알게 하시니 감사합니다.

이제 구약의 이스라엘은 예수 그리스도 안에서 영적 이스라엘로서 그리스도 교회로 성취되었은즉 유대인이나 이방인이나 그리스도 안에서 차별이 없어졌다고 믿습니다. 유대인과 이방인이 메시아 공동체인 그리스도 교회에 다 함께 포함되어 그리스도의 몸의 한 지체로 살게 되었은즉 믿음이 강한 자는 약한 자의 약점을 담당하고 서로의 사소한 의견 차이를 서로 받아 주어야 한다고 믿습니다.

바울은 이 사실의 확실한 증거로 오늘 본문에서 구약을 구성하는 세 부분인 율법서와 선지서와 성문서에서 이방인들도 이미 하나님에 대한 예배를 언급하고 있음을 예로 들어 그리스도 안에서 한 몸 된 사실을 강조하였습니다. 오늘날 이방인 중심의 교회 안에서도 사소한 문제의 의견 차이로 다투고 분열하는 사실이 나타나는데 우리는 이 말씀의 권면을 듣고 서로 받는 자들이 되어야 한다고 믿습니다.

우리에게 이런 믿음을 굳게 세워 주옵소서. 무엇보다도 우리로 건강하게 하셔서 하나님 사랑과 이웃 사랑의 열매를 맺는 하루가 되도록 은혜를 베풀어 주옵소서.

예수님의 이름으로 기도하옵나이다. 아멘.

롬 15:9

- "기록된 바 그러므로 내가 열방 중에서 주께 감사하고 주의 이름을 찬송하리이다"
  다윗의 시편 인용.
  이방인에게 복음이 전파될 것이 예언되어 있다.
- 불화 속에 있는 유대인과 이방인의 화해를 위한 바울의 권면.
  서로 받으라.

⁹ 이방인들도 그 긍휼하심으로 말미암아 하나님께 영광을 돌리게 하려 하심이라 기록된 바 그러므로 내가 열방 중에서 주께 감사하고 주의 이름을 찬송하리로다 함과 같으니라

예수님은 그리스도시요 살아 계신 하나님의 아들입니다. 예수님이 하나님의 아들 그리스도라는 증거로 십자가에서 우리 죄를 대신해서 피 흘려 죽으시고, 죽은 자들 가운데서 부활하셨습니다.

이 예수님이 하나님의 아들, 예수님이 그리스도, 예수님이 우리 죄를 대신해서 십자가에서 피 흘려 죽으시고 부활하셨다는 복음으로 우리 인생 모든 문제가 처리되고 해답을 얻습니다. 이 복음은 모든 믿는 자에게 구원을 주시는 하나님의 능력이 됩니다. 이 하나님의 아들 예수 그리스도의 복음, 그리스도 십자가 대속의 피의 복음으로 깊이 뿌리내리기를 기원합니다.

하나님의 아들 예수 그리스도 복음, 그리스도 십자가 대속의 피의 복음은 창세전에 삼위일체 하나님 간의 구속 협약에서 정해진 신비적 연합을 우리 자신의 구원의 출발점으로 삼고 있습니다. 그리고 역사 속에서 구원 협약이 시행되는 것입니다.

그러므로 신약성경에서 타락한 인류 구원의 언약은 그 시작이 아브라함과 맺으신 하나님의 언약이 아닙니다. 그 기원은 삼위 하나님 간의 구원 협약이며, 하나님은 이 구원 협약을 기초로 해서 역사 속에서 인간과의 친교 언약인 은혜 언약을 설정하시어 타락한 인간들을 구원하시는 것입니다.

그리고 이 은혜 언약의 최초 계시는 소위 원시 복음으로 알려진 창세기 3장 15절에 나온 아담 언약입니다. 이것이 여자의 후손으로 오실 메시아(그리스도) 약속의 언약입니다.

이 창세기 3장 15절의 언약은 인류를 두 부분으로, 곧 여자의 후손과 뱀의 후손으로 구분합니다. 그리고 하나님의 친교는 여자의 후손과 확립되고, 뱀의 후손과는 원수가 되어 있는 것입니다.

이 창세기 3장 15절의 언약은 노아와의 자연 언약을 거쳐 아브라함과의 언약, 그 후 시내산 언약, 그리고 다윗과의 언약으로 더욱 구체화되어 발전됩니다. 이 다윗 언약은 그리스도 언약을 가장 분명히 예시합니다. 이것이 소위 계시의 점진성이라는 말입니다.

그래서 구약 시대 다윗 왕국은 그리스도 왕국의 모형이요, 다윗은 그리스도의 모형이었습니다. 다윗이 메시아로 기름 부음을 받고도 왕위에 오르지 못하고 10여 년간 사울왕에 쫓겨 다니며 고난을 당한 후 사울이 죽자 이스라엘 왕위에 오르는데 이는 우리 주 예수 그리스도의 고난과 영광의 모형으로서 된 하나님의 경륜이었습니다.

다윗은 시인으로서 많은 시편의 저자가 되었는데 그 시편에는 그리스도의 십자가 대속의 고난이 적나라하게 예언되어 있으며, 또한 영광의 승리 시도 나타나 있습니다. 구속사적 의미에서 시편의 주인은 예수 그리스도이신 것입니다.

오늘 본문에서도 바울은 이방인에 대한 호의는 하나님의 긍휼하심일 뿐만 아니라 이방인에 대한 구원이 하나님의 인류 구원의 계획 속에 이미 있음을 구약성경에 예언하고 있음을 인용합니다. 앞서 본바대로 네 개의 구약 인용문에서 바울은 먼저 다윗의 시편을 인용합니다.

오늘 본문 로마서 15장 9절 후단을 보면 "기록된 바 그러므로 내가 열방 중에서 주께 감사하고 주의 이름을 찬송하리로다 함과 같으니라"라고 합니다.

이 본문은 시편 18편 49절의 인용으로서 사무엘하 22장 50절에서도 인용되었습니다. 이 본문은 다윗이 사방의 이방인을 정복한 후, 그들 중에서 하나님의 영광을 드러낸 것을 노래한 것입니다.

바울은 이를 예수 그리스도에게 적용하며 그리스도께서 영적으로 이방인들을 정복 곧 구원하사 그들로 하나님을 찬미하게 하실 것을 가리켰습니다. 다윗의 승전은 그리스도의 이방인 구원의 역사의 한 그림자였던 것입니다.

이렇게 사도 바울이 시편으로부터 이방인 구원에 관한 진리를 인용함으로써 이방인에 대한 유대인들의 혐오를 누그러뜨리고 불화 속에 있는 유대인과 이방인의 사이를 화해시키려 애쓰는 것입니다.

본문은 "내가 열방 중에서 주께 감사하고"라고 하는데, 이는 이방인에게 복음이 전파될 것의 예언이었습니다. 즉, 하나님의 이름이 이방 세계에서 알려지고 일컬어질 것입니다. 그곳에 복음의 은혜와 사랑이 송축받을 것이라는 의미입니다.

하나님의 이름을 부르며 감사하고 송축하는 것이야말로 다른 사람들을 하나님을 알고 찬양하도록 이끄는 최고의 수단입니다. 우리 주 예수 그리스도께서는 모든 민족에게 친히 사자로 파송한 자신의 사도들과 사역자들 안에서 그리고 그들을 통해 이방인 중에서 하나님에 대한 찬양의 원천이 되셨습니다.

다윗은 그의 생전에 그가 지은 시편이 이방인에게 복음이 전파될 것의 예언이었는지 혹 그 안에 계신 그리스도의 영으로 인식했을지 모르지만 이스라엘 중에서 최고의 시인이었던 자가 지금은 이방인 중에서 가장 감동적인 시인이 되었습니다. 예수님을 그리스도로 믿고 회개의 은혜를 받은 모든 그리스도인은 다윗의 시편을 사랑합니다.

그의 시편들이 다윗의 자손 예수 그리스도에 의해 선포된 것으로 본다면 믿음으로 말미암아 찬양하는 모든 성도의 가슴속에 그분이 영적으로 내주하는 것으로 이해될 수 있습니다. 만일 이방인 중에서 하나님에 대한 어떤 고백이 있고 그분의 이름이 찬송을 받는다면 그것은 그들이 하는 것이 아니라 그들 속에 거하는 예수 그리스도와 그분의 은혜가 하는 것입니다.

이와 같이 유대인만 하나님의 구원의 계획 속에 들어 있는 것이 아니라 이방인도 이미 하나님은 오랜 세월 자신의 영광을 수치로 변질시켰던 이방인들로부터 영광의 추수를 할 계획을 갖고 계셨습니다. 그리하여 오늘의 우리 같은 이방인들이 하나님께 영광을 돌리며 살고 있는 것입니다.

그러므로 우리 모두는 하나님의 긍휼하심과 우리를 향한 구원 계획의 진리 말씀을 들으면서 오직 그리스도, 오직 믿음, 오직 은혜, 오직 성경, 오직 하나님의 영광을 위하여 살 것입니다. 우리 모두는 오직 하나님의 영광을 위하여 믿음이 약한 자의 약점을 드러내지 말고 담당하고 관용하며 그리스도 안에서 서로 받는 자가 되도록 기도하겠습니다.

살아 계신 아버지 하나님!

하나님의 은혜를 감사합니다.

이방인 된 우리가 하나님의 긍휼하심으로 하나님께 영광을 돌리며 사는 구원의 백성이 되었을 뿐만 아니라 더 나아가 구약성경에 이미 이방인 구원에 관한 예언의 말씀을 우리로 듣게 하시니 감사하고 또 감사합니다.

우리는 성경 연구를 통해서 구약의 대위임령이 창세기 12:1-3의 아브라함을 부르실 때부터 나타났으며, 출애굽기 19:5-6에서도 나타났고, 이사야서 49:6에서도 나티났음을 믿습니다. 그런데 오늘 본문에서도 사도 바울이 다른 구약성경 본문을 인용하여 이방인에게 복음이 전파될 것을 예언하는 말씀을 전해 주시니 하나님께 더욱 감사합니다.

바울이 로마 교인들에게 이런 구약성경을 인용하여 이방인이 복음을 받을 것을 말한 것은 로마 교회 안에 존재하는 이방인에 대한 유대인들의 혐오를 누그러뜨리고 불화 속에 있는 양 당사자를 화해시키려 한 것으로 믿습니다. 교회 안에서 성도들 간의 다툼과 분열보다 그리스도 교회에 치명적인 것은 없다고 믿습니다. 그래서 바울은 사소한 문제들에 대한 상호간의 관용에 대하여 계속 수차례에 걸쳐서 강조에 강조를 더하고 있다고 믿습니다.

우리의 마음을 넓혀 주옵소서. 우리의 관용을 모든 사람에게 알게 하여 주옵소서. 우리를 붙들어 주옵소서. 우리가 서로 그리스도 안에서 하나가 됨을 통해 세상으로 예수님이 그리스도인 것을 증거하게 하여 주옵소서. 오늘도 우리로 건강하게 하시고 성령으로 말미암아 하나님의 사랑을 우리 마음에 부어 주옵소서. 하나님 사랑과 이웃 사랑의 전도자로 살아가게 하여 주옵소서.

예수님의 이름으로 기도하옵나이다. 아멘.

롬 15:10, 11

- "또 이르되 열방들아 주의 백성과 함께 즐거워하라. 그를 찬송하라"
  이방인들이 유대인들과 함께 잔치에 참여하고, 함께 하나님을 찬송한다.
- 그리스도 교회에 들어온 유대인과 이방인은 모든 일에 동반자.
  함께 하나님을 찬양하라.
  서로 받으라.

> ¹⁰ 또 이르되 열방들아 주의 백성과 함께 즐거워하라 하였으며 ¹¹ 또 모든 열방들아 주를 찬양하며 모든 백성들아 그를 찬송하라 하였으며

예수님은 그리스도시요 살아 계신 하나님의 아들입니다. 예수님이 하나님의 아들 그리스도라는 증거로 십자가에서 우리 죄를 대신해서 피 흘려 죽으시고, 죽은 자들 가운데서 부활하셨습니다.

이 예수님이 하나님의 아들, 예수님이 그리스도, 예수님이 우리 죄를 대신해서 십자가에서 피 흘려 죽으시고 부활하셨다는 복음으로 우리 인생 모든 문제가 처리되고 해답을 얻습니다. 이 복음은 모든 믿는 자에게 구원을 주시는 하나님의 능력이 됩니다. 이 하나님의 아들 예수 그리스도의 복음, 그리스도 십자가 대속의 피의 복음으로 깊이 뿌리내리기를 기원합니다.

예수님의 신성의 하나님 되심과 십자가 대속의 피의 복음을 마음 중심에 믿고 예수 그리스도를 영접하여 구원받은 그리스도인은 그리스

도 안에서 유대인이나 헬라인이나 종이나 자유인이나 남자나 여자나 다 하나가 되었다는 진리 속에서 함께 즐거워하며 함께 삼위 하나님을 찬양하며 사는 자유를 얻었습니다.

얼마나 감사합니까!

지금도 우리 한국 사회에서는 페미니즘이나 반페미니즘이나 "이대남" 등의 말이 공공연히 통용되고 있습니다. 또한, 극심한 지역 감정에 고통을 받고 있습니다.

그리스도의 십자가가 이런 한국 사회의 고질적 죄악인 지역 감정을 폐할 수 있습니까?

그리스도 교회 목회자들도 이런 벽을 깨뜨리지 못합니다. 우리가 이렇게 그리스도 십자가 대속의 사랑을 배반하고 편가르기에 힘쓰고 있으니 과연 우리가 억만죄악의 인생이 틀림 없습니다.

그렇다면 우리는 특별한 선민으로 과거에 하나님으로부터 선택받은 유대인들이 얼마나 이방인들을 무시하고 혐오하는지 그 사실을 이해해야 합니다. 오늘의 유대인 사회도 유대교의 식습관과 안식일 준수 등 율법을 2000년 전이나 지금이나 똑같이 엄숙하게 지킵니다.

이스라엘에 유학 간 사람들이나 혹은 서구에서 유대인이 많이 사는 곳에서 생활한 사람들은 이에 대해 확실한 체험을 갖고 있습니다. 유대인들은 같은 반 학생 집에 가면 물만 먹고 간식을 절대 먹지 않습니다. 한 번도 사용하지 않은 컵, 접시, 포크가 아니면 먹을 수 없습니다. 물론 레위기 11장에 따른 정한 짐승과 부정한 짐승의 법을 따릅니다.

또 유제품과 고기도 함께 먹을 수 없습니다(출 23:19). 그래서 이스라엘의 맥도날드나 버거킹 체인점에는 치즈버거가 없습니다. 유대교 식

사법에 따르면 치즈에는 우유가 들어 있기 때문입니다.

그뿐만 아니라 유대인들은 금요일 저녁부터 안식이 시작되는데 안식일이 시작된 후에는 전깃불을 켜는 것이 금지되어 있습니다. 그래서 깜빡 잊고 미처 불을 켜지 못한 유대인들은 이방인을 불러서 전기 스위치를 켜 달라고 합니다. 혈압을 재고 기록하는 일을 하는 유대인 간호사는 안식일에는 이방인 조무사를 데리고 와서 자신이 재는 혈압을 그 조무사더러 기록하게 합니다. 이는 글을 쓰는 것이 일에 해당하기 때문입니다.

이렇게 철저한 율법적 습관에 살다가 그리스도인이 된 유대인들이 손쉽게 그런 옛 관습을 버릴수 있겠습니까?

이는 대단히 어려운 일입니다. 어느 누구든 원래 유대인이었던 사람들이 아직 연약해서 구약적 의식 율법이 예수 그리스도께서 오심으로 폐지되었다는 진리를 충분히 알지 못하여 아직 믿음에 연약해서 옛 유대교 전통을 벗어 버리지 못했을 때 믿음이 강한 자들은 그들을 절대로 욕하거나 무시해서는 안 됩니다.

유대인들은 도리어 이방인들의 식습관이나 안식일 준수에 따르지 않는 것을 혐오하고 멀리하는 것입니다. 이런 형편을 잘 아는 사도 바울은 로마에 있는 그리스도 교회의 유대인과 이방인들 간의 이런 차이에 대한 다툼과 분열을 막기 위해 강조에 강조를 더하고 있는 것입니다.

그리하여 바울은 강조하기를 그리스도께서 우리를 받아 하나님께 영광을 돌리심과 같이 너희도 서로 받으라(7절)라고 하는 것입니다. 우리도 마땅히 하나님의 영광을 위하여 서로 받아들여야 한다고 말합니다. 그리스도께서는 유대인을 받으셨고(8절), 이방인도 똑같이 받으셨습니다. 바울은 이것을 9-12절에서 보여 주었습니다.

바울은 이 네 구절에서 네 가지 구약 본문을 인용하여 이방인이 하나님의 계획 가운데 차지하는 위치와 하나님을 경배하는 데 있어 유대인과 이방인이 연합할 것을 권면합니다. 하나님은 오랜 세월 자신의 영광을 수치로 변질시켰던 이방인들로부터 영광의 추수를 할 계획을 갖고 계셨던 것입니다.

우리는 앞서 첫 번째로 이방인에게 복음이 전파될 것이 예언되어 있음을 시편 18편 49절의 말씀 인용으로 보았습니다.

이제 우리는 두 번째와 세 번째의 구약성경 인용문을 보고자 합니다.

두 번째 인용문은 본문 로마서 15장 10절에서 "또 이르되 열방들아 주의 백성과 함께 즐거워하라 하였으며"라고 하는데 이는 신명기 32장 43절의 모세의 노래로부터 인용한 것입니다.

이방인으로서 주의 백성으로 편입된 자들은 그분의 백성들과 함께 즐거워한다고 말합니다. 어느 백성이든 그들 가운데 십자가 대속의 피의 복음이 권능으로 임하는 것보다 더 큰 즐거움은 없을 것입니다. 이방인에 대한 편견을 갖고 있었던 유대인들은 자기들의 즐거운 잔치에 이방인의 참여를 절대로 허용하지 않을 것입니다. 그러나 그리스도의 십자가로 장벽이 무너졌기 때문에 이방인은 그분의 백성과 함께 즐거워하도록 허락됩니다.

세 번째 인용문은 본문 로마서 15장 11절에서 "또 모든 열방들아 주를 찬양하며 모든 백성들아 그를 찬송하라 하였으며"라고 하는데 이는 시편 117편 1절의 인용으로서 이방인들이 하나님을 찬양하게 될 것을 말하는 것입니다.

이방인은 오랜 세월 나무와 돌과 같은 우상들을 찬양해 왔습니다. 그러나 이제는 예수 그리스도로 말미암아 하나님을 찬양하도록 인도를 받고 있는 것입니다.

이렇게 사도 바울은 구약성경으로부터 예언된 이방인에 대한 하나님의 호의를 인용함으로써 유대인들의 이방인에 대한 혐오를 누그러뜨리고 불화 속에 있는 양 당사자를 화해시키려 하고 있습니다.

그러므로 우리 모두는 그리스도 십자가 대속의 피의 복음을 참되게 믿고 관습의 차이와 인종 및 국경을 초월하는 그리스도인들이 되어야겠습니다.

오직 그리스도, 오직 믿음, 오직 예수 보혈 신앙으로 성령 충만 받고 하나님 사랑과 이웃 사랑의 전도자로 살고 사소한 문제의 의견 차이를 서로 용납하고 관용하는 자들이 되어야겠습니다. 기도하겠습니다.

살아 계신 아버지 하나님!

하나님의 은혜를 감사합니다.

우리가 하나님과 원수 되었을 때 하나님의 아들의 죽으심으로 말미암아 하나님과 화목하게 된 것을 실로 감사합니다.

이런 하나님의 긍휼하심을 받은 우리 이방인들이 아직 의식법에 매여 그리스도인이 되었음에도 옛 유대교 관습을 따르는 유대인들을 이해해 주고받아 주어야 한다고 믿습니다. 더욱이 오늘의 하나님 말씀은 오랜 세월 하나님의 영광을 수치로 변질시켰던 이방인들에 대한 하나님의 구원 계획이 이미 유대인들에게 먼저 주어진 구약성경에 예언으로 들어 있음을 듣게 하시니 더욱 감사합니다.

그리스도 복음이 이방인에게 전파될 것이 예언되어 있을 뿐만 아니라 이방인이 하나님의 백성과 함께 즐거워하고 또 하나님을 함께 찬양하게 할 것에 대한 예언을 듣고 하나님께 모든 영광을 돌려드립니다. 그렇다면 예수 그리스도를 믿는 이방인과 유대인들은 서로 간의 사소한 차이로 다투거나 분열하지 말아야 한다고 믿습니다. 오늘날 이런 현상은 이방인들의 교회 안에서도 동일하게 적용되어야 한다고 굳게 믿습니다.

지역 감정으로 서로 분열하고 다투며, 학연이나, 빈부귀천, 남녀노소, 이해 상반 등으로 교회 안에서 싸우는 일이 없도록 우리를 붙들어 주옵소서. 그리스도의 십자가가 우리 사이의 닫힌 장벽을 무너지게 못하니 우리의 믿음 없는 것을 용서하여 주시고 참된 믿음을 우리에게 주시옵소서.

오늘도 우리 모두 건강하게 하시고 건전하게 하여 교회 안에서는 형제 간에 서로 화목하고 용납하고 관용하게 하시며 밖에 나가서는 고결한 인격으로 살아가게 우리를 붙들어 주옵소서.

예수님의 이름으로 기도하옵나이다. 아멘.

롬 15:12

- "또 이사야가 이르되 … 열방이 그에게 소망을 두리라"
  이사야 11장 10절 인용.
  이방인의 왕으로서 그리스도에 관한 계시.
- 이방인은 그리스도께 소망을 두라.
  소망의 그리스도를 믿고 기도하고 서로 그리스도 안에서 하나가 되라.

> 12 또 이사야가 이르되 이새의 뿌리 곧 열방을 다스리기 위하여 일어나시는 이가 있으니 열방이 그에게 소망을 두리라 하였느니라

예수님은 그리스도시요 살아 계신 하나님의 아들입니다. 예수님이 하나님의 아들 그리스도라는 증거로 십자가에서 우리 죄를 대신해서 피 흘려 죽으시고, 죽은 자들 가운데서 부활하셨습니다.

이 예수님이 하나님의 아들, 예수님이 그리스도, 예수님이 우리 죄를 대신해서 십자가에서 피 흘려 죽으시고 부활하셨다는 복음으로 우리 인생 모든 문제가 처리되고 해답을 얻습니다. 이 복음은 모든 믿는 자에게 구원을 주시는 하나님의 능력이 됩니다. 이 하나님의 아들 예수 그리스도의 복음, 그리스도 십자가 대속의 피의 복음으로 깊이 뿌리내리기를 기원합니다.

예수님의 신성의 하나님 되심과 십자가 대속의 피의 복음을 마음 중심에 믿고 중생하여 구원받은 그리스도인은 소망 없는 세상에서 소망

주 예수 그리스도를 믿고 그분만을 의지하고 구원을 받게 되는 인생 최고의 축복을 받은 자입니다.

저는 과거에 일찍이 제 삶의 허무를 깨닫고 세상에서 어떤 소망의 근거를 찾고자 지식도 추구해 보았고 출세도 꿈꾸며 힘을 다해 그것을 얻고자 노력한 바 있었습니다. 그러나 그것을 얻기는커녕 육체의 질병으로 죽음을 생각하게 되었을 때에야 비로소 소망의 구주 예수 그리스도를 찾게 되었습니다.

감사하게도 하나님은 수년 간의 하나님을 향한 추구를 받아 주셔서 예수님을 하나님의 아들로 믿는 진리의 빛을 제 마음에 비추어 주셨습니다. 그리하여 주님은 저로 하여금 예수님을 신성의 하나님의 아들로 믿고 오직 그리스도만을 소망의 주로 의지하며 살게 하여 오늘에 이르게 해 주셨습니다.

이런 은혜는 전혀 하나님의 은혜이지만, 이런 이방인에게 이방인의 왕으로서 그리스도에 관한 계시는 이미 구약성경에 예언된 바였고, 이방인들로 그리스도께 소망을 두고 살도록 하나님은 창세전에 계획을 갖고 계셨던 것입니다.

그러므로 우리는 무엇을 말하겠습니까?

"이는 만물이 주에게서 나오고 주로 말미암고 주에게로 돌아감이라 그에게 영광이 세세에 있을지어다 아멘"(롬 11:36) 이라고 화답하며 그 앞에 엎드려 경배할 뿐입니다.

우리는 이방인의 구원에 관한 구약성경의 예언에 관한 네 번째 말씀을 듣고자 합니다.

본문 로마서 15장 12절을 보면 "또 이사야가 이르되 이새의 뿌리 곧 열방을 다스리기 위하여 일어나시는 이가 있으리니 열방이 그에게 소망을 두리라 하였느니라"라고 하였습니다.

이 말씀은 서두에 표기된 대로 이사야 11장 10절을 인용한 것입니다. 그것은 한마디로 이방인들이 예수 그리스도를 소망의 주로 믿게 될 것이라는 말씀입니다. 구약성경의 선지자 이사야는 주전 700년경 사람으로서 성령의 감동을 받아 이방인 구원의 성취를 내다보고 기록한 것입니다.

먼저 본문에 보면 "이사야가 이르되 이새의 뿌리"라고 말합니다. 이 이사야의 예언은 매우 현저한 메시아 예언구로서 이새는 다윗의 아버지입니다. 그리스도는 다윗의 후손으로 탄생하실 것을 예언한 것입니다. 요한계시록 22장 16절에는 예수 그리스도는 "다윗의 뿌리"로 불리기도 하였습니다.

그런데 이새의 뿌리이신 그리스도께서 본문에 보면 "곧 열방을 다스리기 위하여 일어나시는 이가 있으리니"라고 하였습니다. 이 말씀은 이방인의 왕으로서 그리스도에 관한 계시입니다.

여기서 그리스도는 이새의 뿌리로 불리는데 곧 다윗 족속의 생명과 힘이 되는 가지라는 말입니다(사 11:1). 그리스도는 다윗의 주였으나 또한 다윗의 자손이셨습니다(마 22:45).

이런 신비를 인간이 알 수 있겠습니까?

마태복음 22장에 보면 바리새인들이 모였을 때에 예수님은 그들에게 물으셨습니다.

> ⁴² 너희는 그리스도에 대하여 어떻게 생각하느냐 누구의 자손이냐 대답하되 다윗의 자손이니이다 ⁴³ 이르시되 그러면 다윗이 성령에 감동되어 어찌 그리스도를 주라 칭하여 말하되 ⁴⁴ 주께서 내 주께 이르시되 내가 네 원수를 네 발 아래에 둘 때까지 내 우편에 앉아 있으라 하셨도다 하였느냐 ⁴⁵ 다윗이 그리스도를 주라 칭하였은즉 어찌 그의 자손이 되겠느냐 하시니 ⁴⁶ 한 마디도 대답하는 자가 없고 그날부터 감히 그에게 묻는 자도 없더라(마 22:42-46).

하나님으로서 그리스도는 다윗의 뿌리였습니다. 사람으로서 그리스도는 다윗의 자손이었습니다. 예수님은 하나님이 인간으로 성육신하신 신-인(神-人)의 인물이셨습니다. 그러므로 모든 그리스도인은 먼저 예수님이 하나님 곧 신성의 하나님의 아들, 삼위일체 제2위의 아들 하나님이심을 먼저 믿어야 구원을 얻습니다.

예수님은 인간으로 이 세상에 오셔서 오늘 본문을 보면 "열방을 다스리기 위하여 일어나시는 이가"가 되실 것이라 합니다. 예수님은 죽은 자로부터 살아나셨을 때, 그리고 승천하셨을 때, 그것은 열방을 다스리시기 위함이었습니다.

그리하여 본문 후단은 "열방이 그에게 소망을 두리라"라고 하였습니다. 이는 이방인들이 예수 그리스도를 소망의 주로 의지할 것임을 말한 것입니다. 그리스도는 다윗의 왕통에서 나서 이스라엘 백성뿐만 아니라 이방인까지도 다스리게 되고 소망 없던 이방인들이 그리스도를 믿고 소망을 가지게 될 것을 예언한 것입니다.

이렇게 이방인의 구원에 관한 구약의 예언은 문자 그대로 성취되었습니다. 그러므로 로마 교회에 존재하던 유대인과 이방인 간의 사소한 문제에 관한 의견의 다툼과 차이는 이 소망의 구주 그리스도 안에서 연합되고 평화가 오고 그들의 경배와 찬양의 소산이 될 것입니다. 같은 소망을 가졌기에 차이도 극복할 수 있는 것입니다.

우리 모두 죽은 자 가운데서 살아나신 구주 그리스도, 인간이면서 하나님이신 열방의 주권자 그리스도를 마음 중심에 믿고 소망의 구주 그리스도 안에서 하나가 되도록 힘써야겠습니다. 오직 그리스도, 오직 믿음, 오직 예수 보혈 신앙으로 성령의 충만을 받고 소망으로 충만하여 성령 안에서 하나 되게 하신 것을 굳게 지키도록 기도하겠습니다.

살아 계신 아버지 하나님!
하나님의 은혜를 감사합니다.
하나님을 떠나 하나님을 알지 못하고 우상 숭배 속에 살고 있는 이방인들에게 구원의 빛을 주시는 말씀에 무한히 감사합니다. 더욱 더 감사한 것은 하나님의 긍휼하심 때문에 이방인인 우리가 구원받는 것만이 아니라 더 나아가 창세전에 계획된 이방인 구원의 말씀을 오늘 구약성경의 말씀으로 듣게 하시니 감사합니다.
인간으로 오신 하나님의 아들 예수님은 이방인의 왕 되신 그리스도가 되시기 위해 오셨으니 우리는 오직 예수님만이 우리 구원의 소망인 것을 굳게 믿습니다. 그러므로 소망의 구주 예수님을 믿는 형제들간의 의견 차이나 감정상의 문제들은 소망의 구주 예수 그리스도 안에서 서로 용납하고 관용해야 된다고 믿습니다.

오늘도 우리는 땅에 있는 사소한 문제들로 인하여 교회나 세상에서 다투지 말고 우리의 소망을 하늘에 두고 소망 주 예수 그리스도를 바라보고 기도하고 은혜를 구하며 모든 불화를 극복하고 감정을 정리하며 살도록 은혜를 베풀어 주옵소서.

무엇보다 우리의 건강을 지켜 주시어 주신 건강으로 그리스도 안에 형제를 사랑하고 섬기며 살고 세상 속에 빛으로 나타나게 하여 주옵소서.

예수님의 이름으로 기도하옵나이다. 아멘.

489

롬 15:13

- "소망의 하나님이 … 소망이 넘치게 하시기를 원하노라"
  우리 축복기도의 대상은 소망의 하나님.
- 소망의 하나님을 믿고 소망이 넘치기를 기도하라.
  더 큰 일을 소망하고 이 소망을 크게 바라보고 기도하라.

> **13** 소망의 하나님이 모든 기쁨과 평강을 믿음 안에서 너희에게 충만하게 하사 성령의 능력으로 소망이 넘치게 하시기를 원하노라

예수님은 그리스도시요 살아 계신 하나님의 아들입니다. 예수님이 하나님의 아들 그리스도라는 증거로 십자가에서 우리 죄를 대신해서 피 흘려 죽으시고, 죽은 자들 가운데서 부활하셨습니다.

이 예수님이 하나님의 아들, 예수님이 그리스도, 예수님이 우리 죄를 대신해서 십자가에서 피 흘려 죽으시고 부활하셨다는 복음으로 우리 인생 모든 문제가 처리되고 해답을 얻습니다. 이 복음은 모든 믿는 자에게 구원을 주시는 하나님의 능력이 됩니다. 이 하나님의 아들 예수 그리스도의 복음, 그리스도 십자가 대속의 피의 복음으로 깊이 뿌리내리기를 기원합니다.

예수님의 신성의 하나님 되심과 십자가 대속의 피의 복음을 마음 중심에 믿고 중생하여 구원받은 그리스도인은 한 사람도 말 못하는 자로 태어나는 자가 없습니다. 은혜의 성령님은 우리에게 "아빠 아버지"라

고 부르짖는 법을 가르쳐 주시는 영입니다. 성도는 모두 기도하는 백성입니다.

그러므로 거듭나 기도하기 시작한 하나님의 자녀들은 기도의 대상에 대한 바른 인식과 확신이 필요합니다. 대체적으로 교회 안의 신자들은 "하나님 아버지"를 기도의 대상으로 알고 "하나님 아버지"라고 부르며 기도합니다. 삼위일체 제1위의 아버지 하나님을 대상으로 기도하는 것은 가장 바르고 보편적인 기도입니다.

그러나 신자의 기도 대상인 "하나님 아버지"는 교회 안에 있는 모든 신자에게 당연한 기도 대상이 되지는 않습니다. 오직 예수님을 하나님의 아들로 믿는 자에게만 하나님은 그 신자의 아버지가 되어 주시는 것입니다.

오늘날 그리스도 교회에서 이 진리를 바르게 가르치지 않음으로써 삼위일체 하나님을 인식한 기도는 찾기 어렵고 예배 마지막에 "송영"으로만 삼위 하나님을 생각하고 마는 경향이 있습니다. 하나님의 전 존재는 성부-성자-성령의 세 인격과 동일 본질의 하나 되심으로 존재하십니다.

영원한 존재이신 하나님은 그분의 속성에서보다 삼위적 실존의 계시에서 더 풍부하고 생생하게 깨닫게 됩니다. 그러나 유감스럽게도 상당수의 그리스도 교회가 이 삼위일체 하나님을 잘 인식하지 못하고 주로 하나님을 그분의 속성으로 가르치는 경향이 있습니다.

물론 이것이 잘못된 것이라 할 수는 없으나 만일 신자가 예수님을 하나님의 아들로 믿어 하나님을 아버지로 모시고 사는 하나님의 자녀가 되는 진리를 모른다면 그 신자는 비록 하나님 아버지의 긍휼하심으로 말미암아 기도 응답을 받는 신자가 되었다 할지라도 영혼의 구원을 받지 못한 신자가 될 것입니다.

그리스도인의 예수님의 제자 됨의 첫 번째 조건은 예수님을 신성의 하나님의 아들로 믿는 것입니다. 곧 예수님의 신성의 하나님 되심을 믿는 것입니다. 그다음에 예수님의 대속의 죽으심과 부활의 사역을 믿어야 합니다.

그리하여 이런 신자는 삼위일체적 기도를 바르게 드릴 수 있게 됩니다. 삼위의 제1위인 아버지 하나님께, 하나님의 아들 예수 그리스도의 십자가 대속의 의의 공로로, 그리고 성령 안에서 삼위일체 하나님의 임재 속에 기도는 바르게 하게 됩니다. 사도 바울의 공식적인 교회를 위한 기도는 모두 삼위일체 하나님을 기억하고 예수 그리스도 이름으로 하나님 아버지께 기도드리는 것입니다(엡 1:17-19, 엡 3:14-19, 고후 13:13).

그러나 사도 바울은 삼위일체 하나님을 믿는 성도들의 모임인 그리스도 교회를 위해 기도할 때는 하나님의 속성을 근거로 하여 기도하는 경우가 많았습니다. 그것은 그리스도 교회에 그런 하나님의 속성이 필요했기 때문에 간략하게 하나님의 속성을 따라 하나님의 이름을 부르며 기도하였습니다.

그래서 하나님의 각각의 속성은 신자에게 중요합니다. 신자는 하나님의 그 어떤 속성도 놓칠 수 없습니다. 그리스도인은 예수 그리스도 안에서 자신을 계시하신 유일하고 참된 하나님 외에 다른 어떤 하나님도 갈망하지 않으며 차례로 하나님의 모든 속성의 미덕들을 기억하고 찬양하고 기도합니다.

그리스도인은 단지 은혜와 사랑뿐만 아니라 거룩과 공의도, 또 선하심뿐만 아니라 전능하심도 우리의 찬양과 기도를 일으킵니다. 우리는 우리와 함께 공유하는 하나님의 속성뿐만 아니라, 비공유의 속성까지도 인식하면서 찬양과 기도를 드립니다.

제 개인적으로는 하나님의 공유적 속성(사랑, 은혜, 거룩, 진실, 주권 등)보다는 비공유적 속성(자존성, 불변성, 무한성, 영원성, 완전성 등)을 근거로 하나님을 "살아 계신 아버지 하나님"이라고 부르며 기도합니다. 공유적 속성을 좋아하는 신자들은 주로 "사랑의 하나님", "은혜의 하나님", "자비로우신 하나님" 등으로 하나님을 부르며 기도한다고 봅니다.

오늘 본문에서는 하나님을 향한 또 하나의 기도가 나오는데 하나님을 "소망의 하나님"으로 부르고 있습니다. 본문 로마서 15장 13절을 보면 "소망의 하나님이 모든 기쁨과 평강을 믿음 안에서 너희에게 충만하게 하사 성령의 능력으로 소망이 넘치게 하시기를 원하노라"라고 하였습니다.

기도할 때 우리에게 주어진 사명에 가장 부합하고 또 그것과 관련하여 우리의 믿음을 최대한 자극하는 하나님의 호칭, 이름 그리고 속성 등을 사용하는 것은 좋은 것입니다. 기도의 모든 말은 탄원이 되어야 합니다. 주장은 효과적으로 전해져야 하고 입은 변론으로 가득 차 있어야 합니다.

로마 교회의 신자들에게는 그들의 하나 됨을 위하여 소망의 하나님이 그들에게 필요했습니다. 그래서 서두에 "소망의 하나님"이라고 호칭하여 기도하는 것입니다. 하나님은 소망의 하나님이십니다.

하나님은 우리의 소망이라는 건물의 기초가 되시고 그것을 세우는 건축자가 되십니다. 하나님은 우리 소망의 대상이자 그 창시자이십니다. 소망이 있는 자는 어떤 위기, 역경, 핍박과 고난 속에서도 인내하고 극복할 수 있습니다. 그래서 바울은 로마 교회를 위하여 소망의 하나님을 부르며 축복기도를 하는 것입니다. 바울은 분명히 유대인과 이방인들이 함께 유업으로 받을 미래의 우주적 영광을 고대하면서 기도하였을 것입니다.

우리 모두 하나님으로부터 큰 일을 소망하고 또 이 소망을 바라보고 확신할 때 소망이 넘치게 될 것입니다. 그리하여 넘치는 소망으로 바울은 로마 교회의 유대인과 이방인 신자들의 기쁨과 평강이 충만하여 서로 연합하도록 기도하였습니다.

오직 그리스도, 오직 믿음, 오직 예수 보혈 신앙으로 성령 충만, 소망 충만 받아 성령 안에서 하나 되게 하신 것을 굳게 지키도록 기도하겠습니다. 소망 없는 세상에 소망의 하나님을 증거하도록 기도하겠습니다.

살아 계신 아버지 하나님!
하나님의 은혜를 감사합니다.
소망 없는 세상에서 소망의 구주 예수 그리스도를 믿고 천국 소망으로 살아가게 하심을 감사합니다. 우리는 참된 소망의 창시자는 하나님이신 것을 믿습니다. 하나님은 소망의 하나님으로서 우리에게 그분의 아들 예수 그리스도를 보내셔서 십자가 대속의 죽음으로 죄악의 장벽을 무너뜨리고 그리스도 안에서 모두 하나가 되도록 하신 것을 실로 감사합니다.

로마 교회 안의 유대인이나 이방인들은 이 소망의 하나님을 바라보면서 서로 연합하여야 한다고 사도 바울은 축복기도를 해 주었습니다. 소망이 있는 자는 역경에 굴하지 않고 승리할 수 있으며 절대 포기하지 않고 소망의 하나님을 바라보고 기도하여 마침내 구원을 얻으리라고 믿습니다.

우리 하나님 아버지께서 우리에게 더 큰 믿음을 주셔서 모든 기쁨과 평강을 넘치게 해 주시기를 간절히 기도합니다. 천국과 천국의 왕 예수 그리스도를 소망으로 바라보고 사는 우리들에게 성령의 능력으로 소망이 넘치게 되기를 기도합니다.

그리하여 어려운 환경에서 낙심하지 않게 하시고 주신 사명에 헌신하게 우리를 붙들어 주옵소서. 능력 있는 주님의 두 손으로 우리를 붙들어 소망의 항구까지 이끌어 주옵소서.

예수님의 이름으로 기도하옵나이다. 아멘.

490

롬 15:13

- "모든 기쁨과 평강을 믿음 안에서 너희에게 충만하게 하사"
  기쁨과 평강은 하나님 나라의 두 요소.
- 어떻게 얻는가?
  ① 기도를 통해
  ② 믿음으로
  칭의를 받고 믿음 충만, 기쁨 충만을 기도하라.
  심령 천국을 이루며 살라.

> 13 소망의 하나님이 모든 기쁨과 평강을 믿음 안에서 너희에게 충만하게 하사 성령의 능력으로 소망이 넘치게 하시기를 원하노라

예수님은 그리스도시요 살아 계신 하나님의 아들입니다. 예수님이 하나님의 아들 그리스도라는 증거로 십자가에서 우리 죄를 대신해서 피 흘려 죽으시고, 죽은 자들 가운데서 부활하셨습니다.

이 예수님이 하나님의 아들, 예수님이 그리스도, 예수님이 우리 죄를 대신해서 십자가에서 피 흘려 죽으시고 부활하셨다는 복음으로 우리 인생 모든 문제가 처리되고 해답을 얻습니다. 이 복음은 모든 믿는 자에게 구원을 주시는 하나님의 능력이 됩니다. 이 하나님의 아들 예수 그리스도의 복음, 그리스도 십자가 대속의 피의 복음으로 깊이 뿌리내리기를 기원합니다.

예수님의 신성의 하나님 되심과 십자가 대속의 피의 복음을 마음 중심에 믿고 예수 그리스도를 영접한 자는 그 마음에 그리스도의 왕국, 곧 하나님의 나라가 이루어집니다. 예수님이 하나님 나라의 왕 그리스도이시기 때문에 그분의 통치가 우리의 심령과 마음을 다스리는 것입니다. 소위 심령 천국이 이루어지는 것입니다.

　저는 이 심령 천국의 위대성을 진심으로 논증하고 증거하고자 합니다. 제가 이 심령 천국의 기쁨과 평강을 누리며 살기 때문입니다.

　세상에 예수님을 하나님의 아들 그리스도로 믿는 것보다 더 위대한 축복과 행복이 없습니다. 세상이 말한 축복과 행복은 인간을 속이는 것이요 그것은 신기루이며 기껏해야 천국의 모조품에 불과합니다. 만일 사람들이 이 진리를 안다면 자신들의 전생을 바쳐 심령 천국을 이루어 통치하시는 예수 그리스도께 헌신하고 그리스도를 사랑하고 그리스도의 증인으로 살 것입니다.

　유감스럽게도 오늘날 기독교는 무미건조한 종교로 전락하는 과정에 있다고 봅니다. 뜨거운 열정이 식어 버린 차디찬 지성주의, 없는 기쁨과 평안을 억지로라도 만들어 온 의지를 동원하여 열심을 내는 율법주의, 그리고 예수님을 그리스도로 믿어서 오는 거룩한 "칭의" 속에서 나오지 않는 거짓 열정의 신비주의, 그리고 복음 없는 세속주의, 인본주의가 교회에서 판치고 있습니다.

　제가 볼 때 신학자들 가운데서도 날카로운 지성적 지식은 가지고 있으나 예수 그리스도를 향한 사랑의 열정은 메마른 분들이 있습니다. 이분들의 글은 논리적이긴 하나 어떤 의미에서 철학적 사색에 기울어진 면이 많습니다. 저는 마틴 로이드 존스가 20세기 최고의 신학자로 명명된 칼바르트를 신학자라기보다는 철학자로 본다는 평가가 옳다고 봅니다.

예수님이 하나님의 아들이시라는 진리 자체를 체험해야 합니다. 예수 그리스도의 진리 말씀이 자신을 찾아와 자신 속에 거해야 합니다. 그래야 진정한 예수 그리스도를 향한 사랑의 감정이 나옵니다. 그리스도인의 진정한 감정은 항상 예수 그리스도와 그의 말씀의 확신의 결과이며 항상 이 진리 말씀의 이해로부터 나오는 것입니다. 거기에는 일종의 고귀함과 경이감이 있습니다. 심오한 무엇이 있습니다. 하나님의 나라가 그 심령 속에 이루어졌기 때문입니다.

그러면 이렇게 하나님 나라의 왕 예수 그리스도를 모시게 된 심령의 천국은 어떤 나라입니까?

그 천국은 성경이 말하는 바 의와 평강과 희락입니다(롬 14:17). 이 기쁨과 평강은 하나님 나라를 구성하는 두 가지 핵심 요소입니다.

하나님께 반역하고 범죄하여 하나님을 떠난 인간은 이런 기쁨과 평강이 없습니다. 그것은 하나님과 원수 관계가 되었기 때문에 하나님의 기쁨과 하나님과의 화평을 결코 누릴 수 없는 것입니다.

예를 들어, 보겠습니다.

한 가정에서 아버지와 아들이 원수 관계가 되어 살 때에 그 아들에게 평안이 있겠습니까?

기쁨이 있겠습니까?

하물며 만유의 주가 되시는 절대 주권자 하나님과 원수 관계와 불화 속에 사는 인간이 참된 평안과 참된 기쁨을 누리며 살 수가 없다는 것은 당연한 일입니다. 세상은 인간을 속입니다.

육신의 기쁨과 평안이 있지 않느냐고 하면서 각종 오락과 사업과 미와 이상과 선을 제시합니다.

그러나 육신의 기쁨은 영혼을 들뜨게는 하지만 그것을 채울 수는 없습니다. 그러므로 겉으로는 웃지만 마음은 슬픕니다. 참되고 천상적인 영적 기쁨은 영혼을 충만하게 합니다. 그것은 그 안에 만족을 갖고 있고 영혼의 방대하고 온전한 욕구를 충분히 채워 줍니다.

이처럼 하나님과 우리 주 예수 그리스도께서는 지친 영혼을 충분히 만족시키고 가득히 채워 줍니다. 이 기쁨보다 더 큰 기쁨은 없습니다. 오직 그 기쁨을 더 크게 누리는 것, 영광 속에서도 그것을 완전히 누리는 것이 그것을 갖고 있는 영혼의 소원입니다(시 4:6, 7; 시 36:8; 시 63:5; 시 65:4).

그러면 우리가 이것을 어떻게 얻습니까?

사도 바울은 이 진리를 오늘 본문에서 이렇게 말합니다.

본문 로마서 15장 13절을 보면 "소망의 하나님이 모든 기쁨과 평강을 믿음 안에서 너희에게 충만하게 하사 성령의 능력으로 소망이 넘치게 하시기를 원하노라"라고 하였습니다.

본문은 "모든 기쁨과 평강을 믿음 안에서 너희에게 충만하게 하라"라고 하십니다. 즉, 우리는 기쁨과 평강을 믿음을 통해서 얻습니다. 예수님을 하나님의 아들, 예수님을 십자가에 못 박히신 그리스도로 믿을 때 "칭의"를 얻고, 그 "칭의"에 대한 의식으로부터 죄 사함 받고 하나님과 화해하며 하나님과 교제하는 데서 하나님 안에서 참된 기쁨과 양심의 평안이 나옵니다.

그러므로 예수님을 하나님의 아들 그리스도로 믿는 믿음만이 모든 기쁨과 평강을 얻는 수단입니다. 세상적인 것들은 헛되고 일시적인 기쁨이지만 믿음의 열매, 곧 칭의로부터 나오는 열매는 참되고 본질적인 기쁨입니다. 베드로전서 1장 8절도 보면 "믿고 말할 수 없는 영광스러운 즐거움으로 기뻐하니"라고 하였습니다.

우리에게 기쁨과 평강이 부족하다면 우리의 믿음이 약하기 때문입니다. 그러므로 오직 믿음, 오직 그리스도, 오직 예수 보혈 신앙으로 문제 해결의 답을 얻고 살아야겠습니다. 성경이 약속하는 것은 "모든 기쁨과 평강"입니다. 즉, 모든 종류의 참된 기쁨과 평강을 망라한다는 것입니다.

또한, 오늘 본문은 이 기쁨과 평강을 주시는 분이 하나님이신 것을 말합니다. "소망의 하나님이 모든 기쁨과 평강을 믿음 안에서 너희에게 충만하게 하사"라고 하였습니다. 그러므로 우리가 그것을 얻기 위해서는 하나님께 나아가야 합니다. 곧 하나님께 기도해야 합니다. 우리는 기도를 통해 모든 기쁨과 평강을 얻습니다. 기도는 영적 기쁨과 평강을 가져다 줍니다. 기도하고 기도해야 합니다.

모든 그리스도인은 예수님을 하나님의 아들로 믿는 믿음으로 그리고 그 믿음의 실천으로 기도를 통해서 모든 기쁨과 평강의 심령 천국을 이루며 살아야 합니다. 그리고 그 증인으로 살아야 합니다. 기도하겠습니다.

살아 계신 아버지 하나님!

하나님의 은혜를 감사합니다.

예수님을 하나님의 아들 그리스도로 믿고 사는 삶은 실로 모든 기쁨과 평강의 삶이라는 진리에 감사하고 감사합니다. 세상에는 이런 참된 기쁨과 평강이 없고 겉으로는 웃지만 마음은 슬픈 삶을 사는 것이 범죄하여 하나님과 원수 된 관계에 있는 인생이라 믿습니다.

그러므로 이 세상에 권태를 극복하기 위한 오락과 각종 취미 생활이 인기를 얻고, 인간적 육신의 기쁨을 얻기 위해 별별 음악과 오락과 게임과 춤이 난무하고 심지어는 광란의 마약이 은밀히 거래되는 것이 하나님을 떠난 세상의 슬픈 모습이라고 믿습니다. 이런 권태와 염세적 세계에 기독교가 들어왔습니다. 모든 기쁨과 평강의 왕 예수 그리스도께서 이 세상에 오셨습니다.

이제 인생들은 하나님과 교제하며 살았던 스릴 있는 모든 기쁨과 평강의 삶을 회복할 수 있게 되었습니다. 참되고 천상의 영적인 기쁨은 하나님과 예수 그리스도 자체가 근원이시기에 인간이 모든 기쁨과 평강을 얻는 길은 예수님을 하나님의 아들로 믿는 것이며 예수 그리스도 이름으로 기쁨과 평강의 창시자 하나님께 구하는 것입니다.

그런데 유감스럽게도 신자에게 이런 모든 기쁨과 평강이 부족하거나 없는 것은 그들의 믿음이 참되지 못하고 명목적이며 거듭나지 못했기 때문이거나 믿음이 적은 연고라고 믿습니다. 우리 모두 진실로 회개하여 예수님을 십자가에 못 박히신 그리스도, 신성의 하나님의 아들로 믿고 중생하여 심령 천국을 이루며 살아야겠고, 성령 충만, 믿음 충만 받도록 기도하고 기도해야겠습니다.

권태롭고 염세적인 세상은 성령의 능력으로 모든 기쁨과 평강의 삶을 사는 스릴 있는 그리스도인을 주목하고 있습니다. 동시에 우리는 그리스도 교회 안에서도 우리 마음속의 모든 기쁨과 평강으로 형제들과 즐거운 연합을 이루어야 하리라 믿습니다. 오늘 하루도 우리로 건강하게 하시고 믿음을 더해 주셔서 그리스도 안에 있는 스릴 있는 삶을 세상 속에 증거하며 살도록 우리 주님께서 우리를 붙들어 주옵소서.

예수님의 이름으로 기도하옵나이다. 아멘.

롬 15:13

- "성령의 능력으로 소망이 넘치게 하시기를 원하노라"
  소망의 충만은 오직 성령의 능력으로.
- 성령의 능력은 예수 그리스도를 믿음으로 임한다.
  오직 믿음으로 큰 일을 소망하고 이 소망을 바라보고 성령의 능력을 구하라.

13 소망의 하나님이 모든 기쁨과 평강을 믿음 안에서 너희에게 충만하게 하사 성령의 능력으로 소망이 넘치게 하시기를 원하노라

예수님은 그리스도시요 살아 계신 하나님의 아들입니다. 예수님이 하나님의 아들 그리스도라는 증거로 십자가에서 우리 죄를 대신해서 피 흘려 죽으시고, 죽은 자들 가운데서 부활하셨습니다.

이 예수님이 하나님의 아들, 예수님이 그리스도, 예수님이 우리 죄를 대신해서 십자가에서 피 흘려 죽으시고 부활하셨다는 복음으로 우리 인생 모든 문제가 처리되고 해답을 얻습니다. 이 복음은 모든 믿는 자에게 구원을 주시는 하나님의 능력이 됩니다. 이 하나님의 아들 예수 그리스도의 복음, 그리스도 십자가 대속의 피의 복음으로 깊이 뿌리내리기를 기원합니다.

예수님의 신성의 하나님 되심과 십자가 대속의 피의 복음을 마음 중심에 믿고 예수님을 왕 되신 그리스도로 모시고 살게 된 그리스도인은 새 시대의 새로운 삶을 사는 자입니다. 신자는 이런 새로운 삶의 의

미를 확실하게 이해하고 살아야 그리스도인으로서, 하나님의 백성으로서 세상 속에서 세상 사람과는 전혀 다른 영적 삶을 살 수 있습니다. 외관상으로는 달라진 것이 없지만 내면적으로는 옛사람은 죽어 가고 그리스도 안에서 태어난 새사람은 새로워져 가는 삶을 살 수 있습니다.

이 일을 수행하는 주체가 있으니 내가 아니요 곧 성령님이십니다. 이 성령님은 예수님과 같은 또 다른 보혜사이십니다. 신학적으로 말하면 예수님은 자신과 동일 본질의 하나님이신 성령님을 통해서 우리와 함께 거하시는 것입니다. 그리스도인은 자신 속에 계시는 성령님의 존재를 인식하고 그의 인도와 은혜와 능력을 구하며 사는 것이 그리스도인의 삶이 됩니다.

그래서 로마서 8장 9절에 보면 "만일 너희 속에 하나님의 영이 거하시면 너희가 육신에 있지 아니하고 영에 있나니 누구든지 그리스도의 영이 없으면 그리스도의 사람이 아니라"라고 하였습니다.

예수님이 오신 시대, 새 시대의 특징은 오순절 성령 강림이었고 오순절에 예수님을 하나님의 아들 그리스도로 믿는 모든 자에게 임하는 성령님의 역사로 구약 시대와 다른 신약 시대가 열린 것입니다.

구약 시대 두 돌판에 쓴 십계명 율법이 이제는 성령으로 말미암아 육의 마음판에 쓴 시대가 새 언약 시대입니다. 구약 시대 하나님의 백성은 두 돌판의 율법을 지킬 수가 없었습니다. 그러나 신약 시대 그리스도인은 그리스도의 몸으로 말미암아 율법에 대하여 죽임을 당하였으니 이는 다른 이 곧 죽은 자 가운데서 살아나신 이에게 가서 우리는 하나님을 위하여 열매를 맺게 되었습니다(롬 7:4).

그래서 사도 바울은 "우리가 영의 새로운 것으로 섬길 것이요 율법 조문의 묵은 것으로 아니할지니라"(롬 7:6)라고 하였습니다. 다시 말하면, 새로운 신랑 되신 예수 그리스도께 시집간 그리스도인은 성령으로 새신랑 예수 그리스도를 섬겨야 한다는 의미입니다.

이렇게 예수님을 하나님의 아들로 믿고 중생한 그리스도인의 삶은 성령의 능력과 은혜가 역사하는 삶이지만 이 성령님은 오직 예수 그리스도의 영광을 위하여 일하시기 때문에 성령님의 역사와 은사와 능력은 자랑과 과시의 대상이 아닙니다.

어떤 부흥사들 가운데 특별한 성령의 은사와 능력을 받은 자로서 부흥회를 이끌 때 자신이 가진 성령의 은사와 능력을 과시한 사람도 가끔 있지만 이것은 큰 잘못이고 매우 위험한 일입니다. 은사와 은혜는 크게 다르기 때문입니다. 둘 다 하나님에게서 왔으나 구원을 위하여 은혜가 주어지고 다른 사람의 유익과 구원을 위하여 은사가 주어집니다.

그래서 은혜가 없는 곳에도 은사가 있을 수 있고 은사를 받은 사람이 하나님의 은총에서 전연 떠나 있을 수가 있습니다. 은사가 인간에게 주어진 신령한 자비이지만 하나님을 만족할 조건은 못 됩니다. 여러분은 성령의 은사 자랑 말고, 하나님의 은혜, 그리스도의 은혜, 십자가와 보혈만을 자랑하시기 바랍니다.

어떤 분이 대중들 앞에서 하나님에 대한 신성 모독의 발언을 했는데 이에 대한 변명으로 그분은 성령의 충만을 받은 상태였기 때문에 그런 실언을 했다고 말하였습니다. 그런데 그런 변명 말고 그냥 회개했으면 좋았을 텐데 성령 충만을 받아 황홀한 상태에 있었기 때문에 실언을 했다고 한 변명으로 그분의 그리스도인으로서의 지위에 의문을 갖게 하였습니다.

성령 충만이란 비정상적인 것이 아니라 매우 정상적인 그리스도인의 생활을 말하는 것입니다. 성령 충만은 자신의 지성적인 총명이 가장 바르게 세워지는 때입니다. 성령 충만한 상태는 자신이 하고 있는 일들(곧 가정, 사업, 직업을 비롯한 모든 생활)에 그리스도의 인도하심을 따라 행하는 것이며, 그리스도의 다스림을 받고 몸과 마음을 다하여 수행하는 것을 뜻하는 것입니다.

그래서 사도 바울은 오늘 본문에서 성령의 능력으로 소망이 넘치게 하시기를 기도하고 있습니다. 이 기도는 로마 교회의 유대인 그리스도인과 이방인 그리스도인 사이에 일어난 사소한 문제들에 대한 상호 관용을 강조하기 위해 기도하고 있는 것입니다. 즉, 믿음이 강한 자가 약한 자의 약점을 담당하고 선을 이루고 덕을 세우며 서로 받으라는 권고의 결론입니다.

본문 로마서 15장 13절을 보면 "소망의 하나님이 모든 기쁨과 평강을 믿음 안에서 너희에게 충만하게 하사 성령의 능력으로 소망이 넘치게 하시기를 원하노라"라고 하였습니다.

본문의 요지는 "성령의 능력으로 소망이 넘치게 하시기를 원하노라"입니다. 신자들의 기쁨과 평강은 주로 그들의 소망으로부터 나옵니다. 물론 이 소망의 대상은 예수 그리스도와 하나님 나라입니다. 바울이 앞서 로마서 11장에서 언급한 대로 이스라엘과 이방인 둘 다의 "충만함"이 들어올 때(롬 11:12, 25), 또한 그리스도의 재림과 더불어 역사가 절정에 이를 때, 그리고 그것을 넘어서 유대인과 이방인들이 함께 유업으로 받을 새로운 우주의 영광이 우리 그리스도인의 소망의 절정입니다.

그러므로 신자들의 소망이 크면 클수록 그리스도 교회 안의 형제들과의 즐거운 연합이 촉진될 것입니다. 우리가 하나님으로부터 큰 일을 소망하고 또 소망을 확신할 때 우리의 소망은 넘치게 될 것입니다. 이것은 성령의 능력으로 말미암습니다. 우리 자신의 능력으로는 결코 그렇게 할 수 없습니다.

따라서 이 소망이 있고, 넘치는 곳에서는 은혜의 성령님이 주체가 되어 역사하실 것입니다. 그러나 언제든지 성령님은 예수님을 하나님의 아들로 믿는 믿음 안에서, 믿음으로 역사하신다는 사실을 잊어서는 안 됩니다.

그러므로 우리 모두 오직 그리스도, 오직 믿음, 오직 예수 보혈 신앙으로 성령의 충만을 받고 이 성령의 능력으로 소망이 넘치게 하시기를 우리도 바울을 따라 기도해야겠습니다. 그리하여 이 넘치는 소망으로 기쁨과 평강이 충만하여 우리 형제들과의 즐거운 연합이 이루어지기를 기도해야겠습니다.

살아 계신 아버지 하나님!

하나님의 은혜를 감사합니다.

우리로 하여금 예수님을 하나님의 아들로 믿는 것이 무미건조하지 않도록 그 믿음 안에서 모든 기쁨과 평강을 누리게 하심을 감사합니다.

우리는 예수님을 그리스도로 믿고 우리 마음 중심에 모심으로 기쁨의 왕국, 평강의 왕국이 세워진다는 사실을 우리의 경험을 통해서도 확신하고 맛보고 살게 하심을 실로 감사합니다.

미지근한 것만큼 참된 신앙과 상반되는 것은 없다고 믿습니다. 우리가 예수 그리스도를 믿고 우리 영혼이 열정적이고 열렬한 감정을 하나님께 대해 갖는 것은 소망의 하나님께서 성령의 능력으로 우리에게 소망이 넘치게 함으로 오는 모든 기쁨과 평강이라고 믿습니다.

이것은 우리 자신의 능력으로 될 수 없는 것임을 잘 알기에 하나님께서 성령의 능력을 부으셔서 우리로 소망이 넘치도록 우리를 붙들어 주시고 주장하여 주옵소서. 그리하여 이 넘치는 소망으로 기쁨과 평강이 충만하여 교회 안에 있는 형제들과 즐겁게 연합하고 서로 받아 주고 덕을 세우는 자들이 되게 하여 주옵소서.

예수님의 이름으로 기도하옵나이다. 아멘.

제4부

결론(15:14-16:27)

제1장 바울의 사도적 섬김 (15:14-21)

제2장 바울의 여행 계획(15:22-29)과

   기도 요청 (15:22-33)

제3장 바울의 천거와 문안 (16:1-16)

제4장 거짓 선생의 경계와 동역자의 문안 (16:17-23)

제5장 송영 (16:24-27)

롬 15:14-16:27

- 로마서 결론의 개요.
  바울의 사역 계획과 문안, 그리고 송영.
- 바울의 생애와 사역에 나타난 하나님의 섭리의 결과에 대한 통찰을 제공해 준다.
  각별한 애정을 갖고 결론을 맺는다.

> 15:14 내 형제들아 너희가 스스로 선함이 가득하고 모든 지식이 차서 능히 서로 권하는 자임을 나도 확신하노라
> 16:27 지혜로우신 하나님께 예수 그리스도로 말미암아 영광이 세세무궁하도록 있을지어다 아멘

예수님은 그리스도시요 살아 계신 하나님의 아들입니다. 예수님이 하나님의 아들 그리스도라는 증거로 십자가에서 우리 죄를 대신해서 피 흘려 죽으시고, 죽은 자들 가운데서 부활하셨습니다.

이 예수님이 하나님의 아들, 예수님이 그리스도, 예수님이 우리 죄를 대신해서 십자가에서 피 흘려 죽으시고 부활하셨다는 복음으로 우리 인생 모든 문제가 처리되고 해답을 얻습니다. 이 복음은 모든 믿는 자에게 구원을 주시는 하나님의 능력이 됩니다. 이 하나님의 아들 예수 그리스도의 복음, 그리스도 십자가 대속의 피의 복음으로 깊이 뿌리내리기를 기원합니다.

예수님의 신성의 하나님 되심과 십자가 대속의 피의 복음을 마음 중심에 믿고 중생한 그리스도인은 십자가 대속의 피의 복음의 영광스러움을 깊이 인식할 때 자신의 삶의 계획 대신 하나님과 그리스도께서 자신에게 주신 사명에 따라 하나님의 뜻에 맞는 삶의 계획을 갖고 살아야 됩니다.

초신자 시절부터 금방 이런 진리를 깨닫기는 어렵겠지만 신앙이 성장하면 자신이 갖고 있는 직업과 소명에 따라 살되 하나님의 뜻에 맞는 삶의 계획을 세우고 그에 따라 살아야 됩니다.

하나님은 이런 신자의 삶에 관여하시어 반드시 하나님의 뜻에 맞는 그의 삶의 계획을 이루어 주십니다. 다만 그 방법과 그 시기는 하나님의 섭리를 따라 이루시기 때문에 우리가 원하는 방법과 시기와는 다릅니다.

또한, 우리의 삶의 계획의 중심에는 하나님의 사랑이 담겨 있어야 합니다. 그리하여 우리가 수행하는 삶의 계획 가운데 있는 모든 형제들을 사랑하며 축복하고 기도하며 살아야 합니다. 궁극적으로 남는 수확은 하나님께는 영광이요 우리 형제들에게는 사랑뿐이기 때문입니다.

우리는 로마서 결론의 개요를 보면서 바울의 생애와 사역에 나타는 이러한 하나님의 섭리의 결과와 그의 형제들에 대한 사랑을 보면서 우리가 얻어야 할 통찰을 간략하게 살펴보고자 합니다.

로마서는 로마 교인들에게 보낸 서신이므로 서신을 받는 독자들에 대한 문안과 각별한 애정이 담겨져 있는 것입니다.

바울은 지금까지 로마서 제1장부터 11장의 교리적 내용과 로마서 12장 1절-15장 13절까지의 실천적 내용을 말하였습니다. 그리고 로마서 실천편의 끝부분에서 이미 두 개의 축도(롬 15:5, 6, 롬 15:13)가 나타나 로마서의 결론이라고 생각했을 것입니다. 그러나 바울의 말은 아직 끝나지 않았습니다.

바울은 로마서 1장 8-13절에서 언급했던 로마 교회와 자신의 관계 문제로 되돌아 가려고 합니다. 바울은 그의 사역의 두드러진 특성들에 대해 비밀을 털어놓기 원합니다. 그렇게 되면 왜 바울이 아직 로마 교인들을 방문하지 않았는가와 곧 그렇게 하려는 그의 계획을 설명하는데 도움이 되겠기 때문이었습니다.

바울이 쓴 로마서 결론의 개요를 보면 크게 보아 네 가지가 있습니다.

첫째, 바울의 사도적 섬김(롬 15:14-21)으로써 그의 이방인들을 위한 제사장적 사역으로 과거 사역을 설명하였습니다.

둘째, 바울의 여행 계획(롬 15:22-33)이었습니다. 그는 행선지 세 곳을 밝힙니다.

첫 번째는 오랫동안 모금한 연보를 가지고 고린도에서 예루살렘으로 항해해 갈 것입니다.
두 번째는 예루살렘에서 로마로 가려고 하고 있습니다.
세 번째는 바울은 로마로부터 서바나로 여행할 것입니다.

셋째, 로마서 결론의 개요는 바울의 천거와 문안입니다(롬 16:1-16). 여기서는 교회 내의 사랑의 관계들을 장려합니다. 이 부분은 성급하게 불필요한 것으로 여겨서는 안 되는 가장 교훈적인 장의 하나라고 할 수 있습니다.

넷째, 로마서 결론의 개요는 바울의 경고, 문안, 송영이다(롬 16:17-27). 바울은 거짓 교사들에 대한 경고를 먼저합니다(롬 16:17-20). 그리고 또 다시 문안을 합니다.

이러한 문안은 바울이 얼마나 로마 교인들에게 애정을 갖고 있는가를 결론으로 보여 주어서 의미가 있습니다. 바울은 앞서 몇 번의 축도를 한 바 있는데 끝에 가서 "주 예수의 은혜가 너희에게 있을지어다"(20절)라고 축도를 다시 반복합니다. 그리고 계속 말을 이어 가다 그 축도를 또 다시 반복합니다(24절. 우리 성경은 난외주).

그러나 거기서도 편지는 끝나지 않습니다. 이것은 바울의 로마 교인에 대한 극진한 사랑이 어느 정도인지를 잘 보여 줍니다.

그리고 마지막에서 바울의 송영(25-27절)으로 끝납니다. 이 바울의 송영은 로마서의 웅변적이고도 적절한 결론입니다. 이는 바울이 로마서의 중심 주제를 취하여 그것들을 요약하고 서로 관련시키기 때문입니다. 그는 이 송영에서 하나님의 능력, 예수 그리스도의 복음과 세계 복음화에 대해서 쓰고 하나님의 지혜를 찬양하면서 결론을 내립니다.

[27] 지혜로우신 하나님께 예수 그리스도로 말미암아 영광이 세세 무궁하도록 있을지어다 아멘.

이렇게 먼저 사도 바울의 사역을 보면서 우리가 배우는 것은 사도행전을 통해 그 계획이 어떻게 변경되었으며 지연되었는가를 확인하는 것입니다. 바울은 예루살렘에 가서 체포되었고 가이사랴와 로마에서 각각 2년 동안 감금된 것을 알고 있습니다.

바울은 로마에 갔지만 자신이 원하던 방식이 아니었습니다. 그러나 하나님께서 긴 안목으로 그 일들을 어떻게 쓰셨는지는 확실합니다. 우리가 천국에 가면 모든 것의 이유를 알게 되겠지만 한 가지 분명한 것은 하나님의 뜻이 어떤 것보다 위대하고 로마서 8장 28절 선언과 같이 교회와 하나님의 계획을 위해 "모든 것이 합력하여 선을 이룬다"라는 사실입니다. 우리는 기꺼이 하나님의 섭리에 순종하고 눈앞에 있는 형제들을 사랑할 것입니다.

우리 모두 오직 그리스도, 오직 믿음, 오직 예수 보혈 신앙으로 뿌리를 내려 하나님께서 주신 복음 전도와 교회를 위한 사역을 깨닫고 헌신하되 이루시는 분은 하나님과 우리 주 예수 그리스도시요 그분만이 방법과 시간을 결정하시고 성패를 좌우하신다는 사실을 바로 알 것입니다. 기도하고 기도하여 하나님의 섭리가 주어지는 대로 형제를 사랑하여 주어진 사명에 헌신해야겠습니다. 기도하겠습니다.

살아 계신 아버지 하나님!

하나님의 은혜를 감사합니다.

우리가 예수님을 하나님의 아들로 믿기 전에는 우리 뜻대로 살았지만 예수님을 우리의 주와 그리스도로 모시고 산 이후에는 하나님의 뜻을 따라 살아야 한다고 믿습니다. 그렇다고 우리가 가진 직장이나 가정을 떠나는 것은 아니고 주어진 현실의 여건 하에서 하나님의 뜻을 발견하고 하나님께서 자신에게 주신 이중 소명, 곧 선지자-제사장-왕의 소명에 따라 하나님의 섭리를 발견하여 살아가야 하리라고 믿습니다.

이때 하나님의 섭리는 꼭 우리가 원하는 방법과 시간에 따라 우리에게 주신 소명이 이루어지지 않는다는 사실을 바울을 인도하신 하나님의 섭리를 보면서 깨닫게 하시니 감사합니다. 또한, 우리는 우리가 살아가는 과정에서 만나고 교제하는 형제들을 존경하고 사랑해야 한다는 사실도 듣게 하시니 감사합니다.

오늘도 주신 소명 따라 살아가는 우리에게 건강을 허락하시고 하나님의 사랑을 우리 마음에 부어 주셔서 하나님의 뜻을 이루는 하루가 되게 하여 주옵소서.

예수님의 이름으로 기도하옵나이다. 아멘.

제1장

바울의 사도적 섬김
(15:14-21)

롬 15:14

- "선행이 가득하고 모든 지식이 차서 능히 서로 권하는 자"
  로마 교인들의 선행과 지식을 칭찬함.
- 다른 사람 속에 있는 장점을 칭찬하라.

14 내 형제들아 너희가 스스로 선함이 가득하고 모든 지식이 차서 능히 서로 권하는 자임을 나도 확신하노라

예수님은 그리스도시요 살아 계신 하나님의 아들입니다. 예수님이 하나님의 아들 그리스도라는 증거로 십자가에서 우리 죄를 대신해서 피 흘려 죽으시고, 죽은 자들 가운데서 부활하셨습니다.

이 예수님이 하나님의 아들, 예수님이 그리스도, 예수님이 우리 죄를 대신해서 십자가에서 피 흘려 죽으시고 부활하셨다는 복음으로 우리 인생 모든 문제가 처리되고 해답을 얻습니다. 이 복음은 모든 믿는 자에게 구원을 주시는 하나님의 능력이 됩니다. 이 하나님의 아들 예수 그리스도의 복음, 그리스도 십자가 대속의 피의 복음으로 깊이 뿌리내리기를 기원합니다.

예수님의 신성의 하나님 되심과 십자가 대속의 피의 복음을 마음 중심에 믿고 중생한 그리스도인은 자신이 교만한 죄인인 것을 자각하는 사람입니다. 그래서 그리스도의 겸손을 옷 입고 자기보다 남을 낮게 여기는 사람이 됩니다. 아니 마땅히 그런 사람이 되어야 합니다.

그래서 그리스도로 옷 입고 성령 충만을 받은 그리스도인은 형제들 속에 있는 장점과 칭찬 거리를 관찰해서 칭찬하는 데 인색해서는 안 됩니다. 이것은 그리스도인으로서 최고의 미덕이요 또한 자신에 대한 그리스도인 됨의 보상이기도 합니다. 그것은 그런 칭찬으로 인해 자기에게 선이 돌아오기 때문입니다.

그러나 이것은 그리스도인이 되었어도 쉬운 일은 아닙니다. 본래 타락한 인간은 교만하기 때문에 자신을 낮추고 다른 사람을 높이며 칭찬한다는 것은 타락한 인간의 본성이 아닌 것입니다. 십자가에 못 박히신 예수 그리스도를 모시고, 예수 그리스도와 연합할 때만이 가능한 일입니다.

십자가 대속의 피의 복음을 모든 설교의 중심에 두고 설교한 저에게도 쉬운 일이 아닙니다. 교만이라는 죄의 잔재가 여전히 남아 있기 때문입니다. 특히, 경쟁 관계가 될 만한 사람들을 높이고 칭찬하는 일은 어렵습니다. 각 사람의 교만은 서로 경쟁을 한다는 것이 요점이기 때문입니다.

저는 저 자신의 교만의 본성을 잘 알기에 의도적으로 자신을 낮추며 그리고 경쟁이 될 만한 분들의 이름을 거명하여 그들을 존경하리라는 기도를 정시 기도에 항상 하나님께 드리고 있습니다. 또한, 함부로 정죄하지 않고 그분들의 장점을 드러내려고 노력합니다. 이것은 제가 죽을 때까지 계속되어야 할 기도 제목이 되리라고 생각합니다. 항상 저는 날마다 구원받아야 할 죄인이기 때문입니다.

그러나 하나님의 특별한 은혜와 은사를 받은 사도 바울은 오늘 본문에서 우리보다 한 수 높은 칭찬의 사람인 것을 나타냅니다.

본문 로마서 15장 14절을 보면 "내 형제들아 너희가 스스로 선함이 가득하고 모든 지식이 차서 능히 서로 권하는 자임을 나도 확신하노라"라고 하였습니다.

바울은 이미 앞서 로마서 시작 서두에서 "너희 믿음이 온 세상에 전파 됨이로라"(롬 1:8)는 칭찬으로 시작하였습니다. 바울은 이것을 이 편지를 쓰게 된 동기의 하나로 삼았습니다. 바울은 이제 로마서를 끝내고자 하는 결말에서 "내 형제들아"라는 친밀한 애칭으로 로마 교인의 믿음을 높이 평가하고 있습니다.

어떤 주석가는 바울의 진심을 담은 말이 아니라고 주장하지만 이것은 무익한 아첨이나 사탕 발림이 아니라 그들의 가치와 그들 속에 있는 하나님의 은혜에 대한 인정을 담은 적절한 찬사였습니다.

우리도 다른 사람들 속에 있는 장점과 칭찬 거리를 관찰해서 칭찬하는 데 인색해서는 안 됩니다. 특히, 바울 자신이 위선적인 인물이 아니고 쉽게 속아 넘어가거나 쉽게 아첨에 빠지지 않을 정도로 극히 탁월한 판단력과 성실성을 갖고 있던 바울에게 칭찬을 들었다는 것은 그들이 그만한 신뢰를 보여 주었음을 뜻합니다.

우리는 다른 사람의 선에 관해서는 적극적으로 믿어 주어야 합니다. 이것이 사랑의 미덕입니다. 사랑은 모든 것을 바라고, 모든 것을 믿으며, 또 확신하게 되는 것입니다. 우리는 이런 점에서는 오히려 오류를 범하는 것이 더 안전합니다.

그러면 이제 우리는 바울이 로마 교인들을 칭찬한 것이 무엇인지 살펴보도록 하겠습니다.

첫째, "너희가 스스로 선함이 가득하고"라고 하였습니다. 여기서 "선함"이란 선한 행실보다 선한 마음을 가리켜 말합니다. 즉, 선함이란 친절, 관대함, 정직함을 강조하는 말입니다.

둘째, "모든 지식이 차서"라고 하였습니다. 로마 교인들은 하나님과 복음의 진리를 전체적으로 알고 있는 지식이 있었습니다.

이것은 앞서 선함과 함께 지식을 갖춤으로 칭찬의 대상이 될 만하였습니다. 선과 지식은 신앙의 성숙을 위한 2대 요소입니다. 선이 없는 신앙은 신앙일 수 없습니다. 또한, 지식이 없이는 악에게 이용당합니다.

셋째, "능히 서로 권하는 자"라고 하였습니다. 이를 위해서는 더 깊은 은사가 필요한데 그것은 권하는 은사입니다. 선함과 지식을 갖춘 사람들은 다른 사람들의 유익과 이득을 위해 자기들이 갖고 있는 것을 전달해 주어야 합니다.

로마 교인들은 "능히 서로 권하는 자"가 되어 더 깊은 지식으로 "교사"라는 초대 교회의 가르치는 위치에 서게 되었습니다. 여기서 "권하다"라는 복음을 일반적으로 가르치는 것뿐만 아니라 일상에서 그 진리를 구체적으로 적용하도록 권고하는 것을 포함합니다.

하나님의 아들 예수 그리스도 복음, 그리스도 십자가 대속의 피의 복음은 모든 믿는 자에게 구원을 주시는 하나님의 능력이 되기 때문에 이 복음이 사람을 변화시키는 것은 당연합니다. 그래서 이미 바울은 로마 교인들의 믿음이 온 세상에 전파되었다고 앞서 언급했던 것입니다(롬 1:8).

우리 모두는 예수님의 신성의 하나님 되심과 십자가 대속의 피의 복음으로 깊이 뿌리를 내려 참된 믿음을 갖고 이 복음을 믿는 자에게 구원을 주시는 하나님의 능력으로 변화를 받아 선함과 함께 지식을 갖추어 능히 서로 권하는 선지자가 되도록 기도하겠습니다.

오직 그리스도, 오직 믿음, 오직 예수 보혈 신앙으로 성령의 충만을 받아 하나님 사랑과 이웃 사랑의 전도자로 살고 능히 서로 권하는 자로 살도록 기도하겠습니다.

살아 계신 아버지 하나님!

하나님의 은혜를 감사합니다.

우리로 하여금 예수님을 하나님의 아들로 믿는 신앙으로 새롭게 하여 주심으로 형제의 눈의 티를 보고 지적하는 비평자가 아니라 형제의 가치와 그 속에 있는 장점과 칭찬 거리를 발견하여 칭찬하는 자로 만들어 주심을 감사합니다. 세상은 원리적으로 서로 경쟁적이어서 자기의 경쟁자를 자기 밑에 두고자 결점을 찾는 교만한 원리 속에 사는 데 반하여 우리로 하여금 자기보다 남을 낫게 여기는 겸손과 사랑과 권고자로 부르심을 감사합니다.

사도 바울은 믿음으로 소문난 로마 교인들을 칭찬하되 선함이 가득하고 모든 지식이 가득 차서 서로 권하는 자라는 극찬을 하였습니다. 이것이 과장일지 아닐지는 모르나 다른 사람들의 선에 관해서는 우리가 적극적으로 믿어 주어야 한다고 믿습니다.

동시에 우리 모두가 하나님의 아들 예수 그리스도 복음, 십자가 대속의 피의 복음을 참되게 믿어 선과 모든 지식이 함께 갖춘 자가 되기를 기도합니다. 선이 없는 신앙은 신앙일 수가 없고 지식이 없이는 그 선은 악에게 이용당한다는 사실을 기억하고 신앙 성숙을 위한 선과 지식을 겸비한 자들이 되도록 우리를 붙들어 주시고 세워 주시기를 기도합니다. 그리하여 우리 모두가 능히 서로 권하는 선지자로 살기를 기도합니다.

오늘도 우리 모두에게 이 위기의 시대에 건강을 지켜 주시고 믿음과 성령이 충만한 자들이 되도록 붙들어 주옵소서.

예수님의 이름으로 기도하옵나이다. 아멘.

494

롬 15:15

- "내가 너희로 다시 생각나게 하려고"
  이미 알고 있던 지식을 상기시키려고 함.
- 그 지식은 하나님의 아들 예수 그리스도 복음.
  그리스도 십자가 대속의 피의 복음이다.
  우리는 이 그리스도 십자가 대속의 피의 복음 지식 속에 살아야 하며, 그 지식을 가르치고, 생각나게 하고 전하며 살아야 한다.

¹⁵ 그러나 내가 너희로 다시 생각나게 하려고 하나님께서 내게 주신 은혜로 말미암아 더욱 담대히 대략 너희에게 썼노니

예수님은 그리스도시요 살아 계신 하나님의 아들입니다. 예수님이 하나님의 아들 그리스도라는 증거로 십자가에서 우리 죄를 대신해서 피 흘려 죽으시고, 죽은 자들 가운데서 부활하셨습니다.

이 예수님이 하나님의 아들, 예수님이 그리스도, 예수님이 우리 죄를 대신해서 십자가에서 피 흘려 죽으시고 부활하셨다는 복음으로 우리 인생 모든 문제가 처리되고 해답을 얻습니다. 이 복음은 모든 믿는 자에게 구원을 주시는 하나님의 능력이 됩니다. 이 하나님의 아들 예수 그리스도의 복음, 그리스도 십자가 대속의 피의 복음으로 깊이 뿌리내리기를 기원합니다.

예수님의 신성의 하나님 되심과 십자가 대속의 피의 복음은 모든 믿는 자에게 구원을 주시는 하나님의 능력입니다. 그리스도인이 세상에 나가서 빛으로 사는 유일한 방법은 이 하나님의 아들 예수 그리스도의 복음을 믿고, 이 믿음으로 말미암아 임하는 하나님의 능력으로 사는 것입니다. 그래서 오직 의인은 믿음으로 말미암아 산다고 하는 것입니다.

그리스도의 삶은 생활의 시작이나 과정에 있어서 믿음이 전부입니다. 반대로 "믿음에서 행위로"가 아닙니다. 마치 믿음으로 의로운 자가 되었으니 행위로 말미암아 의로운 상태에 머문다는 것은 아닙니다.

철두철미하게 믿음으로부터 믿음에 이르는 것입니다. 그것은 증대하는 믿음이요 계속 나아가는 믿음이요 인내하는 믿음이니 이 믿음은 계속 전진하여 나아가는 가운데 불신앙의 뿌리를 잠식해 버리는 믿음입니다.

그리하여 기독교는 오직 의인은 믿음으로 말미암아 사는 것입니다. 믿음을 통해서 의롭다 함을 입은 인간은 이 믿음을 통해 은혜와 영광의 생활을 살아갈 수 있을 것이라는 뜻입니다.

저는 이 진리를 굳게 믿기 때문에 오직 그리스도, 오직 믿음, 오직 은혜, 오직 예수 보혈 신앙을 강조하고 그리고 끊임없이 반복하고 있습니다. 그래서 우리 교회에 처음 나온 신자들은 타 교회와 다른 메시지에 호기심을 갖고 경청을 하다가 수개월이 지나면 금방 싫증을 갖고 새로운 것을 열망하며 떠나는 경우가 많았습니다.

오늘날 강해 설교나 제목 설교나 간에 설교 원리에 대한 세미나도 있고 자신들의 경험이나 연구 등을 여러 가지 다양한 기술적 단계로 말한 것을 듣고 있습니다. 저는 오직 한 가지 설교 원리에 그리스도 교회와 제 자신 목회의 운명을 걸고 전하고 있습니다.

저는 신성의 하나님의 아들 예수 그리스도의 복음과 십자가 대속의 피의 복음의 타협 없는 반복의 가치를 믿고 끊임 없이 성도들에게 이 복음 진리의 생각 속에 살도록 제 설교의 원리로 삼고 있습니다. 물론 여기에는 구속사적 해석 방법이 들어 있습니다. 신구약을 모두 관통하는 예수 그리스도가 모든 신구약 성경 설교의 중심입니다.

저는 이것이 이 새대의 진정한 개혁이라고 믿습니다. 변화무쌍한 세상에서 변하지 않는 진리의 복음을 끊임없이 강조하는 것이 진정한 개혁이라고 믿는 것입니다.

저는 이런 제 개인의 주장이 성경적이라고 믿습니다. 성경은 곳곳에서 이 사실을 증명하고 있는데 그것은 먼저 사복음서에서 예수님의 모든 복음 활동에서 증거되었습니다. 여기서 이것을 논할 내용이 아니기 때문에 결론만 말하자면 예수님의 모든 교훈과 기적과 활동의 최종적 귀결은 예수님 자신이 하나님의 아들 그리스도라는 것을 증거함이었고, 그분의 사역의 완성은 그리스도 십자가 대속의 죽음이었습니다. 더 이상 말할 필요가 없는 성경의 진리입니다.

우리는 오늘 사도 바울의 복음 진리를 반복해서 생각나게 하리라는 말씀 속에서, 그리고 또 다른 그의 설교 속에서, 그리고 베드로 같은 사도의 설교 속에서도 예수님의 진리 반복의 설교를 찾아 볼 수 있습니다.

우리는 오늘 본문 로마서 15장 15절 말씀을 보면 "그러나 내가 너희로 다시 생각나게 하려고 하나님께서 내게 주신 은혜로 말미암아 더욱 담대히 대략 너희에게 썼노니"라고 하였습니다.

바울은 지식이 탁월한 사람이었으나, 다른 사람이 알지 못하고 듣지 못한 지식을 교인들에게 말하는 것이 아니라 다른 사람들의 가르침을 통해 그들이 이미 알고 있던 지식을 상기시키려고 했던 것입니다.

그는 또한 빌립보 교인들에게도 동일한 의미의 말씀을 하였습니다. 빌립보서 3장 1절을 보면 "너희에게 같은 말을 쓰는 것이 내게는 수고로움이 없고 너희에게는 안전하니라"라고 말하였습니다. 베드로도 이와 동일하였습니다(벧후 1:12, 3:1).

보통 사람들은 사역자들이 자기들이 전혀 알고 있지 못한 새로운 사실을 말해 주지 않으면 그런 말은 기억할 가치가 없다고 교만한 말을 합니다.

그러나 그들은 예수 그리스도의 신성의 인격에 대해 얼마나 알고 있습니까?

예수 그리스도의 피의 대속의 복음 진리 사역의 깊이를 얼마나 알고 있습니까?

구약성경 전체가 이 두 가지 진리의 예시입니다. 구약의 모든 계시가 예수 그리스도 인격에 들어오는 것을 알면 자신의 어리석음을 회개해야 할 것입니다.

바울이나 베드로 사도들은 복음 진리의 반복의 가치를 알고 있었습니다. 누구에게나 싫증나지 않는 음식이 있는 것처럼 몇 번이고 또 반복되어야 할 중요한 기독교 진리가 있습니다. 곧 복음입니다.

그리고 이런 진리는 반드시 생각나게 하는 필요성이 있었습니다. 그래서 본문에서 "내가 너희로 다시 생각나게 하려고 … 대략 너희에게 썼노니"라고 하였습니다.

　신약성경의 설교는 새로운 진리를 소개하는 것이 아니고 이미 알고 있는 것을 다시 생각나게 하는 것이며, 또한 과거의 자기를 되찾으라고 권유합니다. 인간의 지성은 마치 칠판과 같은 것이며, 시간은 그 위를 지나가기만 하면 말살해 버리고 지워 버리는 물질인 지우개와 같다는 격언이 있습니다.

　우리는 자꾸 새로운 것을 듣고자 하는 경망스러움에 빠지면 안 됩니다. 그러다가 이단에 빠지게 됩니다. 하나님의 아들 예수 그리스도 복음, 십자가 대속의 피의 복음보다 새로운 것이 없습니다. 그것이 진리의 왕이기 때문입니다. 저는 이보다 새로운 것을 발견한 적이 없습니다. 진리만이 영원하고 보이는 것은 잠깐이기 때문입니다.

　그러므로 우리 모두는 오직 그리스도, 오직 믿음, 오직 예수 보혈로 날마다 답을 얻고 사는 자들이 되어야겠습니다. 날마다 이 복음 진리 속에 살도록 날마다 이 복음 진리를 설교자는 생각나게 하도록 선포하고 성도들은 이 십자가 피의 복음 진리의 생각 속에서 살아야 합니다. 이 진리의 말씀으로 살아야 합니다. 기도하겠습니다.

　살아 계신 아버지 하나님!
　하나님의 은혜를 감사합니다.
　우리에게 하나님의 아들 예수 그리스도의 복음과 십자가 대속의 피의 복음 진리를 들을 수 있고 맛있게 받을 수 있는 귀를 주심을 감사합니다. 신구약 성경은 오직 한 분 예수 그리스도의 이야기라고 믿습니다. 창세전에 세워진 성부, 성자, 성령의 삼위일체 하나님의 구속 협약의 시행으로 이 세상에 나타난 하나님의 아들 예수 그리스도의 은혜 언약은 유일한 인류 구원의 소망의 복음인 것을 믿습니다.

그리하여 우리는 오직 예수님을 하나님의 아들로, 십자가에 못 박히신 그리스도로 믿는 믿음으로 살아야 한다고 명령받고 있으니 우리의 마음과 생각을 하나님의 아들 예수 그리스도 복음 진리로 채우고 그 생각 속에서 쉬지 말고 기도하며 살고 그 믿음으로 하나님의 능력을 받아 살게 하여 주옵소서.

잡풀은 가만 두어도 무성하나 생명의 과일 나무는 가꾸어야 열매를 맺듯이 우리는 날마다 하나님의 아들 예수 그리스도 복음을 새롭게 붙들고 그 복음의 향취 속에서 살아가게 하여 주옵소서.

오늘도 위기의 시대에 우리를 건강하게 지켜 주시어 세상 속에서 이 십자가 피의 복음 진리의 증인으로 살아가게 하여 주옵소서.

예수님의 이름으로 기도하옵나이다. 아멘.

롬 15:16

- "나로 이방인을 위하여 그리스도 예수의 일꾼이 되어 하나님의 복음의 제사장 직분을 하게 하사"
  바울은 이방인의 사도.
  이방인의 제사장 사역.
- 모든 복음 전도자는 제사장이다.
  십자가 대속의 피의 복음을 전하라.

16 이 은혜는 곧 나로 이방인을 위하여 그리스도 예수의 일꾼이 되어 하나님의 복음의 제사장 직분을 하게 하사 이방인을 제물로 드리는 것이 성령 안에서 거룩하게 되어 받으실 만하게 하려 하심이라

예수님은 그리스도시요 살아 계신 하나님의 아들입니다. 예수님이 하나님의 아들 그리스도라는 증거로 십자가에서 우리 죄를 대신해서 피 흘려 죽으시고, 죽은 자들 가운데서 부활하셨습니다.

이 예수님이 하나님의 아들, 예수님이 그리스도, 예수님이 우리 죄를 대신해서 십자가에서 피 흘려 죽으시고 부활하셨다는 복음으로 우리 인생 모든 문제가 처리되고 해답을 얻습니다. 이 복음은 모든 믿는 자에게 구원을 주시는 하나님의 능력이 됩니다. 이 하나님의 아들 예수 그리스도의 복음, 그리스도 십자가 대속의 피의 복음으로 깊이 뿌리내리기를 기원합니다.

예수님의 신성의 하나님 되심과 십자가 대속의 피의 복음을 마음 중심에 믿고 예수 그리스도를 모시고 중생한 그리스도인은 그리스도께서 그분의 성품을 그분의 백성들에게 넣어 주셔서 자기 백성들까지도 예수님과 마찬가지로 선지자, 제사장, 왕직으로 삼으십니다.

그래서 그리스도 안에서 예수 그리스도의 의로 새사람 된 그리스도인은 그가 가진 직업을 그대로 가지면서도 선지자, 제사장, 왕직을 수행하는 이중 소명을 받게 됩니다.

루터에 의하면 모든 그리스도인은 이중 소명을 받는다고 합니다. 하나는 영적 소명으로서 복음에 의해 믿음과 세례에 부름 받은 소명, 즉 하나님의 자녀가 되고 이웃에게 제사장 사역을 하도록 부름 받는 소명입니다. 이것이 소위 루터의 '만인 제사장' 이론입니다.

다른 하나는 외적인 소명으로서 세상적 직업에로 부름 받는다는 것입니다. 그런데 이 두 소명은 서로 분리되는 것이 아니라 하나로 나타난다는 것입니다. 그러므로 모든 그리스도인은 자신의 직업을 하나님께서 그를 부르신 부름으로 이해해야 하고, 그 직업 활동을 통해서 이웃을 섬기되 특별히 복음의 제사장으로 섬기어 그들을 전도하여 하나님께 제물로 드리는 영광을 돌려야 합니다.

이것은 천주교와 달리 종교개혁 이후 기독교의 핵심 진리의 하나인데 이에 대한 이해가 그리스도 교회에서 조금 부족한 것 같습니다. 오늘 우리는 이방인을 위하여 그리스도의 일꾼이 되어 이방인의 제사장 사역을 하는 사도 바울의 말을 듣고 이에 대한 더 분명한 이해가 있어야겠습니다.

복음을 받은 모든 그리스도인은 전도자로서 제사장이 되었습니다. 그리하여 그들이 전도하여 회심하게 한 자들을 하나님께 드리는 것입니다. 우리는 본문을 바로 이해하면서 이 진리에 대한 확신이 있어야 겠습니다.

오늘 본문 로마서 15장 16절을 보면 "이 은혜는 곧 나로 이방인을 위하여 그리스도 예수의 일꾼이 되어 하나님의 복음의 제사장 직무를 하게 하사 이방인을 제물로 드리는 그것이 성령 안에서 거룩하게 되어 받으실 만하게 하려 하심이라"라고 하였습니다.

바울은 이방인을 위하여 그리스도 예수의 일꾼이 되었다고 합니다. 바울은 이방인의 사도가 되었다는 말입니다. 오늘 본문의 의미를 구체적으로 살펴보겠습니다.

첫째, 사도 바울은 누구의 일꾼이었습니까?

"그리스도 예수의 일꾼"입니다. 예수 그리스도는 우리의 주인이십니다. 우리는 그리스도의 것이고, 그리스도를 섬겨야 합니다.

둘째, 바울은 누구를 위해 일했습니까?

"이방인을 위하여"라고 하였습니다. 하나님께서 그렇게 정하셨습니다(행 22:21). 베드로와 바울도 그것을 인정하였습니다(갈 2:7-9).

로마의 교인들은 이방인들이었습니다. 그러기에 사도 바울은 바로 이방인을 위한 사도로서 감히 로마 교인들에게 권면하는 글을 쓴 것입니다.

셋째, 바울이 맡은 임무는 무엇입니까?

"하나님의 복음의 제사장 직분"이었습니다. 이는 그리스도의 제사장 직을 수행한다는 것입니다. 이 직분은 레위 제사장 직분보다 더 영적이고, 더욱 탁월한 것이었습니다.

넷째, 바울은 어떤 이유로 그 일을 했습니까?

"이방인을 제물로 드리는 것이 성령 안에서 거룩하게 되어 받으실 만하게 하려 하심"이었습니다.

곧 이방인의 회심으로 말미암아 예수 그리스도 이름으로 돌아오는 영광을 하나님이 받으시게 하려는 것이었습니다. 이 말씀은 바울의 이방인을 위한 선교사역으로 이방인들을 회심하게 하여 하나님께 산 제물로 드린다는 의미입니다.

본래 이방인들은 예루살렘에 있는 성전에서 엄격하게 배제되었으며, 성전에서 거행되는 제사에 제물을 드리는 일도 전혀 허용되지 않았지만, 이제 복음을 통해 그들 자신이 거룩하고 받으실 만한 제물이 된 것입니다.

이러한 중요한 발전은 열방에 흩어진 유대인들이 먼 나라에서 하나님의 영광을 선포할 것이며 열방에서 사람들을 예루살렘으로 데려와 "여호와께 예물로" 드릴 것이라는 이사야의 예언이 성취됨으로 이루어졌습니다(사 66:20).

과연 이방인은 바울에 의하여 예수 그리스도 이름으로 하나님께 드려지는 희생 제물, 곧 하나님이 기뻐하시는 산 제물이 된 것입니다(롬 12:1). 거룩하게 된 영혼은 예수 그리스도라는 제단 위에서 타오르는 사랑의 불꽃으로 하나님께 올라가 바쳐집니다.

그러나 이것은 바울의 사역이 아니라 성령의 사역이었습니다. 그래서 본문은 "성령 안에서 거룩하게 되어 받으실 만하게 하려 하심이라"

라고 하였습니다. 복음 전도는 성령 하나님과의 동역 사역인 것입니다.

이러한 사도 바울의 제사장 사역은 오늘날에도 그대로 적용되는 원리입니다. 모든 복음 전도자는 제사장입니다. 그들이 전도하여 회심하게 한 자들을 하나님께 드리기 때문입니다.

우리 모두 참되게 십자가 피의 복음을 믿고 오직 그리스도, 오직 믿음, 오직 예수 보혈 신앙으로 하나님이 기뻐하시는 산 제물로 자신의 몸을 드리는 영적 예배자가 되고, 더 나아가 성령의 권능을 받아 복음 전도로 회심케 된 자들을 하나님께 드리는 거룩한 제사장이 되도록 기도하겠습니다.

살아 계신 아버지 하나님!

하나님의 은혜를 감사합니다.

기독교의 핵심 진리인 만인 제사장의 원리를 우리가 확신하고, 성령의 권능을 받아 복음 전도자로 살아야 된다는 진리를 우리로 다시 상기하게 하시니 감사합니다.

사도 바울은 이방인의 사도로 부름을 받아 이방인을 위한 선교사역을 통해 이방인 회심자들을 하나님께 산 제물로 드리는 자가 되었음을 오늘 본문에서 말하고 있습니다. 이러한 이방인의 사도인 바울의 제사장 사역은 독특한 것이었지만 그가 선언하는 원리는 오늘날에도 동일하게 적용된다고 믿습니다. 그리하여 모든 복음 전도자는 제사장이 되어 그가 전도하여 회심하게 한 자들을 하나님께 드린다고 믿습니다.

오늘도 우리 모두는 참되게 예수님의 신성과 그리스도 십자가 대속의 피의 복음을 마음 중심에 믿어 우리 몸을 하나님이 기뻐하시는 거룩한 산 제물로 드리는 자가 되고, 세상에 나가서는 십자가 대속의 피의 복음을 전하는 복음 전도자로 살도록 우리에게 믿음과 성령으로 충만케 하여 주옵소서. 또한, 우리의 육체도 보전하여 주사 건강한 몸으로 세계 복음화의 명령을 수행하며 사는 자들이 되도록 은혜를 베풀어 주옵소서.

예수님의 이름으로 기도하옵나이다. 아멘.

롬 15:17

- "그리스도 예수 안에서 하나님의 일에 자랑하는 것"
  바울의 이방인 선교사역의 대성공과 하나님께서 자기를 통해서 이루신 일을 자랑.
- 그리스도 예수 안에서라는 경계 안에서 자랑하라.
  예수 그리스도를 자랑하라.

> ¹⁷ 그러므로 내가 그리스도 예수 안에서 하나님의 일에 대하여 자랑하는 것이 있거니와

예수님은 그리스도시요 살아 계신 하나님의 아들입니다. 예수님이 하나님의 아들 그리스도라는 증거로 십자가에서 우리 죄를 대신해서 피 흘려 죽으시고, 죽은 자들 가운데서 부활하셨습니다.

이 예수님이 하나님의 아들, 예수님이 그리스도, 예수님이 우리 죄를 대신해서 십자가에서 피 흘려 죽으시고 부활하셨다는 복음으로 우리 인생 모든 문제가 처리되고 해답을 얻습니다. 이 복음은 모든 믿는 자에게 구원을 주시는 하나님의 능력이 됩니다. 이 하나님의 아들 예수 그리스도의 복음, 그리스도 십자가 대속의 피의 복음으로 깊이 뿌리내리기를 기원합니다.

예수님의 신성의 하나님 되심과 십자가 대속의 피의 복음을 마음 중심에 믿고 구원받은 그리스도인은 하나님의 존재에 관한 사실을 인식

하는 순간 자신이 얼마나 타락했으며 얼마나 무능하며 얼마나 소망 없는 존재인가를 인식하기 시작합니다. 예수 그리스도와 그리스도 안에 사는 삶의 가치에 대한 새로운 인식과 함께 그리스도만을 범사에 자랑하는 자가 됩니다.

신약성경에서 이에 대한 가장 대표적인 사람은 사도 바울입니다. 사도 바울은 예수님을 부활하신 하나님의 아들로 믿기 전에는 자기 육체를 자랑할 만한 사람이었으나 그가 다메섹 도상에서 예수님을 하나님의 아들 그리스도로 인격적으로 알고 만난 후에는 자신을 죄인 중의 괴수로 불렀습니다.

바울은 빌립보 교인들에게 다음과 같이 말하였습니다.

> **7** 그러나 무엇이든지 내게 유익하던 것을 내가 그리스도를 위하여 다 해로 여길 뿐더러, **8** 또한 모든 것을 해로 여김은 내 주 그리스도 예수를 아는 지식이 가장 고상하기 때문이라 내가 그를 위하여 모든 것을 잃어버리고 배설물로 여김은 그리스도를 얻고 **9** 그 안에서 발견되려 함이니 …(빌 3:7-9).

우리는 바울이 대단히 높은 지식을 소유했다는 것을 알고 있습니다. 바울은 헬라의 웅변가보다 뛰어났습니다. 그러나 바울은 그의 지식과 재능이 아니라 십자가 대속의 피의 복음이라는 전도의 미련한 방법으로 이방인 선교사역에 대성공을 거두었고, 그리고 이런 일들은 오직 하나님께서 자기를 통해서 이루신 놀라운 일들로 하나님께 영광을 돌렸습니다.

바울은 오늘 본문에서 이런 자신의 일에 관해 약간의 지면을 할애하고 있습니다. 그리고 바울이 이 사실을 언급하는 것은 로마에 있는 교회의 그리스도인들에게 용기를 주기 위해서였습니다.

말하자면 기독교를 자신의 종교로 고백하는 사람들이 그들만이 아니고 우상 숭배에 빠져 있는 주변의 무수한 민족들과 비교해 보면 비록 그들의 숫자가 매우 적기는 하지만 여기저기 다 찾아보면 예수 그리스도의 나라와 인내에 동참하고 있는 그들의 친구가 많이 있다는 것을 알려 주기 위함이었습니다.

또한, 그것이 이처럼 놀라운 성공을 거두고 이처럼 빈약하고 희한한 수단을 통해 복음이 그토록 널리 전파된 것은 다시 말해 십자가 대속의 피의 복음 전도라는 미련한 방법으로 그토록 많은 사람이 그리스도께 순종하는 믿음에 사로잡힌 것은 기독교 진리에 대한 위대한 확증이었습니다.

그러므로 바울이 로마 교인들에게 자기 자랑처럼 이렇게 말하는 것은 결코 헛된 자랑이 아니라 거룩한 은혜에서 나오는 자랑이었습니다.

오늘 본문 로마서 15장 17절에서 바울은 "그러므로 내가 그리스도 예수 안에서 하나님의 일에 대하여 자랑하는 것이 있거니와"라고 하였습니다.

바울이 말하는 자랑은 먼저 "그리스도 예수 안에서"라는 경계 안에서 하는 것입니다. 바울은 모든 자랑의 중점을 그리스도 안에 두고 있습니다. 바울은 주석가들에 의하면 다른 신약 저자들보다도 "그리스도를 자랑하는 것"에 중점을 두고 있다고 봅니다.

신약성경에 "그리스도를 자랑하라"는 63개 문구 중에 57개가 바울의 것이라고 합니다. 로마서와 고린도전후서에서만 48개가 등장한다는 것입니다. 바울은 하나님과 그리스도께서 자기에게, 자기 안에서 행하신 모든 일이 자랑스러웠습니다. 로마서는 바울과 로마 교회 안에서 행하신 그리스도의 사역에 대한 자랑에서 비롯된 서신입니다.

오늘 본문에서는 바울은 "하나님의 일에 대하여 자랑하는 것"입니다. 그 하나님의 일이란 하나님의 구령 사업입니다. 하나님의 복음의 제사장 직무의 결과로 나타난 이방인 영혼들의 회심이었습니다.

이 영혼의 회심은 하나님의 일 가운데 하나이고 그러기에 그것은 바울의 자랑거리였습니다. 그것은 결코 육신의 일이 아닙니다. "그러므로 내가 그리스도 예수 안에서 하나님의 일에 대하여 자랑하는 것이 있거니와"라고 하였습니다.

물론 여기서 "하나님의 일"은 앞서 말씀드린 대로 하나님께 드려지는 일로서 이방인이 산 제물로 드려지는 것을 말합니다. 바울은 자신의 사역의 범위와 효과에 대해 그들이 자기와 함께 즐거워하기를 바랬습니다.

세상에서 한 영혼이 구원 얻는 것보다 더 기쁜 일은 없습니다. 육신의 기쁨은 일시적이지만 영혼에 대한 감동으로 인한 구원은 영속적이며 더 나아가 인간의 최상의 이상이 영생이기 때문입니다. 그리고 이 영생은 하나님의 아들 예수 그리스도를 믿고 영접하는 데서만 얻을 수 있는 것입니다.

우리 모두 먼저 예수님의 신성의 하나님의 아들 되심과 십자가 대속의 피의 복음 진리를 믿어 영혼의 구원을 얻을 것입니다. 그리고 주어진 현장에서 제사장 사역으로 불신자를 전도하여 하나님께 바치는 제사장이 될 것입니다. 이것이야말로 그리스도 예수 안에서 하나님의 일에 대하여 자랑하는 우리의 자랑거리입니다. 오직 그리스도, 오직 믿음, 오직 예수 보혈 신앙으로 성령의 권능을 받아 세상에 나가 하나님 사랑과 이웃 사랑의 전도자로 살도록 기도하겠습니다.

살아 계신 아버지 하나님!
하나님의 은혜를 감사합니다.
우리의 영혼을 구원하셔서 영생을 주심을 감사합니다.
사람이 천하를 얻더라도 자기 목숨을 잃으면 무슨 소용이 있겠습니까?
우리는 우리를 죄와 사탄의 손에서 건져 내어 하나님 나라의 백성이 된 것을 무한히 감사하면서 하나님의 아들 예수 그리스도의 대속의 죽음으로 죄 사함 받게 하고 하나님과 화목하게 하여 예수 그리스도와 연합된 영생을 얻게 하심을 다시 한번 감사합니다.
그러므로 우리는 그리스도 예수 안에서 하나님의 일, 곧 이런 영혼의 구속을 자랑하고 또한, 증거하는 자가 되기를 기도합니다. 우리를 불러 그리스도 예수 안에 있게 하시고 우리를 제사장으로 삼아 영혼 구원의 사명을 주셨으니 우리가 이 사명을 수행하여 불신자를 전도하고 그들을 하나님께 바치는 제사장이 되어야 하리라고 믿습니다.
오늘도 이 사명을 다하도록 성령의 권능을 부으시고 또한 육신적으로도 건강하게 하여 예수 그리스도를 자랑하고 증거하는 증인의 삶을 살게 하여 주옵소서.

예수님의 이름으로 기도하옵나이다. 아멘.

롬 15:18-19

- "그리스도께서 … 나를 통하여 역사하신 것 외에는"
  바울의 이방인 사역은 그리스도께서 하신 것.
- 범사에 그리스도만 자랑, 찬양하라.

¹⁸ 그리스도께서 이방인들을 순종하게 하기 위하여 나를 통하여 역사하신 것 외에는 내가 감히 말하지 아니하노라 그 일은 말과 행위로 ¹⁹ 표적과 기사의 능력으로 성령의 능력으로 이루어졌으며 그리하여 내가 예루살렘으로부터 두루 행하여 일루리곤까지 그리스도의 복음을 편만하게 전하였노라

예수님은 그리스도시요 살아 계신 하나님의 아들입니다. 예수님이 하나님의 아들 그리스도라는 증거로 십자가에서 우리 죄를 대신해서 피 흘려 죽으시고, 죽은 자들 가운데서 부활하셨습니다.

이 예수님이 하나님의 아들, 예수님이 그리스도, 예수님이 우리 죄를 대신해서 십자가에서 피 흘려 죽으시고 부활하셨다는 복음으로 우리 인생 모든 문제가 처리되고 해답을 얻습니다. 이 복음은 모든 믿는 자에게 구원을 주시는 하나님의 능력이 됩니다. 이 하나님의 아들 예수 그리스도의 복음, 그리스도 십자가 대속의 피의 복음으로 깊이 뿌리내리기를 기원합니다.

예수님의 신성의 하나님 되심과 십자가 대속의 피의 복음을 마음 중심에 믿고 구원받은 그리스도인은 하나님께로부터 태어난 새로운 사람이 되었습니다. 이렇게 거듭난 그리스도인은 과거 옛사람으로 살던 때와 달라진 세계관, 인생관, 우주관을 갖고 삽니다. 그리스도인은 그 마음 중심에 예수 그리스도를 모시고 예수 그리스도 중심으로 사는 자인 것입니다.

그러므로 중생한 그리스도인이 신앙이 성장하면 자신의 힘으로 사는 것이 아니라 하나님과 예수 그리스도를 힘입어 살며 기동하며 존재한다는 것을 깨닫게 됩니다. 자신의 전 존재가 하나님과 예수 그리스도께 의존된 자임을 자각한다는 말입니다.

그래서 이를 자각한 그리스도인은 자신이 어떤 선을 행하든 그것을 행하는 것은 자신이 아니라 자신을 통하여 예수 그리스도께서 하시는 것임을 알고 오직 그리스도만 자랑하고 찬양하는 자가 됩니다.

우리는 이런 진리에 대한 확실한 지식을 갖는 바울의 말을 듣고 우리도 말로만 그리스도의 제자가 아니라 그리스도께 진실로 순종하며 그리스도를 위하여 사는 그리스도 제자들이 되어야겠습니다.

오늘 본문 로마서 15장 18-19절을 보면 "[18] 그리스도께서 이방인들을 순종케 하기 위하여 나로 말미암아 말과 일이며 표적과 기사의 능력이며 성령의 능력으로 역사하신 것 외에는 내가 감히 말하지 아니하노라 [19] 이 일로 인하여 내가 예루살렘으로부터 두루 행하여 일루리곤까지 그리스도의 복음을 편만하게 전하였노라"라고 하였습니다.

바울은 앞서 자신의 이방인의 사도로서 일꾼으로 한 사역에 대하여 로마 교인들과 함께 즐거워하기를 바랬습니다. 그러면서도 바울은 자신이 한 것이 아니고 그리스도께서 자기를 통해 역사하셨다고 오늘 본문에서는 강조하는 것입니다. 바울은 예수 그리스도의 능력을 최대한 옹호하고 성령의 효과적인 사역에 모든 것을 돌리고 있습니다.

먼저 본문은 "그리스도께서 이방인들을 순종하게 하기 위하여"라고 합니다. 복음의 목적은 사람들을 그리스도께 순종하도록 이끄는 것입니다. 복음은 믿음의 진리일 뿐만 아니라 순종의 법이기도 합니다. 바울은 이것을 자신의 이방인 사역을 위한 선교 여행의 목적으로 삼았습니다.

바울은 자신의 명예와 부를 목적으로 하지 않고 영혼의 회심과 구원을 목적으로 삼았습니다. 바울의 마음은 오직 이것에 있었습니다. 그는 이를 위해 해산의 수고를 마다하지 않았습니다.

그러면 어떻게 이 위대한 사역을 이루었습니까?

첫째, 그리스도께서 주 행위자로 하셨습니다. 본문은 먼저 "그리스도께서"라고 하였습니다. 바울은 "내가 한 일"이라고 말하지 않고, "나를 통하여 그리스도께서 역사하신 일"이라고 하였습니다.

우리가 어떤 선을 행하든 그것을 행하는 것은 우리가 아니라 우리를 통하여 그리스도께서 하시는 것입니다. 일도 그리스도의 것이요, 힘도 그리스도의 것입니다. 그리스도가 전부요, 우리의 일을 그리스도께서 전부 하십니다(빌 2:13, 사 26:12). 그래서 바울은 기회가 있을 때마다 모든 찬양이 그리스도께 주어지도록 심혈을 기울였습니다.

둘째, 바울 자신도 매우 활동적인 도구였습니다. "말과 행위로 표적과 기사의 능력"으로 라고 한 것입니다. 먼저 "말과 행위"는 바울 자신의 설교와 자신의 설교를 확증하기 위하여 일으킨 이적으로 또는 자신의 선포와 삶으로 사역자들이 말과 행위를 겸비한 곧 자신이 선포한 진리의 힘을 생활을 통해 보여 준다면 영혼을 얻기가 쉬울 것입니다.

또 "표적과 기사"는 다 같이 하나님의 초자연적 역사를 표시하나 그 차이는 표적이 주로 인간 위에 나타나는 이적임에 반해 기사는 자연계에 임하는 것입니다.

그러나 "성령의 능력"이 이것들을 효과적으로 만들고 원하는 성공을 이루도록 하였습니다. 다른 사도들의 경우와 마찬가지로 바울에게 있어서도 성령의 능력이 그의 이적을 일으킨 장본인이었습니다. 이적은 성령의 능력으로 말미암아 일어난 것이므로(행 1:8), 이적을 비난하는 것은 성령을 모독하는 것으로 불렸습니다.

이때 말씀을 듣고 이적을 본 사람들 속에서 성령의 능력은 어떤 사람에게는 효과가 없게, 또 어떤 사람들에게는 효과가 있게 만듭니다. 그 차이를 만드는 것은 성령님의 작용에 있습니다. 위대한 설교자 바울 자신도 그의 수고에 성령의 능력이 수반되지 않았다면 한 영혼도 순종하게 만들 수 없었을 것입니다.

그래서 바울은 "그리스도께서 나를 통하여 역사한 것 외에는 내가 감히 말하지 아니하노라"라고 하였습니다. 바울의 자랑은 신적인 것이었기 때문에 그는 감히 자랑하지 않는다고 강조했습니다. 바울은 언제나 그리스도만을 자랑하고 찬양이 그리스도께 주어지도록 한 것입니다.

우리 모두 자기 과시, 자기 자랑으로 꽉 차 있는 자가 그리스도 십자가의 대속의 죽음을 믿고, 우리도 믿음으로 죽었으니 우리가 하는 모든 일을 그리스도를 위하여 하고, 그리스도께서 힘 주셔서 한 일로 진실로 믿고 그리스도만을 자랑하고 찬양을 드릴 것입니다. 오직 그리스도, 오직 믿음, 오직 예수 보혈 신앙으로 성령의 권능을 받아 십자가 대속의 피의 복음을 전하고 그 열매를 그리스도께서 하신 일로 생각하고 그리스도만을 자랑하고 사는 자들이 되도록 기도하겠습니다.

살아 계신 아버지 하나님!
하나님의 은혜를 감사합니다.
 타락한 인간은 교만이 본질인 자였으나 교만한 우리가 그리스도와 함께 십자가에 못 박혀 믿음으로 죽었음을 믿습니다. 그러면 우리가 산 것이 아니요 그리스도께서 사신 것이니 우리가 살아도 주를 위하여 살고 죽어도 주를 위하여 죽는 자가 되었음을 믿습니다. 그러므로 우리가 그리스도께서 우리에게 부어 주신 성령의 능력으로 복음을 전하여 영혼의 구원을 받게 한 사역은 먼저는 그리스도께서 하신 것임을 믿고 우리는 도구로 사용되었음을 인식하여 오직 그리스도를 자랑하고 그리스도께서 그 일을 수행하였음을 믿고 모든 영광과 찬양이 그리스도께 주어지도록 심혈을 기울여야 한다고 믿습니다.
오늘도 우리가 예수님을 그리스도로 전하는 전도자로 살도록 우리로 건강하게 하시고 우리에게 성령의 권능을 부어 주옵소서.
예수님의 이름으로 기도하옵나이다. 아멘.

498

롬 15:19

- "내가 예루살렘으로부터 두루 행하여 일루리곤까지 … 전하였노라"
  바울의 세계 복음화 사역의 범위.
- 세 번의 세계 선교 여행 포함 10년 간의 선교사역의 요약.
  자신의 형편에 맞는 전도자의 삶을 살라.

> [19] 표적과 기사의 능력으로 성령의 능력으로 이루어졌으며 그리하여 내가 예루살렘으로부터 두루 행하여 일루리곤까지 그리스도의 복음을 편만하게 전하였노라

예수님은 그리스도시요 살아 계신 하나님의 아들입니다. 예수님이 하나님의 아들 그리스도라는 증거로 십자가에서 우리 죄를 대신해서 피 흘려 죽으시고, 죽은 자들 가운데서 부활하셨습니다.

이 예수님이 하나님의 아들, 예수님이 그리스도, 예수님이 우리 죄를 대신해서 십자가에서 피 흘려 죽으시고 부활하셨다는 복음으로 우리 인생 모든 문제가 처리되고 해답을 얻습니다. 이 복음은 모든 믿는 자에게 구원을 주시는 하나님의 능력이 됩니다. 이 하나님의 아들 예수 그리스도의 복음, 그리스도 십자가 대속의 피의 복음으로 깊이 뿌리내리기를 기원합니다.

예수님의 신성의 하나님 되심과 십자가 대속의 피의 복음을 마음 중심에 믿고 영혼의 구원을 받은 신자는 예수님을 보지 못하였으나 사랑

합니다. 지금도 보지 못하나 믿고 말할 수 없는 영광스러운 즐거움으로 기뻐합니다(벧전 1:8).

이것이 참되게 예수님을 신성의 하나님의 아들로 믿고 죄 사함 받아 하나님과 화목을 이루고 그리스도와 연합된 자의 모습입니다. 저는 사람마다 이런 예수님을 그리스도로 믿고, 그 믿음으로 말할 수 없는 영광스러운 즐거움으로 기뻐하는 정도는 차이가 있으리라고 생각합니다. 물론 영혼의 구원에 대한 기쁨이니 영적인 것입니다.

저는 죄송한 말이고, 때로 믿음 없는 자의 말이나, 교회 성도들에게 이런 영적인 즐거움과 기쁨을 강조하지 못합니다. 그것은 저는 영혼 구원에 대한 감격과 기쁨 속에 사는 자이지만, 성도들은 그 메시지를 잘 소화하지 못하기 때문입니다.

이것은 슬픈 일입니다. 그래서 저는 그 메시지를 "인자가 올 때에 세상에서 믿음을 보겠느냐"(눅 18:8)는 말씀 앞에 엎드려 기도할 뿐입니다.

우리 모두가 진실로 십자가 대속의 피의 복음, 신성의 하나님의 아들 예수 그리스도 복음을 마음 중심에 믿고 그 귀중한 가치를 깨닫고, 또한 복음의 결과인 영혼의 구원을 얻었다면 우리는 예수님이 그리스도라는 복음 전도에 절대 침묵하면서 살 수 없습니다. 당연히 예수님의 지상 명령인 세계 복음의 일꾼으로 살지 않을 수 없습니다.

물론 우리는 사도 바울 같은 전임 사역자로서 복음 전도자가 될 수는 없습니다. 오늘의 현실은 바울 시대보다는 교통 및 통신 수단의 놀라운 발전과 인터넷의 보급으로 카톡 메시지나 유튜브 동영상 등 각종 미디어의 출현으로 다양한 선교 방식이 보급되었습니다.

십자가 대속의 피의 복음 받은 그리스도인은 자신의 직장을 가지면서도 자기 형편에 맞는 전도자의 삶을 얼마든지 살 수 있습니다. 의사는 의사로서의 전도자의 삶이 있고, 학교 선생은 선생으로서, 직장인은 직장인으로서, 학자나 선생이나 예술가나 과학자나 학생이나 기업가나 정치인이나 법조인이나 상인이나 심지어 가정주부까지 모두 그들 나름대로 전도자의 삶을 찾아 전도자로 살아야 합니다.

오늘 본문에서 바울은 그리스도께서 이방인 선교사역을 위하여 역사하신 세 번의 영웅적인 선교 여행을 포함해서 10년 동안의 그의 노력에 대한 요약을 말합니다.

본문 로마서 15장 19절 후단을 보면 "그리하여 내가 예루살렘으로부터 두루 행하여 일루리곤까지 그리스도의 복음을 편만하게 전하였노라"라고 하였습니다.

바울은 모든 사도보다 더 많이 수고한(고전 15:10) 사람이었습니다. 바울은 여러 곳에서 복음을 전했습니다. 그는 실로 세계 복음화를 위한 전도자의 모델이었습니다.

본문을 보면, 먼저 "내가 예루살렘으로부터"라고 시작합니다. 바울은 그가 다메섹 도상에서 회심한 이후 사울은 예루살렘에 가서 제자들을 사귀고자 했고, 바나바가 바울을 사도들에게 소개한 내용을 사도행전 9:26 이하에서 봅니다.

그때 바울은 제자들과 함께 있어 예루살렘을 출입하며 주 예수의 이름으로 담대히 말하고 헬라파 유대인들과 함께 말하며 변론하였습니다(행 9:28-29). 또한, 사도행전 11장 30절, 15장 1-25절, 18장 22절에서와 같이 바울은 예루살렘을 방문했습니다. 그러므로 바울이 그의 선교 사역의 시작을 "예루살렘으로부터"라고 말한 것은 과장이 아니고 사실입니다.

그러나 바울은 이방인의 사도로 부름을 받아 오늘 본문에 보면 "두루 행하여 일루리곤까지"로 그의 사역 범위를 말합니다.

바울은 안디옥 교회에서 이방인에게 복음을 전하도록 보내심을 받은 후에(행 13장), 그 복된 복음 전도 사역을 실루기아, 구브로, 밤빌리아, 비시디아, 그리고 루가오니 등지에서 행하였습니다(행 13, 14장). 그리고 그 후에는 수리아, 길리기아, 버가, 갈라디아, 무시아, 드로아를 여행하면서 복음을 전했고 그때부터 바울은 마게도냐를 거쳐 유럽 전역으로 다녔습니다(행 15, 16장).

또 우리는 바울이 데살로니가, 베뢰아, 아덴, 고린도, 에베소 및 인근 지역에서 부지런히 복음을 전하는 것을 보게 됩니다. 오늘 본문에 나온 "일루리곤"은 바울이 전도한 기록의 내용이 없는 곳이기에 이에 대한 추측의 의견들이 있습니다.

일루리곤은 서쪽 마게도냐의 아드리아해 방향 해안에 자리 잡고 있었으며, 오늘날의 알바니아와 구유고슬라비아 남부 지방에 해당된다고 봅니다(존 스토트, 『로마서 강해』). 누가는 사도행전에서 이곳 전도에 대한 바울의 행위를 기록하지 않고 있지만 사도행전의 누가 기록을 보면 바울이 "마게도냐로 가니라 그 지방으로 다녀가며 여러 말로 제자들에게 권하고 헬라에 이르러"(행 20:1-2)라고 기록하고 있습니다.

우리는 이때 마게도냐 지방 일루리곤까지 복음 사역을 했을 가능성을 확인할 수 있다고 봅니다. 이렇게 바울은 본문에서 "그리스도의 복음을 편만하게 전하였노라"라고 하였습니다. 그는 그들에게 복음 진리와 말씀을 충분히 설명해 주었고 지역적으로는 모든 지역에 빠짐 없이 전도하였다는 뜻입니다.

바울은 하나님께서 우리 모든 그리스도인을 위하여 선택한 복음 전도자의 모델입니다. 우리가 바울같이 능력 있는 전도자는 될 수 없겠지만 우리 각 사람에게 참된 복음이 심어진 자라면, 자기 직장, 사회적 지위, 경제적 조건, 가진 은사와 지혜를 따라 자기 형편에 맞는 전도자의 삶을 살 것입니다.

오직 그리스도, 오직 믿음, 오직 예수 보혈 신앙으로 성령의 권능을 받아 자기 형편에 맞는 전도자로서 살도록 기도하겠습니다. 복음 전도는 그리스도인의 삶의 외적인 열매임을 기억하시기 바랍니다.

살아 계신 아버지 하나님!
하나님의 은혜를 감사합니다.
오늘 우리는 사도 바울의 세 번에 걸친 세계 선교 여행과 10여 년간의 선교사역의 요약을 들었습니다. 바울은 실로 우리 모든 그리스도인을 위하여 선택받은 복음 전도자의 모델이라고 믿습니다.
오늘날 우리가 바울처럼 전임 사역으로서 세계를 돌아다니며 전도할 형편들은 아니지만 인터넷의 보급으로 인한 미디어 선교의 장이 열리므로 우리는 세계 복음화의 현장을 갖게 되었다고 믿습니다. 우리 모두는 각자가 하나님께서 주신 소명대로 자기 직장과 가정을 가지고 그리스도 교회를 섬기며 자기 은사에 맞추어 자기 형편에 맞는 전도자의 삶을 살아야 한다고 믿습니다.

오늘도 우리 모두를 건강하게 하시고 세상에서 빛들로 나타나게 하시며 입을 열어 예수님을 그리스도로 전도하는 자들이 되도록 은혜와 용기를 허락하여 주옵소서.

예수님의 이름으로 기도하옵나이다. 아멘.

롬 15:20-21

- "주의 소식을 받지 못한 자들이 볼 것이요"
  복음을 들어본 적이 없는 지역에서 전도함.
- 교세 유지보다 불신 세계에 전도하라.

> 20 또 내가 그리스도의 이름을 부르는 곳에는 복음을 전하지 않기를 힘썼노니 이는 남의 터 위에 건축하지 아니하려 함이라 21 기록된 바 주의 소식을 받지 못한 자들이 볼 것이요 듣지 못한 자들이 깨달으리라 함과 같으니라

예수님은 그리스도시요 살아 계신 하나님의 아들입니다. 예수님이 하나님의 아들 그리스도라는 증거로 십자가에서 우리 죄를 대신해서 피 흘려 죽으시고, 죽은 자들 가운데서 부활하셨습니다.

이 예수님이 하나님의 아들, 예수님이 그리스도, 예수님이 우리 죄를 대신해서 십자가에서 피 흘려 죽으시고 부활하셨다는 복음으로 우리 인생 모든 문제가 처리되고 해답을 얻습니다. 이 복음은 모든 믿는 자에게 구원을 주시는 하나님의 능력이 됩니다. 이 하나님의 아들 예수 그리스도의 복음, 그리스도 십자가 대속의 피의 복음으로 깊이 뿌리내리기를 기원합니다.

예수님의 신성의 하나님 되심과 십자가 대속의 피의 복음을 마음 중심에 믿고 중생한 그리스도인은 필연적으로 복음의 전도자가 됩니다.

그것은 억만죄악을 사함 받은 하나님과 그분의 아들 예수 그리스도의 십자가 대속의 피의 사랑을 받은 감격과 기쁜 소식을 전하지 않을 수 없기 때문입니다.

그러므로 예수님을 하나님의 아들로 믿고 진실로 중생한 그리스도인은 사람마다 차이가 있겠으나 모두가 전도자가 되게 되어 있습니다. 이런 무리들 가운데 대표적인 복음 전도자가 성경에서 두드러지게 활동한 사도 바울입니다.

바울은 누구보다도 주의 은혜를 풍성하게 받았기 때문에 이렇게 말하고 일생을 복음 전도자로 살았습니다.

> 미쁘다 모든 사람이 받을 만한 이 말이여 그리스도 예수께서 죄인을 구원하시려고 세상에 임하셨다 하였도다 죄인 중에 내가 괴수니라(딤전 1:15).

죄 사함을 많이 받았다고 생각한 사람은 그리스도를 더 많이 사랑합니다. 바울은 죄인 중에 괴수라고 한 사람이었으나 예수님은 바울을 예수 그리스도 이름을 이방인과 임금들과 이스라엘 자손들에게 전하기 위하여 택한 그릇으로(행 9:15) 삼았습니다.

그래서 바울은 그의 부르심의 소명에 맞게 일관된 이방인 전도의 개척 정책으로 복음을 전하는 자가 되었습니다.

오늘 본문 20-21절을 보면 "[20] 또 내가 그리스도의 이름을 부르는 곳에는 복음을 전하지 않기로 힘썼노니 이는 남의 터 위에 건축하지 아니하려 함이라 [21] 기록된바 주의 소식을 받지 못한 자들이 볼 것이요 듣지 못한 자들이 깨달으리라 함과 같으니라"라고 하였습니다.

바울은 "그리스도의 이름을 부르는 곳에는 복음을 전하지 않기를 힘썼노니"라고 분명히 말하였습니다. 그는 이방인을 위한 사도로서 바울의 부르심과 은사는 이방인 세계의 복음화를 개척하는 것이며 그다음에는 다른 사람들 특히 그 지역에 살고 있는 장로들에게 교회를 목양하도록 맡기는 일이었습니다.

그래서 바울은 여러 곳에서 휴경지를 갈아 엎고 그 땅에 머릿돌을 놓았습니다. 오랜 세월 동안 오로지 우상 숭배와 미신 그리고 온갖 형태의 악마가 지배해 왔던 지역에 예수 그리스도를 전했습니다.

바울은 개척자였고 따라서 자신의 사역을 감당할 때 누구보다 더 큰 어려움과 시련에 봉착했습니다. 물 주는 자들은 많았지만 바울은 위대한 심는 자였습니다. 그러나 그는 이방 세계에 무장하고 있는 강한 자의 궁전에 최초로 공격을 가한 용감한 사람이었습니다.

바울은 이러한 최초의 공격을 도처에 감행했고 그것 때문에 크게 고생을 자초했습니다. 바울은 이것을 자신의 사도직의 한 증거로서 언급하였습니다. 왜냐하면, 사도직은 특별히 성 밖에 있는 자들을 끌어들여 새 예루살렘의 기초를 놓는 직분이기 때문입니다.

오늘날 바울과 같은 복음 전도자는 찾아보기 힘듭니다. 그것은 그리스도께서 그를 사도로 불러 사도로서의 권능과 능력과 기사와 이적을 동반해 주셨기 때문에 가능한 것입니다. 아마도 18세기 말 19세기 초의 윌리엄 캐리의 인도 선교, 19세기의 애도니람 저드슨의 버어마 선교, 19세기 말의 중국 내지 선교회 창설자 허드슨 테일러 등이 있지만 이들의 이방인 선교는 바울의 역사와는 차이가 있었습니다.

또 바울은 "남의 터 위에 건축하지 아니하려 함이라"라고 하였습니다. 그것은 그것 때문에 자신의 사도직이 거부당하고, 사람들이 자기를 조롱할 기회를 주지 않기 위해서였습니다.

바울은 이것을 입증하기 위해 구약성경 이사야 52장 15절을 인용하고 있습니다. "주의 소식을 받지 못한 자들이 볼 것이요 듣지 못한 자들이 깨달으리라"라고 하였습니다.

이 이사야의 예언은 메시아 예언 구절로서 고난의 주를 열방과 열왕들과 백성들이 보고 그 소식을 듣고 놀란다는 것입니다. 바울은 이 구절을 아직 복음을 알지 못하는 이방인들이 듣는다는 뜻으로 응용하고 있습니다.

이것은 이사야 예언의 정신에 맞는다고 봅니다. 즉, 바울이 남의 터 위에 건축하지 아니하겠다는 전도 방침이 이사야 예언의 정신과 부합한다는 것입니다.

지금은 소천했지만 과거의 순복음 교회 고 조용기 목사님이 한국 교회에서 교인들을 빼앗아간다는 비난을 피하여 외국 선교로 전도 방침을 바꾼 것은 이에 대한 하나의 예일 수도 있을 것입니다. 오늘날 우리들의 교회는 교세 유지보다 불신 세계의 전도에 힘쓰는 교회가 되어야 할 것입니다.

우리 모두 참되게 십자가 대속의 피의 복음에 뿌리를 갖고 이 위대한 십자가 대속의 그리스도 사랑을 불신자들에게 전하도록 기도해야겠습니다. 세상의 불신의 벽이 두꺼우나 구원의 역사는 하나님의 성령께서 하실 것이니 성실하고 진실한 전도자로 낙심말고 전도에 힘쓰도록 기도하겠습니다.

살아 계신 아버지 하나님!

하나님의 은혜를 감사합니다.

억만죄악을 사함 받은 죄인들이 복음 전도의 무한 책임을 다하고 있지 못함을 회개합니다. 우리가 바울과 같이 능력과 은사와 용기도 없지만 우리가 부르심을 받은 여건과 환경에서 주위의 불신자들에게 복음을 전해야 한다고 믿습니다. 우리는 우리가 속한 교회에서 이제 구원받은 자들을 양육하는 물주는 일로만 만족해서는 안 되고 바울처럼 심는 일도 필요하다고 믿습니다.

우리에게 참된 믿음을 주시고 성령으로 충만을 부어 주옵소서. 내 가족 중의 불신자, 내 친지 및 이웃, 그리고 직장 내 동료와 상사들이 예수님을 하나님의 아들로 알지 못하고 살면 입을 벌려 기회를 마련하여 전도해야 되리라고 믿습니다.

오늘도 이를 위해 우리로 건강하게 하시고 건전하게 해 주셔서 고귀한 인격으로 세상에서 살게 하시고 때를 얻든지 못 얻든지 십자가에 못 박히신 그리스도를 전하는 용기와 담력을 허락하여 주옵소서.

예수님의 이름으로 기도하옵나이다. 아멘.

제2장

바울의 여행 계획 (15:22-29)과 기도 요청 (15:30-33)

롬 15:22-29

- 바울의 미래 계획(예루살렘, 로마, 서바나 여행 계획).
  계획은 인간이 세우나 이루는 것은 하나님이 하심.
- 그러나 성실한 계획과 열심, 겸손과 사랑.
  그리고 힘쓰는 기도로 실행해야 한다.

²² 그러므로 또한, 내가 너희에게 가려 하던 것이 여러 번 막혔더니 ²³ 이제는 이 지방에 일할 곳이 없고 또 여러 해 전부터 언제든지 서바나로 갈 때에 너희에게 가기를 바라고 있었으니 ²⁴ 이는 지나가는 길에 너희를 보고 먼저 너희와 사귐으로 얼마간 기쁨을 가진 후에 너희가 그리로 보내 주기를 바람이라 ²⁵ 그러나 이제는 내가 성도를 섬기는 일로 예루살렘에 가노니 ²⁶ 이는 마게도냐와 아가야 사람들이 예루살렘 성도 중 가난한 자들을 위하여 기쁘게 얼마를 연보하였음이라 ²⁷ 저희가 기뻐서 하였거니와 또한, 저희는 그들에게 빚진 자니 만일 이방인들이 그들의 영적인 것을 나눠 가졌으면 육적인 것으로 그들을 섬기는 것이 마땅하니라 ²⁸ 그러므로 내가 이 일을 마치고 이 열매를 그들에게 확증한 후에 너희에게 들렀다가 서바나로 가리라 ²⁹ 내가 너희에게 나아갈 때에 그리스도의 충만한 복을 가지고 갈 줄을 아노라

예수님은 그리스도시요 살아 계신 하나님의 아들입니다. 예수님이 하나님의 아들 그리스도라는 증거로 십자가에서 우리 죄를 대신해서 피 흘려 죽으시고, 죽은 자들 가운데서 부활하셨습니다.

이 예수님이 하나님의 아들, 예수님이 그리스도, 예수님이 우리 죄를 대신해서 십자가에서 피 흘려 죽으시고 부활하셨다는 복음으로 우리 인생 모든 문제가 처리되고 해답을 얻습니다. 이 복음은 모든 믿는 자에게 구원을 주시는 하나님의 능력이 됩니다. 이 하나님의 아들 예수 그리스도의 복음, 그리스도 십자가 대속의 피의 복음으로 깊이 뿌리내리기를 기원합니다.

예수님의 신성의 하나님 되심과 십자가 대속의 피의 복음을 마음 중심에 믿고 구원받은 그리스도인은 반드시 명심할 것이 있습니다. 그것은 잠언서 말씀대로 "사람이 마음으로 자기의 길을 계획할지라도 그의 걸음을 인도하시는 이는 여호와시니라"(잠 16:9)라는 진리를 기억하고 살아야 한다는 것입니다.

그러나 동시에 인간은 성실하게 계획을 세우고 열심으로 그 계획을 수행하되, 항상 겸손하고 사랑으로 행하고 기도에 힘써야 합니다. 하나님의 약속은 이미 제안된 수동적 완성품이 아니라 성도들의 신앙과 헌신, 그리고 적극성을 요구하는 순례자적 과정을 통해 이루어지기 때문입니다.

대부분의 사람들이 고백하겠지만, 저도 오늘의 목회자로서의 마지막 인생길을 경주하리라고는 꿈에도 생각해 본 적이 없었습니다. 전적으로 하나님의 섭리가 오늘의 나를 이끌어 이 길을 걷게 하였습니다. 모든 영광을 하나님께 돌려드립니다. 이제는 하나님의 섭리가 보여 주신 이 길을 예수 그리스도와 그리스도 십자가 대속의 피의 복음 전도를 위해 달려가고 있습니다.

오늘 우리는 사도 바울의 미래를 위한 원대한 여행 계획과 그에 대한 열심과 사랑과 온유한 태도를 보면서 우리 자신을 비추어 보는 빛으로 삼아야겠습니다. 그러나 우리는 바울의 계획을 이루시는 분은 하나님과 그리스도이심을 염두에 두고 있어야 합니다.

오늘 본문 로마서 15장 22-29절은 바울의 미래 계획으로 세 가지 여행 계획과 그것을 수행하고자 하는 열심, 그리고 겸손과 온유한 태도를 보여 줍니다.

먼저 오늘 본문 로마서 15장 22절을 보면 "그러므로 또한, 내가 너희에게 가려 하던 것이 여러 번 막혔더니"라고 하였습니다. 바울은 이미 로마서 서론에서 언급했던 것, "형제들아 내가 여러 번 너희에게 가고자 한것을 너희가 모르기를 원치 아니하노니 이는 너희 중에서도 다른 이방인 중에서와 같이 열매를 맺게 하려 함이로되 지금까지 길이 막혔도다"(롬 1:13)라고 쓴 바 있었던 것을 상기시키는 것입니다.

그래서 본문 시작을 "그러므로"라고 한 것은 방해 받은 이유를 제시하기 위해 기억을 더듬어 돌이켜 보고 있음을 일러 줍니다. 바울은 앞서 19절에서 바울은 "예루살렘으로부터 두루 행하여 일루리곤까지 그리스도의 복음을 편만히 전하였노라"라고 한 바 있었습니다.

바울은 남의 터 위에 건축하지 않겠다는 개척 전도에 힘쓰다 보니 로마에 가려던 숙망을 이루지 못했음을 밝힌 것입니다. 바울은 하나님께서 다른 지역에 전도의 문을 활짝 열어 놓으셨기 때문에 피하지 못하였고, 결국 여러 번에 걸쳐 로마에 가는 길이 막혔습니다.

그러나 이제 그의 과업이 완수되었으며 바울은 자유롭게 로마 교인들을 방문할 수 있게 되었습니다. 바울은 그들에게 그의 여행 계획을 말합니다. 그는 행선지 세 곳을 구체적으로 밝혔습니다.

첫째, 바울은 로마에 갈 것을 말하고 또 그들과 사귀기를 원한다고 하였습니다. 물론 바울은 편지 서두의 방문하고자 했던 사실이 여러 번 말했음을 밝혔습니다(롬 15:22).

둘째, 바울은 서바나로의 여행 계획을 말하였습니다(롬 15:23). 서바나는 오늘의 스페인으로서 유럽의 서쪽 끝에 있었습니다. 이곳은 어떤 의미에서 당시 문명 세계의 끝이 있고, 바로 그런 사유가 바울로 하여금 그곳에서 선교하도록 유혹하는 것이었습니다. 그는 세계 복음화의 변방까지 그리스도 복음을 전하는 마음을 간직한 것입니다.

셋째, 마게도냐와 아가야 사람들이 예루살렘 교인들을 위해 연보한 헌금을 가지고 예루살렘에 가서 전하는 것이었습니다. 이보다 교회의 일치를 가장 실질적인 방법으로 나타내는 더 좋은 방법은 없었습니다.

이러한 바울의 여정은 배를 타고 간다면 첫 번째 여장은 1300킬로미터, 두 번째 여장은 2400킬로미터, 그리고 세 번째 여장은 1100킬로미터로서 적어도 4800킬로미터를 가는 셈입니다. 고대 여행이 지니고 있는 불확실함과 위험들을 숙고해 본다면 이 세 번의 항해를 하겠다는 말은 그의 헌신과 용기를 담고 있습니다.

그런데 이런 바울의 헌신과 용기도 하나님께서 그의 섭리로 인해 주셔야 가능한 것입니다. 우리는 후에 알게 되었듯이 바울은 예루살렘에 가서 체포되어 가이사랴에서 2년간 구금되었습니다. 그 후 로마에 죄인의 신분으로 가서 로마 교인들과 만나게 됩니다. 또 바울이 서바나 여행을 했는지에 관해서는 일부 긍정하는 사람들도 있으나 다수는 부정적으로 봅니다.

우리는 바울의 생애를 통해서 사람이 계획할지라도 이루시는 이는 하나님이심을 관찰합니다. 우리는 이 진리를 우리의 삶에 원리로 받아들이고 살아야 합니다. 그렇다고 무계획적이거나 노력과 헌신이 없는 것은 신앙의 삶이 아닙니다.

우리 모두 오직 그리스도, 오직 믿음, 오직 예수 보혈 신앙으로 성령의 권능을 받아 예수 그리스도와 십자가 대속의 복음을 위하여 살도록 기도하겠습니다. 우리 자신의 미래가 그리스도의 수중에 들어 있으며 범사가 하나님의 섭리로 다스려짐을 굳게 믿고 기도해야겠습니다.

살아 계신 아버지 하나님!
하나님의 은혜를 감사합니다.
오늘 우리는 바울의 미래의 전도 계획을 보면서 이방인 전도자로서의 헌신과 사랑 그리고 열정에 감동을 받습니다. 우리는 하나님께서 자녀로 부름 받은 자의 삶의 계획과 미래는 다 다르리라고 믿습니다. 다수의 그리스도인들은 현장의 직업을 갖고, 그 직장 내에서 제사장 사역으로 복음을 전하는 삶을 살고 있기에 그 소명이 다르다고 믿습니다. 기독교는 자신의 직업이 하나님께서 주신 천직으로 그곳에서 하나님의 영광을 드러내며 살고, 때를 따라 복음을 전하며 사는 이중 소명의 사람들이라고 믿습니다.

그러나 바울과 같은 위대한 전도자나 우리 같은 이중 소명의 전도자의 삶도 그 결과는 모두 하나님께서 주관하는 삶이요 하나님의 섭리가 다스리는 삶이라고 믿습니다. 우리는 바울처럼 우리 자신에게 합당한 그리스도인으로서의 삶의 계획을 우리 직장 속에서나 우리의 삶의 현장에서 세우고 성실하게 수행할 것이며 겸손과 사랑 그리고 기도에 전심하는 삶으로 살아야 한다고 믿습니다.

오늘도 이런 믿음으로 살도록 우리의 육체를 건강하게 지켜 주시고 우리의 걸음도 인도하여 주옵소서.

예수님의 이름으로 기도하옵나이다. 아멘.

501

롬 15:22

- "내가 너희에게 가려 하던 것이 여러 번 막혔더니"
  바울의 로마 교인 칭찬과 교제 원함.
- 그러나 로마에 가지 못한 이유.
  사역자는 하나님의 뜻에 따라 살아야 한다.
  덜 필요한 것에 앞서 더 필요한 것이 우선순위.
  이에 대한 분별력을 가지라.

> ²² 그러므로 또한, 내가 너희에게 가려 하던 것이 여러 번 막혔더니

예수님은 그리스도시요 살아 계신 하나님의 아들입니다. 예수님이 하나님의 아들 그리스도라는 증거로 십자가에서 우리 죄를 대신해서 피 흘려 죽으시고, 죽은 자들 가운데서 부활하셨습니다.

이 예수님이 하나님의 아들, 예수님이 그리스도, 예수님이 우리 죄를 대신해서 십자가에서 피 흘려 죽으시고 부활하셨다는 복음으로 우리 인생 모든 문제가 처리되고 해답을 얻습니다. 이 복음은 모든 믿는 자에게 구원을 주시는 하나님의 능력이 됩니다. 이 하나님의 아들 예수 그리스도의 복음, 그리스도 십자가 대속의 피의 복음으로 깊이 뿌리내리기를 기원합니다.

예수님의 신성의 하나님 되심과 십자가 대속의 피의 복음을 마음 중심에 믿고 구원받은 그리스도인은 자신의 영혼 구원의 가치가 얼마나

중요하고 위대하다는 사실을 참되게 깨달아야 합니다. 베드로는 이 사실을 그의 서신에서 썼습니다.

> ⁸ 예수를 너희가 보지 못하였으나 사랑하는도다 이제도 보지 못하나 믿고 말할 수 없는 영광스러운 즐거움으로 기뻐하니 ⁹ 믿음의 결국 곧 영혼의 구원을 받음이라(벧전 1:8-9).

세상에 영혼 구원보다 더 귀중한 것이 없습니다. 영혼이 구원받지 못하면 지옥 형벌의 삶으로 미래가 결정되기 때문입니다. 그래서 사역자는 무엇보다도 영혼 구원의 사역이 중요함을 깨닫고 이 사역에 우선순위를 두고 사역을 해야 합니다.

그래서 영혼 구원 사역의 우선순위를 갖고 덜 필요한 것에 앞서서 더 필요한 것을 행하는 것이 기독교적 분별력의 가르침입니다. 우리는 오늘 본문에서 바울이 이에 대한 근거 있는 이유를 제시한 말씀을 듣고자 합니다.

오늘 본문 로마서 15장 22절을 보면 "그러므로 또한, 내가 너희에게 가려 하던 것이 여러 번 막혔더니"라고 하였습니다.

바울은 로마서 편지 서두에서 로마 교인들 만나 보고 싶은 소원과 그 이유를 제시하면서 여러 번 가고자 하였으나 지금까지 길이 막혔다고 말한 바 있습니다(롬 1:11-15). 이제 오늘 본문에서는 바울이 로마 교인들에게 아직 가보지 못한 점에 대해 사과하고 있습니다.

바울은 세상에서는 미움을 받았으나 하나님을 사랑하고 사도의 사랑을 받았던 로마의 가난하고 멸시 받던 성도를 만나 보고 싶은 욕구가 간절했습니다. 그리하여 바울은 그들에게 나아가기를 그토록 원했으나 그것을 이룰 수 없었습니다.

바울은 자기가 그들에게 갈 수 없었던 이유는 다른 곳에서 해야 할 일이 너무 많았기 때문이었습니다. 바울은 다른 지역에서의 일들 때문에 여러 번에 걸쳐 그들에게 가는 길이 막혔습니다. 그것은 하나님께서 다른 지역에 전도의 문을 활짝 열어 놓으셨기 때문에 바울은 그것을 피하지 못하였습니다.

우리는 이 사실에 주목할 필요가 있습니다. 이것이 기독교적 분별력의 가르침이기 때문입니다.

첫째, 하나님의 은혜의 섭리는 아무리 그의 사역자들에게 특별하게 적용된다고 할지라도 그들의 뜻이 아니라 하나님 자신의 뜻에 따라 진행됩니다. 바울은 여러 번에 걸쳐 자신의 뜻을 이루지 못했습니다.

때로는 사탄에 의해 방해를 받아서(살전 2:18), 또 때로는 성령에 의해 금지를 받아(행 16:7), 그리고 여기서는 다른 일 때문에 뜻을 바꿔야 했습니다. 사람이 계획할지라도 이루시는 이는 하나님이십니다(잠 16:9, 19:21, 렘 10:23).

사역자들은 계획하고 그들의 친구는 그들에 관해 뜻을 세우지만 하나님은 양자를 모두 다스리고 자신의 기쁘신 뜻을 따라 신실한 사역자들의 여행, 이동 그리고 정착 등을 주관하십니다.

별(교회의 사자)은 그리스도의 손 안에 있어서 그분이 정하신 곳을 비춥니다(계 3:1). 복음이 어느 지역에 임하는 것은 우연에 의해서가 아니라 하나님의 뜻과 경륜에 의해서입니다.

둘째, 바울은 은혜롭게도 가장 필요한 곳에 시간과 수고를 투자할 줄 아는 분별력이 있었습니다. 만약 바울이 자신의 안일, 부 그리고 명예를 추구했더라면 아무리 큰 일이라도 로마로 가려는 그의 발걸음을 멈추게 못했을 것입니다. 아니 오히려 그 발걸음을 재촉해서 더 좋은 대접을 받고 고생을 덜었을 것입니다.

그러나 바울은 자신의 일보다 그리스도의 일을 더 취했고, 그러기에 교회를 세우는 일을 멈추고 잠시라도 로마에 다녀올 생각을 하지 않았습니다. 로마의 교인들은 건강했고 병들어 죽어 가는 다른 지역의 불쌍한 영혼만큼 의사를 필요로 하지 않았습니다. 사람들이 영원한 멸망 속으로 날마다 떨어져 갔고 그 보배로운 영혼들은 소망 없이 죽어 가고 있었기 때문에 바울은 사소한 일에 신경 쓸 겨를이 없었습니다.

추수할 때가 되어 들판이 온통 하얗기에 지금이야 말로 추수할 적기였던 것입니다. 이런 기회는 한 번 놓치면 다시는 돌아오지 아니할 것입니다. 불쌍한 영혼들의 필요가 절박하고 그 부르짖는 소리가 너무 컸기에 바울은 바쁘지 않을 수 없었습니다.

이것은 우리로 하여금 가장 절실한 일을 먼저 처리하는 것이 옳다는 깨달음을 갖게 합니다. 덜 필요한 것에 앞서서 더 필요한 것을 행하는 것이 기독교적 분별력의 가르침입니다. 바울은 이것을 충분히 근거가 있는 이유로 제시하는 것입니다.

우리 모두 하나님께서 우리 자신과 교회에 주신 사명에 헌신하되 이 사명에 방해되는 일은 제거할 것이고, 또한 좋은 대접의 기회도 거절할 것입니다. 오직 그리스도, 오직 믿음, 오직 예수 보혈 신앙으로 맡겨주신 사명에 헌신하도록 기도하겠습니다. 선한 일이라고 다 중요한 것은 아닙니다. 분별력을 갖고 거절할 수 있는 믿음과 용기를 위해 기도하겠습니다.

살아 계신 아버지 하나님!
하나님의 은혜를 감사합니다.
우리는 예수님을 하나님의 아들로 믿고 영혼의 구원을 받는 것을 무쌍의 영광으로 생각합니다. 세상에 예수님을 그리스도로 믿는 것보다 더 중요한 일이 없음을 믿습니다. 그러므로 이 영혼 구령사역의 중요성을 바로 알고 우리 복음 사역자들은 이 사역에 우선순위를 두어야 한다고 믿습니다.
오늘날 코로나 범람의 시대에 교회 사역에 위기가 왔으나 모두 하나님의 섭리 가운데 이루어진 일이라고 믿고 우리는 이때 모든 성도의 영혼이 구원을 받고 그리스도 재림 대망의 삶을 살아야 한다고 믿습니다. 특히, 복음 사역자는 자신의 부나 명예나 지위에 탐하여 여기저기 가려고 하지 말고 자신부터 예수님이 하나님의 아들 그리스도이심을 믿고 확신하여 영혼 구원을 받고 그리스도 교회 안의 성도들, 가족들, 친지들, 이웃들에게 십자가 대속의 피의 복음을 전해야 한다고 믿습니다.
한 번 기회를 놓치면 기회는 다시 돌아오지 않기 때문에 내일로 미루지 말고 자신의 안일과 자신의 명예를 부인하고 복음을 전하고 가르쳐야 할 것입니다. 오늘도 우리 모두를 건강하게 지켜 주시고 필요한 것과 덜 필요한 것에 대한 기독교적 분별력을 갖고 살도록 우리를 붙들어 주옵소서.

예수님의 이름으로 기도하옵나이다. 아멘.

롬 15:23

- "이제는 이 지방에 일할 것이 없고 … 서바나로 갈 때에 너희에게 가기를 원하노라"
  바울의 로마 방문 계획.
- 서바나 선교의 디딤돌로 생각.
  그리스도인에게 은퇴는 없다.
  한 방향에서 기회가 닫히면 다른 방향으로 돌아서라.

> ²³ 이제는 이 지방에 일할 곳이 없고 또 여러 해 전부터 언제든지 서바나로 갈 때에 너희에게 가기를 바라고 있었으니

예수님은 그리스도시요 살아 계신 하나님의 아들입니다. 예수님이 하나님의 아들 그리스도라는 증거로 십자가에서 우리 죄를 대신해서 피 흘려 죽으시고, 죽은 자들 가운데서 부활하셨습니다.

이 예수님이 하나님의 아들, 예수님이 그리스도, 예수님이 우리 죄를 대신해서 십자가에서 피 흘려 죽으시고 부활하셨다는 복음으로 우리 인생 모든 문제가 처리되고 해답을 얻습니다. 이 복음은 모든 믿는 자에게 구원을 주시는 하나님의 능력이 됩니다. 이 하나님의 아들 예수 그리스도의 복음, 그리스도 십자가 대속의 피의 복음으로 깊이 뿌리내리기를 기원합니다.

예수님의 신성의 하나님 되심과 십자가 대속의 피의 복음을 마음 중심에 믿고 구원받은 그리스도인은 그의 삶의 목적과 방향이 예수 그리스도와 그리스도 십자가 대속의 피의 복음을 위해 사는 것입니다. 이것이 하나님의 영광을 위해 사는 삶입니다.

이런 그리스도인의 삶은 그의 인생이 끝날 때까지 계속되어야 합니다. 호흡이 있는 한 그 호흡을 주신 하나님과 그분의 아들 예수 그리스도를 위해 사는 것입니다. 그러므로 그리스도인의 삶에서 은퇴란 없습니다.

그리스도인의 삶에서 은퇴란 없다는 진리를 모든 십자가 대속의 피의 복음을 받은 그리스도인들은 기억해야 합니다. 한 그리스도인이 적극적으로 예수 그리스도와 그분의 나라를 위해 헌신하고 살지 않으면 그 순간부터 그의 신앙은 타락하는 것입니다.

저는 이 사실을 깊이 자각하고 있기 때문에 분초를 아끼며 예수 그리스도와 십자가 대속의 피의 복음의 카톡 선교와 십자가 대속의 피의 복음의 문서 발간에 저의 전 인생을 쏟고 있습니다. 이 일은 강제나 억지로 하는 일이 아니라 하나님께서 주시는 소명으로서 날마다 하나님께서 부어 주시는 성령의 능력으로 하는 것이기에 세상이 알지 못하는 기쁨과 평강이 있으며 진정한 행복이 있습니다.

우리의 행복은 하나님의 은총에 있는 것이지 이 세상의 재물이나 명예나 쾌락에 있는 것이 아닙니다. 즉, 영적 축복에 있는 것입니다. 이 세상에서 진정한 좋은 것은 결코 물질이나 지위나 권력이나 쾌락에 있지 않습니다. 그것들은 허무한 것들입니다.

우리는 바울에게서 이런 귀한 진리의 모본을 발견합니다. 그는 자신의 일을 다 마쳤지만 쉬어야겠다고 생각하지 않고 은혜의 사역을 위해 또 다른 일을 구상하고 모색했습니다.

오늘 본문 로마서 15장 23절을 보면 "이제는 이 지방에 일할 곳이 없고 또 여러 해 전부터 언제든지 서바나로 갈 때에 너희에게 가기를 바라고 있었으니"라고 합니다.

바울은 먼저 "이제는 이 지방에 일할 곳이 없고"라고 하였습니다. 여기서 "이제는"이란 바울의 제3차 선교 여행의 종점인 고린도를 말하고, 이 고린도에서 이 로마서를 기록하고 있는 것입니다.

그리고 "이 지방"은 소아시아, 마게도니아, 아가야 등 동부 지중해 지역을 말합니다. 이 지방에서 바울의 선교사역은 완수되었습니다. 그래서 바울은 "이제는 이 지방에 일할 곳이 없고"라고 한 것입니다.

우리가 얼핏 들으면 대단히 놀라운 말입니다. 분명 복음이 아직 침투해 들어가지 않은 많은 지역이 있으며, 여전히 회심하지 않은 수많은 사람이 있기 때문입니다.

그러나 바울의 말은 바울의 선교 정책에 비추어 읽어야 합니다. 바울의 말은 그가 전도한 지방의 개척자적인 교회 설립 사역을 할 만한 여지가 더 이상 없다는 의미입니다. 대부분의 지역에서는 어느 정도 복음의 향기가 풍기고 있었고, 큰 도시들에는 대부분 교회가 세워졌으며, 바울이 시작한 일을 사역자들이 이어 받아 수고하고 있었기 때문에 그 지방에 일할 곳이 없다고 한 것입니다.

그래서 본문을 보면 "또 여러 해 전부터 언제든지 서바나로 갈 때에 너희에게 가기를 바라고 있었으니"라고 하였습니다.

바울의 계획은 서바나 곧 스페인으로 가는 도중에 그들을 만나는 것이었습니다. 이것으로 보아 바울은 스페인에 복음을 심기 위해 여행할 마음을 갖고 있었음을 알 수 있습니다. 서바나는 로마제국의 변방이기 때문에 온 세상의 복음을 전한다는 계획을 갖고 쉬지 않고 그 험한 사역의 난관과 위험에도 불구하고 서바나 전도를 원하고 있었습니다.

그리고 바울은 서바나로 갈 때에 로마에 가서 로마 교인들과 교제하기를 원했습니다. 로마에 가고자 하는 것은 바울의 오랜 숙망이었습니다(행 19:21). 그러나 바울은 다른 사람의 터 위에 교회를 개척하지 않겠다는 선교 정책대로 다만 그들과 만나 로마 교인들이 서바나 선교의 후원자가 되기를 소망한 것이었습니다.

이렇게 바울은 자신의 일을 다 마쳤지만 쉬지 않고 예수 그리스도와 십자가 대속의 피의 복음을 위하여 생을 마칠 때까지 헌신하고자 하는 것입니다. 우리는 이런 바울의 그리스도를 향한 충성을 보면서 그리스도인에게 은퇴란 없다는 사실을 깊이 인식해야겠습니다.

만일 우리에게 어떤 사역이 끝나면 또 다른 사역을 계획하고 시작하면 됩니다 혹시 어떤 방향에서 그리스도를 섬기는 기회가 닫히면 또 다른 방향으로 돌아서야 합니다. 우리의 복음 사역의 소명은 변함이 없다 할지라도 하나님은 우리가 기대하거나 바라지 않는 방법으로 성취하십니다. 우리의 선교 사명은 그리스도께서 다시 오실 때까지 끝나서는 안 되는 것입니다.

우리 모두 오직 그리스도, 오직 믿음, 오직 예수 보혈 신앙으로 성령의 권능을 받아 우리에게 주어진 현장에서 세계 복음화의 전도자로 살도록 기도하겠습니다.

살아 계신 아버지 하나님!

하나님의 은혜를 감사합니다.

영원한 지옥 형벌의 백성이 예수 그리스도의 십자가 대속의 죽음의 은혜로 구원받아 천국 백성이 되고 하나님의 자녀가 되었으니 우리는 생이 다하는 순간까지 하나님과 그분의 아들 예수 그리스도의 은혜와 사랑에 보답해야 한다고 믿습니다. 그 길이 신성의 하나님의 아들의 복음과 십자가 대속의 피의 복음을 불신자에게 전하는 세계 복음화의 일꾼으로 사는 것입니다.

우리가 노년기에 들어 기력이 쇠해진다면 청년 시대에 할 수 있는 기력은 못하겠지만 입을 열어 십자가 대속의 피의 복음을 전하는 일은 소천의 순간까지 가능하다고 믿습니다. 그러나 자신에게 주어진 어떤 사역이 일단 완수되었다면 이제는 쉬면서 산천경계를 구경하며 다니는 무위 도식자가 되리라는 안일한 생각을 갖기 쉽습니다. 오늘 우리는 본문 설교를 들으면서 복음 전도자로서의 은퇴란 없다는 것을 바로 인식하고 한 사역이 끝나면 다른 사역을 준비하고 모색할 것입니다.

한 방향의 기회가 닫히면 또 다른 방향으로 돌아서는 것입니다. 때로 하나님은 우리가 기대하지 않는 방법으로 하나님의 뜻을 이루신다는 것을 믿습니다. 오늘도 우리가 주어진 소명에 헌신하도록 우리로 건강하게 하시고 하나님의 능력을 따라 복음과 함께 전도자의 길을 꾸준히 걷게 하여 주옵소서.

예수님의 이름으로 기도하옵나이다. 아멘.

롬 15:24

- "지나가는 길에 너희를 보고 … 너희가 그리로 보내 주기를 바람이라"
  로마 방문 계획의 목적 두 가지(서로 사귐과 서바나 선교 동역 바람).
- 성도 간의 방문과 만남은 영적 교제와 선교를 위한 것이어야 한다.

24 이는 지나가는 길에 너희를 보고 먼저 너희와 사귐으로 얼마간 기쁨을 가진 후에 너희가 그리로 보내 주기를 바람이라

예수님은 그리스도시요 살아 계신 하나님의 아들입니다. 예수님이 하나님의 아들 그리스도라는 증거로 십자가에서 우리 죄를 대신해서 피 흘려 죽으시고, 죽은 자들 가운데서 부활하셨습니다.

이 예수님이 하나님의 아들, 예수님이 그리스도, 예수님이 우리 죄를 대신해서 십자가에서 피 흘려 죽으시고 부활하셨다는 복음으로 우리 인생 모든 문제가 처리되고 해답을 얻습니다. 이 복음은 모든 믿는 자에게 구원을 주시는 하나님의 능력이 됩니다. 이 하나님의 아들 예수 그리스도의 복음, 그리스도 십자가 대속의 피의 복음으로 깊이 뿌리내리기를 기원합니다.

예수님의 신성의 하나님 되심과 십자가 대속의 피의 복음을 마음 중심에 믿고 구원받은 그리스도인은 신앙이 성숙해 가면서 하나님께서 자신에게 주신 사명을 발견하여 확신하고 그에 맞추어 자신의 인생을 설계하고 진행시켜야 합니다.

과거에는 자신에게 주어진 시간이 자신의 것으로 생각하고 임의로 쓰고 자신의 육신적 기쁨이나 행복을 위하여 썼으나, 구원받아 성숙한 그리스도인이 된 자는 예수 그리스도와 십자가 대속의 복음을 위하여 생을 설계하고 하나님의 섭리를 따라 살아야 합니다.

심심하니까 누구를 찾아가 만나고 교제하고 놀고 즐기며 시간을 보낸다든지, 시간 보내기가 지루하니까 혹은 삶의 권태가 있으니 바람을 쏘이러 여행을 간다든지, 극장이나 오락장을 찾는다든지 하는 일은 중생하여 성숙한 그리스도인의 삶은 절대로 아닙니다.

성경에서 다음과 같이 말씀합니다.

> 세월을 아끼라 때가 악하니라 (엡 5:16).

우리는 하나님께서 우리에게 제한적으로 주신 시간을 아껴서 의미 없이 보내서는 안 되고 언제나 예수 그리스도와 그리스도 십자가 피의 복음을 위하여 써야 합니다. 그래서 성도든지 불신자든지 만나서 교제할 때는 그 방문 목적이 궁극적으로는 항상 영적이어야 합니다.

사도 바울은 에베소 교인들에게 세월을 아끼라고 명령한 바대로 자신도 로마 교회 교인들을 방문할 계획을 세울 때에도 분명한 영적 목적 수행을 위한 것이었습니다. 그것은 서로 만나 사귐으로 기쁨을 얻고 그들에게 서바나 선교의 동역을 기대하였습니다.

오늘 본문 로마서 15장 24절을 보면 "이는 지나가는 길에 너희를 보고 먼저 너희와 사귐으로 얼마간 기쁨을 가진 후에 너희가 그리로 보내 주기를 바람이라"라고 하였습니다.

바울의 로마 방문 계획의 목적은 크게 두 가지였습니다.

첫째, 로마 교인들과의 사귐이었습니다. 본문은 "이는 지나가는 길에 너희를 보고 먼저 너희와 사귐으로 얼마간 기쁨을 가진 후에"라고 하였습니다.

바울이 원했던 것은 그들과의 교제와 친교였습니다. 성도들 간의 유익한 교제는 아주 바람직하고 즐거운 일입니다. 바울은 지식과 은혜가 누구보다 탁월한 사람이었습니다. 그는 그 사역에 있어서 다른 그리스도인들보다 머리나 어깨가 훨씬 더 큰 사람이었습니다.

그러나 그는 로마 교인들과의 진정한 교제를 생각하고 즐거워하였습니다. 우리 개신교는 가톨릭교회와 달리 교회의 본질을 외부적 조직에서 찾지 않고 성도들의 내면적 또는 영적 교통에서 찾습니다. 그리스도 교회는 그리스도의 몸으로서 서로의 지체 간에 유기적 교통이 절대적으로 필요한 것입니다.

그리하여 사도 바울은 로마 교인들과의 교제를 수년 전부터 소원하고 왔었던 것입니다. 그러나 바울은 그들과의 교제가 너무 즐겁다고 해서 그것만 충분히 누리겠다고 생각하지 않았습니다. 그것이 어느 정도만 채워지면 더 큰 교제에 대한 소망을 품고 그들을 떠나야겠다고 생각했습니다.

그래서 바울은 "너희와 사귐으로 얼마간 기쁨을 가진 후에"라고 하였습니다. 여기서 "얼마간"이란 "부분적으로"란 뜻입니다. 우리는 단지 어느 정도만 갖습니다. 우리끼리만 즐거워하고 그리스도께서 주신 사명을 잊으시는 안 되는 것입니다.

둘째, 우리는 마지막 날 우리 모두가 그리스도를 위해 함께 모일 것입니다. 그러기 전에 우리는 할 일이 있습니다. 곧 선교사명입니다. 그래서 바울은 곧 이어서 "얼마간 기쁨을 가진 후에 너희가 그리로 보내주기를 바람이라"라고 하였습니다.

이것이 로마 방문 계획의 두 번째 목적이었습니다. 바울은 로마 교인들이 서바나 곧 스페인으로 가는 길을 안내해 주기를 원했습니다. 당시 스페인은 로마제국의 속국으로서 로마인들에게는 잘 알려져 있었습니다.

그러므로 그들은 바울이 그곳으로 가는 데 도움을 줄 수 있었습니다. 그 도움은 그들이 가는 길을 단순히 바래다주는 정도가 아니라 그의 여행 목적을 더 잘 감당하도록 함께 동역하는 것이었습니다. 여행에 필요한 음식, 돈, 동행 및 여행 수단을 준비하는 등으로 도와주는 것이었습니다.

모든 그리스도인은 온갖 선한 일, 그중에서도 영혼 구원을 위한 복된 사역에 대해서는 어떻게든 그 촉진과 증진을 위해 최선을 다해야 합니다. 그 일을 감당하는 사역자들에 대해서는 그 일을 쉽게 하도록 도와주고 불쌍한 영혼들에 대해서는 성공적으로 복음을 받도록 힘써야 합니다.

세계 복음화의 사명을 갖고 헌신하는 동역자들을 방문하고 교제하고 격려하고 또 더 바람직한 선교사역을 위해 기도하고 사역 확장을 꾀하는 일은 실로 소망 있고 기대되고 기쁜 일입니다.

저는 신성의 하나님의 아들 복음과 십자가 대속의 피의 복음의 카톡 사역과 문서 선교사역의 동역자들과 만나 얼마간 기쁨을 갖고 우리의 사역에 더 매진하기를 소망하고 기도합니다.

우리 모두 오직 그리스도, 오직 믿음, 오직 예수 보혈 신앙으로 예수 그리스도를 위하여 살고, 예수 그리스도를 증거하며 살고, 그의 십자가 보혈의 기치를 높이 들고 살고, 또 서로 사랑하도록 기도하겠습니다.

살아 계신 아버지 하나님!

하나님의 은혜를 감사합니다.

우리로 하여금 그리스도 안에서 하나 되게 하시고 한 목적인 예수 그리스도와 그의 십자가 대속의 피의 복음을 전하는 세계 복음화의 사명으로 하나 되게 하심을 감사합니다. 우리가 살아도 주를 위하여 살고 죽어도 주를 위하여 죽는데 이는 우리가 주의 것이 되었기 때문이라고 믿습니다. 그러므로 우리가 우리에게 주어진 시간을 주를 위하여 쓰고 자신의 정욕을 위하여 써서는 안 된다고 믿습니다.

이에 대한 모본으로 하나님께서 사도 바울을 세워서 우리에게 본을 보여 주심을 감사합니다. 그는 로마 교인들과의 교제를 사모했으나 그것에 집착하여 머물지 않고 곧 떠나 서바나 선교로 가고자 하며 동역을 요청하는 여행 계획을 듣고 우리도 주를 위하여, 그리스도 십자가 대속의 피의 복음을 위해 살아야 한다고 믿습니다.

오늘도 이 사명을 잘 감당하도록 건강하게 하시고 성령으로 충만함을 주셔서 하나님과 그리스도의 기쁘신 뜻대로 사는 자들이 되도록 붙들어 주옵소서.

예수님의 이름으로 기도하옵나이다. 아멘.

504

롬 15:25-26

- "내가 성도를 섬기는 일로 예루살렘에 가노니"
  바울의 예루살렘 방문 계획.
- 가난한 예루살렘 성도들에게 연보 전달 목적.
  그리스도인의 베푸는 사랑 실천.

²⁵ 그러나 이제는 내가 성도를 섬기는 일로 예루살렘에 가노니 ²⁶ 이는 마게도냐와 아가야 사람들이 예루살렘 성도 중 가난한 자들을 위하여 기쁘게 얼마를 연보하였음이라

예수님은 그리스도시요 살아 계신 하나님의 아들입니다. 예수님이 하나님의 아들 그리스도라는 증거로 십자가에서 우리 죄를 대신해서 피 흘려 죽으시고, 죽은 자들 가운데서 부활하셨습니다.

이 예수님이 하나님의 아들, 예수님이 그리스도, 예수님이 우리 죄를 대신해서 십자가에서 피 흘려 죽으시고 부활하셨다는 복음으로 우리 인생 모든 문제가 처리되고 해답을 얻습니다. 이 복음은 모든 믿는 자에게 구원을 주시는 하나님의 능력이 됩니다. 이 하나님의 아들 예수 그리스도의 복음, 그리스도 십자가 대속의 피의 복음으로 깊이 뿌리내리기를 기원합니다.

예수님의 신성의 하나님 되심과 십자가 대속의 피의 복음을 마음 중심에 믿고 구원받은 그리스도인은 억만죄악을 사함 받고, 또한 세상에

서 소망이 없고 버림받은 상태에서 구원받은 사실을 깨달을 때 넘치는 기쁨이 있어야 하고 이에 대한 보답으로 아낌 없이 드리는 연보도 있어야 합니다.

그리스도 교회에서 교인들에게 헌금을 강조하면 시험에 드는 사람들이 많기 때문에 사역자들은 헌금 이야기를 꺼내기 쉽지 않습니다. 그러나 헌금은 강조되어야 합니다. 헌금은 교회에서 필요한 돈을 거두는 형식이 아니라 하나님 앞에 드리는 예배의 형식입니다.

신자의 삶은 매일 산 제물로 드리는 영적 예배의 삶이 되어야 합니다. 우리 몸으로 산 제사를 드리는데 우리가 세상에서 무슨 일을 하든지 거기서 나온 산물로 주님 앞에 드리면 몸으로 산 제사를 드린 효과를 나타내는 것이 됩니다. 헌금은 나 자신을 드린다는 상징적인 표입니다.

그리스도인은 교회에 나와서 찬양과 기도를 하나님께 드리지만 경배의 중요한 방식의 하나로 헌금을 드리는 것입니다. 우리가 영으로 계신 하나님 앞에 나아가서 우리 영혼이 절한다고 할 때 하나님의 크고 높으신 사실을 헌금이라는 방식으로 표하는 것입니다. 헌금은 예배의 중요한 형식입니다.

나의 생을 소비함으로써 생산한 물질이라든지 돈을 하나님 앞에 드림으로 그것이 내 생명의 소모라는 상징적 대표가 되어 하나님 앞에 올라가는 것입니다. 헌금은 예배의 한 형식입니다. 그러므로 성도들은 헌금 시에 자기의 진정을 담아 드려야 합니다. 이때 헌금뿐만 아니라 봉사와 사랑의 수고도 하나님께 드리는 헌물이 될 수 있습니다.

우리는 오늘 바울의 예루살렘 방문 목적이 이 중요한 헌금을 하나님께 드리는 정성으로 가난한 예루살렘 성도의 섬김을 위한 연보 전달이라는 사실을 통해 그리스도인의 베푸는 사랑 실천에 대하여 보고자 합니다.

오늘 본문 로마서 15장 25절을 보면 "그러나 이제는 내가 성도를 섬기는 일로 예루살렘에 가노니"라고 하였습니다.

바울은 로마 방문에 앞서 해야 할 중요한 일이 있었습니다. 그것은 수개월 동안 이방 교회들의 모집한 연보를 예루살렘 교회에 전달해 주는 것이었습니다.

"성도를 섬기는 일"이 이 여행의 주요 목적이었던 것입니다. 그는 헌금으로 성도를 섬기기를 권했습니다. 이것은 두 번째 연보입니다. 바울과 바나바는 아가보의 로마제국 전역에 걸친 기근(행 11:27-30, 갈 2:1-10)에 대한 예언 사건 후에 주후 48년에 처음으로 부조를 보낸바 있었습니다. 이는 바울의 두 번째 예루살렘 여행 때였습니다.

당시에 교회의 "기둥" 예수님의 형제 야고보, 베드로, 요한은 바울이 이방인들을 위한 사도인 것을 확증하고 "가난한 자들을 기억"(갈 2:10)하라고 부탁했습니다. 이것이 바울에게 큰 영향을 끼쳤을 것입니다. 바울은 예루살렘에 있던 가난한 성도들을 위해 이방 교회들로부터 연보를 걷는데 관심을 쏟았을 것으로 봅니다.

그래서 바울은 가난한 성도들을 돕는 교회의 사자로서 예루살렘에 갈 예정이었습니다. 오늘 본문 26절을 보면 '연보의 대상'은 "예루살렘 성도 중 가난한 자들"이었습니다.

성도들이 가난하다는 것은 결코 이상한 일이 아닙니다. 하나님의 호의를 베푸는 자들을 세상은 종종 불쾌하게 대합니다. 그러므로 부가 최고의 복도 아니고 가난이 저주도 아닙니다. 예루살렘 교회의 성도들은 다른 교회의 성도들보다 더 가난했던 것으로 보입니다.

그 이유로 하나는 당시 그 지역 백성들의 일반적 생활 수준이 임박한 그들의 멸망과 함께 내리막 길에 있었기 때문이고 또 하나는 글라우디아 황제 당시 전세계적으로 흉년이 임했는데 특별히 건조 지역인 유대 지방에 그 피해가 더 심했기 때문입니다.

하나님께서 이 세상의 가난한 자들을 부르셨기에 그리스도인들 중에도 그 피해를 본 자들이 많았습니다. 이것은 사도행전 11장 28-30절에 언급된 예언의 성취였습니다. 아니면 예루살렘 교회의 성도들이 가장 혹독한 박해를 받았기 때문일 수도 있습니다.

이렇게 가난한 예루살렘 성도들에게 연보를 한 사람은 누구입니까?

본문 26절을 보면 "이는 마게도냐와 아가야 사람들이 예루살렘 성도 중 가난한 자들을 위하여 기쁘게 얼마를 동정하였음이라"라고 하였습니다.

연보에 참여한 마게도냐 사람들은 주로 빌립보 지역의 교인들이고, 아가야 사람들은 주로 고린도 지역의 교인들이었습니다. 이 두 교회는 아직 초창기였지만 새롭게 기독교로 개종한 교회로 급성장하고 있었습니다. 그들은 기쁘게 얼마를 연보하였습니다.

이것은 성도들의 교제와 동료애의 표시로서 인간의 몸에서 한 지체가 기회가 있을 때마다 다른 지체의 구제와 원조의 보존을 위해 연락하는 것과 같습니다. 그리스도인들 간에 주고받는 모든 것은 그들이 예수 그리스도 안에서 서로 간에 갖고 있는 공통적 연합의 한 증거와 실례가 되어야 합니다.

헌금은 원리적으로 하나님 앞에 드리는 예배의 한 형식입니다. 바울이 가지고 간 연보(헌금)는 먼저 하나님께 드린 후에 예루살렘 성도들을 위해 가지고 여행했을 것으로 봅니다. 헌금은 기쁘게, 그리고 자원하여, 자신의 쓸 것을 더 억제하면서 드리는 것이 바른 원리입니다. 먼저 하나님의 나라와 그의 의를 구해야 하기 때문입니다.

우리 모두 오직 그리스도, 오직 믿음, 오직 예수 보혈 신앙으로 성령의 충만을 받아 기쁜 마음으로 하나님 사랑과 이웃 사랑의 증거로 헌금하는 일에 풍성한 은혜가 있도록 기도하겠습니다.

살아 계신 아버지 하나님!

하나님의 은혜를 감사합니다.

억만죄악을 사함 받고 영생을 주신 하나님과 우리 주 예수 그리스도의 은혜에 무한히 감사하면서 경배를 올립니다. 우리의 경배는 기도와 찬양만이 아니라 하나님의 위대한 사랑에 대한 감사의 사실을 헌금으로 표현해야 한다고 믿습니다. 우리의 생을 소비함으로써 만들어진 물질이나 돈을 하나님 앞에 드림으로 그것이 우리의 생명의 소모라는 상징적 대표가 되어 하나님 앞에 드려진다고 믿습니다.

오늘 우리는 빌립보 교회나 고린도 교회 성도들의 헌금을 가난한 예루살렘 성도를 섬기는 일로 바울이 말하고 있음을 들으면서 그리스도 안에서 한 지체로서의 사랑의 마땅한 표현이라고 믿습니다. 하나님은 우리가 심는 대로 거두게 하실 것입니다.

우리 모두에게 하나님의 위대한 사랑을 우리 마음에 부어서 관용의 마음을 갖고 기쁘게, 자원하여, 자신의 필요를 억제하면서 헌금하는 은혜를 주시옵소서. 오늘도 우리 모두로 건강하게 하시고 우리 인생길을 주장하시고 우리를 붙들어 주셔서 예수 그리스도와 교회를 기쁘게 섬기도록 은혜를 베풀어 주옵소서.

예수님의 이름으로 기도하옵나이다. 아멘.

505

롬 15:26-27

- "또한 저희는 그들에게 빚진 자니"
  연보의 이유.
- 이방인들은 받을 자격이 없는 복을 유대인들로부터 유업으로 물려받았기 때문이다.
  이방인들의 헌금은 유대인들을 섬기는 것.
  자비에 대한 말보다 헌금 행위로 나타내라.

26 이는 마게도냐와 아가야 사람들이 예루살렘 성도 중 가난한 자들을 위하여 기쁘게 얼마를 연보하였음이라 **27** 저희가 기뻐서 하였거니와 또한 저희는 그들에게 빚진 자니 만일 이방인들이 그들의 영적인 것을 나눠 가졌으면 육적인 것으로 그들을 섬기는 것이 마땅하니라

예수님은 그리스도시요 살아 계신 하나님의 아들입니다. 예수님이 하나님의 아들 그리스도라는 증거로 십자가에서 우리 죄를 대신해서 피 흘려 죽으시고, 죽은 자들 가운데서 부활하셨습니다.

이 예수님이 하나님의 아들, 예수님이 그리스도, 예수님이 우리 죄를 대신해서 십자가에서 피 흘려 죽으시고 부활하셨다는 복음으로 우리 인생 모든 문제가 처리되고 해답을 얻습니다. 이 복음은 모든 믿는 자에게 구원을 주시는 하나님의 능력이 됩니다. 이 하나님의 아들 예수 그리스도의 복음, 그리스도 십자가 대속의 피의 복음으로 깊이 뿌리내리기를 기원합니다.

예수님의 신성의 하나님 되심과 십자가 대속의 피의 복음을 마음 중심에 믿고 구원받은 그리스도인은 억만죄악을 사함 받은 은혜에 대한 무한 감사를 갖고 사는 자입니다. 모든 그리스도인은 이러한 측량할 수 없는 하나님의 은혜에 대한 감사 속에서 그 감사를 항상 기억하며 증거하고 고백하고 살아야 합니다.

하나님의 은혜가 우리 안에서 갈 길을 잃고 더 이상 전진할 수 없을 때 하나님의 가호하심도 우리를 떠나고 맙니다. 그러므로 우리는 항상 죄인을 구원하시고, 또한 날마다 구원하시고 보호하시며 인도하시는 하나님의 은혜에 날마다 더욱 감사하고 그 감사를 물질(헌금)로 봉사와 섬김으로 예수 그리스도와 그리스도 교회와 형제들에게 적극적으로 드려야 합니다.

그래서 시편 기자는 "내게 주신 모든 은혜를 내가 여호와께 무엇으로 보답할까"(시 116:12)라고 하였습니다. 동시에 이런 감사와 사랑의 표현은 말로서만이 아니라 실제 행위로 나타내야 합니다. 그중의 가장 좋은 방법이 헌금으로 하나님께 드리는 일입니다.

우리는 사도 바울이 오늘 본문에서 가르치는 이방인들의 연보의 이유를 가르치는 데서 이런 원리를 더욱 확신해야겠습니다.

오늘 본문 로마서 15장 26-27절을 보면 "**26** 이는 마게도냐와 아가야 사람들이 예루살렘 성도 중 가난한 자들을 위하여 기쁘게 얼마를 동정하였음이라 **27** 저희가 기뻐서 하였거니와 또한, 저희는 그들에게 빚진 자니 만일 이방인들이 그들의 신령한 것을 나눠 가졌으면 육신의 것으로 그들을 섬기는 것이 마땅하니라"라고 하였습니다.

바울은 예루살렘 교회 성도를 섬기는 일로 예루살렘 방문 계획을 갖고 있었습니다. "성도를 섬기는 일"은 이 경우에는 유대 그리스도인 공동체인 하나님의 백성을 섬기기 위해서였습니다. 이것을 로마 교회에 설명하기 위해 바울은 먼저 26절에서 연보에 대한 사실을 이야기하고 27절에서는 연보가 갖는 이유를 말하였습니다.

그래서 먼저 마게도냐와 아가야 사람들이 예루살렘 성도 중 가난한 자들을 위하여 기쁘게 얼마를 연보하였다는 사실을 말하고(26절), 그들이 연보한 이유를 27절에서 "또한 저희는 그들에게 빚진 자니"라고 하였습니다.

여기서 바울이 말한 연보의 이유는 사회적인 것도 아니고 지리적이나 인종적인 것도 아니었습니다. 그것은 종교적이며 신학적인 것이었습니다. 다시 말해서 이 연보는 사실은 빚이었습니다.

본문을 더 읽어보면 "저희가 기뻐서 하였거니와 또한 저희는 그들에게 빚진 자니 만일 이방인들이 그들의 영적인 것을 나눠 가졌으면 육적인 것으로 그들을 섬기는 것이 마땅하니라"라고 하였습니다.

바울은 이러한 빚의 본질을 로마서 11장에서 이미 자세하게 설명한 바 있습니다. 비록 "구원이 이방인에게 이른 것"(롬 11:11)은 이스라엘의 범죄를 통해서였지만, 이방인들 역시 자랑하거나 교만하지 않도록 조심해야 한다고(롬 11:18-20) 주장했었습니다.

이방인들은 오히려 자신들이 받을 자격이 없는 엄청난 복을 유대인들로부터 유업으로 물려받았음을 기억해야 했습니다. 그들 자체는 돌감람나무 가지에 불과하지만 하나님의 옛 감람나무에 접붙임을 받았기 때문에 "참감람나무 뿌리의 진액을 함께" 받는 자가 되었습니다(롬 11:17).

그러므로 이방인들은 자신들이 유대인에게 어떤 은혜를 입었는지 인식해야 옳습니다. 우리 이방인들이 누리는 구원의 큰 복을 생각할 때 우리는 유대인들에게 큰 빚을 지고 있으며 언제나 그럴 것입니다. 바울은 이방인 교회들로부터 보내는 헌금을 이렇게 빚진 것에 대한 겸손하고 물질적이며 상징적인 표현이라고 보고 있는 것입니다.

그뿐만 아니라 우리가 행하는 연보의 이유는 더 큰 신학적 의미를 갖고 있습니다. 즉, 우리는 우리가 소유하고 있는 것에 대해 청지기에 불과하기 때문에 우리의 위대한 주인이신 하나님께서 그것을 처분하도록 명령하는 곳에 그것을 빚지고 있습니다. 오늘 본문에서는 이방인이 유대인에게 크게 빚을 져 신세를 졌기 때문에 그들에게 사랑을 베풂으로서 특별히 그 빚을 갚아야 했습니다.

육신으로는 이스라엘의 혈통으로부터 이방을 비추는 빛이신 그리스도가 나셨고 또 같은 줄기로부터 복음의 선지자와 사도들과 첫 전파자들이 나왔습니다. 생명의 신탁이 그들에게 주어졌다는 점에서 유대인은 기독교 도서관의 관리자였습니다(사 2:3). 그들의 국가 교회가 해체되고 그들이 제외된 것은 이방인들이 들어올 수 있도록 하기 위해서였습니다.

이렇게 해서 이방인은 유대인의 영적 복에 참여하게 되었으며 유대인으로부터 전달받아 구원의 복음을 받게 되었습니다. 그러므로 바울은 본문에서 "육적인 것으로 그들을 섬기는 것이 마땅하니라"(27절)라고 하였습니다.

우리 모두 오직 그리스도, 오직 믿음, 오직 예수 보혈 신앙으로 성령의 충만을 받고 하나님 사랑과 이웃 사랑의 전도자로 살도록 기도하겠습니다. 이러한 그리스도인 사랑의 증거를 헌금으로 나타내야 하고 우리는 우리가 소유한 물질의 청지기에 불과함을 자각하고 복음에 빚진 자임을 기억해야겠습니다. 기도하겠습니다.

살아 계신 아버지 하나님!
하나님의 은혜를 감사합니다.
억만죄악을 예수 그리스도의 십자가의 피로 죄 사함 받고 의롭다 하심을 받은 우리는 하나님과 우리 주 예수 그리스도께 영원히 빚진 자임을 믿습니다. 우리는 하나님의 섭리의 부르심을 따라 우리가 가진 소유에 대해 그것을 처분하도록 명령받은 청지기라는 사실을 언제나 기억하도록 우리에게 믿음을 더해 주옵소서.
우리는 오늘 본문에서 이방인들이 유대인에게 크게 빚을 져 신세를 졌기 때문에 그들에게 사랑을 베풂으로써 특히 빚을 갚아야 한다는 바울의 말을 믿습니다. 이방인은 유대인의 영적 복에 참여하게 되었으니 이방인들은 육적인 것으로 영적 유대인들을 섬기는 것이 마땅하다고 믿습니다. 이러한 원리는 그리스도 교회의 교역자와 교인들 간에도 적용될 수 있다고 믿습니다. 교역자는 교인들의 영적 생활을 책임지고 교인들은 교역자의 육적 생활을 책임져야 한다고 믿습니다.
그러나 현실은 이런 원리에서 먼 것으로 보입니다. 교역자는 신령한 십자가 대속의 피의 복음을 모든 설교의 중심으로 선포하지 않고 교인들은 교역자를 존경하지 않는 것이 오늘의 교회 현실로 보여 우리 모두 하나님 앞에 회개해야 한다고 믿습니다.

우리 모두에게 먼저 예수님의 신성의 하나님의 아들 되심과 십자가 대속의 피의 복음을 믿고 중생하게 역사해 주옵소서. 그리하여 우리 모두 이 십자가 대속의 피의 복음 신앙을 갖고 성령 충만 받아 영적인 것을 우리가 나눠 가졌으면 육적인 것으로 섬기는 은혜가 있도록 도와주옵소서.

우리 마음 중심에 항상 십자가 대속의 피의 사랑의 은혜가 가득 차게 하셔서 그 하나님의 사랑의 은혜가 우리의 보호자요 인도자요 우리의 방패가 되게 하여 주옵소서.

예수님의 이름으로 기도하옵나이다. 아멘.

506

롬 15:28

- "너희에게 들렀다가 서바나로 가리라"
  바울의 서바나 방문 계획.
- 사람의 계획과 그것을 인도하시는 하나님의 섭리의 신비를 깨달으라.
  그리스도의 수중에 우리의 운명과 미래가 다 들어 있다.
  오직 그리스도, 오직 믿음, 오직 예수 보혈 신앙으로 하나님의 섭리를 따라 살라.

> ²⁸ 그러므로 내가 이 일을 마치고 이 열매를 그들에게 확증한 후에 너희에게 들렀다가 서바나로 가리라

예수님은 그리스도시요 살아 계신 하나님의 아들입니다. 예수님이 하나님의 아들 그리스도라는 증거로 십자가에서 우리 죄를 대신해서 피 흘려 죽으시고, 죽은 자들 가운데서 부활하셨습니다.

이 예수님이 하나님의 아들, 예수님이 그리스도, 예수님이 우리 죄를 대신해서 십자가에서 피 흘려 죽으시고 부활하셨다는 복음으로 우리 인생 모든 문제가 처리되고 해답을 얻습니다. 이 복음은 모든 믿는 자에게 구원을 주시는 하나님의 능력이 됩니다. 이 하나님의 아들 예수 그리스도의 복음, 그리스도 십자가 대속의 피의 복음으로 깊이 뿌리내리기를 기원합니다.

예수님의 신성의 하나님 되심과 십자가 대속의 피의 복음을 마음 중심에 믿고 구원받은 그리스도인은 신앙이 성장하는 가운데 자신이 세운 인생의 길이 자기에게 있지 않음을 깨닫게 됩니다. 그래서 이에 대한 확신을 가진 자는 하나님께서 주신 소원을 갖고 그것을 실현시킬 계획을 성실히 수행해 가지만 결과는 하나님과 우리 주 예수 그리스도께 맡기며 삽니다.

우리는 이에 대한 최고의 예를 사도 바울의 서바나 방문 계획과 그 성취 여부에서 쉽게 발견할 수 있습니다.

오늘 본문 로마서 15장 28절을 보면 "그러므로 내가 이 일을 마치고 이 열매를 그들에게 확증한 후에 너희에게 들렀다가 서바나로 가리라"라고 하였습니다.

바울은 먼저 "내가 이 일을 마치고"라고 합니다. 이 말은 이방인들 교회가 예루살렘의 모교회를 헌금으로 돕는 일을 마치고, 이방인 교회의 아름다움의 열매를 예루살렘 교회에서 확증한 후에라는 말입니다. 여기서 "확증한 후"란 예루살렘 교회에 확실히 전하고 그 헌금이 복음 전도의 열매인 내용을 증거한다는 것입니다.

그런 다음에 바울은 "너희에게 들렀다가 서바나로 가리라"라고 말하였습니다. 여기서 서바나 방문 계획을 말한 것입니다.

서바나는 오늘날의 스페인으로서 바울 당시에는 로마제국의 속국으로서 로마인들에게는 잘 알려져 있었습니다. 그러므로 그들은 바울이 그곳으로 가는 데 도움을 줄 수 있었습니다.

바울은 당시의 서쪽 끝이었던 서바나까지의 원대한 개척 전도의 대망을 품은 채 로마에는 잠시 들르려 하였던 것입니다. 그러므로 서바나행은 바울의 결정적 여정이요 그 여정의 종점이었습니다. 물론 서바나는 아직 복음이 전해지지 못한 곳이었습니다.

서바나는 당시 로마 세계로서는 땅 끝으로서, "땅 끝까지 이르러 내 증인이 되리라"(행 1:8) 하신 예수님의 명령에 부응하려는 열망에 불타오르던 바울로서 이곳까지 가려던 것은 오히려 자연스러운 일이었을 것입니다.

그런데 과연 서바나 전도를 하였을까는 간단히 대답하기가 어렵습니다. 오리겐, 유세비우스 때까지는 바울의 서바나 행의 기록이 없고 대부분의 학자도 의문시합니다.

그러나 무라토리 단편에 "로마를 떠나 서바나를 향한 바울의 출발"이라는 명문이 있고, 클레멘트의 글에도 암시 같은 것이 있어 바울의 서바나행을 시인하기도 합니다. 그런데 바울이 제1차 투옥에서 놓여 나왔다 할지라도 그의 방향이 동방 소아시아 지방이었지 서방으로 갔다고는 보기 어려운 점이 있습니다.

그러므로 이 문제에는 확실한 회답을 할 수 있는 근거가 희박합니다. 확실한 사실은 바울의 선교 여정에 서바나가 그 종점으로 고정되어 있었다는 것뿐입니다.

우리는 사도 바울이 자신의 여행 계획을 세운 것과 그 후 진행된 하나님의 섭리 사이에는 많은 차이가 있음을 알고 있습니다. 사도행전은 이 사실을 우리에게 정확하게 가르쳐 줍니다.

바울은 그의 계획대로 예루살렘에 들러 헌금을 전한 후, 곧 체포되고 유대인의 고소로 가이사랴 옥에서 2년 간 구류 생활을 하였습니다. 그리고 2년 후 바울이 로마 총독 베스도의 재판 시에 가이사에게 상소하므로(행 25:11), 바울은 로마 시민권자로서 로마 황제의 심판을 받게 되었습니다.

그리하여 바울은 죄수의 몸으로 로마로 호송되었습니다. 바울은 그가 생각했던 바와는 전혀 다른 방향에서 로마 교회의 수신자와 로마 옥중에서 만나게 되었습니다(행 28:30-31). 인간의 계획과 그것을 인도하시는 하나님의 신비로운 섭리를 우리는 바울의 생애를 통해 보게 되는 것입니다.

우리 모두 우리가 가진 사명의 현장에서 우리의 직업을 가진 채 세계 복음화의 사명을 수행할 것입니다. 그때에 우리에게 나타는 하나님의 섭리가 우리의 전도자로서의 삶을 어떻게 인도하실지는 오직 그리스도의 주권에 달려 있습니다.

오직 그리스도, 오직 믿음, 오직 예수 보혈 신앙으로 성령의 충만을 받고 우리에게 주신 삶의 현장에서 그리스도의 증인의 삶을 살 것입니다. 우리 인생의 운명과 미래를 그리스도의 수중에 맡기며 우리 자신의 직업과 삶을 하나님의 영광을 위해, 복음을 위해 살도록 기도하겠습니다.

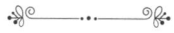

살아 계신 아버지 하나님!

하나님의 은혜를 감사합니다.

우리 인생의 길이 우리에게 있지 않고 궁극적으로 우리 주 예수 그리스도의 수중에 있음을 믿습니다. 오늘 우리는 바울에게 로마 여행의 소원을 주신 주님께서 바울의 계획대로가 아니라 하나님의 섭리에 따라 죄수의 몸으로 로마에 가고 로마 옥중에서 로마 교인들을 만나는 신비를 들었습니다. 우리는 앞의 일은 모르지만 지나고 난 이후의 삶을 돌아보면 모두 하나님의 섭리가 우리를 인도하였다고 믿습니다.

그러므로 우리에게 하나님의 섭리에 대한 더 깊은 확신과 믿음을 주셔서 우리 자신과 우리 교회의 미래와 운명에 대해 염려, 근심하지 말게 하시고 낙심하거나 어려운 환경 앞에 포기하지 말도록 붙들어 주옵소서. 우리는 하나님의 섭리가 우리의 숙고를 통해서 그리고 선한 열심과 헌신을 통해서 역사하시는 사실을 또한 믿어 게으르거나 무위도식하지 않고 그리스도께 충성을 다하도록 붙들어 주옵소서.

오늘도 우리에게 맡긴 사명을 성실히 수행하도록 우리의 건강을 지켜주시고 건전하게 하여 주옵소서.

예수님의 이름으로 기도하옵나이다. 아멘.

롬 15:29

- "그리스도의 충만한 복을 가지고 갈 줄을 아노라"
  이 축복은 신령한 은사(롬 1:11)이다.
- 그것은 자신의 것이 아니라 그리스도의 것이다.
  험난한 인생길을 그리스도께 맡기는 바울의 확신의 신앙을 구하라.
  오직 그리스도, 오직 믿음, 오직 예수 보혈 신앙으로 성도 교제에 힘쓰라.

> ²⁹ 내가 너희에게 나아갈 때에 그리스도의 충만한 복을 가지고 갈 줄을 아노라

예수님은 그리스도시요 살아 계신 하나님의 아들입니다. 예수님이 하나님의 아들 그리스도라는 증거로 십자가에서 우리 죄를 대신해서 피 흘려 죽으시고, 죽은 자들 가운데서 부활하셨습니다.

이 예수님이 하나님의 아들, 예수님이 그리스도, 예수님이 우리 죄를 대신해서 십자가에서 피 흘려 죽으시고 부활하셨다는 복음으로 우리 인생 모든 문제가 처리되고 해답을 얻습니다. 이 복음은 모든 믿는 자에게 구원을 주시는 하나님의 능력이 됩니다. 이 하나님의 아들 예수 그리스도의 복음, 그리스도 십자가 대속의 피의 복음으로 깊이 뿌리내리기를 기원합니다.

예수님의 신성의 하나님 되심과 십자가 대속의 피의 복음을 마음 중심에 믿고 구원받은 그리스도인은 험난한 인생길을 걷는 중이라도 그

리스도께 인생길을 맡기고 선을 행하는 일과 받은 은사를 서로 나누는 데 힘쓰는 자가 됩니다. 마땅히 힘쓰는 자가 되어야 합니다.

미국의 20세기 초 주석가로 해리 아이언 사이드(1876-1951)가 자신의 초기 목회 사역 시에 만난 대단히 경건한 사람을 만났던 이야기를 했습니다. 그 사람은 폐결핵으로 죽어 가고 있습니다. 아이언 사이드는 그 사람을 심방하러 갔습니다.

그 사람은 속삭이듯 겨우 말하였습니다.

"젊은이. 자네는 그리스도만 선포해야 하오. 그렇게 하지 않겠소?"

아이언 사이드가 대답했습니다.

"네 그렇게 하겠습니다."

"됐네. 그럼 거기 좀 앉게. 하나님의 말씀에 대해서 함께 이야기 해 보세!"

그 노인이 성경을 펼쳤습니다. 그 노인은 기력이 쇠진할 때까지 한 구절 한 구절 말씀을 풀어 주면서 진리를 보여 주었습니다. 그것은 지금까지 아이언 사이드가 보지도 못했고 생각지도 못했던 진리였습니다. 아이언 사이드의 두 뺨에 눈물이 흘러내리기 시작했습니다.

"어디서 이런 것을 깨달으셨습니까?

이런 진리를 나에게 열어서 보여 줄 수 있는 책을 어디서 구할 수 있을지 말씀해 주십시오.

이런 것을 신학교에서 배우셨습니까?

아니면 대학에서 배우셨습니까?"

그는 질문을 쏟아 부었습니다.

"사랑하는 젊은이. 나는 내 작은 집 오막살이 흙투성이 마룻 바닥에 무릎을 꿇고 이런 것을 배웠다네. 거기서 내 앞에 열려 있는 성경 앞에서 몇 시간이나 무릎을 꿇고 내 영혼에 그리스도를 계시하여 주시고 나의 마음에 말씀을 열어 달라고 하나님의 영께 기도드리곤 했다네. 그분은 내가 이 세상의 대학이나 신학교에서 배운 것보다 더 많은 것을 그 진흙 마루에 무릎을 꿇은 나에게 가르치셨다네"(제임스 몽고메리 보이스, 『에베소서 I』).

이 노인은 자신의 죽음을 바로 앞둔 시간 속에서도 성도에게 예수 그리스도를 전하는 일, 아니 예수 그리스도만을 선포해야 하는 진리를 나누기를 원했습니다. 예수 그리스도가 그 인생에 전부인 것을 믿는 사역자나 복음 전도자는 그분이 십자가에 못 박히신 것 외에는 아무것도 알지 아니하기로 작정한 자가 되어야 합니다. 이 사람이 바로 사도 바울입니다.

사도 바울은 이 노인보다 더 깊은 하나님과 예수 그리스도를 아는 자로서 그리스도의 충만한 축복을 로마 교인들과 나누고자 자신의 결박과 환난이 기다리고 있는 예루살렘으로 가서(행 20:23) 이방 교회가 모은 헌금을 예루살렘 교회에 전하고 그 후에 로마 여행 계획을 실행하고자 하였습니다.

오늘 본문 로마서 15장 29절을 보면 "내가 너희에게 나아 갈 때에 그리스도의 충만한 복을 가지고 갈 줄을 아노라"라고 하였습니다.

바울은 그의 제자들이 성령의 감동으로 바울더러 예루살렘에 들어가지 말라고 하였으나(행 21:4), 듣지 않았고, 그 후 아가보라는 한 선지자가 바울이 결박당하여 이방인의 손에 넘겨 주리라(행 21:10-11)라고 예언하였으나 바울은 듣지 않고 예루살렘을 향해 갔습니다.

그는 이미 사도행전 20장 23절에서 "오직 성령이 각 성에서 내게 증언하여 결박과 환난이 나를 기다린다"라고 하여 자신의 운명과 미래를 그리스도께 맡기고 오히려 평안한마음으로 예루살렘으로 가서 헌금을 전달하고 로마 교인들에게 가고자 하는 것입니다.

바울은 험난한 자신의 전도자의 여행길을 앞두고서도 평안한 마음으로 로마 교인들을 향해 "내가 너희에게 나아갈 때에 그리스도의 충만한 복을 가지고 갈 줄을 아노라"라고 한 것입니다.

여기서 "그리스도의 충만한 복"은 로마서 서두에서 말했던 "신령한 은사"(롬 1:11)로서 유대 교회가 다른 이방 땅에 나누어 주었던 영적 축복(롬 15:27)이었습니다. 여기서 "신령한 은사"란 성령으로 주시는 선물을 말합니다. 바울은 바로 이러한 은사들의 얼마를 가지고 로마 교회에 가기를 원했던 것입니다.

이때 로마 교인들의 믿음이 그릇된 것은 물론 아니고 이미 그들이 갖고 있던 믿음을 견고하게 하려는 것입니다(롬 1:11). 그들은 문명의 대도시에서 수많은 유력한 불신자들에 에워싸여 강력한 유혹의 바람에 부딪치면서 그 신앙의 고결성을 지키고 있었던 것입니다.

바울은 어떻게 로마에 도착할지 몰랐지만, 그리스도께서 먼저 가시고 그리스도께서 그를 지켜 주실 것을 알고 있었습니다. 바울의 그리스도를 향한 순종의 신앙은 이미 그가 예루살렘에서 체포되어 바울이 공회 앞에서 증언했던 그날 밤에 "주께서 바울 곁에 서서 이르시되 담대하라 네가 예루살렘에서 나의 일을 증언한 것같이 로마에서도 증언하여야 하리라"(행 23:11)라고 말씀하셨습니다.

그래서 바울은 그 후 베스도 총독 주관하의 재판정에서 주님의 뜻대로 하기 위하여 "내가 가이사께 상소하노라"라고 하여(행 25:11), 바울은 그의 계획대로가 아니라 죄수의 몸으로 로마에 가고 로마 옥에서 로마 교인들을 만나 그리스도의 충만한 복음을 전하게 되었습니다.

바울은 그의 일생을 예수 그리스도와 그리스도의 섭리에 온전히 맡겼고, 하나님의 섭리는 더 신비한 방법으로 하나님의 뜻, 그리스도의 뜻을 이루는 것입니다.

우리 모두 오직 그리스도, 오직 믿음, 오직 예수 보혈 신앙으로 성령의 충만을 받고 우리에게 주신 사명에 헌신하도록 기도하겠습니다. 그리스도께 우리 교회와 우리 자신의 미래와 운명을 맡기고 살아가도록 기도하겠습니다.

살아 계신 아버지 하나님!

하나님의 은혜를 감사합니다.

우리는 무엇보다도 먼저 신성의 하나님의 아들 예수 그리스도의 복음과 십자가 대속의 피의 복음 진리를 마음 중심에 받고 그리스도의 복음 진리에 따라 살기를 기도합니다.

우리가 참되게 십자가 피의 복음 진리를 마음에 받을 때 이후부터는 그 진리되신 그리스도께서 우리의 인생길을 지도하시고 인도하신다고 믿습니다. 참되게 예수님을 하나님의 아들로 믿어 중생한 그리스도인은 세상이 미워하는 자가 되었으므로 인생길이 세상 사람이 가는 넓은 길이 아니라 좁은 길이요 좁은 문으로 들어가는 자가 되었음을 믿습니다. 이 좁은 길은 우리의 힘으로는 단 한 발자국도 걸을 수 없고 오직 그리스도께서 우리를 붙들어 주실 때만 걷는 길인 것을 믿습니다. 이에 대한 전형적인 모델이 전도자 사도 바울의 인생 여정인 것을 우리가 듣고 보고 읽고 있습니다.

아버지 하나님이여!

우리는 바울보다 믿음도 적고 의지도 약하고 능력도 없고 은사도 없는 자이오니 우리를 주님의 능력 있는 두 손으로 굳게 붙들어 주옵소서. 오직 그리스도, 오직 믿음, 오직 예수 보혈 신앙으로 살고 받은 은사를 형제들과 나누며 맡겨진 소명에 헌신하게 하여 주옵소서. 우리가 가는 길에 하나님이 선한 섭리가 밝히 나타나도록 은혜를 베풀어 주옵소서. 오늘도 오직 그리스도를 전부로 알고 믿고 따르는 저희들을 건강하게 하시고 믿음을 더해 주시며 주어진 하나님의 섭리에 감사하면서 주의 인도와 보호 따라 걸어가게 하여 주옵소서.

예수님의 이름으로 기도하옵나이다. 아멘.

508

롬 15:30

- "너희를 권하노니 너희 기도에 나와 힘을 같이하여 나를 위하여 하나님께 빌어"
  바울을 위한 기도의 이유와 그 방법.
- 예수 그리스도와 성령의 사랑을 받은 자는 기도해야 한다.
  삼위일체 교리 따라 씨름하듯 기도해야 한다.

> ³⁰ 형제들아 내가 우리 주 예수 그리스도와 성령의 사랑으로 말미암아 너희를 권하노니 너희 기도에 나와 힘을 같이하여 나를 위하여 하나님께 빌어

예수님은 그리스도시요 살아 계신 하나님의 아들입니다. 예수님이 하나님의 아들 그리스도라는 증거로 십자가에서 우리 죄를 대신해서 피 흘려 죽으시고, 죽은 자들 가운데서 부활하셨습니다.

이 예수님이 하나님의 아들, 예수님이 그리스도, 예수님이 우리 죄를 대신해서 십자가에서 피 흘려 죽으시고 부활하셨다는 복음으로 우리 인생 모든 문제가 처리되고 해답을 얻습니다. 이 복음은 모든 믿는 자에게 구원을 주시는 하나님의 능력이 됩니다. 이 하나님의 아들 예수 그리스도의 복음, 그리스도 십자가 대속의 피의 복음으로 깊이 뿌리내리기를 기원합니다.

예수님의 신성의 하나님 되심과 십자가 대속의 피의 복음을 마음 중심에 믿고 구원받은 그리스도인은 한 사람도 말 못하는 자로 태어나는 자가 없습니다. 은혜의 성령님은 우리에게 "아빠 아버지"라고 부르짖는 법을 가르치는 영입니다. 모든 성도들은 기도하는 백성입니다.

다른 표현으로 말하면 하나님의 아들 예수 그리스도의 복음은 기도하기 위해 주어진 것입니다. 만일 그리스도인이 기도하지 않는다면 예수 그리스도의 복음은 종이 문서에 불과한 것이 됩니다. 그래서 그리스도인의 기도는 영혼의 호흡이라고 합니다. 기도는 영적 생명의 존재에 필수적인 것입니다.

그러므로 누구보다도 이런 기도의 비밀을 이해한 사도 바울은 "쉬지 말고 기도하라"(살전 5:17)라고 말하였습니다. 그리고 로마서를 쓰면서도 도중에 기도문을 넣고, 또한 축복기도를 하면서 끝나는 듯하나 계속 편지를 쓰면서 그리고 또 기도했습니다.

바울은 오늘 본문에서는 로마 교인들에게 자신을 위해 기도해 달라고 부탁하는 사도 바울의 부탁이 아주 간절하게 표현되고 있습니다. 바울은 위대한 사도였지만 평범한 그리스도인들에게 기도를 부탁했습니다. 이것은 여기서만이 아니라 다른 서신들에서도 다양하게 나타납니다.

바울은 그들을 위해 많이 기도했고, 오늘 본문에서는 그의 사랑의 보답으로 자기를 위해 기도를 바라고 있습니다. 서로 주고받는 기도야말로 상호 사랑에 대한 최고의 증거가 아닐 수 없습니다.

오늘 본문 로마서 15장 30절을 보면 "형제들아 내가 우리 주 예수 그리스도와 성령의 사랑으로 말미암아 너희를 권하노니 너희 기도에 나와 힘을 같이하여 나를 위하여 하나님께 빌어"라고 합니다.

바울은 이미 로마서 첫 서두에서 자신이 로마의 그리스도인들을 위해 쉬지 않고 기도한다는 것을 분명히 말하였습니다(롬 1:9-10). 그러므로 바울이 이제 자신을 위해 기도해 달라고 요청하는 것은 전적으로 적절한 일입니다. 게다가 바울과 그들은 하나님의 가족 안에서 형제입니다.

그래서 바울은 성삼위일체 하나님의 이름으로 기도를 요청하고 있습니다. 바울은 기도에 관한 성삼위의 교리를 여기서 로마 교인들에게 가르치는 것 같습니다. 기도는 하나님을 대상으로 하고 예수 그리스도의 중보로 말미암고 성령의 열매인 사랑, 즉 성령의 능력으로 하는 것입니다.

그래서 본문을 보면 "우리 주 예수 그리스도와 성령의 사랑으로 말미암아 너희를 권하노니"라고 하였습니다.

먼저 "우리 주 예수 그리스도"라는 우리의 주인이십니다. 바울은 예수 그리스도의 일을 하기 위해 가는 것입니다. 우리 주 예수 그리스도는 하나님과 우리 사이의 기도의 중보자이십니다. 오직 우리의 기도는 우리 주 예수 그리스도로 말미암아서만 하나님께 상달됩니다.

예수님은 로마 교인들과 바울의 주이시며, 그리스도이십니다. 그들은 모두 예수 그리스도를 사랑하고 예수 그리스도의 사역을 하는 자들입니다. 그러므로 예수 그리스도로 말미암아 바울을 위하여 기도해 달라고 요청하는 것입니다.

다음에 "성령의 사랑"으로 말미암아 기도를 요청합니다. 성령님이 서로 사랑하도록 신자들의 마음속에 역사하는 그 사랑의 실례로서 자기를 위해 기도해 달라고 요청하였습니다.

그들이 서로 본적은 없지만 성령으로 말미암아 서로 갖고 있는 친교의 열매로서 자기를 위해 기도해 달라고 하는 것입니다. 만일 지금까지 그들이 성령의 사랑을 경험한 적이 있고 그들의 사랑이 성령의 사랑에 대한 반응임을 알고 있다면 자기를 위해 기도하는 성령의 사랑의 역사를 잊지 말라고 하고 있습니다.

그리고 바울은 마지막으로 기도의 대상을 말합니다. "나를 위하여 하나님께 빌어"라고 하였습니다. 성삼위의 제1위는 성부 하나님이신, 즉 하나님이 기도의 대상이 되는 것이 마땅합니다.

끝으로 로마 교인들은 바울을 위해 어떻게 기도해야 하는가를 말합니다. "너희 기도에 나와 힘을 같이하여"라고 하였습니다.

기도는 하나의 전투입니다. 우리는 기도할 때에 우리 안에 있는 힘을 다 쏟아야 합니다. 결단과 믿음과 열정을 갖고 기도해야 합니다. 이때 어떤 주석가는 하나님과 씨름으로 말합니다. 혹은 정사들과 어둠의 권세들과 씨름해야 할 필요가 있을 가능성도 많습니다.

그리고 기도할 때 "나와 힘을 같이하자"라고 하였습니다. 이 말은 바울이 날마다 내가 하나님께 간구하고 어둠의 세력들을 결박하며 기도하고 있으니 그들도 함께 기도하자는 것입니다. 바울과 로마 교인들이 거리상으로는 멀리 떨어져 있었으나 기도로는 함께할 수 있었기 때문입니다.

우리 모두 바울 시대와 똑같은 환경에 처해 있으니 우리 모두 힘을 같이하여 삼위 하나님의 교리를 따라 기도하도록 하겠습니다. 즉시 기도하겠습니다. 기도보다 중요한 것이 없습니다.

살아 계신 아버지 하나님!

하나님의 은혜를 감사합니다.

신성의 하나님의 아들 예수 그리스도 복음을 받고 중생한 그리스도인에게 기도보다 더 중요한 것은 없다고 믿습니다. 폐일언하고 기도해야 합니다. 쉬지 말고 기도해야 합니다.

우리 앞에 정사와 권세와 이 어둠의 세상 주관자들이 역사하고 있는 때에 우리 힘으로 이런 대적들을 이길 힘도 없고 또 우리 안에 있는 우리의 육신의 정욕도 이길 힘이 없음을 믿습니다. 그러므로 우리는 우리 주 예수 그리스도와 성령의 사랑으로 말미암아 모두가 힘을 같이하여 아버지 하나님께 기도해야 한다고 믿습니다.

코로나19의 역경의 때에 한국 교회는 서로 힘을 같이하여 기도해야 하고 차별금지법이 제정되지 않도록 기도해야 한다고 굳게 믿습니다. 이미 서구 사회와 서구 교회는 동성애 죄악에 빠져 있는 때, 우리 한국과 한국 교회가 이들 세력으로부터 보호받도록 우리 기도에 모두 힘을 같이하여 기도해야 한다고 믿습니다.

오늘도 연약한 우리 모두를 붙들어 건강하게 하시고 한국 교회를 붙들어 이방 세계에 십자가 대속의 피의 복음을 능력 있게 비추도록 도와주옵소서. 이런 소원과 뜻을 같이한 교회와 동역자들을 능력 있는 주님의 두 손으로 붙들어 주옵소서.

예수님의 이름으로 기도하옵나이다. 아멘.

509

롬 15:31-32

- "나로 유대에서 순종하지 아니하는 자들로부터 건짐을 받게 하고"
  로마 교인들이 바울을 위해 기도할 세 가지 제목.
- 구체적으로 기도하라.

³¹ 나로 유대에서 순종하지 아니하는 자들로부터 건짐을 받게 하고 또 예루살렘에 대하여 내가 섬기는 일을 성도들이 받을 만하게 하고 ³² 나로 하나님의 뜻을 따라 기쁨으로 너희에게 나아가 너희와 함께 편히 쉬게 하라

예수님은 그리스도시요 살아 계신 하나님의 아들입니다. 예수님이 하나님의 아들 그리스도라는 증거로 십자가에서 우리 죄를 대신해서 피 흘려 죽으시고, 죽은 자들 가운데서 부활하셨습니다.

이 예수님이 하나님의 아들, 예수님이 그리스도, 예수님이 우리 죄를 대신해서 십자가에서 피 흘려 죽으시고 부활하셨다는 복음으로 우리 인생 모든 문제가 처리되고 해답을 얻습니다. 이 복음은 모든 믿는 자에게 구원을 주시는 하나님의 능력이 됩니다. 이 하나님의 아들 예수 그리스도의 복음, 그리스도 십자가 대속의 피의 복음으로 깊이 뿌리내리기를 기원합니다.

예수님의 신성의 하나님 되심을 믿는 그리스도인은 반드시 기도하게 되어 있습니다. 기도는 믿음의 실천이기 때문입니다. 그러므로 어

떤 그리스도인의 신앙 유무는 외적으로 나타난 기도의 유무와 밀접하게 연관되어 있습니다. 참된 믿음은 반드시 기도를 일으키는 것입니다.

그리고 그 기도는 또한 반드시 응답되게 되어 있습니다. 예수님을 그리스도로 믿는다는 것은 인생 모든 문제의 해결자 되신 그리스도를 믿는다는 것이며 기도 응답은 예수님이 주관적으로 그리스도이심을 확증시켜 주는 것입니다. 다만 기도 응답은 꼭 우리가 원하는 대로만 이루어지는 것은 아니라는 사실을 명심할 필요가 있습니다. 그리고 이때 우리가 예수 그리스도 이름으로 구하는 기도는 구체적이어야 합니다.

우리는 이러한 기도의 메커니즘을 바울의 기도 요청과 그 후 그 기도의 응답(이것은 별도로 확인할 것임)으로 확인하겠습니다.

오늘 본문 로마서 15장 31-32절을 보면 "³¹ 나로 유대에서 순종하지 아니하는 자들로부터 건짐을 받게 하고 또 예루살렘에 대하여 내가 섬기는 일을 성도들이 받을 만하게 하고 ³² 나로 하나님의 뜻을 따라 기쁨으로 너희에게 나아가 너희와 함께 편히 쉬게 하라"라고 하였습니다.

사도 바울은 로마의 교인들에게 자기를 위해 기도해 줄 세 가지 기도 제목을 제시합니다. 바울이 구한 것은 매우 구체적이었습니다. 오늘 본문에서 기도의 요건으로 매우 중요한 것을 배우는데 그것은 우리가 자신을 위해서든 남을 위해서든 기도는 구체적이어야 한다는 것입니다.

첫째, 바울은 자신이 처해 있는 위험에 대해 기도를 요청합니다. 본문을 보면 "나로 유대에서 순종하지 아니하는 자들로부터 건짐을 받게 하고"라고 하였습니다. 바울 시대 당시 믿지 않는 유대인들은 바울의 최대의 원수들로서 치를 떨며 그를 핍박했습니다. 바울은 이번 예루살렘 방문 여행에서 그들로부터 혹독한 환난이 주어질 것을 어느 정도 예측하고 있었습니다.

그러므로 로마 교인들은 하나님께서 바울을 건져 주시기를 위해 기도해야 했습니다. 우리는 박해에 대해 기도할 수 있고 또 기도하지 않으면 안 됩니다. 우리는 이 기도가 후에 어떻게 응답되는가를 볼 것입니다.

둘째, 바울은 그가 섬겨야 할 일에 대해 기도를 요청했습니다. 본문을 보면 "또 예루살렘에 대하여 내가 섬기는 일을 성도들이 받을 만하게 하고"라고 하였습니다.

바울이 마게도냐와 아가야의 이방인 교회가 모금한 연보를 예루살렘 교회에 전달하려 하는데 만일 그것이 받아들여지지 않았을 경우에 어떤 일이 발생할 것입니까?

이에 대해 특별히 우려할 만한 이유가 있었습니다.

그것은 바울이 이방인의 사도였다는 것과 믿지 아니하는 유대인들에게 바울이 크게 미움을 샀기 때문에 바울은 믿는 유대인들도 그 점에 있어서 바울을 수치스럽게 여겼기 때문입니다. 물론 그것은 그들의 연약함 때문이었습니다.

이런 사실을 우려하면서도 바울은 "예루살렘 성도들이 그것을 받을지 안 받을지 그 여부를 선택하도록 해서 받지 않겠다면 그만두도록 하자"라고 말하지 않고, "그것을 받아들이도록 기도하자"라고 말하였습니다.

하나님께서 우리 원수들의 악한 의지를 억제해 주시기를 기도하는 것처럼 우리 형제들의 선한 의지를 보존하고 촉발시켜 달라고 기도하자는 것입니다. 왜냐하면, 하나님께서 양편 모두의 마음을 한 손에 쥐고 계시기 때문입니다.

셋째, 바울은 로마 교인들에게 가야 할 여행에 대해 기도를 요청했습니다. 본문을 보면 "나로 하나님의 뜻을 따라 기쁨으로 너희에게 나아가 너희와 함께 편히 쉬게 하라"(32절)라고 하였습니다.

바울은 "나로 기쁨으로 너희에게 나아가"기를 기도한 것입니다. 만일 예루살렘으로 가는 그의 여행이 성공하지 못한다면 로마에 가 보려는 그의 여행 계획도 불안하게 될 것입니다. 만일 첫 방문에서 선을 행하지 못하고 성공하지 못한다면 그다음 계획에서 얻는 기쁨도 그만큼 작을 것으로 그는 생각한 것입니다.

이렇게 바울은 매우 구체적으로 세 가지 기도 제목을 로마 교인들에게 제시하며 기도를 요청하였습니다. 물론 그 기도 제목이 하나님의 뜻을 따라 한 것이라면 어떤 형태로든지 응답될 것입니다. 우리는 후에 이에 관해 살펴보고자 합니다.

우리 모두 신성의 하나님의 아들 예수님을 인생 모든 문제 해결의 직함을 가지신 그리스도로 믿는다면 반드시 예수님의 이름으로 기도하여 응답을 받고 예수 그리스도 이름을 존귀케 할 것입니다. 오직 그리스도, 오직 믿음, 오직 예수 보혈 신앙으로 살고자 하는 우리는 이 믿음의 실천인 기도를 하되 구체적으로 해야겠습니다. 즉시 우리의 모든 기도 제목을 하나님의 뜻을 따라 구체적으로 기도하겠습니다.

살아 계신 아버지 하나님!

하나님의 은혜를 감사합니다.

우리에게 예수 그리스도 이름을 주어 기도하게 하시고 그에 대한 응답의 약속을 주신 주님께 무한히 감사합니다. 하나님은 기도와 그 기도의 응답을 통해서 영광을 받으신다고 믿습니다. 우리는 우리의 일용할 양식부터 시작해서 세계 복음화의 하나님의 뜻이 이루어지기 위한 모든 기도 제목들을 우리에게 주신 선하신 소원대로 구체적으로 기도하고자 합니다.

바울이 로마 교인들에게 구체적인 세 가지 기도 제목을 제시하고 기도를 요청한 말씀을 듣고 우리도 더욱 열심히 기도하되 우리의 필요와 그리스도 교회와 하나님의 영광을 위해 구체적으로 기도하고자 합니다.

먼저 우리 모두를 건강하게 하여 주시고 우리로 궁핍하지 않게 하시고 우리가 믿는 십자가 대속의 피의 복음을 그리스도 교회에서 타협하지 않고 전하게 하시며 세상의 불신자들 중에 택하신 자들이 우리의 복음 전도에 순종하기를 기도합니다. 우리 자신과 그리스도 교회가 연약하오니 주님의 능력 있는 두 손으로 굳게 붙들어 주시어 주신 사명을 기꺼이 감당하도록 도와주옵소서.

예수님의 이름으로 기도하옵나이다. 아멘.

롬 15:32-33

- "나로 하나님의 뜻을 따라 기쁨으로 너희에게 나아가"
  기도는 "하나님의 뜻을 따라" 해야 한다.
- 기도는 우리의 뜻이 아니라 하나님의 뜻에 맞추는 것이다.
  성경에 계시되지 않는 기도는 "하나님의 뜻으로"라는 겸손의 기도가 바른 기도이다.

> ³² 나로 하나님의 뜻을 따라 기쁨으로 너희에게 나아가 너희와 함께 편히 쉬게 하라 ³³ 평강의 하나님께서 너희 모든 사람과 함께 계실지어다 아멘

예수님은 그리스도시요 살아 계신 하나님의 아들입니다. 예수님이 하나님의 아들 그리스도라는 증거로 십자가에서 우리 죄를 대신해서 피 흘려 죽으시고, 죽은 자들 가운데서 부활하셨습니다.

이 예수님이 하나님의 아들, 예수님이 그리스도, 예수님이 우리 죄를 대신해서 십자가에서 피 흘려 죽으시고 부활하셨다는 복음으로 우리 인생 모든 문제가 처리되고 해답을 얻습니다. 이 복음은 모든 믿는 자에게 구원을 주시는 하나님의 능력이 됩니다. 이 하나님의 아들 예수 그리스도의 복음, 그리스도 십자가 대속의 피의 복음으로 깊이 뿌리내리기를 기원합니다.

예수님의 신성의 하나님 되심과 십자가 대속의 피의 복음을 마음 중심에 믿고 구원받은 그리스도인은 반드시 기도하게 되어 있습니다. 하나님의 자녀들은 한 사람도 말 못하는 자로 태어나지 않았기 때문입니다. 그리고 하나님께서 하나님의 아들 예수님을 신성의 구주 그리스도로 이 세상에 보내신 것은 하나님과 원수 된 죄인들에게 예수 그리스도로 말미암아 화해하게 하여 하나님과 교제하도록 하기 위함이었습니다.

그 하나님과 교제하는 방법의 인간적 수단이 기도인 것입니다. 하나님은 우리에게 말씀하시고 우리는 하나님께 기도함으로 하나님과 우리 사이의 교제는 이루어집니다. 그래서 예수님을 인생 모든 문제 해결자 되신 그리스도로 믿는 자는 반드시 기도해야 하고 예수님은 자신을 그리스도로 믿는 자에게 기도 응답을 약속하셨습니다(요 14:14, 요 16:24).

그런데 우리가 기도할 때에 우리의 뜻대로 기도하는 것이 아니라 하나님의 뜻대로 기도하는 것이 중요합니다. 그리스도인이 기도할 때에 반드시 배워야 할 중요한 기도의 조건입니다.

성경에는 하나님의 뜻이 명백하게 계시된 것이 있고, 그렇지 않은 것이 있습니다. 우리는 하나님의 일반적인 뜻과 특별한뜻을 구분해야 합니다. 하나님은 성경에서 모든 백성을 위한 하나님의 일반적인 뜻, 예컨대, 우리가 스스로를 통제하고 그리스도를 닮아 가야 하며 서로 사랑해야 한다 등은 하나님께서 일반적인 뜻으로 계시하셨기 때문에, 이러한 것들에 대해서는 실제로 명확하고 확신 있게 기도해야 합니다.

그러나 우리 각자에 대한 하나님의 특별한뜻, 예를 들면, 평생 직업이나 배우자 기도 등은 성경에 계시되지 있지 않으므로 인도해 달라는 기도를 할 때 "하나님의 뜻을 따라"라는 말을 기억하고 또한 덧붙이는 것이 옳습니다. 예수님께서도 겟세마네 동산에서 "내 원대로 마옵시고 아버지의 원대로 되기를 원하나이다"라고 기도하셨습니다.

오늘 본문에서 바울도 로마 교인들에게 그런 기도를 하고 있습니다.

오늘 본문 로마서 15장 32절을 보면 "나로 하나님의 뜻을 따라 기쁨으로 너희에게 나아가 너희와 함께 편히 쉬게 하라"라고 하였습니다. 바울은 이 기도를 이미 로마서 서두에서 "어떻게 하든지 이제 하나님의 뜻 안에서 너희에게로 나아갈 좋은 길 열기를 구하노라"(롬 1:10)라고 기도하였습니다.

이렇게 "하나님의 뜻을 따라", "하나님의 뜻 안에서"라는 기도는 불신이 아니라 적절한 겸손입니다. 기도의 목적은 하나님의 뜻을 우리의 뜻에 굴복시키는 것이 아닙니다. 오히려 우리의 뜻을 하나님의 뜻에 맞추는 것입니다.

기도가 응답될 것이라는 약속은 우리가 "그의 뜻대로" 구한다는 것을 조건으로 하고 있습니다(요일 5:14). 따라서 우리의 모든 기도는 "뜻이 … 이루어지이다"라는 주제의 변형이 되어야 합니다(마 6:10).

그렇다면 바울이 로마인들에게 자신과 힘을 같이하여 기도해 달라고 부탁한 그의 세 가지 기도, 즉 그가 예루살렘의 순종치 아니하는 자들에게서 구원을 받고 헌금이 받아들여지고, 로마에 이르는 일에 성공할 수 있도록 해 달라는 기도는 어떻게 되었습니까?

이 세 가지 기도 제목들은 응답되었습니까?
응답되지 않았습니까?

첫 번째 기도 제목은 사도행전 21, 22, 23, 24장에 기록된 것처럼 다양하게 정말 극적으로 바울을 구원하였습니다. 바울은 세 번의 폭행 사건에서 구원되고 한 번 채찍질에서 그리고 한 번 암살당할 음모에서 구원받았습니다.

두 번째 기도 제목은 예루살렘 교회를 섬기는 일인데 이에 관해서는 사도행전에서 누가가 그 헌금에 대해서 언급하지 않기 때문에 불명확하지만 아마도 그 헌금은 받아들여졌을 것입니다. 바울이 예루살렘에 이르렀을 때 형제들이 그를 기꺼이 영접했고 예루살렘의 기둥 같은 존재 야고보와 장로들을 만났기 때문입니다(행21:17-26).

세 번째 기도 제목도 응답되었습니다. 다만 바울은 가이사랴에서 2년간 죄수로 구류되어 있다가 바울이 베스도 총독 재판 시에 상소하므로 로마로 가게 되었습니다. 그는 로마 감옥에서 죄수로서 로마 교인들을 만나게 된 것입니다.

그러므로 기도는 그리스도인의 활동에서 매우 중요하며 바울처럼 사람들에게 우리를 위해, 그리고 우리와 함께 기도해 달라고 요청하는 것은 올바른 일입니다. 다만 하나님은 우리가 기도하는 것들에 대해 하나님의 뜻에 따라 섭리에 의해 일하십니다.

그리하여 바울은 그의 기쁘신 뜻에 따라 섭리로 응답하실 때에 하나님에 대한 축도로 이 부분을 마칩니다.

평강의 하나님께서 너희 모든 사람과 함께 계실지어다 아멘(롬15:33).

기도를 요구했던 바울은 이제 자신도 그들을 위한 기도로 마치는 것입니다.

우리 모두 오직 그리스도, 오직 믿음, 오직 기도로 살아야 합니다. 기도는 믿음의 최상의 실천입니다. 기도는 반드시 성취됩니다. 때로는 무응답으로도 성취됩니다. 그러므로 기도할 수만 있으면 구원을 얻습니다. 낙심하거나 포기하지 않고 기도할 수만 있으면 일어납니다. 예수님이 그리스도이시기 때문입니다.

살아 계신 아버지 하나님!
하나님의 은혜를 감사합니다.
십자가 대속의 피의 복음은 우리로 하나님께 기도하며 교제하며 살도록 주신 것이라고 믿습니다. 하나님께 범죄하여 하나님과 교제가 단절된 인간들에게 우리를 불러 그분의 아들 예수 그리스도 우리 주와 더불어 교제하게 하시는 하나님은 실로 미쁘신 하나님이라고 믿습니다. 그러나 우리는 우리의 뜻대로 하나님께 구해서는 안 되고 하나님의 뜻을 따라 구해야 한다고 믿습니다.
이런 원리에 따라 구한 바울의 세 가지 기도 세목이 하나님의 뜻대로 하나님의 섭리 속에서 성취되었음을 우리로 확인하게 하시니 감사합니다. 우리도 우리의 많은 기도 제목들을 하나님의 뜻대로 구하여 응답받기를 기도합니다. 우리를 붙들어 바르게 기도하게 하시고 때를 따라 돕는 은혜를 얻게 하여 주옵소서.

예수님의 이름으로 기도하옵나이다. 아멘.

제3장

바울의 천거와 문안
(16:1-16)

511

롬 16:1-27

- 로마서 16장 개요: 본문 비평은 잘못된 주장. 26명에게 사적 문안, 거짓 선지자 경고, 바울과 함께 있는 자들의 안부, 축도.
- 바울의 인간적 사랑보다 사도직 수행을 위한 하나님의 은혜. 오직 그리스도, 오직 믿음, 오직 은혜로 살라.

¹ 내가 겐그레아 교회의 일꾼으로 있는 우리 자매 뵈뵈를 너희에게 추천하노니 ² 너희는 주 안에서 성도들의 합당한 예절로 그를 영접하고 무엇이든지 그에게 소용되는 바를 도와 줄지니 이는 그가 여러 사람과 나의 보호자가 되었음이라

    예수님은 그리스도시요 살아 계신 하나님의 아들입니다. 예수님이 하나님의 아들 그리스도라는 증거로 십자가에서 우리 죄를 대신해서 피 흘려 죽으시고, 죽은 자들 가운데서 부활하셨습니다.

    이 예수님이 하나님의 아들, 예수님이 그리스도, 예수님이 우리 죄를 대신해서 십자가에서 피 흘려 죽으시고 부활하셨다는 복음으로 우리 인생 모든 문제가 처리되고 해답을 얻습니다. 이 복음은 모든 믿는 자에게 구원을 주시는 하나님의 능력이 됩니다. 이 하나님의 아들 예수 그리스도의 복음, 그리스도 십자가 대속의 피의 복음으로 깊이 뿌리내리기를 기원합니다.

예수님의 신성의 하나님 되심과 십자가 대속의 피의 복음을 마음 중심에 믿고 구원받은 그리스도인은 오직 하나님의 은혜로 구원받은 것을 믿는 자입니다. 그러나 이 하나님의 은혜는 구원의 시작으로 끝나는 것은 아니고 일생 동안 지속됩니다. 오직 예수 그리스도를 믿음으로 말미암는 구원의 은혜는 과거, 현재, 미래 삼중적 구원으로 역사하는 것입니다.

그래서 종교개혁의 모토는 오직 그리스도, 오직 믿음, 오직 은혜를 주장하고 있습니다. 우리 그리스도인에게 이루어진 것이 있다면 오직 예수 그리스도를 믿는 믿음으로 말미암는 하나님의 은혜인 것입니다.

우리는 로마서를 끝맺는 결론 부분에서 사도 바울의 각별한 형제 사랑에 대한 안부를 묻는 사랑을 듣게 되었습니다. 무려 26명에게 사적인 문안을 하나하나 기억하면서 로마서를 마치고 있습니다. 로마에 있는 교회는 바울이 개척한 교회가 아닌데도 평소 그가 알고 교제하고 함께 동역했던 자들을 기억하면서 각별한 애정을 갖고 결론을 맺고 있습니다.

과연 그리스도께서 바울을 택하여 사도직 수행을 통해 세계 복음화의 종으로 은혜를 베푸시는 것입니다. 저 같은 은혜가 부족한 사람에게는 이런 안부를 묻는 사람은 기껏해야 두세 사람뿐입니다.

그래서 바울은 다음과 같이 말하였습니다.

> 내가 나 된 것은 하나님의 은혜로 된 것이니 내게 주신 그의 은혜가 헛되지 아니하여 내가 모든 사도보다 더 많이 수고하였으나 내가 한 것이 아니요 오직 나와 함께하신 하나님의 은혜로라 (고전 15:10).

우리는 로마서 마지막 장이고 서신의 결론 부분인 16장을 구체적으로 보기 전에 먼저 그 개요를 보고자 합니다. 그리고 그 개요에 앞서 로마서 16장의 본문 비평을 간단히 정리하고자 합니다.

다수의 학자가 로마서의 일관성에 대해 동의하지만 어떤 학자들은 로마서 15-16장, 혹은 16장은 나중에 추가된 것이라고 생각합니다. 또 어떤 사람은 로마서 16장은 에베소 교회를 향한 것으로 보기도 합니다.

그러나 고대 사본들 중에 이 로마서 16장이 빠져 있는 것이 있으나 권위 있는 사본들이 이를 수록하고 있어 로마서 16장 추가설은 설득력이 적습니다. 또 16장에 있는 26명 이름의 존재들을 한 번도 방문한 적이 없는 도시의 그리스도인들에게 바울이 편지를 썼다고 하는 의문도 크게 문제 될 수 없습니다.

로마는 그 당시 지중해 세계의 수도였고 로마로 향한 고속도로가 있어 로마로 모이는 것은 어려운 일이 아니었습니다. 또 글라우디아 황제의 추방령으로 유대인들이 로마를 떠났으나(행18:2), 로마서가 기록되기 4, 5년 전에 황제가 죽었으므로 많은 유대인이 로마로 복귀하였고 아굴라 부부도 로마로 돌아갔을 것입니다.

또 로마서 14-15장에 언급되고 있는 "약한 자"와 "강한 자"에 대한 바울의 권면은 바울이 로마 실제 상황에 대해 알고 있었다고 가정할 수 있을 것입니다. 그러므로 로마서 16장에 대한 본문 비평은 근거가 부족하고 로마서 16장은 본래의 끝부분으로 확인할 수 있습니다.

로마서 16장은 1, 2절에서 겐그레아 교회의 일꾼으로 있는 자매 뵈뵈의 추천으로 시작합니다. 3-16절은 바울이 로마 교회에 있는 교인들에 대한 문안입니다. 17-20절은 거짓 스승에 대한 경계입니다. 그때나 지금이나 거짓 선지자들이 교회에서 활동하고 있습니다.

또 21-23절은 바울과 함께 있는 자들의 안부를 전합니다. 그리고 24-27절에서 축도로 끝맺습니다. 특히 26-27절은 신약성경에서 가장 아름다운 송영 중 하나입니다. 하나님의 영광에 대한 엄숙한 찬양으로 로마서는 끝을 맺습니다.

오늘날 바울이 쓴 로마서가 없었다면 우리의 신앙은 어떤 모습을 띄게 되었을까 생각해 볼 때 바울로 하여금 영감을 주어 로마서를 하나님의 진리 말씀으로 기록하게 하신 섭리에 대하여 감사하며 하나님께 영광을 돌립니다.

우리는 바울 같은 사도들과 함께 시작되었고, 현재도 계속되고 있는 이신칭의 신앙 전통 안에 서 있음을 하나님께 무한 감사하고 감사하는 바입니다. 우리 모두는 바울이 로마서에서 기록한 바대로 오직 그리스도, 오직 믿음, 오직 은혜, 오직 성경, 오직 하나님의 영광으로 사는 자들이 되도록 기도하겠습니다.

살아 계신 아버지 하나님!

하나님의 은혜를 감사합니다.

우리로 하여금 지금까지 로마서 16장까지 강해를 인도하여 주심을 감사합니다. 성경의 고등 비평은 매우 잘못된 것이나 우리는 신신학자들의 헛된 주장에 귀를 기울일 이유가 없다고 믿습니다. 우리에게 주어진 신구약 성경 66권은 계시된 영감으로 쓰여진 하나님의 완전 무오한 말씀이라고 믿습니다.

바울이 로마서를 성령의 유기적 영감으로 썼으므로 로마서는 완전한 하나님의 말씀인 것을 굳게 믿습니다. 그러므로 우리가 로마서를 읽으면서 구약의 하박국 선지자와 사도 바울로 이어지고, 현재도 계속되고 있는 이신칭의 신앙 전통에 서 있음을 감사합니다. 이것이 우리가 로마서를 읽고 강해하고 공부하는 이유라고 믿습니다.

오늘도 이 위기의 시대에 우리 모두를 건강하게 붙들어 주시고 오직 그리스도, 오직 믿음, 오직 은혜로 살도록 주님의 능력 있는 두 손으로 우리를 굳게 붙들어 주옵소서.

예수님의 이름으로 기도하옵나이다. 아멘.

롬 16:1-2

- 우리 자매 뵈뵈를 추천하노니.
  로마서의 전달자.
- 뵈뵈에 대한 선한 추천 세 가지.
  담임 목회자의 설교에서 칭찬받는 자로 살라.

> ¹ 내가 겐그레아 교회의 일꾼으로 있는 우리 자매 뵈뵈를 너희에게 추천하노니 ² 너희는 주 안에서 성도들의 합당한 예절로 그를 영접하고 무엇이든지 그에게 소용되는 바를 도와 줄지니 이는 그가 여러 사람과 나의 보호자가 되었음이라

예수님은 그리스도시요 살아 계신 하나님의 아들입니다. 예수님이 하나님의 아들 그리스도라는 증거로 십자가에서 우리 죄를 대신해서 피 흘려 죽으시고, 죽은 자들 가운데서 부활하셨습니다.

이 예수님이 하나님의 아들, 예수님이 그리스도, 예수님이 우리 죄를 대신해서 십자가에서 피 흘려 죽으시고 부활하셨다는 복음으로 우리 인생 모든 문제가 처리되고 해답을 얻습니다. 이 복음은 모든 믿는 자에게 구원을 주시는 하나님의 능력이 됩니다. 이 하나님의 아들 예수 그리스도의 복음, 그리스도 십자가 대속의 피의 복음으로 깊이 뿌리내리기를 기원합니다.

예수님의 신성의 하나님 되심과 십자가 대속의 피의 복음을 마음 중심에 믿고 구원받은 그리스도인은 자신이 섬기는 교회에서 선한 섬김과 봉사로 교회의 머리 되신 예수 그리스도를 영화롭게 하고 담임 목회자의 설교에서 칭찬받는 자로 사는 것이 합당합니다. 그 목사님의 설교가 설교집으로 나온다면 그 설교집이 읽혀지는 곳마다 독자들은 그를 기억할 것입니다.

설혹 일과성으로 지나가는 설교라 할지라도 교회의 머리 되신 그리스도께서는 기억하실 것이기 때문에 자신의 봉사와 사랑과 섬김을 과시할 이유가 없습니다. 예수 그리스도와 그리스도 교회를 위한 순수하고 헌신된 섬김과 봉사는 우리가 그리스도 심판대(하나님의 심판대) 앞에 설 때에 상급으로 기억될 것입니다.

우리는 로마 교인에 대한 바울의 문안 편지에서 바울이 칭찬받는 한 여집사의 추천을 읽습니다.

본문 로마서 16장 1-2절을 보면 "¹ 내가 겐그레아 교회의 일꾼으로 있는 우리 자매 뵈뵈를 너희에게 추천하노니 ² 너희는 주 안에서 성도들의 합당한 예절로 그를 영접하고 무엇이든지 그에게 소용되는 바를 도와 줄지니 이는 그가 여러 사람과 나의 보호자가 되었음이라"라고 하였습니다.

여기서 뵈뵈는 바울이 쓴 로마서의 전달자로 보입니다. 뵈뵈는 높은 신분과 재산이 많은 여인으로서 당시 로마에 간 것은 어떤 볼일이 있었기 때문으로 보입니다. 상업 혹은 소송 업무였을 것으로도 추측합니다.

뵈뵈는 로마가 초행길이었고 그래서 바울은 뵈뵈를 그곳의 그리스도인 친구들에게 부탁하는 것입니다. 바울은 뵈뵈를 매우 좋은 사람으로 추천합니다.

첫째, 바울은 "우리 자매 뵈뵈"로 소개합니다. 이것은 혈연이 아니라 은혜로 맺어진 관계입니다. 인척이나 동족이 아니라 순전히 기독교라는 종교 안에서 맺어진 것입니다.

예수님을 그리스도로 믿는 믿음 안에서 그의 자매인 뵈뵈는 순수하고 고결한 그리고 영적인 사랑으로 바울을 사랑했고 또 자매로서 바울의 사랑을 받았습니다.

왜냐하면, 그리스도 예수 안에서는 남자나 여자가 차별 없이 하나이기 때문입니다(갈 3:28). 예수 그리스도와 그의 사도들도 경건한 (그래서 존경할 만한) 여인들을 최고의 친구 가운데 하나로 두고 있었습니다.

둘째, 바울은 뵈뵈를 "겐그레아 교회의 일꾼"으로 소개합니다. 여기서 "일꾼"은 직책상으로 말씀을 전파하는 직책이 아니라 자신과 접대 활동을 위해 봉사하도록 지정된 용어입니다. 오늘날 "집사"로 번역할 수 있는 말입니다.

겐그레아는 고린도 인근의 작은 항구 도시입니다. 일찍이 바울의 선교에 의해(행 18:18) 복음을 받았고 교회가 설립된 것입니다. 뵈뵈는 겐그레아를 떠나 고린도에서 로마서를 받아 가지고 로마로 향한 것으로 보입니다.

셋째, 바울은 뵈뵈를 "여러 사람과 나의 보호자"로 소개합니다. 뵈뵈는 궁핍과 불행에 빠져 있는 여러 사람을 구제했습니다. 이것은 능력이 있는 여성들에게 좋은 귀감이 될 것입니다.

뵈뵈는 온정을 필요로 하는 사람들에게 온정을 베풀어 그들의 보호자로 인정받았습니다. 그녀의 자선은 그 영역이 무척 넓어서 여러 사람들의 보호자가 되어 주었습니다. 바울에게도 특별한 온정을 베풀어 그가 그녀에 대해 감사하고 있음을 우리는 보는 것입니다.

후의에 감사하는 것은 우리가 할 수 있는 최소한의 보답입니다. 바울이 뵈뵈에 관한 내용을 편지에 쓴 것은 그녀로서는 큰 영예였습니다. 왜냐하면, 이 로마서 편지가 읽혀지는 곳마다 사람들은 그녀의 바울과 교회에 대한 사랑을 기념비처럼 말할 것이기 때문입니다.

그래서 바울은 뵈뵈의 보살핌과 사랑을 칭찬하면서 그것을 특별히 존대할 가치가 있는 것으로 말하고 있습니다.

즉, "주 안에서 성도들의 합당한 예절로 그를 영접하고 무엇이든지 그에게 소용되는 바를 도와 줄지니"라고 한 것입니다.

그리스도인들은 각자의 일에 있어서 서로 간에 돕는 것이 마땅합니다. 바울은 남을 많이 도와 준 그 사람을 도와주라고 말하였습니다. 물을 뿌리는 자는 또한 물 뿌림을 받게 될 것입니다.

우리 모두 자신이 섬기는 교회를 섬기는 데 최선을 다할 것입니다. 그렇게 함으로써 예수 그리스도를 섬기는 것이 되고, 다른 날 그것은 우리를 크게 높여 줄 것입니다. 오직 그리스도, 오직 믿음, 오직 예수보혈 신앙으로 성령의 충만을 받아 하나님 사랑과 이웃 사랑의 전도자로 살고 사심 없이 그리스도 교회를 섬기도록 기도하겠습니다.

살아 계신 아버지 하나님!

하나님의 은혜를 감사합니다.

우리는 하나님께서 우리에게 주신 모든 은사대로 하나님께서 피 주고 사신 교회를 최선을 다해 섬기는 것이 합당하다고 믿습니다. 우리의 생명도 우리가 가진 모든 은사도 모두 하나님께로부터 온 것이니 하나님께로부터 온 것을 하나님께로 돌려 보내 드리는 것이 당연하다고 믿습니다.

우리에게 더 큰 믿음을 주셔서 인색함으로나 억지로 하지 않게 하시고 기쁘고 자원하는 마음으로 섬기고 봉사하고 사랑하게 도와주옵소서. 우리는 세상에 나가서는 고결한 인격으로서 복음의 빛을 나타낼 뿐만 아니라 그리스도 교회 안에서는 몸 된 그리스도 교회의 한 지체로서 교회의 필요대로 헌신할 수 있기를 기도합니다. 그리하여 먼 훗날 우리의 헌신의 열매가 자신에게도 임하게 할 뿐 아니라 예수 그리스도께 인정받는 날이 오리라고 믿습니다.

오늘도 이를 위해 우리 모두를 건강하게 붙들어 주시고 가정과 직장을 평안하게 해 주시어 주를 위해 주어진 곳에서 헌신하게 해 주옵소서. 예수님의 이름으로 기도하옵나이다. 아멘.

롬 16:3-16

- 로마 교인들 26명에 대한 문안.
  성도의 교제라는 교회의 본질을 나타냄(로마 교회의 다양성과 연합).
- 십자가 피의 복음은 위로 하나님과의 교제와 그 교제에 입각한 성도 간 교제를 갖게 한다.

³ 너희는 그리스도 예수 안에서 나의 동역자들인 브리스가와 아굴라에게 문안하라 ⁴ 그들은 내 목숨을 위하여 자기들의 목까지도 내놓았나니 나뿐 아니라 이방인의 모든 교회도 그들에게 감사하느니라 ⁵ 또 저의 집에 있는 교회에도 문안하라 내가 사랑하는 에배네도에게 문안하라 그는 아시아에서 그리스도께 처음 맺은 열매니라 ⁶ 너희를 위하여 많이 수고한 마리아에게 문안하라 ⁷ 내 친척이요 나와 함께 갇혔던 안드로니고와 유니아에게 문안하라 그들은 사도들에게 존중히 여겨지고 또한, 나보다 먼저 그리스도 안에 있는 자라 ⁸ 또 주 안에서 내 사랑하는 암블리아에게 문안하라 ⁹ 그리스도 안에서 우리의 동역자인 우르바노와 나의 사랑하는 스다구에게 문안하라 ¹⁰ 그리스도 안에서 인정함을 받은 아벨레에게 문안하라 아리스도불로의 권속에게 문안하라 ¹¹ 내 친척 헤로디온에게 문안하라 나깃수의 가족 중 주 안에 있는 자들에게 문안하라 ¹² 주 안에서 수고한 드루배나와 드루보사에게 문안하라 주 안에서 많이 수고하고 사랑하는 버시에게 문안하라 ¹³ 주 안에서 택하심을 입은 루포와 그의 어머니에게 문안하라 그의 어머니는 곧 내 어머니니라 ¹⁴ 아순그리도와 블레곤과 허메와 바드로바와 허마와

> 및 그들과 함께 있는 형제들에게 문안하라 ¹⁵ 빌롤로고와 율리아와 또 네레오와 그의 자매와 올름바와 그들과 함께 있는 모든 성도에게 문안하라 ¹⁶ 너희가 거룩하게 입맞춤으로 서로 문안하라 그리스도의 모든 교회가 다 너희에게 문안하느니라

예수님은 그리스도시요 살아 계신 하나님의 아들입니다. 예수님이 하나님의 아들 그리스도라는 증거로 십자가에서 우리 죄를 대신해서 피 흘려 죽으시고, 죽은 자들 가운데서 부활하셨습니다.

이 예수님이 하나님의 아들, 예수님이 그리스도, 예수님이 우리 죄를 대신해서 십자가에서 피 흘려 죽으시고 부활하셨다는 복음으로 우리 인생 모든 문제가 처리되고 해답을 얻습니다. 이 복음은 모든 믿는 자에게 구원을 주시는 하나님의 능력이 됩니다. 이 하나님의 아들 예수 그리스도의 복음, 그리스도 십자가 대속의 피의 복음으로 깊이 뿌리내리기를 기원합니다.

예수님의 신성의 하나님 되심과 십자가 대속의 피의 복음을 마음 중심에 믿고 중생한 자들의 공동체가 곧 그리스도의 교회이며 이 교회 외에는 구원이 없습니다. 그것은 그리스도 교회가 예수 그리스도의 영적인 몸이기 때문입니다. 그래서 예수 그리스도가 머리가 된 교회에서는 모든 성도의 내면적 또는 영적 교통이 교회의 본질이 됩니다.

이것이 우리가 믿는 기독교 교회의 본질입니다. 그래서 예수 그리스도를 머리로 하고 그 나머지 몸은 다 같이 그리스도의 몸의 한 지체로서 서로 긴밀히 연락하고 돕고 사랑하고 섬기는 것입니다. 다시 말하면, 비록 사도 베드로나 사도 바울 같은 사람들도 똑같이 우리와 같은 형제로서 영적 교통을 갖습니다.

그런데 로마가톨릭은 우리 기독교와 교회 본질이 현저하게 다릅니다. 그들은 교회 본질을 우리 기독교처럼 내적이며 영적인 교통에서 찾지 않고 외부 또는 유형적 조직체로서의 교회에서 찾기 때문입니다.

쉽게 말하면 가톨릭교회 신자들과 신부나 주교, 대주교, 교황 등의 지위는 다릅니다. 가톨릭교회를 구성하는 것은 신자들의 전 단체가 아니라 주교, 대주교, 교황 등의 보다 높은 교권자들의 단체인 것입니다.

그들은 "교훈하는 교회"로서의 이 단체와 "교훈을 받는" 혹은 "설교를 듣는 교회"로서의 신자들의 공동체를 구별 짓고 있습니다.

전자는 성결, 보편성 등 영광스러운 속성들을 가지나 신자들의 단체는 간접적으로만 그것들을 소유할 뿐입니다.

16세기 종교개혁은 이러한 교회에 관한 외부적인 개념에 반대하고 성도들의 내면적 또는 영적 교통에서부터 교회의 본질을 찾았습니다. 이것이 바른 교회의 본질입니다.

우리는 오늘 본문에서 간단히 이 진리를 찾아 볼 수 있습니다. 대사도 바울은 로마 교인들 26명에 대한 간절한 문안을 함으로서 성도의 교제라는 교회의 본질을 잘 드러내고 있는 것입니다.

오늘 본문 로마서 16장 3절을 보면 "너희는 그리스도 예수 안에서 나의 동역자들인 브리스가와 아굴라에게 문안하라"라고 합니다. 대사도 바울이나 브리스가와 아굴라와 같은 신자들도 복음의 동역자로서 차이가 없습니다.

이렇게 바울은 그리스도 안에서 한 형제자매로서 로마 교인 26명에 대한 문안 인사를 하고 16절에서는 이렇게 마치고 있습니다.

로마서 16장 16절을 보면 "너희가 거룩하게 입맞춤으로 서로 문안하라 그리스도의 모든 교회가 너희에게 문안하느니라"라고 하였습니다.

이런 문안은 당시 일반의 편지에도 있던 일상적인 것이었으나, 바울 서신과 신약성경에 나타나는 문안에는 그 이상의 뜻이 있었습니다. 그것은 성도의 교제를 말하며, 그러므로 교회의 본질을 말하기 때문입니다.

교회란 십자가에 못 박히신 예수 그리스도로 말미암아 위로 하나님과 신령한 교제를 가지는 곳이며, 그 교제에 입각하여 구원받은 성도끼리 신령한 교제를 또한 가지는 곳입니다. 이 두 가지 교제 중 어느 것이 결하든 교회는 될 수 없으며 이 두 가지가 건전하게 결합한 것이 그리스도 십자가의 도인 것입니다.

우리 모두 참되게 예수님의 신성의 하나님 되심과 십자가 대속의 피의 복음을 믿고 그리스도 안에서 하나가 되어 오직 그리스도, 오직 믿음, 오직 예수 보혈 신앙으로 성도들 간에 신령한 영적 교제를 나누며 사는 교회가 되도록 기도하겠습니다. 서로 사랑하도록 기도하겠습니다.

살아 계신 아버지 하나님!

하나님의 은혜를 감사합니다.

억만죄악의 우리들을 하나님의 아들 예수 그리스도를 보내셔서 십자가 대속의 죽음으로 죄 사함을 얻게 하시고 우리를 불러 하나님의 아들 예수 그리스도로 더불어 교제하게 하신 하나님 아버지께 영광을 돌려드립니다. 우리는 유대인이나 이방인이나 종이나 자유인이나 남자나 여자나 다 그리스도 예수 안에서 하나임을 믿습니다. 그러므로 우리 모두는 그리스도 안에서 서로 교제를 나누며 사랑하고 돕고 섬겨야 한다고 믿습니다.

사도 바울은 이에 대한 좋은 모본으로 로마 교인 26명에게 각각 개별적으로 애정을 갖고 문안 인사를 한 것을 우리는 읽고 들었습니다. 우리도 참되게 그리스도 십자가 대속의 피의 복음을 마음 중심에 믿어 그 십자가 피의 사랑으로 형제자매를 사랑하고 관심을 갖고 기도하는 자들이 되도록 우리를 붙들어 주옵소서.

오늘도 우리 모두를 건강하게 해 주시고 건전하게 하여 주시어 세계 복음화의 현장에서 하나님 나라 백성답게 살아가도록 은혜를 베풀어 주옵소서.

예수님의 이름으로 기도하옵나이다. 아멘.

514

롬 16:3-4

- 나의 동역자들인 브리스가와 아굴라에게 문안하라.
  바울 전도 사역에 관여한 최선의 부부.
- 부인 부리스가가 더 탁월한 영향력 발휘.
  부부가 한마음으로 그리스도를 섬기라.

> ³ 너희는 그리스도 예수 안에서 나의 동역자들인 브리스가와 아굴라에게 문안하라 ⁴ 그들은 내 목숨을 위하여 자기들의 목까지도 내놓았나니 나뿐 아니라 이방인의 모든 교회도 그들에게 감사하느니라

예수님은 그리스도시요 살아 계신 하나님의 아들입니다. 예수님이 하나님의 아들 그리스도라는 증거로 십자가에서 우리 죄를 대신해서 피 흘려 죽으시고, 죽은 자들 가운데서 부활하셨습니다.

이 예수님이 하나님의 아들, 예수님이 그리스도, 예수님이 우리 죄를 대신해서 십자가에서 피 흘려 죽으시고 부활하셨다는 복음으로 우리 인생 모든 문제가 처리되고 해답을 얻습니다. 이 복음은 모든 믿는 자에게 구원을 주시는 하나님의 능력이 됩니다. 이 하나님의 아들 예수 그리스도의 복음, 그리스도 십자가 대속의 피의 복음으로 깊이 뿌리내리기를 기원합니다.

예수님의 신성의 하나님 되심과 십자가 대속의 피의 복음을 마음 중심에 믿고 중생하여 구원받은 그리스도인은 그의 전 인생관과 세계관

이 달라지고 따라서 그의 삶의 목적과 방향이 예수 그리스도와 그 복음화에 맞추어 살게 됩니다. 이것은 한순간 바뀌어질 수도 있으나 예수 그리스도와 십자가 대속의 피의 복음 진리를 깊이 알아 가면서 점진적으로 변화될 수 있습니다.

오늘날 그리스도 교회 형편을 보면 예수님을 하나님의 아들로 참되게 믿지 못한 세속주의자들이 많아서 예수 그리스도와 복음 전도 중심의 그리스도인은 찾아보기 쉽지 않은 형편입니다. 하나님의 은혜가 오늘의 교회에 충만히 부어져서 실로 영혼 구원의 역사가 많이 나타나기를 간절히 기도합니다.

그러나 초대 교회의 상황은 오늘의 시대와는 크게 달랐습니다. 하나님은 그의 섭리를 따라 사도 바울 같은 능력 있는 세계 복음화의 전도자를 세우시고, 또 바울을 돕는 많은 동역자를 붙여 주셔서 세계 복음의 역사를 수행해 나가게 하셨습니다.

오늘 우리는 바울의 생애와 전도 사업에 관여한 사람들 중에서 최선의 가정 이야기를 듣게 되었습니다. 그들은 '브리스가와 아굴라' 부부입니다.

본문 로마서 16장 3-4절을 보면 "³ 너희는 그리스도 예수 안에서 나의 동역자들인 브리스가와 아굴라에게 문안하라 ⁴ 그들은 내 목숨을 위하여 자기들의 목까지도 내놓았나니 나뿐 아니라 이방인의 모든 교회도 그들에게 감사하느니라"라고 하였습니다.

브리스가와 아굴라 부부는 본도에서 난 유대인으로 로마에 거주하면서 이런 로마식 이름을 가지게 되었습니다. 그들은 글라우디오 로마 황제(41-54년)의 추방령으로 로마를 떠나 고린도에 와서 바울을 만나 복음을 듣게 되고(행 18:1-2), 이후 바울의 충실한 복음 동역자가 되었습니다.

그들은 바울과 함께 천막을 만드는 일을 평일에는 하고, 안식일에는 바울을 도와 복음 전도에 힘썼습니다. 바울이 고린도를 떠날 때, 그들도 동행하여 에베소에 왔고(행 18:18, 26), 고린도전서가 기록될 때에도 그대로 에베소에 있었습니다(고전 16:19).

그런데 로마서는 대체로 고린도전서보다 약 1년 후에 기록된 것이므로, 그 사이에 아굴라 부부는 에베소를 떠나 그들이 본래 거했던 로마로 간 것입니다. 그것은 글라우디오 황제의 죽음으로 유대인에 대한 박해가 풀리고 사방에 흩어진 유대인들이 다시 로마에 몰려올 때 로마에 거처를 두었던 아굴라 부부도 돌아간 것입니다.

바울은 브리스가와 아굴라 부부를 "나의 동역자들"이라고 부르며 그들에게 문안하였습니다. 그들은 바울이 공적으로 선포한 십자가 진리 말씀을 개인적으로 가르치고 풀어 설명해 줌으로써 바울의 전도 사역이 성공하도록 돕는 역할을 했습니다.

그 한 예로 아볼로가 그들 부부의 가르침을 받은 것이 사도행전에 기록되어 있습니다(행 18:26). 그들은 온 가족이 하나가 되어 신실한 사역자들을 돕고, 이웃들 사이에서 영혼을 구원하는 일에 최선을 다한 자들이었습니다.

그뿐만 아니라 그들은 바울을 위해서라면 무슨 일이라도 했던 사람들이었습니다. 본문 4절을 보면 "그들은 내 목숨을 위하여 자기들의 목까지도 내놓았나니 나뿐 아니라 이방인의 모든 교회도 그들에게 감사하느니라"라고 하였습니다.

즉, 그들은 이방인의 사도인 바울의 목숨을 구해 주었기 때문에 그를 통해 구원받은 모든 사람도 그에게 신세를 지고 있다는 것입니다. 바울이 이것을 언급하는 이유는 로마 교인들로 하여금 브리스가와 아굴라에게 더 큰 친절을 베풀도록 이끌기 위해서였습니다.

특히, 본문에서 두 부부를 언급할 때 남편 아굴라의 이름보다 아내 브리스가의 이름을 앞세우고 있음이 주목됩니다. 브리스가는 "브리스길라"라고도 불리는데, 이들 부부의 이름이 성경에서 여섯 번 거론되는데 그중에 네 번이나 브리스가 이름이 먼저 거론됩니다.

이는 브리스가가 더 큰 사회적 지위가 있었든지 더 큰 사역을 하고 있음을 보여 준다고 봅니다. 어떻든 하나님의 은혜로 두 부부가 세계 복음화 사역에 헌신하였습니다.

우리 모두 이런 브리스가와 아굴라 부부 같은 한마음이 되어 예수 그리스도와 세계 복음화 사역에 헌신하는 은혜가 주어졌으면 합니다. 우리 예수님은 우리에게 줄 상이 있어 각 사람에게 그가 행한 대로 갚아 주리라 약속하셨습니다(계22:12). 오직 그리스도, 오직 믿음, 오직 예수 보혈 신앙으로 성령 충만 받아 한마음과 한뜻으로 예수 그리스도와 그리스도의 복음을 위해 살도록 기도하겠습니다.

살아 계신 아버지 하나님!

하나님의 은혜를 감사합니다.

우리로 하여금 예수님을 하나님의 아들로 참되게 믿고 예수 그리스도를 영접하여 예수 그리스도와 그리스도 복음의 위대한 가치를 깊이 깨닫는 자들이 되기를 간절히 기도합니다. 그리하여 우리가 우리 삶의 목적을 예수 그리스도와 복음 전도에 맞추어 사는 자들이 되어야 하리라고 믿습니다. 물론 우리는 우리가 가진 직업을 그대로 가지면서도 그 현장에서 오는 세상의 전도자로 증거하며 살고 하나님 사랑과 이웃 사랑의 열매를 맺으며 살아야 한다고 믿습니다.

그리고 그리스도 교회에서는 맡겨진 사명에 헌신하되 목회자와 함께 복음화의 비전을 공유하며 자신이 받은 은사대로 교회를 잘 섬기는 자들이 되기를 기도합니다. 특별히 이런 일은 여집사들의 헌신으로 이루어진다는 현실을 볼 때 하나님의 은혜로 부부 모두가 예수 그리스도 십자가 대속의 피의 복음으로 답을 얻고 사는 자들이 되도록 **우리** 교회의 부부들을 붙들어 주옵소서.

예수님의 이름으로 기도하옵나이다. 아멘.

롬 16:5

- 저의 집에 있는 교회에도 문안하라.
  초대 교회는 지도적 신자의 집에서 모인 가정 교회.
- 오늘날 가정 교회의 모델 중국의 가정 교회는 정부 핍박 위에 십자가 신앙 유지.
  십자가 대속의 피의 복음 위에 교회를 세우고 예수 그리스도와 십자가 대속의 피의 복음을 선포하라.

> 5 또 저의 집에 있는 교회에도 문안하라 내가 사랑하는 에배네도에게 문안하라 그는 아시아에서 그리스도께 처음 맺은 열매니라

예수님은 그리스도시요 살아 계신 하나님의 아들입니다. 예수님이 하나님의 아들 그리스도라는 증거로 십자가에서 우리 죄를 대신해서 피 흘려 죽으시고, 죽은 자들 가운데서 부활하셨습니다.

이 예수님이 하나님의 아들, 예수님이 그리스도, 예수님이 우리 죄를 대신해서 십자가에서 피 흘려 죽으시고 부활하셨다는 복음으로 우리 인생 모든 문제가 처리되고 해답을 얻습니다. 이 복음은 모든 믿는 자에게 구원을 주시는 하나님의 능력이 됩니다. 이 하나님의 아들 예수 그리스도의 복음, 그리스도 십자가 대속의 피의 복음으로 깊이 뿌리내리기를 기원합니다.

예수님의 신성의 하나님 되심과 십자가 대속의 피의 복음을 마음 중심에 믿고 중생하여 구원받은 그리스도인은 예수 그리스도와 그리스도 십자가를 사랑하고 자랑합니다. 그리고 여건이 허락하면 자신의 가정을 개방하여 성도들을 모아 예배하는 처소가 되게 하기도 합니다.

오늘날 기독교가 공인된 대부분의 나라에 있어서는 성도들의 수가 많아서 특정 건물을 중심으로 교회가 이루어졌습니다. 그래서 가정에서 모여 예배 드리는 처소로서 '가정 교회'는 많지 않습니다. 다만 교회 형편상 가족 중심으로 모여 드리는 가정 교회는 다수가 있을 것으로 예상됩니다.

그러나 특정 건물 속에 모인 교회나 한 가정의 집에서 모인 가정 교회나 모두 교회의 본질을 갖추었다면 모두 그리스도께서 인정하는 교회입니다. 교회란 하나님을 아버지라고 부르며 예수 그리스도를 맏형으로 모신 하나님의 집이기 때문입니다(딤전3:15).

가정 교회는 초대 교회에 있어서는 자연스러운 것이었으나, 당시 가정 교회는 거기에 교회의 본질과 이상이 간직되어 있었습니다. 유대인의 회당들이 그들의 형식주의를 상징하였다면 가정 교회는 중심에 예수 그리스도와 십자가 대속의 피의 복음 신앙을 고조하는 기독교의 본의를 말해 주는 것이었습니다.

오늘날 가정 교회 하면 가장 유명한 화두가 중국의 가정 교회입니다. 중국은 기독교가 어용화의 길을 걷거나 핍박을 받거나 하는 두 개의 정책을 취하기 때문에 참된 십자가 대속의 피의 복음을 믿고 증거하는 자들은 중국 정부가 인정하는 삼자 교회를 떠나 '가정 교회'를 이루어 그리스도인의 신앙을 유지하고 있습니다.

전해진 바로는 중국의 가정 교회는 수만 개가 되는 것으로 추정됩니다. 최근(2021. 3)에 출간된, 중국 가정 교회 지도자 왕이 목사가 쓴 『십자가를 짊어지고』(서로북스)를 보면 중국 가정 교회의 실상이 잘 적혀 있습니다.

그에 의하면 중국에는 두 개의 기독교가 있다고 합니다. 하나는 근본주의적 기독교이고, 다른 하나는 자유주의적 기독교라고 합니다. 전자는 '가정 교회'이고, 후자는 '삼자 교회'라고 합니다.

중국의 가정 교회는 주로 평신도 복음 운동으로 시작되었고 정부의 극심한 핍박 속에 존재하고 있습니다. 탄압을 받지 않는 삼자 교회는 자유주의 교회이고 가정 교회 안에는 자유주의가 없다고 합니다.

그래서 가정 교회는 중국 공산당으로부터 핍박을 받아 오고 있습니다. 그런데 역설적으로 가정 교회는 이로 인하여 순수한 십자가 대속의 피의 복음을 유지하게 되었습니다. 그러므로 왕이 목사는 "우리는 주님께서 이런 핍박을 통해서 교회를 단련시키시고 심지어 반이 나가 떨어져도 좋다고 간구한다. 주님께서 원하시면 십자가의 근본적 복음을 지키지 않는 교회는 부서지기를 원한다"라고 말하였습니다.

이렇게 가정 교회는 초대 교회 시절이나 오늘의 핍박의 시대에도 교회의 본질과 이상을 간직하고 있습니다.

오늘 우리는 교회 발전사에 있어서 자연스러운 과정인 가정 교회에 관해서 고찰하고자 합니다.

본문 로마서 16장 5절을 보면 "또 저의 집에 있는 교회에도 문안하라"라고 하였습니다.

여기서 "저의 집에 있는 교회"라는 로마에 있는 바울의 동역자 브리스가와 아굴라 집에 있는 교회입니다. 초대 교회는 지도적 신자의 집에서 모인 가정 교회였습니다.

오순절 교회가 마가의 다락방에서 탄생한 것을 위시하여(행 1:13), 예루살렘의 마가의 집(행 12:12), 빌립보의 루디아의 집(행 16:40), 골로새의 빌레몬의 집(몬 2), 라오디게아의 눔바의 집(골4:15), 그리고 지금 로마서를 쓰고 있는 고린도의 가이오의 집(롬 16:23) 등이 그것입니다.

이것은 그리스도 교회가 유대교와 분리하면서 회당에서 모이지 못한 자연스러운 결과이기도 하였습니다. 적어도 3세기에 이르기까지는 별개의 교회당을 건립한 흔적은 없고 이런 가정 교회들을 향하여 "고린도에 있는 교회", "빌립보에 있는 교회" 등으로 불렀던 것입니다.

이와 같이 초대 교회 당시에는 집에 있는 교회가 자연스러운 것이었습니다. 어느 때에나 교회는 가정적인 자연스럽고, 친밀하고, 불가분리적인 분위기 속에서 육성되고 유지되어야 할 것입니다.

우리 모두 우리의 집을 삼위 하나님을 믿고 경배하고 순종하는 가정으로 만들도록 힘써야겠습니다. 여기에는 그 가정의 현숙한 부인의 뛰어난 신앙과 헌신, 그리고 희생이 따라야 합니다.

오직 그리스도, 오직 믿음, 오직 예수 보혈 신앙으로 성령 충만 받아 하나님 사랑과 이웃 사랑의 증인으로 살고 자신의 집을 개방하는 능력 있는 가정이 되도록 기도하겠습니다.

살아 계신 아버지 하나님!

하나님의 은혜를 감사합니다.

우리가 세상에서 고독하게 던져진 위기의 인간이 아니라 예수님을 하나님의 아들로 믿고 하나님의 자녀가 되어 그리스도 안에서 한 가족으로 부름 받은 것을 감사합니다.

우리는 이제 하나님을 우리의 아버지로 부르며 예수 그리스도를 머리로 하여 한 지체가 되어 마치 한 가정의 식구처럼 친밀하고 사랑하고 불가분리적인 분위기 속에서 그리스도 교회의 일원이 되었다고 믿습니다. 그러므로 웅장한 건물이나 전자 음악 속에서 이루어지는 교회만을 최상의 것으로 생각하지 않고 가정적인 자연스럽고 친밀하고 성령 안에서 하나가 되는 분위기 속에서 마치 초대 교회의 가정 교회처럼 육성되고 유지되어야 하리라고 믿습니다.

오늘 본문의 브리스가와 아굴라의 집에 있는 교회는 의심할 것 없이 그 가정의 현숙한 아내였던 브리스가의 뛰어나고 탁월한 영향력하에 운영되었으리라고 믿습니다. 오늘의 위기 시대에 그리스도 교회는 특정한 건물 위주의 교회도 중요하지만 경제 및 제반 여건의 어려움으로 인한 가정 교회가 차지할 영역이 있다고 믿습니다.

다만 중요한 것은 예수님을 하나님의 아들로 믿고 십자가 대속의 피의 복음이 기초가 되어 날마다 그 십자가 보혈이 성도들의 심령을 구원하고 치료하고 새롭게 하여 진정한 영적 예배가 이루어지는 교회가 되기를 간절히 기도합니다.

어려운 시대에 한국의 6만여 교회를 주님의 능력 있는 두 손으로 굳게 붙들어 주옵소서. 날마다 십자가 대속의 피의 복음이 강단에서 선포되게 하여 주옵소서.

예수님의 이름으로 기도하옵나이다. 아멘.

516

롬 16:5, 8, 9

- 내가 사랑하는 에베네도, 암블리아, 스다구에게 문안하라.
  하나님에게서 받은 그 사랑으로 사랑을 표현하라.
- 주 안에서 사랑을 말하라.
  거듭난 그리스도인이 되어 이웃 사랑의 마음을 가지라.

⁵ 또 저의 집에 있는 교회에도 문안하라 내가 사랑하는 에배네도에게 문안하라 그는 아시아에서 그리스도께 처음 맺은 열매니라 ⁸ 또 주 안에서 내 사랑하는 암블리아에게 문안하라 ⁹ 그리스도 안에서 우리의 동역자인 우르바노와 나의 사랑하는 스다구에게 문안하라

예수님은 그리스도시요 살아 계신 하나님의 아들입니다. 예수님이 하나님의 아들 그리스도라는 증거로 십자가에서 우리 죄를 대신해서 피 흘려 죽으시고, 죽은 자들 가운데서 부활하셨습니다.

이 예수님이 하나님의 아들, 예수님이 그리스도, 예수님이 우리 죄를 대신해서 십자가에서 피 흘려 죽으시고 부활하셨다는 복음으로 우리 인생 모든 문제가 처리되고 해답을 얻습니다. 이 복음은 모든 믿는 자에게 구원을 주시는 하나님의 능력이 됩니다. 이 하나님의 아들 예수 그리스도의 복음, 그리스도 십자가 대속의 피의 복음으로 깊이 뿌리내리기를 기원합니다.

예수님의 신성의 하나님 되심과 십자가 대속의 피의 복음을 마음 중심에 믿고 중생하여 구원받은 그리스도인은 자신의 억만죄악을 사함 받은 하나님의 사랑, 곧 그리스도 십자가 대속의 피의 사랑이 구원받은 사람의 인격 속에 새겨지는 자가 됩니다. 이 기독교의 하나님의 사랑, 십자가 대속의 피의 사랑은 세상 종교가 가르치는 자비나 인과 같은 덕행들과는 그 성격이 전혀 다릅니다.

이 기독교가 말하는 사랑은 예수님을 십자가에 못 박히신 그리스도로 믿고 받은 성령으로 말미암아 우리에게 주어진 사랑으로 그것은 인본주의 사랑이 아니고 신본주의 사랑입니다. 이 사랑은 하나님에게서 유래되었습니다.

하나님은 사랑의 근본으로서 그가 독생자를 보내셔서 죄악된 인간들을 구속하심으로써 이 사랑이 나타났습니다. 인간은 예수님을 하나님의 아들로 믿고 이 사랑을 받는 동시에 이 사랑을 소유하게 됩니다.

이 하나님께로부터 온 사랑은 하나님 자신처럼 독립적이고 영원하고 불변적입니다. 그래서 성경은 이 하나님의 사랑을 인격시(人格視)하고 있습니다. 이 사랑이 하나님 안에 근본을 가지고 나타나서 피조물에게서 다시 하나님께로 돌아갑니다.

그래서 우리가 예수님을 하나님의 아들로 믿어 십자가 대속의 피의 사랑을 받아 소유하며 살 때에 그 하나님의 사랑으로 형제를 사랑하면 하나님은 영광을 받으시고 그 하나님의 사랑은 다시 하나님께로 돌아가는 것입니다.

그래서 예수님은 다음과 같이 말씀하셨습니다.

> 새 계명을 너희에게 주노니 서로 사랑하라 내가 너희를 사랑한 것 같이 너희도 서로 사랑하라 너희가 서로 사랑하면 이로써 모든 사람이 너희가 내 제자인줄 알리라(요 13:34-35).

그러므로 여러분이 진실로 예수님을 신성의 하나님의 아들로 믿고 십자가 대속의 죽음에 대한 하나님의 사랑을 마음 중심에 받은 자라면 여러분의 거듭난 인격 속에 하나님 사랑, 십자가 대속의 피의 사랑이 새겨지게 되어 있습니다.

이렇게 그리스도 사랑의 법이 마음속에 있다면 친절의 법은 그 혀에 있을 것입니다. 그리스도인들은 사랑을 표현하고 사랑을 보여 주기 위해서는 말을 잘 사용해야 합니다.

우리는 이에 대한 좋은 예를 오늘 본문에서 바울의 로마 교인들에 대한 문안에서 쉽게 찾을 수 있습니다. 오늘 본문은 에베네도, 암블리아, 스다구 세 사람에 대한 사랑의 표현입니다.

로마서 16장 5절을 보면 "내가 사랑하는 에배네도에게 문안하라"라고 하며, 16장 8절에서는 "주 안에서 내 사랑하는 암블리아에게 문안하라"라고 하며, 16장 9절에서는 "나의 사랑하는 스다구에게 문안하라"라고 하였습니다.

바울은 에베네도를 "내가 사랑하는 에베네도"라고 부릅니다. 사랑의 법이 마음속에 있다면 친절의 법은 그 혀에 있을 것입니다. 그리스도인들은 사랑을 표현하고 사랑을 보여 주기 위해서는 말을 잘 사용해야 합니다.

그래서 바울은 암블리아를 부를 때에도 그리스도로 말미암은 참사랑을 갖고 "주 안에서 내 사랑하는 암블리아"라고 부릅니다. 또 스다구에 대해서도 "나의 사랑하는 스다구"라고 부릅니다.

이런 바울의 문안의 표현을 볼 때, 그는 예수 그리스도를 믿고 받은 성령으로 말미암아 하나님의 사랑이 그 마음속에 충만히 부은바 된 자였습니다. 그래서 바울은 이런 이웃을 향한 사랑을 기꺼이 말로서 표현하고 있는 것입니다.

인간의 본성은 이웃을 향한 사랑을 갖고 있지 않습니다. 우리의 천성은 이기적이고 증오에 찼으며 피차 미워하도록 태어났습니다(딛3:3). 우리 마음이 성령으로 변화될 때까지 우리는 결코 이웃을 바로 사랑할 수 없습니다.

우리는 다시 태어나야 합니다. 옛사람을 벗어 버리고 새사람을 입어야 하며 예수 그리스도의 마음을 품어야 합니다. 그때 냉담한 우리 마음이 만인을 향한 하나님의 사랑을 알게 될 것입니다. 바울은 다른 성경, 갈라디아서에서 "오직 성령의 열매는 사랑이라"(갈 5:22)라고 하였습니다.

세상 사람들은 사랑을 찬양하고 사랑이 커지기를 바라지만 그 사랑을 산출할 수 있는 기독교의 십자가 진리는 증오합니다. 뿌리 없이는 열매도 꽃도 가질 수 없습니다. 예수님의 신성의 하나님 되심과 십자가 대속의 피의 복음을 믿는 신앙이 없이는 하나님과 인간을 향한 진정한 사랑은 가질 수 없습니다.

우리 모두 예수님을 하나님의 아들, 십자가에 못 박히신 그리스도로 참되게 믿고 성령을 받아 그 성령으로 말미암아 하나님의 사랑이 우리 마음에 부어지도록 기도하겠습니다. 오직 그리스도, 오직 믿음, 오직 예수 보혈 신앙으로 성령 충만 받아 하나님 사랑과 이웃 사랑의 증인으로 살도록 기도하겠습니다.

살아 계신 아버지 하나님!
하나님의 은혜를 감사합니다.
 타락한 자기 사랑의 마음속에 십자가 대속의 피의 사랑을 부어 주신 하나님께 만강의 감사를 드립니다. 참된 그리스도인의 사랑은 인본주의가 아닌 신본주의 사랑이라고 믿습니다. 이런 사랑은 하나님께서 그분의 아들 예수 그리스도를 이 세상에 보내셔서 죄악된 인간들을 구속하심으로써 나타났다고 믿습니다.
우리는 오늘 본문에서 사도 바울의 로마 교인들을 향한 문안 인사 속에서 "내가 사랑하는" 혹은 "나의 사랑하는"이라는 말을 여러 믿음의 사람들에게 표현한 것을 읽고 있습니다. 바울의 마음속에 그리스도 십자가 대속의 피의 사랑이 충만하여 그의 입술에는 사랑의 말이 자연스럽게 표현되고 있다고 믿습니다. 예수 그리스도를 믿는 우리는 "서로 사랑하라"라는 예수님의 새계명을 받고 사는 자들임을 믿습니다.
우리의 입술에 사랑이 가득하게 해 주옵소서. 우리에게 십자가에 못 박히신 그리스도를 믿는 믿음을 더해 주셔서 진실로 우리가 말과 혀로만 사랑하지 말고 행함과 진실함으로 하는 자들이 되도록 우리를 붙들어 주옵소서.

오늘도 우리 모두 건강하게 지켜 주셔서 세상에 나가 하나님 사랑과 이웃 사랑을 실천하며 사는 그리스도 증인으로 살아가게 도와주옵소서.

예수님의 이름으로 기도하옵나이다. 아멘.

롬 16:5-12

- 에베네도, 마리아, 안드로니고, 유니아, 암블리아, 우르바노, 스다구, 아벨레, 아리스도불로의 권속, 헤로디온, 나깃수의 가족, 드루배나, 드루보시, 버시에게 문안하라고 권면.
  14명의 이름을 거명하며 문안.
- 성도 간의 내면적 또는 영적 교통을 드러냄.
  이것이 교회의 본질이다.

⁵ 또 저의 집에 있는 교회에도 문안하라 내가 사랑하는 에배네도에게 문안하라 그는 아시아에서 그리스도께 처음 맺은 열매니라 ⁶ 너희를 위하여 많이 수고한 마리아에게 문안하라 ⁷ 내 친척이요 나와 함께 갇혔던 안드로니고와 유니아에게 문안하라 그들은 사도들에게 존중히 여겨지고 또한, 나보다 먼저 그리스도 안에 있는 자라 ⁸ 또 주 안에서 내 사랑하는 암블리아에게 문안하라 ⁹ 그리스도 안에서 우리의 동역자인 우르바노와 나의 사랑하는 스다구에게 문안하라 ¹⁰ 그리스도 안에서 인정함을 받은 아벨레에게 문안하라 아리스도불로의 권속에게 문안하라 ¹¹ 내 친척 헤로디온에게 문안하라 나깃수의 가족 중 주 안에 있는 자들에게 문안하라 ¹² 주 안에서 수고한 드루배나와 드루보사에게 문안하라 주 안에서 많이 수고하고 사랑하는 버시에게 문안하라

예수님은 그리스도시요 살아 계신 하나님의 아들입니다. 예수님이 하나님의 아들 그리스도라는 증거로 십자가에서 우리 죄를 대신해서 피 흘려 죽으시고, 죽은 자들 가운데서 부활하셨습니다.

이 예수님이 하나님의 아들, 예수님이 그리스도, 예수님이 우리 죄를 대신해서 십자가에서 피 흘려 죽으시고 부활하셨다는 복음으로 우리 인생 모든 문제가 처리되고 해답을 얻습니다. 이 복음은 모든 믿는 자에게 구원을 주시는 하나님의 능력이 됩니다. 이 하나님의 아들 예수 그리스도의 복음, 그리스도 십자가 대속의 피의 복음으로 깊이 뿌리내리기를 기원합니다.

예수님의 신성의 하나님 되심과 십자가 대속의 피의 복음을 마음 중심에 믿고 예수 그리스도를 영접하여 모시고 사는 그리스도인은 몸 된 그리스도 교회의 한 지체가 되었음을 인식해야 합니다. 육신의 한 부모로부터 나온 형제자매가 한 가족이 된 것처럼, 예수님을 하나님의 아들로 믿고 예수 그리스도를 영접하면 하나님께로서 태어난 자가 되어 하나님의 가족이 됩니다.

이 하나님의 가족이 세상 속에 존재하는 그리스도 교회입니다. 그래서 모든 그리스도인은 그리스도의 몸의 한 구성 부분으로서 특정 지역에서 모인 지역 교회의 한 교인으로 신앙생활을 하는 것입니다. 그래서 그리스도 교회는 예수 그리스도의 영적 신체로서 서로 내면적 교통을 이루며 교회 생활을 해 나가게 됩니다. 이것이 기독교에서 말하는 그리스도 교회의 본질입니다.

우리는 이미 이에 관한 개념적 설명을 들은바 있습니다. 바울의 로마 교인들을 향한 문안에서 이 진리를 분명하게 깨닫는 것입니다. 바울은 로마서 16장의 결론에 앞서서 로마 교인 26명의 명단을 언급하며 문안하고 있습니다.

우리는 이미 브리스가와 아굴라에 대한 2명의 문안의 글을 읽은바 있습니다. 오늘 본문은 그 2명의 문안 후로 14명의 이름을 거명하며 문안하고 있습니다. 우리는 이후에 다른 10명의 이름에 대한 문안을 더 보게 될 것입니다. 그리하여 바울은 도합 26명의 이름을 각각 거명하며 사랑의 안부를 묻고 있는 것입니다.

오늘 본문 로마서 16장 5절을 보면 "내가 사랑하는 에베네도에게 문안하라 그는 아시아에서 그리스도께 처음 익은 열매니라"라고 하였습니다. 바울은 에베네도에게 사랑의 문안을 하면서 "아시아에서 그리스도께 처음 익은 열매니라"라고 하였습니다. 첫 열매는 귀한 것으로 바울은 그를 특히 기억하고 있는 것입니다.

또 6절을 보면 "너희를 위하여 많이 수고한 마리아에게 문안하라"라고 합니다. 바울은 수고를 많이 한 마리아를 기억하고 있습니다. 여러분의 많은 수고를 목회자도 기억하고 교회의 머리 되신 그리스도께서도 기억하십니다.

또 7절을 보면 "내 친척이요 나와 함께 갇혔던 안드로니고와 유니아에게 문안하라 그들은 사도들에게 존중히 여겨지고, 또한 나보다 먼저 그리스도 안에 있는 자라"라고 하였습니다. 바울은 안드로니고와 유니아가 신앙적으로 바울의 선배요 사도들에게 존귀히 여긴자인 것을 친절하게 언급하고 있습니다.

또 8절에서는 암블리아에게 "내 사랑하는"이라는 아름다운 표현으로 이름을 부르면서 문안하고 있습니다.

9절에서는 "그리스도 안에서 우리의 동역자인 우르바노와 나의 사랑하는 스다구에게 문안하라"라고 하였습니다. 우르바노는 바울의 동역자로서, 그는 로마교회의 지도자였을 가능성이 있습니다. 스다구는 무명인 같으나 바울은 그를 향하여 "나의 사랑하는 스다구"라고 문안합니다.

10절에서는 "그리스도 안에서 인정함을 받은 아벨레에게 문안하라 아리스도불로의 권속에게 문안하라"라고 하였습니다.

아벨레는 그 믿음에 있어서 신실함과 성실함으로 인정함을 받은 자로서 문안합니다. 형제를 믿음으로 크게 인정하는 것은 그리스도인의 최고의 덕행입니다. 이를 시기해서는 안 됩니다.

또 아리스도불로의 권속은 아리스도불로가 불신자로 보는 주석가도 있듯이 그 권속 중에 예수 그리스도를 믿는 자들은 존귀하게 기억하고 문안하고 있습니다. 다음 11절에 나온 "나깃수의 가족 중 주 안에 있는 자들에게 문안" 하는 것도 같은 의미입니다. 또한, 같은 11절에서 "내 친척 헤로디온에게 문안하라"라고 하였습니다.

그리고 12절에서는 "주 안에서 수고한 드루베나와 드루보사에게 문안하라 주 안에서 많이 수고하고 사랑하는 버시에게 문안하라"라고 합니다.

이렇게 바울은 조금이라도 알고 있는 사람들에게 빠지지 않고 일일이 안부를 묻고 있습니다. 바울의 마음이 얼마나 신중한 것인가를 알아야겠습니다. 이 편지를 받고 읽는 로마 교인들이 자기를 기억하는 대사도 바울의 문안에 얼마나 감동을 받고 그리스도 안에서 일체감을 얼마나 깊이 가졌을지 상상해 볼 수 있습니다. 이것이야말로 교회의 본질이 아닐 수 없습니다.

우리 모두 참되게 예수님을 하나님의 아들로 믿고 중생하여 그리스도 안에서 한 지체가 되는 교회의 속성을 바로 알아야겠습니다. 그리스도인은 그리스도 안에서, 그리스도의 한 몸의 지체로서 서로 연합하여 그리스도를 섬기고 서로 돕고 사랑하는 자임을 바로 알아야겠습니다.

오직 그리스도, 오직 믿음, 오직 예수 보혈 신앙으로 성령의 충만을 받고 평안의 매는 줄로 성령님이 하나 되게 하신 것을 힘써 지키는 자들이 되도록 기도하겠습니다. 성도들이 갖는 각인의 은사의 목적은 그리스도의 몸을 세우는 것임을 알아야겠습니다. 기도하겠습니다.

살아 계신 아버지 하나님!
하나님의 은혜를 감사합니다.
우리가 예수님을 하나님의 아들 그리스도로 믿을 때 중생하고 하나님께로서 출생한 자가 되어 하나님의 가족이 되었다고 믿습니다. 이 하나님의 가족의 외적인 모습이 지역 교회인 것을 믿습니다. 그러므로 그리스도 안에 있는 우리 모두는 예수 그리스도의 영적 신체로서의 삶을 사는 것이기에 서로 사랑하고 기억해 주고 도와주는 것이 교회 생활이라고 믿습니다.

사도 바울은 로마 교인들에게 편지를 쓰면서 결론부에 이르러 일일이 자신이 아는 모든 성도를 기억하면서 안부를 묻고 있는 말씀을 우리가 들었습니다. 그는 실로 그리스도의 마음을 품은 자로서 대단히 신중하게 로마 교인들을 기억하고 문안함으로써 그 편지를 읽는 자들은 더 큰 믿음과 그리스도 안에서 한 영적 신체됨을 느꼈으리라고 믿습니다. 우리도 참된 십자가 대속의 피의 사랑을 체험하고 그 십자가 사랑으로 교회 안에서 서로 사랑하고 인정해 주고 섬기는 자들이 되기를 간절히 기도합니다. 우리의 마음을 넓혀 주옵소서. 자기보다 남을 낫게 여기는 겸손을 우리로 갖게 하여 주옵소서.

오늘도 우리 모두를 건강하게 하시고 성령으로 충만하게 하셔서 하나님 사랑과 이웃 사랑으로 살게 하시고, 우리가 섬기는 형제자매들의 은사와 역할을 인정해 주고 그것을 표현할 수 있는 관용의 사람들이 되도록 믿음을 더해 주시고 굳게 붙들어 주옵소서.

예수님의 이름으로 기도하옵나이다. 아멘.

518

롬 16:13-16

- 루포와 그의 어머니, 아순그리도, 불레곤, 허메, 바드로바, 허마, 빌롤로고, 율리아, 네레오, 올름바에게 문안하라고 명령.
  10명의 이름 거명하며 문안.
- 거룩하게 입맞춤으로 서로 문안.
  그리스도의 모든 교회의 이름으로 문안.
  이것이 성도들의 친교 유지 한방법으로 교회의 본질을 나타낸다.

13 주 안에서 택하심을 입은 루포와 그의 어머니에게 문안하라 그의 어머니는 곧 내 어머니니라 **14** 아순그리도와 블레곤과 허메와 바드로바와 허마와 및 그들과 함께 있는 형제들에게 문안하라 **15** 빌롤로고와 율리아와 또 네레오와 그의 자매와 올름바와 그들과 함께 있는 모든 성도에게 문안하라 **16** 너희가 거룩하게 입맞춤으로 서로 문안하라 그리스도의 모든 교회가 다 너희에게 문안하느니라

예수님은 그리스도시요 살아 계신 하나님의 아들입니다. 예수님이 하나님의 아들 그리스도라는 증거로 십자가에서 우리 죄를 대신해서 피 흘려 죽으시고, 죽은 자들 가운데서 부활하셨습니다.

이 예수님이 하나님의 아들, 예수님이 그리스도, 예수님이 우리 죄를 대신해서 십자가에서 피 흘려 죽으시고 부활하셨다는 복음으로 우리 인생 모든 문제가 처리되고 해답을 얻습니다. 이 복음은 모든 믿는 자에게 구원을 주시는 하나님의 능력이 됩니다. 이 하나님의 아들 예수 그리스도의 복음, 그리

스도 십자가 대속의 피의 복음으로 깊이 뿌리내리기를 기원합니다.

예수님의 신성의 하나님 되심과 십자가 대속의 피의 복음을 마음 중심에 믿고 예수 그리스도를 영접하여 모시고 사는 그리스도인은 독립된 존재가 아니라 그리스도의 몸에 한 지체가 된 자입니다. 예수 그리스도를 영접했다는 것은 곧 그리스도와 연합된 자가 되었기 때문입니다. 그리고 이렇게 그리스도와 연합된 공동체가 곧 그리스도의 교회입니다.

모든 그리스도인은 그리스도를 머리로 하는 교회 공동체의 한 일원입니다. 비록 인종, 관습, 성격, 남녀, 노소, 건강, 빈부 귀천의 차이가 있다 할지라도 그리스도 안에서 한 몸이 된 것입니다.

그리스도인이란 누구입니까?

바울은 "너희 안에 계신 그리스도"(골 1:27)라고 말하며 예수 그리스도께서 자신의 마음속에 와 사시는 자가 그리스도인이라고 합니다. 이런 사람이 중생한 그리스도인입니다. 그러므로 진실로 그리스도가 자신의 삶의 중심에 사시는 자라면 이런 그리스도인은 다른 그리스도인과 그리스도 안에서 연합된 자요, 한 몸인 것입니다.

그러므로 기독교는 천주교와 달리 외부적인 조직 개념에 반대하고 성도들의 내면적 또는 영적 교통에서부터 교회의 본질을 찾았습니다. 그리스도 교회는 그리스도의 영적 신체로서 서로 하나가 되고 사랑하고 섬기는 존재인 것입니다.

이 진리를 누구보다 잘 아는 사도 바울은 지금까지 이 진리의 실천으로서 자신이 친히 로마 교인들 26명의 구체적 이름을 일일이 거명하고 문안하고 있습니다.

우리는 앞서 16명의 각각 다른 사람들의 문안 인사를 보았고 이제 마지막으로 바울은 10명의 그리스도인들의 이름을 거명하며 문안하고 있습니다.

오늘 본문 로마서 16장 13절을 보면 "주 안에서 택하심을 입은 루포와 그의 어머니에게 문안하라 그의 어머니는 곧 내 어머니니라"라고 하였습니다.

여기서 루포는 아마 골고다까지 예수님의 십자가를 지고 간 구레네 시몬의 아들일지도 모릅니다. 적어도 로마에서 마가복음서를 쓴 마가만이 다음과 같이 기록하였습니다.

> 마침 알렉산더와 루포의 아버지인 구레네 사람 시몬이 시골로부터 와서 지나가는데 그들이 그를 억지로 같이 가게 하여 예수의 십자가를 지우고(막 15:21).

그러므로 루포는 이미 로마에 있는 독자들에게 잘 알려진 사람이라는 것을 시사하고 있습니다.

그래서 바울은 "주 안에서 택하심을 입은 루포와 그의 어머니에게 문안하라"라고 하면서 루포의 어머니에게서 언젠가 받은 사랑을 언급하였습니다. 바울은 항상 받은 후의를 감사로 기억한 사람이었습니다.

그리고 바울은 나머지 9명의 사람들에게 문안합니다.

14-15절을 보면 "¹⁴ 아순그리도와 블레곤과 허메와 바드로바와 허마와 및 그들과 함께 있는 형제들에게 문안하라 ¹⁵ 빌롤로고와 율리아와 또 네레오와 그의 자매와 올름바와 그들과 함께 있는 모든 성도에

게 문안하라"라고 하였습니다.

여기서 "함께 있는 형제들"이란 그들이 조직한 가정 교회를 가리킬 것입니다. 이들을 "그 집에 있는 교회"라 하지 않는 것은 그들의 모이는 집이 일정하지가 않았기 때문으로 봅니다.

그럼에도 바울은 이들에게도 문안을 하는데 그는 이름은 모르지만 형제와 성도로서 나머지 모든 사람을 기억하라는 말로 끝맺습니다. 바울은 한 성도라도 그가 잊지 않고 있으며 서로 간에 서운하지 않기 위하여 문안하는 것입니다. 이것이 그리스도 교회의 본질입니다.

마지막으로 바울은 그들에게 서로 사랑하고 환영하라고 권면하는 것으로 결론을 맺습니다. 그는 두 가지 내용으로 끝맺습니다.

첫째, "너희가 거룩하게 입맞춤으로 서로 문안하라"(롬16:16)라고 합니다. 서로 문안하는 것은 사랑을 표현하는 행위로서 그들의 사랑을 촉진시키고 강화시키며 그리스도인들로 하여금 서로를 소중히 여기도록 만듭니다. 여기서 "입맞춤"은 오늘의 교회에서 "악수"로 대치되었다고 봅니다.

둘째, 그리스도의 교회의 이름으로 그들 전체를 향해 문안을 하고 있습니다. "그리스도의 모든 교회가 다 너희에게 문안하느니라"(롬16:16)라고 하였습니다. 이는 바울이 이방인의 사도로서 지금까지 개척했고 현재 일부 교회 대표들과 예루살렘 교회 헌금을 전달하는 과정에서 교회를 대표하는 사자로서 그들에게 문안하는 것입니다. 바울은 분명히 로마 교회가 자신이 사역했던 곳의 교회들과 긴밀하게 연합되기를 원한 것입니다. 이것이 바로 그리스도 교회의 본질입니다.

우리 모두 십자가 대속의 피의 복음의 신앙으로 성령의 충만을 받아 하나님 사랑과 이웃 사랑의 삶을 실천하며 살도록 기도하겠습니다. 특히 거룩한 그리스도 교회의 본질이 내면적 혹은 영적인 친교에 있음을 깨닫고 그리스도 안에 있는 형제를 사랑하고 각 사람이 가진 은사를 서로 세워 주고 인정하는 자들이 되도록 기도하겠습니다.

살아 계신 아버지 하나님!
하나님의 은혜를 감사합니다.
우리는 다시 한번 우리가 몸 담고 있는 그리스도 교회의 본질이 성도들의 내면적 또는 영적 고통에 있음을 확인하게 하시니 감사합니다. 그리스도 교회는 모든 시대의 모든 성도 외에는 아무도 포함하지 않으며 이곳 외에서는 구원이 없음을 믿습니다. 그러므로 우리가 섬기는 교회를 존귀히 알고 섬기기를 바라며 세상적 단체처럼 생각해서 담임 목사를 무시하고 교회 질서를 해치는 행위는 절대 해서는 안 되리라고 믿습니다.
그리스도 교회는 인류 역사의 중심이고 세상은 그리스도 교회를 위해 존재하고 그리스도 교회를 위해 통치된다는 진리를 성도들이 깨달아야 한다고 믿습니다. 그렇다면 그리스도 교회를 구성하는 성도들 한 사람 한 사람은 존귀한 자들인즉 서로 사랑하고 세워 주는 것이 교회의 덕을 세우는 것으로 믿습니다.

그리스도 교회에서 성도들이 만나 입맞춤 혹은 악수를 할 때에 거짓된 믿음, 속이는 마음으로 하지 않고 거룩한 입맞춤, 거룩한 악수가 되기를 기도합니다. 아버지 하나님. 우리가 성도를 볼 때 허물이 보이면 덮어 주고 부족함이 보이면 도와주고, 연약함이 보이면 힘이 되어 주는 진정한 친교의 공동체가 되도록 우리 모두를 붙들어 주옵소서.

오늘도 우리로 건강하게 하시고 믿음의 역사, 사랑의 수고, 소망의 인내로 사는 하루가 되도록 우리를 인도하여 주옵소서.

예수님의 이름으로 기도하옵나이다. 아멘.

제4장

거짓 선생의 경계와 동역자의 문안
(16:17-23)

롬 16:17

- 거짓 교사에 대한 경계 (1).
  살피고, 떠나라.
- 살피는 기준은 예수님의 신성의 하나님의 아들 되심과 그리스도 십자가 대속의 피의 복음의 진리이다.
  이 진리를 왜곡, 약화, 대치시키고자 하는 자에게서 떠나라.
  기독교는 자초지종 예수 보혈이다.

> **17** 형제들아 내가 너희를 권하노니 너희가 배운 교훈을 거슬러 분쟁을 일으키거나 거치게 하는 자들을 살피고 그들에게서 떠나라

예수님은 그리스도시요 살아 계신 하나님의 아들입니다. 예수님이 하나님의 아들 그리스도라는 증거로 십자가에서 우리 죄를 대신해서 피 흘려 죽으시고, 죽은 자들 가운데서 부활하셨습니다.

이 예수님이 하나님의 아들, 예수님이 그리스도, 예수님이 우리 죄를 대신해서 십자가에서 피 흘려 죽으시고 부활하셨다는 복음으로 우리 인생 모든 문제가 처리되고 해답을 얻습니다. 이 복음은 모든 믿는 자에게 구원을 주시는 하나님의 능력이 됩니다. 이 하나님의 아들 예수 그리스도의 복음, 그리스도 십자가 대속의 피의 복음으로 깊이 뿌리내리기를 기원합니다.

예수님의 신성의 하나님 되심과 십자가 대속의 피의 복음을 마음 중심에 믿고 예수 그리스도를 영접하여 모시고 사는 그리스도인은 그리스도 십자가 대속의 피의 복음 진리를 믿음으로 살아갑니다.

예수 그리스도와 십자가 대속의 보혈의 진리는 우리가 구원받을 때만 구원 얻는 진리가 아니라 전 인생을 지배하고 다스리는 진리이며, 이 세상뿐 아니라 저 세상에 가서도 오직 그리스도, 오직 믿음, 오직 예수 보혈 신앙으로 사는 것입니다.

자유주의자들이나 불건전 신비주의자들이나 율법주의자들은 예수 그리스도의 십자가 대속의 보혈에 관심이 없습니다. 어떤 율법주의자들이나 신비주의자들은 그리스도 십자가 보혈은 초기 그리스도인 되는데에나 필요한 것이고, 그 후에는 예수 보혈과 관계 없이 자유로운 삶을 살며 하나님과 교통하며 살아야 한다고 합니다. 그리고 거룩하게 살고 고결한 삶을 살아야 한다고 합니다.

그러나 기독교는 자초지종 보혈입니다(박윤선, 『로마서 주석』). 예수 보혈을 떠난 감사가 없고 예수 보혈을 떠난 봉사도 없습니다. 예수 보혈을 떠난 선행도 없습니다. 그리스도인의 선행은 예수 보혈을 믿는 믿음에서 나오는 것이어야 합니다.

만일 십자가 대속의 보혈을 떠난 선한 사업이 있다면 그것은 기독교 사업이 아니라 세상 불신자의 영광을 위한 사업입니다. 그리스도인은 자초지종 예수 보혈을 믿음으로 살아야 합니다. 예수님의 보혈을 믿고 은혜의 보좌 앞에 나가 기도하고 기도하면서 얻는 하나님의 능력으로 살아야 합니다.

심지어 우리가 죽어 천당에 가서도 예수 보혈 신앙으로 살아야 합니다. 인간은 하나님과 예수 그리스도를 의지하며 사는 피조물입니다. 자율권은 오직 하나님뿐이십니다. 천국에서도 예수님과 함께 있어야 하고 예수님의 보혈을 계속 힘입은 가운데 살아야 합니다. 현재나 장래나 인간에게 자율주의는 없습니다. 오직 그리스도, 오직 믿음, 오직 예수 보혈입니다.

그러므로 그리스도인의 삶과 신앙과 가치관의 기준은 예수 그리스도와 그리스도의 십자가의 대속의 보혈의 복음입니다. 여기에 가감하거나 왜곡하거나 가치를 저하시키거나 하는 자가 있다면 그는 거짓 교사이고 우리는 그에게서 떠나야 합니다.

이 위대한 진리를 사도 바울은 마지막 편지의 결론을 맺기 전에 강조하고 있습니다.

본문 로마서 16장 17절을 보면 "형제들아 내가 너희를 권하노니 너희가 배운 교훈을 거슬러 분쟁을 일으키거나 거치게 하는 자들을 살피고 그들에게서 떠나라"라고 하였습니다.

바울은 최대한 공손한 말로 표현합니다. "형제들아 내가 너희를 권하노니"라고 하였습니다. 바울은 군림하는 자로서가 아니라 사랑으로 경고를 나타내고 있습니다.

먼저 "너희가 배운 교훈을 거슬러 분쟁을 일으키거나 거치게 하는 자들을 살피고"라고 합니다. 우리 예수님도 분쟁을 일으키고 실족케 하는 자들을 내다보시며, 그것을 가져오는 자들에게 화가 미칠 것을 말씀하셨습니다(마 18:7).

교회를 속임수로 분열시키고 거치게 하는 잘못되고 의심스러운 교리를 소개하고 퍼뜨리는 자들, 교만과 야심과 새로운 것에 집착하거나 또는 그와 같은 것들로 무분별하게 형제들을 이간시키고 왜곡된 논쟁과 비판과 부정적인 억측 등으로 그리스도인 상호간에 감정을 찢어 놓는 사람들이 "우리가 배운 교훈"에 어긋나고 그것과 다른 분쟁과 올무를 일으킵니다.

우리가 성경 속에 갖고 있는 기본적이고 불변의 진리는 예수님의 신성의 하나님의 아들 되심과 그리스도 십자가 대속의 보혈의 복음입니다. 이것이 우리의 판단 기준이 되어야 합니다. 그들의 핑계는 그럴듯하기에 표면적인 것만 볼 것이 아니라 그 원천으로 가 보아야 하는 것입니다. 그 살피는 기준이 십자가 대속의 피의 복음입니다.

그러므로 바울은 그것을 피할 것을 가르칩니다. "그들에게서 떠나라"라고 하였습니다. 그들로부터 영향을 받고 오염되지 않도록 그들과의 교제와 소통을 피하라는 것입니다. 복음 진리를 파괴하는 그들의 원리나 실천들을 절대 수용해서는 안 되는 것입니다.

아마 바울은 유대주의 교사들을 염두에 두었을 수 있습니다. 그들은 그리스도인의 이름으로 위장하여 모세 율법의 의식들을 견지하면서 그 필수성을 선포하고 그리스도인들을 자기들의 제자로 만들고자 하였습니다. 예수님의 신성과 예수님의 보혈을 강조하지 않는 교사는 그리스도 교회에서 재교육시켜야 합니다.

오늘날 한국 교회 입장에서 보면 신천지가 대표적인 경계의 대상자들입니다. 그들에게 예수님의 신성의 하나님 되심과 십자가 대속의 피의 복음 진리가 없기에 그것을 위장하여 자기들의 교리를 속임수로 쓰는 것입니다. 그들과 절대 교제하지 말고 단호히 떠나야 합니다.

우리 모두는 오직 그리스도, 오직 믿음, 오직 예수 보혈 신앙으로 성령 충만 받아 하나님 사랑과 이웃 사랑의 율법을 지키는 열매를 맺는 자들이 되어야 합니다. 이 진리가 핵심이고 다른 새로운 것이 없습니다. 새로운 진리를 말하는 자는 일단 의심하고 피해야 할 것입니다.

유감스럽지만 이런 이단에 넘어간 자들은 예수 그리스도와 피의 복음에 뿌리내리지 못한 자들입니다. 기독교는 자초지종 예수 보혈입니다.

살아 계신 아버지 하나님!

하나님의 은혜를 감사합니다.

우리로 하여금 참 진리되신 예수 그리스도를 알게 하신 것을 감사합니다. 이 세상 신 사탄은 그들의 앞잡이로 이단들을 앞세워 예수님의 신성의 하나님 되심과 십자가 대속의 피의 복음을 믿지 못하도록 교묘하게 진리를 왜곡하며 변질시킨 원리로 유혹하고 있음을 믿습니다.

이미 2000년 전 사도 바울은 로마 교인들에게 그들이 이미 배운 교훈을 거슬러 가르치는 거짓 교사들을 경계하였습니다. 오늘날 우리 한국 교회 실정에도 똑같이 적용되는 경계의 말씀으로 믿습니다. 그리스도 교회에는 단순한 하나의 복음만이 있을 뿐입니다.

예수님의 신성과 십자가 대속의 피의 복음 진리를 왜곡하거나 변질시키거나 강조하지 않고 다른 교훈을 앞세우는 것은 모두 이단들의 활동임을 명심하고 즉시 피할 것입니다. 아버지 하나님이여 진실로 모든 그리스도인이 이 십자가 대속의 피의 복음, 신성의 하나님의 아들 예수 그리스도의 복음으로 중생하도록 도와주옵소서. 한국 교회를 붙들어 주옵소서. 예수님의 신성을 믿고 예수 보혈 신앙으로 사는 교인들과 그들의 교회를 붙들어 주옵소서.

예수님의 이름으로 기도하옵나이다. 아멘.

롬 16:18

- 거짓 교사에 대한 경계 (2).
  배만 섬기고 교활한 말로 미혹하게 하는 자들이 거짓 교사이다.
- 오직 그리스도만 섬기고 신성의 하나님의 아들과 십자가 대속의 피의 복음으로 무장하라.

> **18** 이같은 자들은 우리 주 그리스도를 섬기지 아니하고 다만 자기들의 배만 섬기나니 교활한 말과 아첨하는 말로 순진한 자들의 마음을 미혹하느니라

예수님은 그리스도시요 살아 계신 하나님의 아들입니다. 예수님이 하나님의 아들 그리스도라는 증거로 십자가에서 우리 죄를 대신해서 피 흘려 죽으시고, 죽은 자들 가운데서 부활하셨습니다.

이 예수님이 하나님의 아들, 예수님이 그리스도, 예수님이 우리 죄를 대신해서 십자가에서 피 흘려 죽으시고 부활하셨다는 복음으로 우리 인생 모든 문제가 처리되고 해답을 얻습니다. 이 복음은 모든 믿는 자에게 구원을 주시는 하나님의 능력이 됩니다. 이 하나님의 아들 예수 그리스도의 복음, 그리스도 십자가 대속의 피의 복음으로 깊이 뿌리내리기를 기원합니다.

이 메시지를 듣는 여러분 모두가 진실로 예수님의 신성의 하나님 되심과 십자가 대속의 피의 복음 진리를 마음 중심에 믿고 중생하기를

간절히 소원합니다.

예수님의 제자가 되는 데에는 다음과 같이 두 단계가 있습니다.

첫째, 예수님이 하나님과 일체 되시는 신성의 하나님의 아들이시라는 진리를 믿어야 합니다.

둘째, 이 예수님께서 나의 죄를 대신해서 십자가에서 죽음을 당하시고 부활하셨다는 십자가 대속의 보혈을 믿어야 합니다.

그래서 억만죄인이 죄 사함 받고 하나님과 화해가 이루어지며 그리스도와 연합이 됩니다. 곧 예수 생명인 영생을 얻게 됩니다. 중생한 그리스도인이 되려면 반드시 먼저 예수님이 신성의 하나님 되심을 믿어야 합니다. 그럴 때 예수님의 십자가 대속의 죽음의 효과가 신자에게 임하는 것입니다.

한국 교회와 세계 교회는 먼저 예수님의 신성의 하나님 되심을 믿도록 강조하고 그 진리를 믿을 때 십자가 대속의 피의 복음 진리의 체험을 갖도록 해야 합니다. 저는 이 두 가지 진리를 매일 그리고 모든 설교에서 강조하고 있습니다. 제 설교의 특징은 복음의 강조입니다.

예수님의 신성의 하나님 아들 되심을 날마다 강조하고 십자가 대속의 죽음을 그에 이어 날마다 강조합니다. 그래서 기독교는 자초지종 예수 보혈인 것을 강조하고 또 강조하는 것입니다.

오직 의인은 믿음으로 말미암아 사는 것이 종교개혁의 실질적 원리인데, 그 믿음이 무엇입니까?

그 믿음이 예수님의 신성의 하나님의 아들 되심과 십자가 대속의 죽음을 믿는 것입니다. 이 믿음으로 기도할 때 하나님의 능력이 나타납니다. 그래서 기쁜 소식의 믿음입니다.

제가 이렇게 너무 강조하는 것을 이해해 주시고 용서해 주시기 바랍니다. 저는 이 신성의 하나님의 아들 예수 그리스도의 복음과 십자가 대속의 피의 복음의 증인으로 살라고 부름 받은 사람입니다. 누구나 복음의 중요성을 말합니다. 그러나 강조하지는 않습니다. 모든 설교의 중심에 예수그리스도와 그의 십자가를 놓지 않습니다. 결국 복음에서 벗어난 것입니다.

저는 제발 말로만 복음, 복음 하지 말기를 바라는 사람입니다. 복음은 한마디로 예수님의 신성의 인격과 십자가 대속의 죽음의 사역입니다. 이 진리를 강조하고 또 강조해야 합니다.

왜 강조해야 합니까?

세상은 본성적으로 하나님의 말씀, 곧 예수 그리스도와 그분의 십자가를 거스르는 곳입니다. 강조하고 또 강조해야 합니다. 이것이 그리스도 교회의 최고의 사명이 되어야 합니다. 그래야 성도들이 세상에 나가 오직 예수님의 신성의 인격과 십자가 대속의 사역을 믿는 믿음으로 살 수 있는 것입니다. 기도해서 하나님의 능력을 받고 사는 것입니다.

우리는 로마 교인들에게 보내는 사도 바울의 두 번째 경계의 말씀을 듣겠습니다. 저는 앞서 서론으로 말씀 드린 진리로 바울의 경계를 해석합니다.

본문 로마서 16장 18절을 보면 "이 같은 자들은 우리 주 예수 그리스도를 섬기지 아니하고 다만 자기들의 배만 섬기나니 교활한 말과 아첨하는 말로 순진한 자들의 마음을 미혹하느니라"라고 하였습니다.

거짓 교사들은 "우리 주 예수 그리스도를 섬기지 아니하는" 자들입니다. 그들은 그리스도인을 자처하지만 그리스도를 섬기는 자들이 아닙니다. 그들은 무엇을 하든 그리스도의 영광을 목표로 삼지 않고 그리스도의 유익을 위해 일하지 않으며 그리스도의 뜻에 따라 행하지도 않습니다.

오늘날 예수 그리스도를 주인 또는 주님으로 부르면서 그분을 전혀 섬기지 않는 자들이 많습니다. 그들은 "자기들의 배만 섬기고" 있습니다. 즉, 그들의 육신적, 감각적, 세속적 이득만을 추구합니다. 그들이 기뻐하는 것은 천한 정욕입니다.

교만, 야욕, 탐욕, 향락, 음탕 등 이런 것들을 따라 행하는 것이 그들의 실제적인 목적입니다. 그들의 "신은 배입니다"(빌 3:19).

이들에게 참으로 필요한 것이 무엇입니까?

예수님의 신성의 하나님 되심과 십자가 대속의 피의 복음뿐입니다.

또 그들은 자기들의 목적을 성취하기 위하여 "교활한 말과 아첨하는 말로 순진한 자들의 마음을 미혹하느니라"라고 하였습니다. 입술을 통해서 외적 경건을 나타냅니다. 뱀 속에 들어간 사탄도 하와를 그럴듯한 말로 속였습니다.

우리는 미혹의 영이 광범위하게 역사하는 이 시대에 온 힘을 다해 우리 마음을 지킬 필요가 있습니다. 그 길이 예수님의 신성의 하나님 되심과 십자가 대속의 피의 복음 진리만을 굳게 믿고 의지하는 것입니다. 그리고 그리스도 교회는 본성적으로 진리 말씀을 배반하는 세상에 대해서 예수 그리스도와 십자가에 못 박히신 그리스도를 끊임없이 알려주고 선포해야 합니다.

그럴 때 그리스도인은 오직 그리스도, 오직 믿음, 오직 예수 보혈 신앙으로 살고 거짓 교사의 속임수에 넘어가지 않을 것입니다. 즉시 예수님의 보혈을 의지하여 은혜의 보좌 앞에 나가 기도하겠습니다.

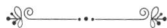

살아 계신 아버지 하나님!

하나님의 은혜를 감사합니다.

우리는 진리 말씀을 본성적으로 배반하는 세상에 살고 있음을 믿습니다. 그래서 우리는 날마다 이 진리 말씀의 함축이요 중심인 그리스도 십자가 대속의 피의 복음, 신성의 하나님의 아들 예수 그리스도 복음을 들어야 오직 믿음으로 살 수 있습니다. 그래서 그리스도 교회는 이를 위해 모든 설교의 중심에 예수 그리스도가 계셔야 한다고 믿습니다. 그리스도 교회에는 배만 섬기고 교활한 말로 미혹하는 자들이 바울 시대 뿐만 아니라 오늘의 시대에도 있다고 믿습니다.

예수 그리스도를 모든 설교의 중심으로 두지 않고 선포하거나 성경 공부시에 경건한 생활의 교훈만을 말하는 것은 본의 아니게 참된 교사의 길에서 벗어나는 것입니다. 이것은 예수 그리스도를 섬기는 것이 아니라고 믿습니다.

아버지 하나님이여, 우리로 하여금 단순하게 예수님의 하나님 되심과 십자가 대속의 보혈을 믿고, 전하고, 가르치게 우리를 붙들어 주옵소서.

예수님의 이름으로 기도하옵나이다. 아멘.

롬 16:19

- 거짓 교사에 대한 경계 (3).
  너희 순종함이 모든 사람에게 들리는지라.
  선한 데 지혜롭고 악한 데 미련하라.
- 미혹하는 자들에게 속지 않도록 조심하라.
  신성의 아들 예수 그리스도, 십자가 대속의 피의 복음으로 분별하라.

> **19** 너희의 순종함이 모든 사람에게 들리는지라 그러므로 내가 너희로 말미암아 기뻐하노니 너희가 선한 데 지혜롭고 악한 데 미련하기를 원하노라

예수님은 그리스도시요 살아 계신 하나님의 아들입니다. 예수님이 하나님의 아들 그리스도라는 증거로 십자가에서 우리 죄를 대신해서 피 흘려 죽으시고, 죽은 자들 가운데서 부활하셨습니다.

이 예수님이 하나님의 아들, 예수님이 그리스도, 예수님이 우리 죄를 대신해서 십자가에서 피 흘려 죽으시고 부활하셨다는 복음으로 우리 인생 모든 문제가 처리되고 해답을 얻습니다. 이 복음은 모든 믿는 자에게 구원을 주시는 하나님의 능력이 됩니다. 이 하나님의 아들 예수 그리스도의 복음, 그리스도 십자가 대속의 피의 복음으로 깊이 뿌리내리기를 기원합니다.

예수님의 신성의 하나님 되심과 십자가 대속의 피의 복음을 마음 중심에 믿고 구원받은 그리스도인은 원리적으로 위에 있는 권위에 순종하고 겸손한 자들입니다. 완전하지는 않으나 자기 고집을 앞세운 옛사람이 그리스도와 함께 십자가에 못 박혀 믿음으로 죽었기 때문입니다.

그래서 우리는 교회 안에서 그리스도인들을 볼 때에 참되게 중생하여 새사람이 된 사람은 자발적이고 겸손하고 순종적입니다. 그 사람을 대할 때 까다롭지 않고 유연하고 고집 부리지 않으며 친절하고 협조적입니다.

그리고 예수님을 하나님의 아들로 참되게 믿고 거듭난 그리스도인은 자기와 똑같이 예수 그리스도를 믿고 중생한 성도와 일체감을 갖고 사귀기를 기뻐합니다.

그런데 사탄은 이렇게 예수 그리스도를 참되게 믿고 예수 그리스도를 영접하여 중생한 성도들의 겸손과 순종을 이용하여 미혹하고자 합니다. 사탄은 거짓 교사를 이용하여 교회의 권위에 순종을 잘하는 자들을 찾아가 쉽게 공격하고자 하는 것입니다. 왜냐하면, 순종을 잘하는 순전한 신자들은 거짓 교사들의 견해를 쉽게 받아들이도록 영향력을 발휘하기 때문입니다.

그래서 순종함이 모든 사람에게 알려진 로마 교인들에게 바울은 다음과 같은 거짓 교사들에 대한 경계를 하는 것입니다.

본문 로마서 16장 19절을 보면 "너희의 순종함이 모든 사람에게 들리는지라 그러므로 내가 너희로 말미암아 기뻐하노니 너희가 선한 데 지혜롭고 악한 데 미련하기를 원하노라"라고 하였습니다.

바울은 로마 교인들에게 "너희의 순종함이 모든 사람에게"라고 하였습니다. 즉, "너희는 자발적이고 겸손하고 순종적인 성도들이라고 온 교회에 명성이 자자하다"라고 한 것입니다.

그러므로 바로 그렇기 때문에 이 미혹하는 거짓 교사들은 그들을 공격하기가 훨씬 더 쉬웠을 것입니다. 마귀와 그 하수인들은 부흥하는 교회와 부흥하는 심령들에게 특별히 더 악의를 품고 있습니다.

거짓 교사들은 로마 교인들이 순종적이라는 것을 듣고 있기 때문에 그들은 로마 교인들에게 다가와 자기들에게도 순종을 잘하는지 보려고 할 것입니다. 회개를 통해 마음이 온유하게 된 사람들에게 접근하여 그들의 해야 할 바에 대해 질문하기 시작하는 것은 미혹하는 자들의 통상적인 수법입니다.

로마 교인들이 순종적이어서 훌륭한 그리스도인이지만 그들은 이렇게 미혹하는 자들로부터 위험에 처해 있었습니다. 바울은 이것을 조심스럽게 제시합니다.

"그러므로 내가 너희로 말미암아 기뻐하노니 너희가 선한 데 지혜롭고 악한 데 미련하기를 원하노라"라고 하였습니다. 바울은 먼저 선한 성격을 가진 로마 교인들을 기뻐한다고 하면서 미혹하는 거짓 교사들에게 속지 않도록 정말 조심해야 할 것을 말하는 것입니다.

그는 두 가지 일반 원칙을 제시했습니다.

첫째, "선한 데 지혜롭고"라고 하였습니다. 즉, 진리와 하나님의 방법에 대해 유능하고 지식이 있어야 한다는 것입니다.

구체적으로 말하면 '진리' 자체이신 예수님의 신성의 하나님 되심의 인격과 우리 죄를 대속하여 십자가에서 죽으신 그리스도의 피의 복음의 사역에 대한 지식을 가져야 합니다. 그리고 하나님께서 중생한 그리스도인에게 주신 삶의 방법으로서 오직 그리스도, 오직 믿음, 오직 예수 보혈, 오직 하나님의 영광을 위해 살아야 한다는 것입니다.

둘째, "악한 데 미련하기를 원하노라"라고 하였습니다. 앞서 말한 신성의 예수 그리스도와 십자가 대속의 피의 복음 사역과 이에 대한 삶의 방법으로 오직 그리스도, 오직 믿음, 오직 보혈 신앙 이외의 지식으로 가르치고자 하는 자는 거짓 교사에게 속지 않도록 지혜로우라는 것입니다.

우리가 갖는 예수님의 신성의 인격과 십자가 대속의 피의 복음의 지식은 단순합니다. 그래서 우리는 단순하게 믿어야 합니다. 거짓 교사들이 이 복음 지식이 없기에 그들이 스스로 만든 거짓 진리로 성도를 속이고자 합니다. 그리스도 교회에서 가르친 십자가의 도와 다른 말을 하면 일단 의심하고 피해야 합니다.

새로운 이야기를 듣고자 하다가는 사탄의 하수인들에게 속는 것입니다. 하나님의 아들 예수 그리스도 복음, 십자가 대속의 복음보다 새로운 것이 없습니다. 십자가 피의 복음은 영원한 것이며, 영원한 것은 영원히 새로운 것입니다.

그러므로 우리 모두는 예수 그리스도께 순종하되 예수 그리스도와 그의 십자가 사역을 말하지 않거나 강조하지 않거나 다른 것을 강조하는 사람은 피해야 합니다. 이것이 선한 데 지혜롭고 악한 데 미련한 자인 것입니다.

오직 그리스도, 오직 믿음, 오직 은혜, 오직 예수 보혈 신앙으로 성령 충만 받고 하나님 사랑과 이웃 사랑의 율법을 지키며 살도록 기도하겠습니다. 예수 그리스도와 그가 십자가에 못 박히신 것 외에는 알지 아니할 것입니다.

살아 계신 아버지 하나님!

하나님의 은혜를 감사합니다.

우리가 예수님을 하나님의 아들로 믿고 예수 그리스도를 영접할 때 우리는 새사람이 되고 우리의 본성이 변화되었음을 믿습니다. 우리가 그리스도 밖에 살 때에는 내가 중심이고 남에게 순종하기보다는 그 위에 군림하기를 원하는 자였음을 믿습니다. 그러나 예수님을 그리스도로 믿고 난 후, 우리의 믿음이 자라면서 그리스도의 권위와 그리스도 교회의 권위에 순종하는 자가 되고 또 형제를 사랑하고 그들의 애로에 마음을 여는 자가 되었음을 믿습니다.

그런데 이런 선한 믿음의 결과로 순종하는 그리스도인들을 사탄의 하수인들은 찾아와 여러 가지 질문을 던지며 그들의 거짓 진리를 말한다는 경계를 우리는 귀담아들어야 합니다. 오늘날 신천지 이단들이 이런 거짓 교사로 활동하여 질문하고 성경 공부하자고 유혹하고 있습니다. 이런 거짓 교사의 활동은 2000년 전 바울 시대에도 동일하게 있어서 바울은 "선한 데 지혜롭고 악한 데 미련하기를 원하노라"라고 말하였습니다.

우리 모두는 불변의 진리, 곧 예수님의 신성의 인격과 대속의 죽음과 부활 사역의 진리를 단순하게 믿고 오직 그리스도, 오직 믿음, 오직 예수 보혈 신앙으로 살아야 한다고 믿습니다. 이 진리와 삶의 방법을 왜곡하거나 언급하지 않거나 강조하지 않고 다른 새로운 거짓 진리를 말한다면 우리는 즉시 그들의 거짓 교사 정체를 알고 피해야 한다고 굳게 믿습니다.

우리에게 참된 십자가 대속의 피의 복음의 믿음을 갖게 해 주옵소서. 단순한 예수 그리스도 복음을 단순하게 믿고 그 믿음으로 세상과 거짓 이단들을 쉽게 분별하게 해 주옵소서.

예수님의 이름으로 기도하옵나이다. 아멘.

522

롬 16:20

- 속히 사탄을 너희 발 아래에서 상하게 하시리라.
  종말론적 약속('이미 그러나 아직').
- 마귀와 흑암 세력은 완전 제거된 것은 아니다.
  재림 때 제거된다.
  최후 승리는 우리의 것.
  믿음과 인내를 지키라.
  믿음의 선한 싸움을 싸우라.

> [20] 평강의 하나님께서 속히 사탄을 너희 발 아래에서 상하게 하시리라 우리 주 예수의 은혜가 너희에게 있을지어다

예수님은 그리스도시요 살아 계신 하나님의 아들입니다. 예수님이 하나님의 아들 그리스도라는 증거로 십자가에서 우리 죄를 대신해서 피 흘려 죽으시고, 죽은 자들 가운데서 부활하셨습니다.

이 예수님이 하나님의 아들, 예수님이 그리스도, 예수님이 우리 죄를 대신해서 십자가에서 피 흘려 죽으시고 부활하셨다는 복음으로 우리 인생 모든 문제가 처리되고 해답을 얻습니다. 이 복음은 모든 믿는 자에게 구원을 주시는 하나님의 능력이 됩니다. 이 하나님의 아들 예수 그리스도의 복음, 그리스도 십자가 대속의 피의 복음으로 깊이 뿌리내리기를 기원합니다.

예수님의 신성의 하나님 되심과 십자가 대속의 피의 복음을 마음 중심에 믿고 구원받은 그리스도인은 반드시 깨닫고 확신해야 할 싸움이 있으니 그것은 육전(肉戰)이 아니라 영전(靈戰)이 있다는 사실입니다. 영전은 육체의 힘으로 싸우지 않고 오직 예수 그리스도의 십자가 대속의 피 흘리심의 공로를 믿음으로 싸우는 영적 전쟁입니다.

요한계시록에서 다음과 같이 말씀하였습니다.

> 또 여러 형제들의 어린 양의 피와 자기들의 증언하는 말씀으로써 그를 이기셨으니(계 12:11).

영적 전쟁은 마귀와 그의 하수인들과의 싸움입니다. 그 싸움의 승리는 예수 보혈을 믿는 믿음으로 이긴다는 사실을 믿어야 합니다.

대부분의 영적 전쟁은 인간의 생각 안에서 일어납니다. 생각은 우리 입 속에 들어가는 음식과 같습니다. 만일 적합치 않은 것이 들어오면 내쫓아야 합니다. 모든 생각에 대하여 경계를 서는 것, 이것이 영적 전쟁입니다. 그다음에 마음, 그다음에 입술입니다. 이 세 가지가 영적 싸움의 전쟁터입니다. 예수 보혈을 믿는 신앙으로 이기는 전쟁입니다.

지상에 사는 모든 그리스도인은 사탄과 그 하수인들과의 영적 전쟁을 날마다 싸우며 살아야 합니다. 사탄은 이미 그리스도 십자가에서 예수 그리스도의 십자가 보혈로 정복을 당하였습니다. 그러나 사탄은 아직 항복을 하지 않고 여전히 패배한 자로서 예수 보혈을 믿지 않는 세상 사람들을 불신앙 속에서 통치하고 있습니다.

다만 신자들은 그리스도 십자가 보혈로 이들과 믿음의 싸움을 싸워 날마다 구원의 승리를 얻으며 살고 있습니다.

왜 사탄은 십자가에서 그리스도의 죽음이라는 큰 세력으로 정복을 당하였으나 아직 활동하고 있습니까?

그것은 하나님의 경륜입니다.

사탄은 그리스도께서 재림하실 때 완전 정복되어 지옥에 던져질 것입니다. 그때까지는 불신의 세상 속에서 아직 활동하고 있습니다. 이런 사실을 신학적으로는 "이미, 그러나 아직"이라는 표현으로 나타냅니다. 곧 초림기와 재림기 중간기를 말합니다.

이 그리스도의 초림기와 그리스도의 재림기 중간기에 살고 있는 오늘의 시대에 우리가 갖춰야 할 것은 예수 그리스도를 믿고 십자가 보혈의 신앙으로 사탄과 그 하수인의 세력들과 싸워 승리하며 살아야 한다는 것입니다. 그러나 사탄은 이미 결정적 패배를 십자가에서 당하였기 때문에 우리는 최후 승리를 얻게 되어 있습니다.

사도 바울은 이런 신학적 원리의 배경 속에서 로마 교인들에게 최후 승리를 얻을 것이라는 하나님의 약속으로 믿음의 선한 싸움을 싸우고 믿음과 인내를 지킬 것을 권면하고 있습니다.

본문 로마서 16장 20절을 보면 "평강의 하나님께서 속히 사탄을 너희 발 아래에서 상하게 하시리라"라고 하였습니다.

영적 전쟁의 승리는 평강의 하나님으로부터 옵니다. 유혹자이자 불화를 조성하는 사탄은 속이는 자와 파괴자로 활동하지만 평강의 하나님께서 발 아래에서 상하게 하실 것입니다.

본문을 다시 보면 "사탄을 너희 발 아래에서 상하게 하시리라"라고 하였습니다. 이것은 분명히 에덴 동산에서 메시아에 관해 하신 첫 번째 약속, 곧 창세기 3장 15절을 암시합니다.

여자의 후손이 뱀의 머리를 상하게 할 것이라는 이 약속은 성도들이 사탄의 유혹을 저지하고 물리치는 것으로 날마다 삶 속에서 성취되고, 흑암의 모든 세력들에도 불구하고 은혜의 택하심에 속한 모든 자가 승리의 찬가를 부르며 영광에 이르게 될 때 완전하게 성취될 것입니다.

그러므로 우리는 여자의 후손으로 오셔서 십자가에서 대속의 죽음으로 죽음의 세력을 잡은 자 마귀를 멸하시는 예수 그리스도의 보혈을 굳게 믿고 믿음의 선한 싸움을 싸우는 것입니다. 우리는 패배당한 원수와 싸우는 것이고, 그 승리는 곧 완전하게 될 것입니다.

예수님은 약속하셨습니다.

> 보라 내가 속히 오리라(계22:20).

모든 그리스도인은 다시 오실 그리스도를 대망하면서 날마다 예수님의 십자가 보혈을 힘입고 사탄과 그 어둠의 세력들과 싸워 구원을 얻고 살아야 합니다. 그러므로 우리는 잠간 동안만 믿음과 인내를 지킬 것입니다. 우리가 일단 홍해를 건너고 나면 해안에서 우리의 영적 원수들이 수장되는 장면을 보게 될 것이고 모세의 노래와 어린양의 노래를 승전가로 부르게 될 것입니다.

우리 모두 그리스도 십자가 대속의 피의 복음을 참되게 믿고 그리스도 재림을 대망하면서 날마다 유혹자 사탄과 그 졸개 세력들과의 싸움에서 승리하며 살아야겠습니다. 오직 그리스도, 오직 믿음, 오직 예수 보혈 신앙으로 어둠의 세력을 쫓아내고 오직 하나님의 영광을 위하여 하나님 사랑과 이웃 사랑의 증인으로 살도록 기도하겠습니다.

살아 계신 아버지 하나님!
하나님의 은혜를 감사합니다.
예수님의 초림과 재림의 중간기에 사는 우리는 예수님께서 지상에 계시면서 사탄을 십자가 대속의 죽음으로 죽음의 세력을 잡은 자 마귀를 멸하신 것을 믿고 십자가 보혈을 날마다 의지하면서 사탄의 유혹을 꺾고 믿음의 선한 싸움을 싸워 구원을 얻고 살 수 있음을 감사합니다.
우리는 우리의 대적 마귀가 우는 사자 같이 두루 다니며 삼킬 자를 찾는 흑암 세상에 사는 자들임을 믿고 우리의 십자가 대속의 보혈의 믿음을 굳게 하여 마귀를 대적하게 믿음을 더하여 주옵소서.
우리는 바울이 오늘 본문에서 로마 교인들도 이 믿음의 싸움에 임하도록 격려하는 말씀을 주었음을 듣고 이 마지막 때에 사는 우리는 더욱 근신하고 깨어서 기도하고 또 기도하여 승리의 삶을 살아야 한다고 믿습니다. 우리는 이미 그리스도께서 이겨 놓으신 싸움에 동참하고 있으므로 최후 승리를 얻을 것을 굳게 믿고 우리의 믿음과 인내를 지키며 살도록 우리를 붙들어 주옵소서.
예수님의 이름으로 기도하옵나이다. 아멘.

롬 16:20

- "우리 주 예수 그리스도의 은혜가 너희에게 있을지어다"
  바울의 축도.
  바울은 축도를 반복함.
- 기독교는 기복(祈福)의 종교.
  은혜는 자격 없는 자에게 베푸시는 자발적 호의.
  오직 은혜, 은혜로 살라.

²⁰ 평강의 하나님께서 속히 사탄을 너희 발 아래에서 상하게 하시리라
우리 주 예수의 은혜가 너희에게 있을지어다

　예수님은 그리스도시요 살아 계신 하나님의 아들입니다. 예수님이 하나님의 아들 그리스도라는 증거로 십자가에서 우리 죄를 대신해서 피 흘려 죽으시고, 죽은 자들 가운데서 부활하셨습니다.

　이 예수님이 하나님의 아들, 예수님이 그리스도, 예수님이 우리 죄를 대신해서 십자가에서 피 흘려 죽으시고 부활하셨다는 복음으로 우리 인생 모든 문제가 처리되고 해답을 얻습니다. 이 복음은 모든 믿는 자에게 구원을 주시는 하나님의 능력이 됩니다. 이 하나님의 아들 예수 그리스도의 복음, 그리스도 십자가 대속의 피의 복음으로 깊이 뿌리내리기를 기원합니다.

예수님의 신성의 하나님 되심과 십자가 대속의 피의 복음을 마음 중심에 믿고 구원받은 그리스도인은 먼저 깨닫는 것이 억만죄악을 예수님의 보혈로 사해 주셨다는 하나님의 은혜에 대한 자각입니다. 이런 하나님의 은혜에 대한 자각은 사람마다 차이가 있을 수 있습니다.

어려서부터 부모의 깊은 신앙 속에서 신앙생활을 하면서 구원을 확신하며 사는 그리스도인은 하나님의 은혜에 대한 자각이 깊지 않을 수 있습니다. 그러나 그런 그리스도인도 살면서 직면하는 여러 가지 위기와 역경과 환난과 질병에서 놓임을 받으면서 은혜의 중요성을 깨닫게 되어 있습니다.

반면에 흑암의 세상 속에 살면서 고난과 역경과 죽음의 질병 속에서 구원을 얻고 예수님을 하나님의 아들로 믿게 된 그리스도인은 처음부터 하나님의 은혜가 그 인생의 삶의 중심 속에 있게 됩니다. 성경의 대표적 인물이 사도 바울입니다. 바울은 예수님을 그리스도로 믿는 그리스도인들을 가혹하게 핍박한 자였지만 전적인 주님의 은혜로 구원을 받았기 때문입니다.

모든 그리스도인은 우리 주 예수 그리스도의 은혜로 사는 자입니다.

은혜란 무엇입니까?

은혜란 자격 없는 자에게 베푸시는 하나님의 자발적 호의입니다. 이것은 완전히 무료입니다. 그래서 기독교와 타 종교와 다른 절대적인 차이의 하나가 기독교는 은혜의 종교라는 점입니다.

불교, 유교 등의 종교는 전부 자력 구원의 종교이지 은혜의 종교가 아닙니다. 심지어 계시의 종교라는 유대교와 마호멧교도 자력 구원의 종교요 은혜의 종교가 아닙니다.

오직 세상에서 기독교만이 은혜의 종교입니다. 즉, 무료로 복을 받는 종교입니다. 그래서 기독교도 좋은 의미에 있어서 기복(祈福) 종교입니다. 칸트 같은 이성적인 사람들은 하나님께 무엇을 구해서 얻는 신앙은 '기복 신앙'이라고 부정합니다. 그는 기독교 종교는 도덕 종교라고 합니다.

그러나 칸트는 초월해 계신 하나님과 예수 그리스도를 참되게 믿지 못했습니다. 그는 신앙의 세계와 현상의 세계를 분리하고 현상 그 너머에 계신 하나님에 대해서는 불가지론의 입장을 가졌습니다. 그런데 칸트의 이런 입장을 19, 20세기 현대 신학자들이 그대로 따랐습니다.

그래서 박윤선 목사 같은 분은 그들을 거짓 선지자로 명명하였고 이는 지당한 판단이라고 믿습니다. 하나님의 말씀 자체를 믿지 않고 그들이 가진 유신론적 철학 사고로 진리를 이해하고 그것을 교리로 만들어 주장하는 것입니다.

기독교는 실로 축복의 종교이며 전적으로 은혜의 종교입니다. 본래 인간은 하나님의 은혜를 받으며 사는 자로 창조되었기에 무료로 받는 은혜를 좋아하고 은혜에 갈급합니다. 많은 이단이 이런 인간의 마음을 헤아려서 거짓 은혜로서 천국과 영생을 약속하고 유혹하고 있습니다.

우리는 오직 성경에서 약속된 하나님의 은혜, 예수 그리스도의 은혜만이 참된 은혜라고 믿고 성경 말씀에 착념하여 은혜를 받아야겠습니다.

오늘 본문 로마서 16장 20절 후단을 보면 "우리 주 예수의 은혜가 너희에게 있을지어다"라고 하였습니다. 이것은 바울이 로마 교인들에게 하는 축복기도입니다. 바울은 항상 축복기도로 서신을 끝맺었습니다.

바울은 이미 로마서 15장에서 두 번의 축복기도를 했습니다. 로마서 15장 13절에서 "소망의 하나님이 모든 기쁨과 평강을 믿음 안에서 너희에게 충만하게 하사 성령의 능력으로 소망이 넘치게 하시기를 원하노라"라고 기원했으며, 계속해서 33절에서는 "평강의 하나님께서 너희 모든 사람과 함께 계실지어다 아멘"이라고 기원했습니다.

그리고 오늘 본문 20절에서 "우리 주 예수의 은혜가 너희에게 있을지어다"라고 하였습니다. 그리고 오늘 본문 24절에도 동일한 축복기도가 기록되어 있습니다. "우리 주 예수 그리스도의 은혜가 너희 모든 이에게 있을지어다 아멘"이라고 기원했습니다. 다만 우리 성경은 24절을 "없음"이라고 하고 난외에 기록했습니다.

바울은 이렇게 축도를 반복하고 있습니다. 편지가 끝나는가 했으나 끝나지 않고 계속됩니다. 이렇게 거듭되는 축도는 바울이 로마 교인들에 대한 사랑의 표현일 뿐 아니라 우리 주 예수 그리스도의 마음이라고 믿습니다.

모든 그리스도인은 하나님과 우리 주 예수님의 은혜 속에 살아야 합니다. 그리스도의 은혜가 우리 안에 머물고 그 그리스도의 은혜가 주장할 때 모든 이단이나 거짓 교사나 사탄의 역사를 피하고 보호받는 최고의 안전책입니다.

만일 그리스도의 은혜가 우리와 함께한다면 누가 감히 우리를 대적할 수 있겠습니까?

그러므로 바울은 다른 성경에서 "그러므로 그리스도 예수 안에 있는 은혜 가운데서 강하라"(딤후 2:1)라고 하였습니다.

세상에 하나님의 은혜, 그리스도의 은혜보다 더 큰 축복이 없습니다.

저는 제 신앙의 최고 표현으로 "하나님의 은혜를 감사합니다"를 모든 기도의 모토로 삼고 있습니다. 하나님의 은혜가 우리들 안에서 지배하지 못하고 갈 길을 잃고 더 이상 전진할 수 없을 때 하나님의 가호도 우리를 떠나고 만다는 사실을 기억할 것입니다.

우리 모두 오직 그리스도, 오직 믿음, 오직 은혜를 구하며 살고 예수 보혈을 힘입어 은혜의 보좌 앞에 담대히 나가 때를 따라 돕는 은혜를 얻도록 기도하겠습니다. 즉시 기도하겠습니다.

살아 계신 아버지 하나님!

하나님의 은혜를 감사합니다.

억만죄악으로 멸망받아 마땅할 죄인들에게 신성의 하나님의 아들 예수 그리스도의 십자가 대속의 죽으심의 보혈로 구원해 주신 무한한 은혜에 감사합니다. 그래서 우리는 "나 같은 죄인 살리신 주 은혜 놀라워"라는 찬송을 즐겨 부릅니다. 본래 피조물인 인간은 무한한 자원의 소유자이신 하나님으로부터 은혜를 받아 살게 되었는데 인간이 반역하여 하나님을 떠남으로 세상에서 은혜는 없어지게 되었음을 우리가 성경의 계시로 믿습니다.

그래서 하나님은 하나님과 일체이신 그분의 아들 예수 그리스도를 이 세상에 보내셔서 십자가 대속의 죽으심으로 죄 사함 받게 하고 하나님과의 화목을 하게 하여 예수 그리스도의 보혈을 통하여 하나님 아버지의 무한한 은혜를 받고 살 수 있음을 감사합니다.

그러므로 우리 그리스도인들은 중보자 예수 그리스도로 말미암은 축복기도를 좋아하고 또한, 사모합니다. 오늘도 우리는 바울이 로마 교인에게 "우리 주 예수의 은혜가 너희에게 있을지어다"라는 축복기도를 항상 받고 살기를 사모하면서 기도합니다. 그리하여 오직 그리스도, 오직 믿음, 오직 은혜를 구하며 살고, 하나님과 예수 그리스도의 은혜가 우리들 안에서 우리를 힘 있게 주장하시고 전진하도록 하여 항상 우리가 하나님의 가호 속에 살기를 기도합니다.

오늘도 우리 모두를 건강하게 하시고 맡겨 주신 사명 다하도록 은혜를 충만히 주시고 우리가 섬기는 교회를 진정으로 부흥되게 은혜를 베풀어 주옵소서. 우리 모두와 우리의 교회를 주님의 은혜로 붙들어 주옵소서.

예수님의 이름으로 기도하옵나이다. 아멘.

524

롬 16:21-23

- 바울의 동역자들 8명의 문안.
  그리스도 안에서 서로 교제하는 것이 교회의 본질.
- 사랑의 표시로 친교를 증진시키라.
  각자의 소명 따라 그리스도를 섬긴다(바울만 섬기는 것이 아니다).
  모두가 그리스도 안에서 중요하다.
  서로 사랑하라.

²¹ 나의 동역자 디모데와 나의 친척 누기오와 야손과 소시바더가 너희에게 문안하느니라 ²² 이 편지를 기록하는 나 더디오도 주 안에서 너희에게 문안하노라 ²³ 나와 온 교회를 돌보아 주는 가이오도 너희에게 문안하고 이 성의 재무관 에라스도와 형제 구아도도 너희에게 문안하느니라

예수님은 그리스도시요 살아 계신 하나님의 아들입니다. 예수님이 하나님의 아들 그리스도라는 증거로 십자가에서 우리 죄를 대신해서 피 흘려 죽으시고, 죽은 자들 가운데서 부활하셨습니다.

이 예수님이 하나님의 아들, 예수님이 그리스도, 예수님이 우리 죄를 대신해서 십자가에서 피 흘려 죽으시고 부활하셨다는 복음으로 우리 인생 모든 문제가 처리되고 해답을 얻습니다. 이 복음은 모든 믿는 자에게 구원을 주시는 하나님의 능력이 됩니다. 이 하나님의 아들 예수 그리스도의 복음, 그리스도 십자가 대속의 피의 복음으로 깊이 뿌리내리기를 기원합니다.

예수님의 신성의 하나님 되심과 십자가 대속의 피의 복음을 마음 중심에 믿고 예수 그리스도를 영접하여 그리스도인이 된 신자는 그리스도 안에서 형제된 자들의 공동체인 교회에 대한 이해를 바르게 알아야 그리스도 교회의 좋은 신자가 됩니다. 그리스도 교회는 예수 그리스도를 머리로 하고 신자들은 그리스도의 몸으로 하는 영적 단체입니다.

그래서 교회의 본질은 그리스도 안에서 몸의 지체가 된 신자들의 내면적 또는 영적 교통에 있는 것입니다. 교회는 예수 그리스도의 영적 신체로서 교회의 신자 한 사람 한 사람은 그리스도의 몸에서 한 지체가 되어 서로 돕고 섬기면서 교회의 머리 되신 예수 그리스도를 섬기는 것입니다.

이때 그리스도 교회의 각 지체는 그들이 가진 은사대로 그 교회의 소명에 따라 예수 그리스도를 섬깁니다. 담임목사는 교회의 대표로서 섬기고, 장로와 권사와 집사들은 다 그들의 교회에서 정해진 사명대로 모두 머리 되신 예수 그리스도를 섬깁니다. 이것이 종교개혁의 만인제사장 원리입니다.

다만 그리스도 교회는 하나의 유기적 조직체이기 때문에, 그리스도께서는 자기를 대표하는 목사를 세워 교회의 질서를 유지시키고 생명의 양식을 공급하는 자로 세워 자기 교회를 치게 하셨습니다. 이런 의미에서 교회를 대표하는 목사가 중요합니다. 목사는 그리스도를 섬기는 종이기 때문에 그리스도 교회의 여러 성도의 영적 교통과 내면적 교제를 장려하고 촉진시킴으로써 예수 그리스도를 섬기고 하나님의 영광을 나타내도록 해야 하는 것입니다.

오늘 우리는 이런 원리에서 로마 교인 26명에게 문안을 길게 하고

난 바울은 자기만 문안하는데 그치지 않고 고린도 교회에서 자기와 함께 있는 동역자들과 형제자매들 8명의 문안 인사도 로마 교인들에게 전하고 있습니다. 이러한 사실은 크게 두 가지 의미가 있다고 봅니다.

첫째, 교회의 본질로서 로마에 있는 신자와 고린도에서 바울과 함께 있는 신자들간의 영적 교통을 나타내는 것입니다. 이것은 멀리 떨어져 있는 성도들 간의 우의와 친교를 촉진시키는 것입니다.

둘째, 그리스도 교회는 예수 그리스도의 영적 신체로서 모든 신자는 각자의 소명에 따라 그리스도를 섬기고 있음을 드러내고자 하는 것입니다. 바울만이 아니라 바울과 함께 있는 그리스도인의 형제자매들도 우리 모두의 관심 대상인 것입니다.

오늘 본문 로마서 16장 21절을 보면 "나의 동역자 디모데와 나의 친척 누기오와 야손과 소시바더가 너희에게 문안하느니라"라고 했습니다.

바울은 앞서 로마에 있는 26명의 개인에게 개인적인 인사말을 보내고 나서(3-16절) 이제 고린도에 자신과 함께 있는 8명이 전하는 안부 메시지를 보내고 있습니다. 바울은 먼저 잘 알려진 한 명의 사람으로부터 시작해서, 그다음에 별로 알려지지 않은 사람들의 이름을 댑니다.

바울은 "나의 동역자 디모데"라고 먼저 썼습니다. 바울은 때때로 디모데를 자기 아들로 부르지만, 여기서는 그를 자기와 대등한 위치에 두고 그를 존경하는 의미에서 자신의 동역자로 말하고 있습니다.

그리고 이어서 "누기오와 야손과 소시바더가 너희에게 문안하느니라"라고 하였습니다. 이들에 대해서는 확실하게 알 수 없으나, 추측은 가능합니다. 누기오는 구레네 사람으로 보이고(행 13:1), 야손은 데살로니가에서 바울이 머물던 집의 주인일 것 같으며(행 17:5-6), 소시바더는 베뢰아 교회에서 예루살렘으로 파송한 대표로 보입니다(행 20:4).

또 본문 22절을 보면 "이 편지를 기록하는 나 더디오도 주 안에서 문안하노라"라고 하였습니다. 바울은 서신을 쓸 때 서기에게 구술해 주어 기록케 하고 마지막에 가서 서명하는 것이 관례였습니다. 여기서 "나 더디오도"라고 하여 대서자를 높이고 있습니다.

다음 23절을 보면 "나와 온 교회를 돌보아 주는 가이오도 너희에게 문안하고 이 성의 재무관 에라스도와 형제 구아도도 너희에게 문안하느니라"라고 하였습니다.

여기서 가이오는 바울이 세례를 준 고린도 사람으로 바울이 그의 집에 머물고 교회가 그의 집에 모인 것으로 봅니다(고전 1:14). 바울은 가이오를 "온 교회를 돌보아 주는 자"로 그를 존귀하게 부르고 있습니다. 또 "성의 재무관 에라스도"라는 아마 책임 있는 지방 관리였을 것으로 보이고 구아도는 알려진 바가 없습니다.

이렇게 바울은 자기와 함께 있는 사람들로 로마 교인들에게 전하는 안부를 덧붙임으로 서로 멀리 떨어져 있는 성도들 간의 우의와 친교를 촉진시키고 있습니다. 이것이 성도들의 내면적 또는 영적 교통을 나타내는 교회의 본질인 것입니다. 그리고 모든 그리스도인은 각자 받은 소명대로 예수 그리스도를 섬기는 것입니다.

우리 모두 오직 그리스도, 오직 믿음, 오직 예수 보혈 신앙으로 성령 충만, 사랑 충만, 소망 충만 받아 그리스도 교회에서 받은 사명에 충성하고 서로 간에 우의와 친절을 베풀도록 기도하겠습니다.

살아 계신 아버지 하나님!

하나님의 은혜를 감사합니다.

로마서 강해를 듣는 중에 우리가 그리스도 교회의 본질에 관한 말씀을 듣게 하심을 감사합니다. 교회는 건물이 아니고 세상으로부터 부름 받아 그리스도 안에 들어온 예수 그리스도의 영적 신체가 된 존재임을 우리가 바로 알기를 기도합니다. 머리 되신 예수 그리스도를 모든 그리스도의 몸의 지체된 성도들은 받은 은사와 소명대로 섬겨야 한다고 믿습니다. 우리는 보통 자기가 속한 지역 교회만 생각하지만 바울은 세계 복음화의 사명을 받은 자로서 로마 교인들과 자신이 현재 위치하고 있는 고린도 교회와의 친교와 우의를 다지는 일에 관심을 쓰고 있음을 우리에게 가르쳐 주시니 감사합니다. 멀리 떨어져 있는 성도들 간의 우의와 친교를 촉진시키기 위해 성도들의 문안 인사도 덧붙인 것을 볼 때 우리는 가까이 내 곁에 있는 성도들에게는 더욱 진심과 정직과 의롭게 섬기고 사랑해야 하리라고 믿습니다. 우리가 말과 혀로만 사랑하지 말고 행함과 진실함으로 사랑하는 자들이 되도록 우리를 붙들어 주옵소서. 오늘도 우리로 건강하게 하시고 위선을 벗어 버리고 예수 그리스도와 그리스도 교회를 섬기도록 은혜를 베풀어 주옵소서. 예수님의 이름으로 기도하옵나이다. 아멘.

제5장

송영
(16:24-27)

롬 16:25-27

- 송영.
  로마서 전체 사상의 요약(이신칭의).
  하나님의 복음에 대한 설명 요약.
- 로마서의 시작도 복음에서, 로마서의 마지막도 복음으로.
  오직 그리스도, 오직 믿음, 오직 하나님의 영광을 위하여 살라.

²⁵ 나의 복음과 예수 그리스도를 전파함은 영세 전부터 감추어졌다가 ²⁶ 이제는 나타내신 바 되었으며 영원하신 하나님의 명을 따라 선지자들의 글로 말미암아 모든 민족이 믿어 순종하게 하시려고 알게 하신 바 그 신비의 계시를 따라 된 것이니 이 복음으로 너희를 능히 견고하게 하실 ²⁷ 지혜로우신 하나님께 예수 그리스도로 말미암아 영광이 세세무궁하도록 있을지어다 아멘

예수님은 그리스도시요 살아 계신 하나님의 아들입니다. 예수님이 하나님의 아들 그리스도라는 증거로 십자가에서 우리 죄를 대신해서 피 흘려 죽으시고, 죽은 자들 가운데서 부활하셨습니다.

이 예수님이 하나님의 아들, 예수님이 그리스도, 예수님이 우리 죄를 대신해서 십자가에서 피 흘려 죽으시고 부활하셨다는 복음으로 우리 인생 모든 문제가 처리되고 해답을 얻습니다. 이 복음은 모든 믿는 자에게 구원을 주시는 하나님의 능력이 됩니다. 이 하나님의 아들 예수 그리스도의 복음, 그리스도 십자가 대속의 피의 복음으로 깊이 뿌리내리기를 기원합니다.

예수님의 신성의 하나님 되심과 십자가 대속의 피의 복음은 모든 믿는 자에게 구원을 주시는 하나님의 능력이 되기 때문에 "오직 믿음으로 말미암아 의롭게 된다"라는 '이신칭의'의 복음이 기독교 모든 교리의 핵심이요 심장이 됩니다. 이 진리가 종교개혁가 마틴 루터에게서 확신되었고, 종교개혁의 핵심 원리가 되었습니다.

예수님의 신성의 하나님 되심의 인격과 십자가 대속의 죽음과 부활의 사역에 대한 기독론은 개혁교의학 전체의 출발점이 아니라 중심점입니다. 다른 모든 교리는 기독론을 준비하거나 기독론에서 추론됩니다. 기독교 전체의 종교적, 윤리적 삶의 맥박은 교의학의 핵심인 이 기독론에서 고동칩니다. 이것은 경건의 비밀입니다. 이 비밀로부터 모든 기독론이 출발합니다(헤르만 바빙크, 『개혁교의학』).

우리가 지금 강해하고 있는 로마서는 바로 이러한 기독교 신학을 대표하는 서신입니다. 어거스틴, 루터, 칼빈 등 위대한 지성들은 그들 자신의 깊이를 초월하는 깊이를 발견하기 위해 로마서를 검토하였습니다.

성서주경학에 있어서 신기원을 이룩한 것은 종교개혁 시대였습니다. 개혁 시대의 영웅은 루터였습니다. 그는 로마서의 중심 명제가 오직 믿음으로 의롭게 되는 것을 깨달았습니다. 이러한 견해는 로마서가 바로 이러한 '이신칭의'라는 교리적 목적으로 쓰여졌다는 데 있다고 다수의 주석가에 의해 받아들여졌습니다.

로마서는 교리의 책이지만, 이는 신학 전반에 관한 조직신학 책은 아닙니다. 로마서의 신학은 오직 믿음으로 의롭게 된다는 바울이 말한 "나의 복음"의 해설에 집중되어 있습니다.

로마서가 취급하는 '이신칭의' 교리는 그대로 신약 시대의 교리요 기독교의 가장 큰 기반입니다. 이는 바울의 창작이 아니라 구약에 그 깊은 뿌리를 두고 우리 주 예수 그리스도의 가르침을 받아 성장하여 바울에게서 결실한 것입니다.

그리고 이 교리는 그 후 중세 가톨릭 시대에서 유린당하다가 종교개혁가에 의하여 다시 부활한 교리입니다. 아마 앞으로도 기독교 역사가 계속되는 한 그 유린과 갱신을 반복할 것입니다.

과연 21세기에 이르러 톰 라이트 등의 바울새관점파의 유보적 칭의론으로 공격을 받고 있으며 그 유보적 칭의론은 김세윤 교수에 의해 옹호되고 있습니다.

그러나 이 유보적 칭의론은 우리가 예수 그리스도를 믿을 때 의롭다고 선언되는 것이 아니라 칭의가 종말까지 유보된다는 주장으로 16세기 종교개혁의 이신칭의 원리를 뒤집어 놓고 있습니다.

그러나 우리는 종교개혁의 주요 원리인 이 '이신칭의' 교리를 끝까지 보수하고자 합니다. 그것은 우리의 고집이 아니라 로마서가 이를 지지하고 있기 때문입니다.

우리는 로마서 16장 3절의 송영에서 이 진리를 확인하고자 합니다. 이 로마서 마지막의 끝 3절의 "송영"은 로마서 전체의 사상이 요약된 것으로 보기 때문입니다.

바울은 로마서의 높은 가치를 "오직 믿음으로 의롭게 됨"(이신칭의)으로 하고 있습니다. 바울은 이를 "나의 복음"이라고 불렀습니다. 그는 이미 로마서 초두에서 이 이름을 밝혔고(롬 2:16), 이제 로마서 마지막 송영에서 다시 이를 상기시키고 있습니다.

바울은 로마서 서문에서 "복음의 요약"을 선포하였으며(롬 1:16-17), 이제 본서 마지막 이 송영에서 다시 그 복음의 성격을 요약합니다. "복음에서 복음으로"의 일관된 사상이 로마서에 흐르고 있습니다.

로마서의 마지막 송영은 로마서의 적절한 결론입니다. 이는 그가 로마서의 중심 주제인 '이신칭의' 복음을 취하여 그것들을 요약하고 다시 관련시키기 때문입니다. 이 송영에는 하나님의 복음에 대한 심오한 진리를 담고 있는데, 먼저 하나님의 복음에 대한 묘사를 하고 복음의 주인이신 하나님께 바치는 송영으로 끝을 맺습니다.

만물이 하나님께 속하고 하나님께 돌아가는 것을 알기에 사도 바울은 모든 영광과 찬양을 하나님에게서 끝내고 모든 것을 하나님께 돌리는 것은 당연합니다. 그래서 바울은 복음의 주인이신 하나님께 "예수 그리스도로 말미암아 영광이 세세 무궁하도록 있을지어다 아멘"(롬 16:27)으로 로마서를 마치는 것입니다.

그러므로 우리 모두는 하나님과 그분의 아들 예수 그리스도 복음에 참된 뿌리를 내려야겠습니다. 그리고 오직 그리스도, 오직 믿음, 오직 은혜, 오직 기도, 오직 하나님의 영광을 위하여 살도록 기도해야겠습니다. 즉시 기도하겠습니다.

살아 계신 아버지 하나님!

하나님의 은혜를 감사합니다.

지금까지 우리가 살펴본 로마서의 주제 이신칭의의 복음을 로마서가 끝나는 마지막 송영에서 다시 확인하게 됨을 감사합니다. 우리는 오늘의 시대에 인기를 얻고 있는 유보적 칭의론을 경계하면서 교회가 서고 넘어지는 원리인 오직 믿음으로 의롭게 된다는 종교개혁의 실질적 원리를 굳게 보수해야 된다고 믿습니다.

우리 모두는 유신론적 신관의 개념으로 예수 그리스도의 복음을 믿을 것이 아니라 하나님의 말씀의 진리 자체를 마음에 받고 믿음으로 중생하는 그리스도인이 되어 오직 그리스도, 오직 믿음, 오직 은혜, 오직 성경, 오직 하나님의 영광을 위하여 사는 자들이 되기를 간절히 기도합니다.

오늘도 우리로 건강하게 해 주시고 예수 그리스도를 믿는 믿음의 실천인 기도를 쉬지 않고 행함으로 성령 충만 받고 하나님 사랑과 이웃 사랑의 열매를 맺는 하루가 되게 도와주옵소서.

예수님의 이름으로 기도하옵나이다. 아멘.

526

롬 16:25-27

- 하나님의 복음에 관한 묘사 (1).
  나의 복음과 예수 그리스도를 전파함.
- 복음은 사역자들의 사명.
  복음의 본질과 총체는 예수 그리스도.
  십자가에 못 박히신 그리스도.
  오직 그리스도, 오직 믿음, 오직 세계 복음을 위하여 살라.

> ²⁵ 나의 복음과 예수 그리스도를 전파함은 영세 전부터 감추어졌다가 ²⁶ 이제는 나타내신 바 되었으며 영원하신 하나님의 명을 따라 선지자들의 글로 말미암아 모든 민족이 믿어 순종하게 하시려고 알게 하신 바 그 신비의 계시를 따라 된 것이니 이 복음으로 너희를 능히 견고하게 하실 ²⁷ 지혜로우신 하나님께 예수 그리스도로 말미암아 영광이 세세무궁하도록 있을지어다 아멘

예수님은 그리스도시요 살아 계신 하나님의 아들입니다. 예수님이 하나님의 아들 그리스도라는 증거로 십자가에서 우리 죄를 대신해서 피 흘려 죽으시고, 죽은 자들 가운데서 부활하셨습니다.

이 예수님이 하나님의 아들, 예수님이 그리스도, 예수님이 우리 죄를 대신해서 십자가에서 피 흘려 죽으시고 부활하셨다는 복음으로 우리 인생 모든 문제가 처리되고 해답을 얻습니다. 이 복음은 모든 믿는 자에게 구원을 주시는 하나님의 능력이 됩니다. 이 하나님의 아들 예수 그리스도의 복음, 그리

스도 십자가 대속의 피의 복음으로 깊이 뿌리내리기를 기원합니다.

　예수님의 신성의 하나님 되심과 십자가 대속의 피의 복음을 마음 중심에 믿고 구원받은 그리스도인은 자신의 억만죄악에 대한 죄 사함과 하나님과의 화해와 교제에 대한 만강의 감사를 갖고 사는 자입니다.
　그리하여 참되게 예수 그리스도와 십자가에 못 박히신 그리스도를 믿고 구원받은 그리스도인은 그 자신의 머리와 가슴속에 오로지 복음을 채우고 기회만 있으면 예수 그리스도와 십자가 대속의 피의 복음을 선포하고 사는 자가 됩니다.
　이에 대한 가장 전형적인 사람이 사도 바울입니다. 바울은 그의 머리와 가슴속에 오로지 복음을 채우고 기회만 있으면 그것의 본질과 우월성을 선포하지 않고는 아무 일도 할 수 없었던 사람이었습니다. 그리하여 바울은 복음을 "나의 복음"이라고 말하고 예수 그리스도를 전파하는 자가 되었습니다.
　오늘 본문 로마서 16장 25절을 보면 "나의 복음과 예수 그리스도를 전파함은"이라고 하였습니다. 바울은 복음을 "나의 복음"이라고 합니다. 바울은 이미 로마서 서두에서도 "나의 복음에 이른 바와 같이"라고 말하였습니다(롬 2:16).
　바울이 이렇게 복음을 "나의 복음"이라고 로마서 서두에서 한 말을 로마서 결론에서 언급한 것은 하나님에 의하여 바울에게 계시되고 맡겨졌기 때문입니다. 그리고 그것은 자신이 그 전파자요 또 그로 말미암아 자신이 크게 영광을 얻었기 때문이었습니다.

바울은 오직 복음을 위해 그 선포자로 모든 수고를 다 바친 사람이었습니다. 복음은 사도들의 말(요 17:20)을 통해 사람들에게 전달되었습니다. 그래서 사역자들은 대사요, 복음은 그들의 사명입니다.

바울이 특별하게 로마서에서 "나의 복음"이라고 반복해서 말한 것은 로마서의 주제인 "믿음으로 말미암아 의롭게 된다"라는 교리입니다. 이 '이신칭의'의 복음은 물론 바울의 창작은 아니고 구약성경에 이미 뿌리를 두고 있는 것입니다.

바울은 앞서 로마서 1장부터 4장에 걸쳐 이신칭의 교리의 타당성을 확인하였습니다. 바울은 이를 위해 로마서 1장 18절-3장 20절에 걸쳐 우주적 죄악론을 말하고 로마서 3장 21-31절에서 그리스도의 대속의 죽음으로 말미암는 하나님의 의(칭의)를 밝혔습니다. 그리고 4장에서 구약의 아브라함을 예증으로 들어 칭의 타당성을 확증하였습니다.

그래서 바울의 "나의 복음"은 구약에서 약속되고 신약에서 만개된 것으로 기독교 진리의 대강령입니다. 그것은 예수 그리스도에 대한 좋은 소식이요 예수 그리스도는 복음 자체입니다(롬 1:2). 예수 그리스도는 신-인 양성을 가지신 분입니다. 예수 그리스도의 대속의 죽음의 사역으로 구원의 길을 열었습니다.

이 예수 그리스도의 신성의 인격과 대속의 죽음의 사역을 믿는 것이 유일한 구원의 길입니다. 이와 같이 예수 그리스도를 믿는 믿음은 의인에의 유일한 길입니다. 이방인은 본성적인 도덕으로 의인의 길을 찾습니다. 그러나 그 본성은 타락하여 의인에 이르지 못하였습니다(롬 1:18-32).

유대인은 율법을 엄수함으로 의인을 받고자 하였으나 율법은 오히려 그 무능성만 증명하고(롬 3:20), 그들은 의에 이르지 못하였습니다(롬 2:1-3:8). 여기에 하나님은 율법외에 의인의 길을 주셨으니(롬 3:21), 곧 믿음의 길입니다. 그러므로 예수님을 하나님의 아들, 예수님을 십자가에 못 박히신 그리스도로 믿는 믿음은 의인에의 유일의 길입니다.

그래서 복음 사역자들은 그리스도의 대사로서 복음은 그들의 사명입니다. 바울은 누구보다도 복음의 본질과 우월성을 선포하지 않고는 아무 일도 할 수 없었던 사람이었습니다.

그러므로 바울은 본문 로마서 16장 25절에서 "나의 복음과 예수 그리스도를 전파함"은 이라고 말하였습니다. 복음을 받은 바울과 우리 모두는 예수 그리스도를 전파하는 것이 사명입니다. 예수 그리스도를 전파한다는 것은 예수님이 그리스도이심을 전파하는 것입니다. 여기서 그리스도는 인생 모든 문제 해결의 직함입니다.

이 예수 그리스도 복음은 처음에 우리 예수님으로부터 시작된 말씀이었습니다(히 2:3). 예수 그리스도께서는 우리의 구원을 위해 이루신 사역이 너무나 기뻐 그것을 친히 선포하신 공포자였습니다. 아니, 예수 그리스도는 그 주체가 되십니다.

전체 복음의 총체이자 본질은 예수 그리스도요, 십자가에 못 박히신 분이십니다. 바울은 말하기를 우리는 우리 자신을 전하는 자가 아니라 그리스도 예수를 주로 전하는 자들이라고 하였습니다. 영혼을 구원하려면 예수 그리스도를 분명히 전해 주어야 합니다.

그럴 때 예수님을 그리스도로 믿고 영혼의 구원을 받는 것입니다(벧전 1:9).

예수님이 말씀하셨습니다.

진실로 진실로 너희에게 이르노니 믿는 자는 영생을 가졌나니(요 6:47).

사도 요한도 다음과 같이 말하였습니다.

내가 하나님의 아들의 이름을 믿는 너희에게 이것을 쓰는 것은 너희로 하여금 너희에게 영생이 있음을 알게 하려 함이라(요일 5:13).

우리는 예수 그리스도를 전파하여 죄인들로 하여금 예수 그리스도를 믿고 구원을 얻게 하는 그리스도의 대사들입니다. 우리 모두는 바울의 복음, 곧 '이신칭의' 복음을 참되게 믿고 예수 그리스도를 전파하는 자로 사는 사명을 자각해야겠습니다. 예수님을 그리스도로 믿고 억만죄악을 사함 받은 그리스도인은 가슴속에 복음이 가득 찬 자로서 기회만 있으면 예수 그리스도를 전파하게 되어 있습니다.

우리 모두 오직 그리스도, 오직 믿음, 오직 은혜, 오직 예수 보혈 신앙으로 성령 충만 받고 하나님 사랑과 이웃 사랑의 전도자로 살도록 기도하겠습니다. 즉시 기도하겠습니다.

살아 계신 아버지 하나님!

하나님의 은혜를 감사합니다.

우리로 하여금 로마서 강해를 끝마치는 중에 로마서의 주제인 "오직 의인은 믿음으로 말미암아 살리라"라는 이신칭의의 복음을 다시 듣게 하시니 감사합니다. 바울은 이 이신칭의 복음을 "나의 복음"이라고 하였습니다. 그것은 하나님에 의해 그에게 계시되고 맡겨졌기 때문이라고 믿습니다. 그러나 바울뿐만 아니라, 하나님의 아들이신 예수님을 그리스도로 믿는 모든 그리스도인 사역자도 모두 그리스도의 대사로 복음이 그들의 사명이라고 믿습니다.

우리 모두 참되게 예수님의 신성의 하나님 되심과 십자가 대속의 피의 복음을 마음 중심에 믿어 구원을 얻고 이 복음의 전파자로 살기를 기도합니다. 오늘도 우리 모두를 건강하게 지켜 주시고 건전하게 해 주사 세상에 나가 고결한 그리스도 인격으로 살게 하시고 복음 전도자로서 사랑하며 섬기고 살도록 우리를 붙들어 주옵소서. 복음이 기쁜 소식인데 이 복음을 기쁜 소식이 아닌 새로운 율법으로 변질시키는 유보적 칭의론자를 경계하게 하여 주옵소서.

예수님의 이름으로 기도하옵나이다. 아멘.

롬 16:25-27

- 하나님의 복음에 관한 묘사(2).
  "영세 전부터 감추어졌다가 이제는 나타내신 바 되었으며"
  복음의 주제는 신비.
  커다란 경건의 비밀.
- 창세전부터 감추어졌다 이제 분명히 나타났다.
  예수님이 신성의 하나님의 아들 그리스도이시다.

> 25 나의 복음과 예수 그리스도를 전파함은 영세 전부터 감추어졌다가 26 이제는 나타내신 바 되었으며 영원하신 하나님의 명을 따라 선지자들의 글로 말미암아 모든 민족이 믿어 순종하게 하시려고 알게 하신 바 그 신비의 계시를 따라 된 것이니 이 복음으로 너희를 능히 견고하게 하실 27 지혜로우신 하나님께 예수 그리스도로 말미암아 영광이 세세무궁하도록 있을지어다 아멘

예수님은 그리스도시요 살아 계신 하나님의 아들입니다. 예수님이 하나님의 아들 그리스도라는 증거로 십자가에서 우리 죄를 대신해서 피 흘려 죽으시고, 죽은 자들 가운데서 부활하셨습니다.

이 예수님이 하나님의 아들, 예수님이 그리스도, 예수님이 우리 죄를 대신해서 십자가에서 피 흘려 죽으시고 부활하셨다는 복음으로 우리 인생 모든 문제가 처리되고 해답을 얻습니다. 이 복음은 모든 믿는 자에게 구원을 주시는 하나님의 능력이 됩니다. 이 하나님의 아들 예수 그리스도의 복음, 그리

스도 십자가 대속의 피의 복음으로 깊이 뿌리내리기를 기원합니다.

　예수님이 신성을 가지신 하나님의 아들이요 인간의 죄악을 십자가에서 대속의 죽음을 당하시고 부활하셨다는 복음은 만고의 신비입니다. 예수 그리스도로 말미암은 우리의 구속과 구원은 그 기초, 그 방법, 그 열매에 있어서 참으로 커다란 경건의 비밀입니다.
　그래서 사도 바울은 다음과 같이 말하였습니다.

> 크도다 경건의 비밀이여, 그렇지 않다 하는 이 없도다 그는 육신으로 나타난 바 되시고 영으로 의롭다 하심을 받으시고 천사들에게 보이시고 만국에서 전파되시고 세상에서 믿은 바 되시고 영광 가운데서 올려지셨느니라(딤전 3:16).

　이 경건의 비밀은 "예수 그리스도"입니다. 이 비밀은 이방인들의 모든 비밀을 능가합니다. 기독교는 이성이나 자연의 빛으로 찾을 수 없고 이성으로 이해할 수 없는 비밀과 신비입니다. 그 까닭은 이성이 진리에 반하지는 않을지라도 진리가 이성을 초월하기 때문입니다.
　그러므로 만고의 신비인 복음을 마음 중심에 받은 자, 곧 하나님과 일체 되시는 신성의 하나님의 아들 예수 그리스도를 마음 중심에 모시고 사는 자는 신비의 사람이 되는 것입니다. 그래서 초기에 예수님의 신성의 하나님 되심과 십자가 대속의 피의 복음을 믿고 중생한 그리스도인은 예수 그리스도를 자랑하기에 절제를 못해서 "미쳤다"는 소리를 주위 사람들로부터 들을 수 있습니다.

아마 상당수의 그리스도인들이 이런 경험을 갖고 있을 것입니다. 물론 저도 그중의 한 사람입니다. 그러나 사실은 중생한 그리스도인은 매우 정상적인 사람이 되는 길이며 복음을 받지 못한 자연인이 비정상적인 사람인 것입니다.

오늘 우리는 사도 바울이 로마서를 끝내는 마당에 로마서 서두에서 주장하고 입증했던 오직 예수님을 하나님의 아들 그리스도로 믿는 믿음으로만 구원을 얻는다는 '이신칭의'의 복음을 강조하고 그 복음의 신비를 더 깊이 언급하는 말씀을 듣고자 합니다. 로마서는 "복음에서 복음으로"라는 일관된 사상이 흐르고 있는 것입니다.

오늘 본문 로마서 16장 25-26절의 복음의 신비를 설명하는 내용을 읽어보면 "영세전부터 감추어졌다가 이제는 나타내신 바 되었으며"라고 합니다.

먼저 복음의 신비는 "영세전부터 감추어졌다가"라고 합니다. 이것은 영원전부터 침묵으로 쌓여 있었다는 것입니다. 그것은 결코 새롭고 갑자기 나타난 관념도 아니고 최근에 새로 창출된 개념도 아닙니다. 영원부터 하나님의 영원한 사랑의 목적에 따라 주어진 것입니다.

이 신비는 창세전에 이미 있었고 하나님 속에 감추어져 있었습니다(엡 3:9). 구약 시대 전체를 거쳐 이 신비는 의식법의 모형과 그림자, 선지자들의 암시적인 예언을 통해 비교적 그 비밀이 잘 유지되었습니다. 그러므로 그들은 그 일들의 목적을 충분히 들여다볼 수는 없었습니다(고후 3:13).

이처럼 감추어져 있었기에 흑암 속에 앉아 있어 그것을 전혀 알아보지 못한 이방인들보다 훨씬 유리한 위치에 있던 유대인들에게도 이것은 마찬가지였습니다. 이 신비는 오랜 세월에 걸쳐 유지되었습니다.

그러나 이제 그것은 분명히 나타났습니다. 그래서 오늘 본문은 "이제는 나타내신바 되었으며"라고 하였습니다. 휘장은 찢어지고 황혼의 그림자는 지나갔으니, 복음으로 말미암아 생명과 불멸성에 빛이 비취게 되었습니다. 의의 태양이 세상 위에 떠올랐습니다. 지금 많은 사람에게 나타난 것입니다.

지금 많은 사람에게 예수 그리스도 복음이 나타났기에 이 복음의 비밀은 밀폐되거나 봉인된 비밀이 아니고 계시되고 드러난 비밀입니다. 그러나 경건의 비밀이 여전히 비밀인 것은 지금은 부분적으로 계시되고 드러났기 때문입니다. 우리가 지금은 거울로 보는 것 같이 희미하게 보나 그리스도께서 재림하시는 때, 혹은 우리가 육신을 떠나 우리 영혼이 주 앞에 서는 날에는 얼굴과 얼굴을 대하여 보듯이 온전히 알 것입니다.

우리 모두는 복음의 신비의 주인공 예수 그리스도를 마음 중심에 모시고 신적인 삶을 사는 자입니다. 예수 그리스도 안에는 하나님의 영원하신 지혜와 지식과 모든 보화가 감추어져 있습니다. 곧 예수 그리스도는 하나님과 일체이신 하나님의 아들이시기 때문입니다.

그러므로 우리 모두는 오직 그리스도, 오직 믿음으로 살고 그 믿음으로 날마다 구원을 얻고 사는 자들이 되어야겠습니다. 그 믿음의 실천이 기도인즉 즉시 기도하겠습니다.

살아 계신 아버지 하나님!

하나님의 은혜를 감사합니다.

만고의 신비인 하나님의 아들 예수 그리스도를 마음 중심에 믿고 예수 그리스도를 모시고 살게 하심을 감사합니다. 그러므로 우리가 세상에서 썩어질 것을 피하여 신성한 성품에 참여하는 자가 되었음을 무한히 감사합니다.

하나님의 아들 예수 그리스도 복음, 십자가 대속의 피의 복음은 영세 전부터 감추어졌다가 이제는 우리에게 나타내신 바 된 신비임을 믿습니다. 천사들도 알지 못했던 신비를 우리가 믿고 구원을 얻고 사니 다시 한번 감사합니다. 우리가 오직 예수님을 하나님의 아들 그리스도로 믿고 구원을 얻는다는 이신칭의 복음을 우리와 교회의 신앙의 초석으로 삼고 오직 그리스도, 오직 믿음으로 살기를 원합니다.

오늘도 이신칭의 복음의 증인으로 살도록 우리로 건강하게 하시고 세상과 타협하지 않도록 우리를 붙들어 주옵소서. 믿음만 있으면 반드시 승리하도록 도와주옵소서.

예수님의 이름으로 기도하옵나이다. 아멘.

롬 16:25-27

- 하나님의 복음에 관한 묘사(3).
  영원하신 하나님의 명을 따라 선지자들의 글로 나타난 것.
  모든 민족이 믿어 순종하게 하시려고 알게 하신 바이다.
- 구약의 메시아 약속은 신약에서 문자 그대로 성취되었다.
  예수님이 그리스도, 오직 그리스도, 오직 믿음으로 살라.

25 나의 복음과 예수 그리스도를 전파함은 영세 전부터 감추어졌다가 26 이제는 나타내신 바 되었으며 영원하신 하나님의 명을 따라 선지자들의 글로 말미암아 모든 민족이 믿어 순종하게 하시려고 알게 하신 바 그 신비의 계시를 따라 된 것이니 이 복음으로 너희를 능히 견고하게 하실 27 지혜로우신 하나님께 예수 그리스도로 말미암아 영광이 세세무궁하도록 있을지어다 아멘

예수님은 그리스도시요 살아 계신 하나님의 아들입니다. 예수님이 하나님의 아들 그리스도라는 증거로 십자가에서 우리 죄를 대신해서 피 흘려 죽으시고, 죽은 자들 가운데서 부활하셨습니다.

이 예수님이 하나님의 아들, 예수님이 그리스도, 예수님이 우리 죄를 대신해서 십자가에서 피 흘려 죽으시고 부활하셨다는 복음으로 우리 인생 모든 문제가 처리되고 해답을 얻습니다. 이 복음은 모든 믿는 자에게 구원을 주시는 하나님의 능력이 됩니다. 이 하나님의 아들 예수 그리스도의 복음, 그리스도 십자가 대속의 피의 복음으로 깊이 뿌리내리기를 기원합니다.

예수님이 하나님의 아들이시요 예수님이 그리스도시라는 복음은 이 세상에서 가장 견고한 뿌리를 갖고 서 있는 인류 구원의 유일한 길입니다. 얼마나 견고한 뿌리를 갖고 견고히 서 있느냐 하면 하나님께서 약속하신 모든 성경의 계시 속에서 보증되고 있습니다. 이 예수님이 그리스도라는 복음은 성부-성자-성령의 삼위 하나님 간의 창세전에 세우신 구원 협약 속에서부터 시작되었습니다.

그러므로 이 예수님이 그리스도로서 인간의 타락한 죄를 대신 십자가 죽음으로 속죄하신 희생 제물이 되신 그리스도의 사건은 창세전에 계획된 것이며 창조의 역사가 시작된 시간 속에서 이 구원 협약은 시행되었습니다. 그것을 은혜 언약이라고 합니다. 곧 창세기 3장 15절의 '메시아'(그리스도) 약속의 언약인 것입니다.

하나님께서는 이 구원 언약의 시행인 은혜 언약, 곧 메시아 성취 약속을 위해 인류 역사를 진행하셨습니다. 그리하여 구약성경의 메시아(그리스도) 약속은 문자 그대로 신약 시대에 '예수님'에 의해서 성취되었습니다. 예수님이 구약성경에서 약속하신 그리스도이신 것입니다.

저는 이 진리를 의심 없이 믿습니다. 저는 40년 이상 성경을 읽고 각종 주석서와 신학 서적을 읽고 연구하는 가운데 예수님이 신성의 하나님의 아들, 예수님이 그리스도라는 예수님의 신성의 인격과 십자가 대속의 죽음과 부활의 사역에 대한 불변의 확신을 갖게 되었습니다. 외람된 말이나 이 예수 그리스도 복음 진리 말씀의 확신이 날마다, 달마다, 해마다 성장해 왔습니다. 하나님께 영광을 돌려드립니다. 모두 하나님의 은혜로 믿습니다.

여러분 믿으시길 바랍니다. 구약성경의 전 계시는 예수 그리스도께로 이끌어 갔습니다. 예수 그리스도의 인격 속으로 이입됩니다. 한 인간 예수 그리스도께서 성취된 하나님의 계시가 구약성경입니다. 구약과 신약은 그리스도 약속과 그 성취로 관계합니다. 이스라엘 백성 자체의 운명과 목적이 그리스도 안에서 성취됩니다.

우리는 오늘 본문의 로마서 결론에서 '하나님의 복음'에 관한 묘사가 이러한 진리를 확인해 준다는 사실을 확인하고자 합니다.

본문 로마서 16장 25-27절을 보면 "… 영원하신 하나님의 명을 따라 선지자들의 글로 말미암아 모든 민족이 믿어 순종하게 하시려고 알게 하신 바 그 신비의 계시를 따라 된 것이니"라고 하였습니다.

본문은 먼저 "영원하신 하나님의 명을 따라"라고 합니다. 하나님의 복음, 예수 그리스도의 복음은 영원부터 하나님의 목적과 경륜과 작정으로서 때가 이르자 처음에 그리스도께 주어지고 이어서 사도들에게 주어진 사명이자 약속이었습니다. 사도들은 하나님으로부터 명을 받아 복음을 전파하는 데 있어서 자기들이 할 일을 행하였습니다.

누구든 "왜 이 신비가 그토록 오랫동안 비밀에 부쳐지고 이제야 나타나게 되었는가"라는 의의를 제기하지 못하도록 사도 바울은 그것을 절대 주권자로서 자신이 하시는 일에 대해 어떤 설명도 할 필요가 없으신 하나님의 뜻에 돌리고 있습니다.

영원하신 하나님의 명령은 사도들과 사역자들의 복음 전파에 대한 증거로 충분합니다. "영원하신 하나님"은 하나님의 영원성이라는 속성이 강조된 말씀입니다. 하나님은 영원부터 계신 분입니다. 그리고 하나님의 복음은 창세전에 영원하신 삼위 하나님 간에 세워진 구원 협약입니다.

　이 영원하신 하나님의 명을 따라 선지자들의 글로 말미암아 나타났습니다. 현재 일어난 사건들은 구약의 선지자들의 예언들에 대한 최고의 주석입니다. 그들의 예언의 글이 성취됨으로써 그것들은 설명되고 있습니다.

　선지자들의 선포는 이 복음의 신비에 관한한 그 당시에는 불명료했습니다. 그러나 이제 그 뜻이 신약 시대에 알려지게 되었습니다. 구약은 신약에서 만개되었습니다.

　이렇게 하여 하나님의 복음은 "모든 민족이 믿어 순종하게 하시려고 알게 하신 바 그 신비의 계시를 따라 된 것"입니다. 지금까지 유대인에게만 하나님이 알려졌지만 이제는 그리스도께서 땅 끝 모든 민족에 이르기까지 구원이 되십니다. 그리고 그 목적은 "믿어 순종하게 하시려"라는 것입니다.

　즉, 모든 민족이 예수 그리스도를 믿고 순종할 수 있도록 그들이 예수 그리스도를 받아들여 그 지배를 받도록 하기 위해서입니다. 그리스도 복음이 계시된 것은 복종하도록 하기 위해서입니다. 올바른 믿음이란 그리스도께 순종하는 믿음입니다. 그리스도 복음의 목적은 우리를 믿음과 순종으로 이끄는 것입니다.

　그러므로 우리 모두는 예수님을 그리스도로 믿고 오직 그리스도, 오직 믿음, 오직 그리스도께 순종함으로 살고 그리스도의 지상 명령인 세계 복음화의 일꾼으로 살도록 기도하겠습니다. 즉시 기도하겠습니다.

살아 계신 아버지 하나님!

하나님의 은혜를 감사합니다.

유대인들만 알던 하나님을 우리 이방인들도 알 수 있도록 하나님과 일체 되시는 하나님의 아들 예수 그리스도를 우리에게 보내 주심과 이를 믿도록 은혜를 주신 하나님 아버지께 감사와 찬송을 올려드립니다. 이 복음은 인간이 타락하였을 때 급조된 것이 아니라 영원하신 하나님의 명을 따라 선지자들의 글로 말미암아 나타났다는 사실을 말씀해 주시니 감사합니다.

구약성경은 신약성경에서 그대로 성취된 견고한 뿌리를 갖고 있으며 영원하신 하나님의 명을 따라 나타난 것이기 때문에 이 복음은 영원한 것이며 우리는 다른 새로운 계시를 찾아 헤매서는 절대 안 된다고 믿습니다. 그러므로 우리는 하나님 아버지께서 삼위 하나님 간의 구속 협약대로 이 세상을 창조하신 후 보내신 하나님의 아들 예수 그리스도를 굳게 믿고 예수 그리스도께 절대 순종해야 한다고 믿습니다.

우리에게 참된 믿음을 주셔서 진실로 예수님을 그리스도로 믿고 순종하게 하여 주옵소서. 순종이 없는 믿음은 믿음이 아니라고 믿습니다. 오늘도 우리 모두를 건강하게 하시고 오직 그리스도, 오직 믿음으로 살도록 우리의 기도에 응답해 주시고 때를 따라 돕는 은혜로 인도하여 주옵소서.

예수님의 이름으로 기도하옵나이다. 아멘.

롬 16:25-27

- 복음의 주인이신 하나님께 바치는 송영.
  "지혜로우신 하나님께 예수 그리스도로 말미암아 영광이 세세 무궁하도록 있을지어다 아멘"
- 그리스도의 십자가는 하나님의 지혜가 가장 찬란하게 나타난 곳.
  예수 그리스도는 송영의 길이요 방법.
  오직 그리스도, 오직 믿음, 오직 하나님께 영광을.
  이것이 로마서의 결론이다.

> [25] 나의 복음과 예수 그리스도를 전파함은 영세 전부터 감추어졌다가 [26] 이제는 나타내신 바 되었으며 영원하신 하나님의 명을 따라 선지자들의 글로 말미암아 모든 민족이 믿어 순종하게 하시려고 알게 하신 바 그 신비의 계시를 따라 된 것이니 이 복음으로 너희를 능히 견고하게 하실 [27] 지혜로우신 하나님께 예수 그리스도로 말미암아 영광이 세세무궁하도록 있을지어다 아멘

예수님은 그리스도시요 살아 계신 하나님의 아들입니다. 예수님이 하나님의 아들 그리스도라는 증거로 십자가에서 우리 죄를 대신해서 피 흘려 죽으시고, 죽은 자들 가운데서 부활하셨습니다.

이 예수님이 하나님의 아들, 예수님이 그리스도, 예수님이 우리 죄를 대신해서 십자가에서 피 흘려 죽으시고 부활하셨다는 복음으로 우리 인생 모든 문제가 처리되고 해답을 얻습니다. 이 복음은 모든 믿는 자에게 구원을 주시

는 하나님의 능력이 됩니다. 이 하나님의 아들 예수 그리스도의 복음, 그리스도 십자가 대속의 피의 복음으로 깊이 뿌리내리기를 기원합니다.

예수님의 신성의 하나님 되심과 십자가 대속의 피의 복음을 마음 중심에 믿고 구원받은 그리스도인의 최종 목표는 "오직 하나님께 영광"(Soli Deo Gloria)을 돌리는 것입니다.
16세기 종교개혁가 마틴 루터는 『군인들도 구원받을 수 있는가?』에서 다음과 같이 말하였습니다.

> 자신의 영예를 구하는 것은 가장 큰 죄악 가운데 하나로 하나님의 위엄에 대한 노략질에 불과하다.

그래서 종교개혁의 다섯 가지 신앙고백 마지막에 "오직 하나님께 영광"이라는 표어가 빛나고 있습니다. 종교개혁의 다섯 가지 표어는 "오직 성경", "오직 그리스도", "오직 은혜", "오직 믿음", "오직 하나님께 영광"입니다. 그런데 오직 성경, 오직 그리스도, 오직 은혜, 오직 믿음의 네 가지 위대한 표어의 교리들은 마지막 표어인 "오직 하나님께 영광" 안에 모두 요약됩니다.
우리는 위대한 하나님의 복음, 예수 그리스도의 복음의 정수가 담긴 로마서의 최종 결론을 들으면서 이 진리를 확인합니다.
본문 로마서 16장 27절을 보면 "지혜로우신 하나님께 예수 그리스도로 말미암아 영광이 세세 무궁하도록 있을지어다 아멘"이라고 합니다. 이것은 하나님의 아들 예수 그리스도 복음의 주인이신 하나님께 바치는 송영입니다. 바울은 "지혜로우신 하나님께 예수 그리스도로 말미암아 영광을" 돌리고 있습니다.

바울은 역사의 바로 이 시점에 이전 세대로부터 감추어졌다가 이제 종말론적으로 나타낸 바 되어 예수 그리스도를 통해 계시된 복음의 신비를 드러내시는 지혜로우신 하나님을 찬양하는 것입니다. 바울은 앞서 이 복음이 하나님의 명을 따라 모든 민족이 믿어 순종하게 하시려고 알게 하신 신비의 계시를 말하였습니다(26절).

왜 이방인이 구원사의 이 단계에서 그와 같은 구원을 경험하도록 하나님이 계획하셨습니까?

왜 이전에는 구원이 그들에게 주로 감추어졌습니까?

그 대답이 바로 오늘 본문 27절입니다.

하나님께 속한 영광은 "예수 그리스도로 말미암아" 나옵니다. 하나님은 예수 그리스도가 오시기 전에는 이방인들이 대규모로 구원받는 것을 원하지 않으셨습니다. 이방인들이 자신들을 위해 이 세상에 오셨고, 사셨으며, 죽으셨고, 다시 살아나시고 부활 승천하신 예수 그리스도의 복음을 들은 결과로 믿음의 순종을 경험한다는 것이 하나님의 계획이었습니다.

만일 이방인들이 예수 그리스도가 오시기 전에 구원을 받아 흘러 넘친다면 그것은 예수 그리스도의 신성의 인격과 십자가 대속의 부활의 사역의 영광을 감소시킬 것입니다. 이방인들은 바울의 복음에 따라 예수 그리스도와 그분의 사역이 그들을 위한 것이라는 것을 의식하는 지식을 통해 구원받았습니다(25절).

이것이 지혜로우신 하나님께서 그분의 지혜의 속성을 드러내어 하나님의 영광을 나타내시는 방법이었습니다. 예수 그리스도와 그리스도의 십자가 대속의 죽음의 사역의 사건은 하나님의 지혜가 가장 찬란하게 나타난 것이었습니다.

이것은 하나님의 공의의 한 속성이 하나님의 사랑이라는 다른 속성을 희생시키지 않고 오히려 모든 속성의 영광이 실질적으로 더욱 확실하게 되고 더욱 뛰어나게 되는 이러한 방식으로 이 구원의 사건을 만드신 지혜로우신 하나님께 영광을 드리는 것입니다.

하나님의 다른 여러 가지 작품은 하나님의 영광을 위한 것입니다. 그러나 하나님께서 그분의 아들을 이 세상에 보내사 대속의 죽음을 당하게 하셔서 모든 민족을 구원하심은 오직 하나님의 영광을 위한 것이었습니다. 그러므로 우리는 오직 예수 그리스도와 그의 십자가 대속의 피의 복음 사역을 통해서만 하나님을 영화롭게 할 수 있습니다.

이렇게 예수 그리스도로 말미암아 지혜로우신 하나님께 드리는 영광은 결코 끝나지 않는 영광입니다. 인간의 경험에서 아름다움을 갈망하는 영광스러운 순간들은 일시적이고 덧없는 것이지만 이 영광은 영원토록 지속될 것입니다.

그래서 그 영광은 "세세 무궁하도록 있을지어다 아멘"이라고 하였습니다. 우리들은 "아멘", 즉 하나님이 계획하신 예수 그리스도와 그분의 십자가 대속의 사역을 통한 구원의 계획이 그대로 이루어지기를 원한다고 말함으로써 화답할 수 있을 뿐입니다.

예수 그리스도는 하나님께 바치는 송영의 길이요 방법입니다. 그래서 바울은 "지혜로우신 하나님께 예수 그리스도로 말미암아 영광이 세세 무궁하도록 있을지어다 아멘"(27절) 이라고 하였습니다.

그러므로 로마서의 결론은 "오직 하나님께 영광을"이라고 함이 적합한 결론입니다.

우리 모두 오직 그리스도, 오직 믿음, 오직 하나님께 영광을 위해 살도록 기도하겠습니다. 즉시 기도하겠습니다.

살아 계신 아버지 하나님!

하나님의 은혜를 감사합니다.

공의와 사랑이라는 하나님의 속성이 찬란하게 빛나는 예수 그리스도의 십자가 대속의 피의 복음으로 인류를 구원하시는 지혜로우신 하나님께 영광을 돌려드립니다. 오늘 로마서 마지막 구절의 강해를 들으면서 우리는 "지혜로우신 하나님께 예수 그리스도로 말미암아 영광이 세세 무궁하도록 있을지어다"라는 말씀에 "아멘"으로 화답을 드릴 수 있음을 감사합니다.

예수 그리스도와 그리스도의 십자가 대속의 피의 복음 사역의 주인이신 하나님께 우리는 엎드려 송영을 올려 드립니다. 그러므로 우리는 오직 예수 그리스도를 믿는 믿음으로 말미암아서만 구원을 얻게 하신 지혜로우신 하나님께 바치는 송영으로서 "오직 하나님께 영광"보다 로마서 결론에 적합한 것이 없다고 믿습니다.

우리 모두는 하나님께 영광을 돌리기 위하여 예수 그리스도만이 하나님께 바치는 송영의 길이요 방법인 것을 굳게 믿고 오직 그리스도, 오직 믿음, 오직 하나님의 영광을 위하여 살도록 도와주옵소서. 오늘도 우리 모두 건강하게 하시고 또한 믿음을 더해 주셔서 세상에 나가 하나님 사랑과 이웃 사랑의 열매를 맺어 하나님께 영광을 돌리는 하루가 되도록 인도하여 주옵소서.

예수님의 이름으로 기도하옵나이다. 아멘.

후기

 서문은 간명하게 표현되어야 한다는 저자의 소신 때문에 서문에서도 예수님의 신성의 인격과 십자가 대속의 죽음의 사역을 믿는 믿음으로만 구원을 얻는다(이신칭의)는 핵심 진리만 선언되었습니다.
 그러나 저는 적어도 수많은 로마서 강해서가 기독교 2000년 역사에 출현된 사실과 제가 또 한 권의 강해서를 내야 하는 이유가 설명되어야 한다고 생각했습니다.

 첫째 이유는 하나님의 구원 사역에 대한 본질은 시간의 열매이지만 그 형식만은 그 시대의 것이라는 것입니다. 오늘의 시대 요구에 응하는 형식으로 옛 진리를 제시하는 책이 필요하다는 것입니다.
 예컨대, 로마서 강해의 고전으로 알려진 영국의 로이드 존스의 책은 깨알같이 작은 글씨로 쓴 로마서 14장 17절까지 14권의 대작입니다. 한 강해 부분을 정독하려면 거의 50분 이상이 걸립니다. 그리고 표현 방식도 만연체로서 어떤 내용은 본문과 관계없는 진리까지 광범위하게 터치하고 있습니다. 저 같은 강해설교자들은 하나하나 정독할 수 있겠지만 일반 독자들은 특별한 은혜가 주어지지 않는 한 접근하기 어려운 책입니다.
 둘째 이유는 오늘날은 종교개혁을 뒤집는 유보적 칭의론자나 바울새관점파들의 등장에 대한 비판이 반드시 따라야 하는 때이기 때문입니다. 현대인들은 새로운 진리가 주장되면 옛 진리는 구태의연한 것으로 보는 불신 풍조가 있기에 우리는 옛 진리를 오늘의 시대 요구에 맞게 입혀서 제시해야 할 필요성이 생겼습니다.

저는 '이신칭의'를 비롯한 종교개혁 5대 신앙 표어(오직 그리스도, 오직 믿음, 오직 은혜, 오직 성경, 오직 하나님께 영광)에 대한 불변의 확신과 이를 옹호해야 한다는 소명으로 오늘의 시대 요구에 맞는 형식으로 옛 진리를 짧게 7분 메시지로 제시하였습니다. 그러나 형식은 간명하지만, 내용은 심오한 것이기에 깊은 묵상이 요구된다고 생각합니다. 이를 위해 보통 다른 강해서와 달리 장마다 기도문이 들어 있기 때문에 옛 진리를 자신의 삶에 적용하는 데 도움이 될 것입니다.

저는 강해 중에 옛 진리의 설명이 부족하다고 생각하면 다음 장에서 다시 논의하여 진리를 정확하게 밝히고자 하였습니다. 그리고 바쁜 강해설교자들을 위해서 시중에 출간된 로마서 강해서들을 참고하였습니다. 이때 어떤 부분은 인용을 표기했으나 모두 표기하지는 않았습니다.

저는 철저한 개혁주의 입장에서 이 『로마서 강해』를 썼기 때문에 어떤 경우에는 로이드 존스나 칼 바르트, 톰 라이트와 기독교 인도주의자들을 비판한 경우가 있음을 양해해 주기를 바랍니다. 일단 책이 출간되면 그 책은 독자의 비판대 위에 서는 것이기에 저도 기꺼이 비판을 경청할 것입니다.

바라건대 앞으로 다섯 권으로 출간될 『로마서 강해』를 통해 '이신칭의' 신앙이 재확립되기를 바라고 그리스도 교회가 이 신앙 위에 든든히 서기를 간절히 기도합니다.

"오직 하나님께 영광을!"

저/자/소/개

임덕규

육군사관학교 졸업
서울대학교 법대 및 동대학원 졸업 (법학 박사)

대한신학교 졸업
아세아연합신학대학원 졸업 (M.A., M.Div.)

육군사관학교 법학과 교수 역임
대한예수교장로회 (대신) 충성교회 담임목사

홈페이지: http://onlychrist.onmam.com
App: "충성교회" 혹은 "충성복음교회"로 검색

임덕규 신앙강좌 시리즈

1. 신구약을 관통하는 그리스도 (복음공과)

임덕규 지음 / 신국판 / 352면

신구약을 관통하는 그리스도를 드러내어 예수님이 하나님의 아들 그리스도이심을 믿고 인생 모든 문제의 답을 얻도록 하기 위한 교재이다.

2. 인생 모든 문제의 해답 I

임덕규 지음 / 신국판 / 360면

인생의 구체적인 문제들을 복음의 관점에서 다루며 인생 모든 문제의 해결자이신 그리스도를 만나는 길과 복음의 본질에 대하여 자세히 안내한다.

3. 인생 모든 문제의 해답 II

임덕규 지음 / 신국판 / 368면

복음과 구원의 서정과 확신에 대하여 성경적으로 교리적으로 설명하고, 전도와 선교, 그리고 교회 절기와 교회생활 등 실제적인 내용을 다룬다.

4. 인생 모든 문제의 해답 III

임덕규 지음 / 신국판 / 352면

그리스도인의 성숙한 가치관과 인격에 대하여 다루고 그리스도인이 불신 세상을 향하여 변증할 수 있도록 타 종교와 일반 학문에 대한 평가를 다룬다.

5. 복음과 성령 충만 I

임덕규 지음 / 신국판 / 298면

복음과 성령 충만의 의미와 본질에 대하여 바로 이해하고 성령 충만의 방법, 체험에 관하여 제대로 배워서 복음 전도를 잘 감당하도록 돕는다.

6. 복음과 성령 충만 II

임덕규 지음 / 신국판 / 300면

구약에서 선포된 복음에 대하여 설명하고 복음과 성령의 사역 그리고 복음과 그리스도인의 신앙의 관계를 다루며 성령 충만의 실제 모습을 보여 준다.

7. 하나님을 만나는 길

임덕규·박철동 지음 / 신국판 / 376면

성경의 핵심인 그리스도의 피의 희생 제사를 통해 인간이 하나님께 나아갈 수 있고, 하나님을 만날 수 있다는 진리를 전해 주고 있다.

8. 신구약을 관통하는 그리스도(완결편)

임덕규 지음 / 신국판 / 472면

조직신학적 관점에서 그리스도를 알고 그리스도의 복음 체질로 변화되어 삶에서 복음의 능력을 나타내는 권능 있는 증인이 되도록 돕는다.

9. 언약과 그리스도의 복음

임덕규 지음 / 신국판 양장 / 304면

성경의 3가지 언약 곧 구속언약, 행위 언약, 은혜 언약의 관점에서 구속사의 흐름을 따라 하나님의 언약과 그리스도의 복음을 기술했다.

10. 구원 얻는 신앙이란 무엇인가?

임덕규 지음 / 신국판 양장 / 264면

개혁주의 관점에서 유사(類似) 신앙을 분별하고 구원 얻는 참된 신앙의 본질과 기능과 종류 그리고 확신에 대해 바로 알 수 있도록 저술했다.

11. 개혁교회를 무너뜨리는 톰 라이트

임덕규 지음 / 신국판 양장 / 264면

그리스도의 속죄의 보혈을 중심에 두지 않고 복음을 하나님 나라로 대치하고, 그리스도의 의의 전가를 부인하는 톰 라이트의 신학 개혁주의의 입장에서 비판한다.

12. 그리스도의 십자가 복음

임덕규 지음 / 신국판 양장 / 352면

기독교 신앙의 핵심인 그리스도의 십자가 복음과 그리스도의 피로 이루어진 부활의 생명을 넘어 십자가의 본질과 그 풍성한 의미를 설명한다.

복음이란 무엇인가 시리즈

복음이란 무엇인가? **1**

예수, 그는 누구신가?
임덕규 지음 / 사륙판 / 72면

평신도 전도용으로 쉽게 예수님이 누구신지에 대해서 저술하고 있다. 예수 그리스도는 구원의 주로서 그리스도시요, 살아 계신 하나님의 아들이다.

복음이란 무엇인가? **2**

예수, 그는 무엇을 하셨는가?
임덕규 지음 / 사륙판 / 120면

그리스도의 죽음과 부활은 구약성경에 이미 수천 년 전에 예언되어 있었고, 그 예언대로 예수님이 이 세상에 오셔서 성취하셨다. 이 진리를 확신하는 사람은 구원을 얻는다.

복음이란 무엇인가? **3**

예수는 그리스도
임덕규 지음 / 사륙판 / 88면

신·구약성경의 주제는 한마디로 "예수 그리스도"이다. 예수는 "하나님의 아들 그리스도"이시며 또한, 제사장, 선지자, 왕의 세 가지 직함을 이루신 그리스도이시다.

복음이란 무엇인가? 4

세상의 빛, 그리스도

임덕규 지음 / 사륙판 / 88면

복음의 빛을 받는다는 의미를 참되게 깨달아, 마음에 그리스도의 빛을 받고 세상의 빛이 되어 어둔 세상에 그리스도의 은혜를 비추어 증거하는 증인이 되도록 도전한다.

복음이란 무엇인가? 5

청년의 때에 예수를 만나라

임덕규 지음 / 사륙판 / 88면

솔로몬 왕은 청년의 때에 너의 창조주를 기억하라고 권고했다. 즉, 본서는 젊을 때에 예수님을 창조주 하나님으로 믿고 인격적으로 예수님을 만나야 한다고 권고한다.

복음이란 무엇인가? 6

로마법과 그리스도의 십자가

임덕규 지음 / 사륙판 / 168면

그리스도의 재판 절차를 통해 당대 세계 최고인 로마법에 의해 실상 그리스도의 무죄가 입증되었음과 그리스도의 죽음이 인류의 구속을 위한 역사적 사건임을 보여 준다.

복음이란 무엇인가? 7

하나님 체험 · 말씀(그리스도) 체험

임덕규 지음 / 사륙판 / 104면

말씀을 통해 하나님을 만나고 체험한 신앙의 인물들과 성경, 교회사 속의 인물들을 보여 주며 진리의 말씀되신 그리스도를 체험하여 세상의 빛으로 살아갈 것을 촉구한다.

복음이란 무엇인가? 8

발 씻기심의 복음

임덕규 지음 / 사륙판 / 160면

예수님의 발 씻기심은 겸손과 섬김의 본을 위한 것이 아니라 죄 사함의 십자가 복음이다. 십자가 사랑과 죄 사함을 바로 깨달아 자유인이지만 종으로 섬김의 삶을 살 것을 촉구한다.

복음이란 무엇인가? 9

염려 하지 말라 예수가 그리스도다

임덕규 지음 / 사륙판 / 184면

염려를 단순하고 명확한 실제이자 세력으로 정의하며, 이 세력을 상대하기 위한 해결책을 제시한다. 그것은 바로 하나님과 그의 아들 예수 그리스도를 믿는 믿음이다.

복음이란 무엇인가? 10

오직 한 길

임덕규 지음 / 사륙판 / 136면

그리스도는 하나님께 나갈 수 있는 유일한 길과 진리이며 생명이다. 그리스도에 대한 참된 믿음으로 영생을 소유할 뿐 아니라 현재 삶에서도 참된 행복을 누리기를 권면한다.

복음이란 무엇인가? ⓫

그리스도와의 연합과 그 열매들

임덕규 지음 / 사륙판 양장 / 296면

그리스도와의 연합은 성령님의 역사로 이루어지며, 이를 통해 신자의 구원이 시작되고, 사랑의 열매를 맺을 수 있기에 구원의 핵심 진리라고 설명한다.

복음이란 무엇인가? ⓬

개혁주의 기독교와 천주교, 무엇이 다른가?

임덕규 지음 / 사륙판 양장 / 168면

타종교를 포섭하기 위해 위장된 모습을 보이는 천주교의 실상을 개혁주의 기독교와 비교하면서 일반 독자들도 알기 쉽게 설명하고 있다.

복음이란 무엇인가? ⓭

그리스도가 주시는 평안의 복음

임덕규 지음 / 시륙판 양장 / 198면

그리스도 안에 세상이 알지 못하는 평안이 있다. 위기 시에도 하나님의 평안은 요지부동이다. 그리스도의 멍에를 멜 때에 이 평안과 안심을 얻는다.

임덕규 신앙사경회 시리즈

1. 이사야서에서 그리스도와의 만남

임덕규 지음 / 신국판 / 376면

이사야서 전체에서 예수 그리스도에 대해 어떤 말씀을 하고 있는지, 상세한 주해를 통해 강해한다.

2. 사탄과의 영적 싸움에서 승리하는 삶

임덕규 지음 / 신국판 / 392면

일상의 삶 속에서 나타나는 영적 싸움의 승리의 비결이 신구약을 관통하는 승리자 그리스도의 복음에 있음을 강해한다.

3. 예수는 하나님의 아들 그리스도

임덕규 지음 / 신국판 / 344면

요한복음 강해서로서 요한복음의 의도대로 예수가 하나님의 아들 그리스도이심을 개혁신앙에 근거하여 논증하고 예수 그리스도와 인격적 만남을 가져야 함을 말한다.

복음이란 무엇인가 시리즈-중국어판

什么是福音？系列丛书 **1**

耶稣, 他是谁？

(『예수, 그는 누구신가?』, 중국어판)

任 德 奎 / 64p / 128X188

什么是福音？系列丛书 **2**

耶稣, 他做了什么？

(『예수, 그는 무엇을 하셨는가?』, 중국어판)

任 德 奎 / 96p / 128X188

什么是福音？系列丛书 **3**

耶稣是基督

(『예수는 그리스도』, 중국어판)

任 德 奎 / 78p / 128X188

什么是福音？系列丛书 4

世上的光-基督

(『세상의 빛, 그리스도』, 중국어판)

任 德 奎 / 70p / 128X188

什么是福音？系列丛书 5

趁着年轻要见到耶稣

(『청년의 때에 예수를 만나라』, 중국어판)

任 德 奎 / 68p / 128X188

什么是福音？系列丛书 6

罗马律法和基督的十字架

(『로마법과 그리스도의 십자가』, 중국어판)

任 德 奎 / 80p / 128X188

什么是福音？系列丛书 7

体验神, 体验话语(基督)

(『하나님 체험 · 말씀그리스도 체험』, 중국어판)

任 德 奎 / 80p / 128X188

什么是福音？系列丛书 8

服侍的福音

(『발 씻기심의 복음』, 중국어판)

任 德 奎 / 128p / 128X188

什么是福音？系列丛书 9

不要忧愁因为耶稣是基督

(『염려 하지 말라 예수가 그리스도다』, 중국어판)

任 德 奎 / 64p / 128X188

什么是福音？系列丛书 **10**

唯有这路(『오직 한 길』, 중국어판)

任德奎 / 100p / 128X188

임덕규 신앙강좌 시리즈-중국어판

任德圭信仰讲座系列 **8**

贯通新旧约的基督(完结版)

(『신구약을 관통하는 그리스도(완결편)』, 중국어판)

任德奎 / 408p / 153X224

圣约与基督的福音

(『언약과 그리스도의 삶』, 중국어판)

任德奎 / 192p / 153X224

복음이란 무엇인가 시리즈-영문판

A Series of What is the Gospel **1**

Jesus, Who is he?

(『예수, 그는 누구신가?』, 영문판)

Duk-Kyu Im / 80p / 128X188

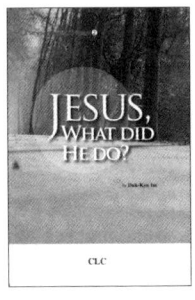

A Series of What is the Gospel **2**

Jesus, What did He do?

(『예수, 그는 무엇을 하셨는가?』, 영문판)

Duk-Kyu Im / 128X188

임덕규 신앙강좌 시리즈-영문판

A Series of Faith Lecture **11**

A Critique on The Theology of Tom Wright undermining the Reformed Church

(『개혁교회를 무너뜨리는 톰 라이트』, 영문판)

Duk-Kyu Im / 264p / 153X224

구약성경 구속사적 강해 시리즈

구약성경 구속사적 강해 ❶

열왕기상 강해

임덕규 지음 / 신국판 양장 / 448면

구약성경 구속사적 강해 ❷

열왕기하 강해

임덕규 지음 / 신국판 양장 / 448면

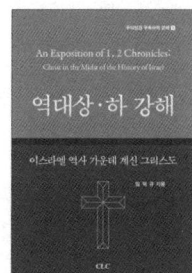

구약성경 구속사적 강해 ❸

역대상·하 강해

임덕규 지음 / 신국판 양장 / 776면

구약성경 구속사적 강해 4

욥기 강해

임덕규 지음 / 신국판 양장 / 848면

신약성경 구속사적 강해 시리즈

신약성경 구속사적 강해 1

로마서 강해 1

임덕규 지음 / 신국판 양장 / 572면

신약성경 구속사적 강해 2

로마서 강해 2

임덕규 지음 / 신국판 양장 / 628면

신약성경 구속사적 강해 ❸

로마서 강해 3

임덕규 지음 / 신국판 양장 / 608면

신약성경 구속사적 강해 ❹

로마서 강해 4

임덕규 지음 / 신국판 양장 / 556면

신약성경 구속사적 강해 ❺

로마서 강해 5

임덕규 지음 / 신국판 양장 / 620면

로마서 강해 5: 복음의 실천과 결론

2023년 12월 7일 초판 발행

지 은 이 | 임덕규

편　　집 | 전희정
디 자 인 | 서민정
펴 낸 곳 | (사)기독교문서선교회
등　　록 | 제16-25호(1980.1.18.)
주　　소 | 서울특별시 동대문구 천호대로71길 39
전　　화 | 02-586-8761-3(본사) 031-942-8761(영업부)
팩　　스 | 02-523-0131(본사) 031-942-8763(영업부)
이 메 일 | clckor@gmail.com
홈페이지 | www.clcbook.com
송금계좌 | 기업은행 073-000308-04-020 (사)기독교문서선교회
일련번호 | 2023-113

ISBN 978-89-341-2627-0 (04230)
ISBN 978-89-341-2070-4(세트)

이 책의 출판권은(사)기독교문서선교회가 소유합니다.
신저작권법에 의하여 한국 내에서 보호받는 저작물이므로 무단 전재와 무단 복제를 금합니다.